图解
演讲与口才

达 夫 ⊙ 编著

中国华侨出版社
北京

图书在版编目（CIP）数据

图解演讲与口才 / 达夫编著 . —北京：中国华侨出版社，2017.12（2020.6 重印）

ISBN 978-7-5113-7160-7

Ⅰ.①图… Ⅱ.①达… Ⅲ.①演讲 – 图解 ②口才学 – 图解 Ⅳ.① H019-64

中国版本图书馆 CIP 数据核字（2017）第 272254 号

图解演讲与口才

编　　著：达　夫
责任编辑：安　可
封面设计：李艾红
文字编辑：胡宝林
美术编辑：盛小云
插图绘制：圣德文化
经　　销：新华书店
开　　本：720mm×1020mm　1/16　印张：28　字数：550 千字
印　　刷：北京德富泰印务有限公司
版　　次：2018 年 1 月第 1 版　2020 年 6 月第 2 次印刷
书　　号：ISBN 978-7-5113-7160-7
定　　价：68.00 元

中国华侨出版社　北京市朝阳区西坝河东里 77 号楼底商 5 号　邮编：100028
法律顾问：陈鹰律师事务所
发 行 部：（010）58815874　　　　　传　真：（010）58815857
网　　址：www.oveaschin.com　　　E-mail：oveaschin@sina.com

如果发现印装质量问题，影响阅读，请与印刷厂联系调换。

前言

18世纪美国最伟大的科学家、发明家,著名的政治家和文学家富兰克林曾经说过:"说话和事业的进展有很大关系,是一个人力量的主要体现。你如出言不逊,跟别人争辩,那么,你将不可能获得别人的同情、别人的合作、别人的助力。"说话是一门学问,同生活中其他学问一样,学得好的人能够轻松自如地面对生活;唯一与其他学问不同的是,学不好,不能放弃,转道其他,因为人不可能不说话。对于说话,古今中外的远见卓识者历来都给予了高度的重视。"一言可以兴邦,一言可以丧邦""一言之辩,重于九鼎之宝;三寸之舌,强于百万之师"等古语,把国之兴亡与舌辩的力量紧密联系起来,充分揭示了说话的巨大的社会作用。

随着人们越来越认识并热衷于说话的修炼和培养,口才学作为一门新兴学科一跃成为当今世界十分走俏的学问,而它的前身,或者另外一种形式或分支——演讲学,则是一门更古老的学问。在中世纪前的中国、古埃及、古希腊、古罗马、古巴比伦、印度等具有悠久历史文明的古国,演讲已成为普遍的社会现象。人类自有演讲以来,演讲活动一直绵延不绝,方兴未艾。其重要原因,就是演讲有着强烈而广泛的社会作用,有着不可估量的社会价值和极其深远的历史意义。通过演讲,可以祛邪扶正,形成正确的舆论,促进社会文明发展。通过演讲,能培养民众高尚美好的情感,促进人类文明建设。通过演讲,能唤起民众的行动和实践。同时,演讲对个人的作用同样是巨大的,它能促进个人综合能力的发展。演讲者必须促使自己不断提高和完善,只有具备精深的思想,渊博的知识,丰富的经验,敏锐的观察力,敏捷的思维力,准确的判断力,迅速的应变力和较强的记忆力,才有可能在台上口若悬河,仪态优雅,扣人心弦,处变不惊,赢得鲜花、掌声和荣誉。

美国著名教育专家卡耐基非常强调口才的重要性,他说:"假如你的口才好……可以使人家喜欢你,可以结交好的朋友,可以开辟前程,使你获得满意的结果……有许多人,因为他们善于辞令,因此而擢升了职位……有许多人因此而获得荣誉,获得了厚利。你不要以为这是小节,你的一生,有一大半的影响,是由于说话艺术。"进入21世纪,人们对口才的重视达到了前所未有的高度。有没有良好的口才和演讲能力,已成为衡量一个人素质的基本标准之一,这些几乎在每一个人的命运里都扮演着十分重要的角色。就拿面试来说,现在国内外大小公司,已把面试作为人才招聘的必要途径，其中有大多行业尤其看重口试。在这种情况下，"口才"这门课程在许多高校已经属于必修课。

　　鉴此，我们组织编写了这部《图解演讲与口才》。本书共分为演讲和口才两部分，从理论和技术角度两方面切入，教会大家如何演讲、如何说话。在充分展示口才巨大威力的基础上，将理论与实践相结合，以通俗易懂的语言深入浅出地论述了演讲与口才的艺术。

　　本书的最大特点是有实例有论述，不因有论无证而无操作性，也不因有证无论而没有内涵。从理论上，讲述了演讲与口才的重要性、提高技巧的途径和方法；在实践上，指导读者如何进行各种类型演讲前的准备工作，如何掌控听众的情绪，如何处理现场的突发状况，如何在日常、职场、情场、商场中游刃有余，说好难说的话等。同时还以生动具体的事例向读者展示了同陌生人、上司、客户、朋友和爱人的沟通艺术，以及在求职面试、求人办事、谈判调解、宴会应酬等场合的说话艺术。本书融知识性、趣味性、理论性和实用性为一体，是一本不可多得的演讲与口才方面的专业书籍，既可以给这方面的爱好者提供借鉴，也可以给专业人员提供参考，尤其是开设语言课程的院校的学生，更值得一读。

　　阅读本书，能让你轻松面对尴尬、获取提升机会、扩大交际范围，在不同的场合、面对不同的人群，说好想说的话，说好难说的话，提高说话技巧，改变一生命运。

目录

上部　演讲

理论篇

第一章　什么是演讲 ………………………………………… 3

第一节　演讲的概述 ……………………………………… 3
　一、演讲的概念 ………………………………………… 3
　二、演讲的条件 ………………………………………… 4
　三、演讲的主要表达手段 ……………………………… 7
第二节　演讲的特点和功能 ……………………………… 7
　一、演讲的特点 ………………………………………… 7
　二、演讲的功能 ………………………………………… 9

第二章　演讲的目的和类型 …………………………………… 13

第一节　演讲的目的 ……………………………………… 13
　一、使更多人了解演讲的信息 ………………………… 13
　二、使更多人信服接受演讲的信息 …………………… 13
　三、使人们按照演讲的要求行动起来 ………………… 13
　四、使人们从演讲中得到激励和鼓励 ………………… 13
　五、使人们从演讲中感到快乐 ………………………… 14
第二节　演讲的分类 ……………………………………… 14
　一、从演讲内容上分类 ………………………………… 15
　二、从演讲的表达形式上分类 ………………………… 15

技巧篇

第一章　演讲前的准备 17

第一节　注意仪表和风度 17
　　一、面带微笑可拉近同听众的距离 17
　　二、得体的穿着可以给听众留下一个良好的印象 19

第二节　注意演讲的姿态 26
　　一、手势的配合 26
　　二、用眼睛表达自己 29
　　三、摆正体姿 32

第三节　克服紧张、怕羞情绪 35
　　一、心病还须心药医 39
　　二、胆子是练出来的 39
　　三、主动营造减压的气氛 40
　　四、绝不放过每一个练习的机会 42

第二章　演讲前的语音训练 44

第一节　发声能力训练 44
　　一、不同的语调带有不同的意义 44
　　二、如何在演讲中运用突兀语言 45
　　三、怎样用顿歇技法推进情感 45
　　四、演讲有声表达如何科学运气 47
　　五、学会使用语气来表达不同的意义 47
　　六、有活力的声音才能吸引听众 48
　　七、发音是建立良好沟通的第一步 50

第二节　普通话能力训练 51
　　一、吐字要清晰准确 51
　　二、语调要准确 53
　　三、语言能力的练习 54
　　四、有声语言怎样正确练声 54
　　五、有声语言怎样清晰咬字 54

第三节　朗读能力训练 55
　　一、朗读的作用 55
　　二、朗读训练法 56

三、朗读中常见的问题 ……………………………………… 56

第三章　掌控听众的情绪 …………………………………… 61

第一节　使演讲深入人心 ……………………………………… 61
　　一、研究听众的需求 ………………………………………… 61
　　二、分析听众的心理 ………………………………………… 62
　　三、和听众套近乎 …………………………………………… 63
　　四、征服听众的方法 ………………………………………… 64
　　五、选择亲身经历过的事情作为话题 ……………………… 64

第二节　使听众关注演讲 ……………………………………… 65
　　一、声东击西 ………………………………………………… 66
　　二、投石问路 ………………………………………………… 66
　　三、欲正故谬 ………………………………………………… 67
　　四、欲实先虚 ………………………………………………… 68

第三节　使演讲具有兴奋点 …………………………………… 68
　　一、满足求知欲的话题 ……………………………………… 68
　　二、刺激好奇心的话题 ……………………………………… 68
　　三、与听众利益密切相关的话题 …………………………… 70
　　四、有关信仰和理想的话题 ………………………………… 70

第四章　演讲词的准备 ………………………………………… 71

第一节　演讲稿的作用 ………………………………………… 71
　　一、减少妄说，避免出丑 …………………………………… 71
　　二、引发灵感，如有神助 …………………………………… 71
　　三、抛砖引玉，博采众长 …………………………………… 73
　　四、"有恃无恐"，百战不殆 ………………………………… 73
　　五、演讲稿可以限定演讲进度 ……………………………… 74

第二节　演讲稿的现场感 ……………………………………… 74
　　一、利用不同的演讲稿风格来加强演讲稿的现场感 ……… 74
　　二、利用蒙太奇的效果增强现场感 ………………………… 78

第三节　演讲稿的撰写 ………………………………………… 79
　　一、演讲提纲的作用 ………………………………………… 79
　　二、撰写演讲大纲的步骤 …………………………………… 81

第五章 设计演讲的内容 ……………………………………… 82

第一节 收集材料 …………………………………………… 82
一、收集材料的原则 …………………………………… 82
二、有计划查阅、研究相关资料及找他人求教 ……… 85
三、采访的技巧 ………………………………………… 87
四、演讲材料的收集范围和具体方法 ………………… 89

第二节 整理资料 …………………………………………… 89
一、整理资料的原则 …………………………………… 89
二、正确安排要点的方法 ……………………………… 92

第三节 演讲语言运用的分寸 ……………………………… 94
一、开玩笑的分寸 ……………………………………… 95
二、批评的分寸 ………………………………………… 96
三、说服与劝阻的分寸 ………………………………… 99
四、拒绝过分提问的分寸 ……………………………… 101
五、化解矛盾冲突的分寸 ……………………………… 101
六、摆脱窘境讲尺度 …………………………………… 104
七、打破僵局有分寸 …………………………………… 106

第六章 演讲的开头和结束 …………………………………… 108

第一节 演讲的开场 ………………………………………… 108
一、以故事开头 ………………………………………… 108
二、开门见山 …………………………………………… 109
三、幽默的开场白 ……………………………………… 109
四、引用的开场白 ……………………………………… 110
五、抒情的开场白 ……………………………………… 111
六、演讲注意承上启下 ………………………………… 111

第二节 演讲的自我介绍 …………………………………… 111

第三节 演讲的进行 ………………………………………… 112
一、演讲应怎样设置称谓 ……………………………… 113
二、营造逼真生动的语言环境 ………………………… 114
三、运用排比技巧表达各种情感 ……………………… 115
四、怎样才能增强情感的力度 ………………………… 117
五、演讲中如何巧妙朗诵诗文 ………………………… 117

六、演讲时如何用例 …………………………………………… 120
　　七、演讲中正反用例有何技巧 ………………………………… 120
　　八、如何委婉表达演讲稿 ……………………………………… 121
　　九、怎样使演讲带上幽默感 …………………………………… 121
　　十、怎样准确把握演讲稿中的概念 …………………………… 121
　　十一、怎样把演讲设计得错落有致 …………………………… 122
　　十二、如何处理篇幅长的演讲稿 ……………………………… 123
　　十三、演讲中如何巧施客套话 ………………………………… 123
　　十四、如何在演讲过程中表达情感 …………………………… 124
　　十五、演讲时如何进行情感迁移 ……………………………… 125
　第四节　演讲的风格 ………………………………………………… 125
　　一、男性演讲者应追求什么样的演讲风格 …………………… 125
　　二、女性演讲者应追求什么样的演讲风格 …………………… 128
　第五节　演讲的结束 ………………………………………………… 129

第七章　演讲现场的技巧 …………………………………………… 131
　第一节　情感沟通的技巧 …………………………………………… 131
　　一、训练有素不留痕 …………………………………………… 131
　　二、全力以赴，争取好感 ……………………………………… 133
　　三、把握听众心理的技巧 ……………………………………… 135
　第二节　控制场面的技巧 …………………………………………… 135
　　一、表达自己的技巧 …………………………………………… 135
　　二、旁征博引的技巧 …………………………………………… 137
　第三节　身体语言的技巧 …………………………………………… 138
　第四节　演讲中的语言技巧 ………………………………………… 143
　　一、形象、个性、口语 ………………………………………… 143
　　二、幽默、迂回、悬念 ………………………………………… 146
　　三、称谓、节奏、简练 ………………………………………… 146
　第五节　消除紧张的技巧 …………………………………………… 149
　　一、消除紧张，留住自然 ……………………………………… 149
　　二、建立自信的技巧 …………………………………………… 149
　　三、应用：兰博士的抗怯场练习 ……………………………… 151

第八章　突发状况的处理 ……………………………………………… 153
第一节　如何面对自身失误 ……………………………………… 153
一、主动调侃自己 ……………………………………………… 153
二、找个化解尴尬的"台阶" ………………………………… 154
第二节　如何面对刁难者 ………………………………………… 155
一、以毒攻毒 …………………………………………………… 156
二、一箭双雕 …………………………………………………… 156
三、巧借比喻 …………………………………………………… 157
第三节　如何面对冷场 …………………………………………… 159
一、要学会拓展话题的领域 …………………………………… 159
二、风趣接话转话题 …………………………………………… 159
三、适时地提一些引导性的话题 ……………………………… 159
第四节　如何面对特殊情况 ……………………………………… 161
一、当别人打探你的隐私时该怎样说 ………………………… 162
二、当别人提出不便当众回答的问题时该怎样说 …………… 163
三、面对过分的玩笑你该如何应对 …………………………… 164

应用篇

第一章　竞选、竞聘演讲 ……………………………………………… 167
第一节　竞选演讲的适用范围 …………………………………… 167
第二节　竞选演讲的写作要求 …………………………………… 168
一、竞选演讲的结构 …………………………………………… 168
二、竞选演讲稿的特点 ………………………………………… 168
第三节　竞聘演讲的写作方法 …………………………………… 169
一、竞聘演讲稿的开头方法 …………………………………… 169
二、竞聘演讲稿的结尾方法 …………………………………… 169
第四节　竞选、竞聘演讲的注意事项 …………………………… 171
一、目标的明确性 ……………………………………………… 171
二、内容的竞争性 ……………………………………………… 171
三、演讲的技巧性 ……………………………………………… 171
四、实事求是，言行一致 ……………………………………… 171
五、调查研究，有的放矢 ……………………………………… 171
六、谦虚诚恳，平和礼貌 ……………………………………… 171

第二章　就职演讲 ········· 173

第一节　就职演讲的适用范围及特征 ········· 173
一、对症 ········· 173
二、真挚 ········· 173
三、简洁 ········· 173
四、真实 ········· 173

第二节　就职演讲的写作要求 ········· 174
一、标题 ········· 174
二、称谓 ········· 174
三、正文 ········· 174
四、落款 ········· 175

第三章　面试演讲 ········· 176

第一节　面试演讲的适用范围 ········· 176
一、职位面试 ········· 176
二、公务员面试 ········· 176

第二节　面试演讲的内容要求 ········· 178
一、面试演讲的主要内容 ········· 178
二、自我介绍的要点 ········· 178

第三节　面试演讲的注意事项 ········· 182
一、扬长避短，向完人靠拢 ········· 182
二、用幽默化解紧张气氛 ········· 183
三、两难问题折中答 ········· 184
四、薪水问题小心谈 ········· 185

第四节　面试演讲需用的技巧 ········· 186
一、面试礼仪的充分准备 ········· 186
二、留心自己的身体语言 ········· 187
三、完整地填妥公司的表格 ········· 187
四、展示你勤奋工作及追求团体目标的能力 ········· 187
五、给出有针对性的回答和具体的结果 ········· 187
六、不要害怕承认错误 ········· 187
七、若时间允许的话，阐述过去业绩的成就 ········· 187
八、说明你的专长和兴趣 ········· 187
九、清楚自己的交际用语 ········· 187

十、准备问题向面试者询问 ……………………………………… 187

第四章　欢迎、答谢演讲词 ……………………………………… 189

第一节　欢迎词的适用范围 ……………………………………… 189
第二节　欢迎词的写作要求 ……………………………………… 189
　　一、欢迎词的格式 ………………………………………………… 189
　　二、欢迎词正文 …………………………………………………… 191
第三节　答谢词的适用范围 ……………………………………… 191
第四节　答谢词的写作要求 ……………………………………… 192
　　一、格式内容 ……………………………………………………… 192
　　二、写作要求 ……………………………………………………… 192

第五章　祝酒词 …………………………………………………… 194

第一节　祝酒词的适用范围 ……………………………………… 194
第二节　祝酒词的写作方法 ……………………………………… 194
　　一、标题 …………………………………………………………… 194
　　二、称呼 …………………………………………………………… 194
　　三、正文 …………………………………………………………… 195
　　四、结尾 …………………………………………………………… 195
第三节　祝酒词的注意事项 ……………………………………… 195
　　一、妙用修辞 ……………………………………………………… 195
　　二、讲究文采 ……………………………………………………… 196
　　三、妙、直、畅、真 ……………………………………………… 197
第四节　祝酒词的不同类型 ……………………………………… 197
　　一、婚礼祝酒词 …………………………………………………… 197
　　二、生日祝酒词 …………………………………………………… 198
　　三、就职祝酒词 …………………………………………………… 200

第六章　纪念、悼念词 …………………………………………… 201

第一节　纪念词的适用范围 ……………………………………… 201
第二节　纪念词的写作要求 ……………………………………… 201
　　一、标题 …………………………………………………………… 201
　　二、正文 …………………………………………………………… 201
　　三、结尾 …………………………………………………………… 201

第三节　纪念词的注意事项 …………………………………… 202
第四节　悼念词的适用范围 …………………………………… 202
第五节　悼念词的写作要求 …………………………………… 202
　　一、标题 ………………………………………………… 204
　　二、正文 ………………………………………………… 204
　　三、结尾 ………………………………………………… 204

下部　口才

理论篇
第一章　口才的重要性 ……………………………………… 207
第一节　社交场合，善言者胜 ………………………………… 207
第二节　求职面试，三分人才，七分口才 …………………… 210
第三节　推销业绩倍增全凭一张嘴 …………………………… 213
第四节　好口才把你送上没有天花板的职场舞台 …………… 218
第五节　无硝烟的商业战场，口才是必备武器 ……………… 222
第六节　巧说话让感情峰回路转 ……………………………… 224

第二章　拥有好口才的八个规则 …………………………… 225
第一节　克服人性中的弱点 …………………………………… 225
第二节　明确并记住自己的目标 ……………………………… 227
第三节　树立成功的信念 ……………………………………… 229
第四节　积极的心理暗示 ……………………………………… 232
第五节　拥有坚强的意志力 …………………………………… 234
第六节　借别人的经验鼓起自己的勇气 ……………………… 236
第七节　不放过每一个练习的机会 …………………………… 238
第八节　培养自信心 …………………………………………… 239

第三章　说话高手的六项训练 ……………………………… 242
第一节　让对方多说话 ………………………………………… 242
第二节　不要和别人争论 ……………………………………… 245

第三节 永远不要指责他人的错误 …… 248
第四节 勇敢地承认自己的错误 …… 253
第五节 使对方一开始就说"是" …… 256
第六节 牢记他人的名字 …… 259

第四章 好口才的基本原则 …… 262
第一节 根据对方决定说话策略 …… 262
第二节 什么场合说什么话 …… 264
第三节 说话要注意方法 …… 267
第四节 别光顾自己说 …… 269
第五节 说的话要引人入胜 …… 270
第六节 与异性交谈要大大方方 …… 273

第五章 打造说话风格的基础训练 …… 276
第一节 声音：一开口就与众不同 …… 276
第二节 节奏：说话不能拖泥带水 …… 279
第三节 体态：无声语言是有声语言的辅助 …… 281
第四节 形象：让别人更容易接受 …… 283
第五节 修辞：让话语更有分量 …… 286

第六章 日常说话的误区 …… 288
第一节 沉默不见得永远是金 …… 288
第二节 随声附和最没特点 …… 290
第三节 说话不能太直接 …… 293
第四节 不懂装懂只能显得更无知 …… 296
第五节 喋喋不休不等于口才好 …… 297
第六节 无谓的争论只会大伤和气 …… 300

技巧篇

第一章 说服对方的艺术 …… 304
第一节 说服从"心"开始 …… 304
第二节 软硬兼施，恩威并重 …… 307
第三节 以谬制谬，巧劝服 …… 310

第四节　正话反说，指桑骂槐 ……………………………………… 312

第二章　提问的艺术 …………………………………………………… 314

第一节　问话热身，消除冷状态 …………………………………… 314
第二节　锲而不舍，由浅及深问到底 ……………………………… 317
第三节　请求式问话：温和开头好办事 …………………………… 319
第四节　他人之口问出的真言 ……………………………………… 320
第五节　销售提问的诀窍 …………………………………………… 322

第三章　高效沟通的策略和技巧 ……………………………………… 324

第一节　善于倾听别人说话 ………………………………………… 324
第二节　恰当地提问 ………………………………………………… 327
第三节　掌握应对抱怨的技巧 ……………………………………… 330
第四节　恰到好处地做出回答 ……………………………………… 334
第五节　冷静地处理冲突 …………………………………………… 336

第四章　谈判的艺术 …………………………………………………… 340

第一节　谈判前要做好细节准备 …………………………………… 340
第二节　必要的时候可以妥协退让 ………………………………… 343
第三节　在谈判中应该适当地提问 ………………………………… 346
第四节　掌握谈判中的应答技巧 …………………………………… 349
第五节　谈判中如何拒绝 …………………………………………… 351
第六节　如何打破谈判的僵局 ……………………………………… 354

第五章　幽默的艺术 …………………………………………………… 357

第一节　以其人之道，还治其人之身 ……………………………… 357
第二节　活学活用 …………………………………………………… 359
第三节　拿自己开开玩笑 …………………………………………… 360
第四节　声东击西的幽默法 ………………………………………… 362
第五节　比他更荒谬 ………………………………………………… 365
第六节　歪解幽默法 ………………………………………………… 368

应用篇

第一章　两性相处中的说话艺术 ····· 373
- 第一节　如何赢得异性的喜爱 ····· 373
- 第二节　甜言蜜语让爱情更上一层楼 ····· 376
- 第三节　婚姻生活切忌唠叨不休 ····· 380
- 第四节　抱怨的话如何说才不会引起丈夫的反感 ····· 382
- 第五节　用鼓励代替指责和批评 ····· 385

第二章　日常交际说话艺术 ····· 389
- 第一节　真诚换真心 ····· 389
- 第二节　给朋友面子 ····· 392
- 第三节　当不幸者需要安慰时 ····· 395
- 第四节　不做"小喇叭" ····· 398
- 第五节　微笑交流 ····· 399
- 第六节　舍得道歉 ····· 402

第三章　职场中的交谈艺术 ····· 405
- 第一节　对领导有意见婉转说 ····· 405
- 第二节　嘴上要凸显上司身份 ····· 406
- 第三节　和上司有分寸地开玩笑 ····· 408
- 第四节　遭遇批评后如何巧妙辩驳 ····· 410
- 第五节　怎样成功说服老板为自己加薪 ····· 411
- 第六节　拒绝老板有理由 ····· 414

第四章　推销的艺术 ····· 417
- 第一节　推销时的说话艺术 ····· 417
- 第二节　推销员的说服技巧 ····· 420
- 第三节　如何进行电话推销 ····· 422
- 第四节　如何获得顾客的信任 ····· 424
- 第五节　妥善处理顾客提出的异议 ····· 427

上部

演讲

上篇

理论篇

第一章

什么是演讲

第一节 演讲的概述

一、演讲的概念

什么是演讲？也许大家的第一反应就是——用嘴说话。但是只要仔细想想，就会发现演讲和讲话有很大的区别。抗日战争时期，经常有些爱国人士、学生会在人潮汹涌的地方，面向听众，凭借自己的口才，运用有声语言和态势语言的艺术手段阐明道理、抒发感情、发表个人见解，感召听众，这是我们所熟悉的演讲。其实早在古希腊时期游吟诗人荷马，游走于希腊各地传唱特洛伊战争中英雄们的事迹；我国的大思想家孔子也是周游列国，推广他的学说，劝告各国诸侯……它们在形式上都是所谓的演讲。

首先，演讲是一种语言，这种语言不单纯地等同于书面用语也不单纯等同于口语，它既兼有书面用语的正式，又具有口语的特点和感染力。

其次，演讲的目的往往是发表见解、阐明道理。

再次，演讲是一个互动的过程，演讲是面对听众的讲话，在演讲现场演讲者与听众进行着信息交流和感情互动，这样就形成了一个特定的时空情境。

最后，为了打动人心，演讲具有一定的表演成分，演讲者在演讲过程中，要借助相应的艺术手段增强演讲感染力。

但要注意的是，演讲不能单纯地表演，在传递信息的时候，要用表演来演绎和阐释演讲的目的。不能单纯朗读，"演"与"讲"在演讲实践活动中，是以"讲"为主，以"演"为辅，互相交织、互相渗透、互相促进的统一。在这里"讲"是起主导作用，起决定因素的，而"演"则必须建立在"讲"的基础上，否则它就失去了存在的意义。

所以我们可以给演讲下这样一个定义：演讲是一种对众人有计划、有目的、有主题，系统的、直接的带有艺术性的社会实践活动。亦可被视为"扩大的"沟通。

二、演讲的条件

演讲是在社会实践的直接需求下产生的一种活动，它是一种人与人之间的公共交往，在这样的交往中，人们在展开的各种活动如政治活动、经济活动、科学文化活动以及其他种种社会交往活动中，必然要发表见解，提出主张，释疑解惑，抒发感情，以达到说服人、感染人、教育人、激励人的目的。

（一）演讲作为一种社会实践活动，具有现实性和艺术性

人们在开展这种活动时，无论是演讲者、主持者抑或听众，都有自己的目标指向和心理定式，都十分重视演讲的实际效果。就演讲者来说，当然力求当场感召听众，说服听众，达到其预定的目的和任务。就听众而言，从社会价值观念出发，同样也希望从演讲中获得知识和启示。至于演讲主持者，本来就承担有根据特定的目的对演讲活动进行组织和安排的任务，更希望演讲活动各方面协调，圆满成功，达到最佳的实际效果。

一场富有吸引力的好的演讲，不仅可以生动地反映生活，揭示真理，帮助人们正确认识客观规律，同时也可以培养人们美好的道德情操，促进人们奋发向上，给人以强烈的美的享受。演讲活动所发挥的认识作用、教育作用、美感作用，正是社会实践的直接需求，同时，这本身也正是实实在在的社会现实生活，具有直接的现实指导意义。

演讲，不仅是一种现实性的社会实践活动，而且是一种带有艺术性的社会实践活动。科学通过生动的逻辑思维使人认识抽象的真理，艺术往往通过形象使人认识真理。在演讲活动中，演讲者为了最大限度地达到自己的目的，使听众心悦诚服，精神振奋，必须做到"晓之以理，动之以情，喻之以利，导之以行"。为此，常常要借助于戏剧、音乐、绘画、相声、小说、诗歌等多种文学艺术手段为其服务。当然，它虽然具有多种文学艺术形式的一些特点和因素，但它毕竟不同于小说、诗歌、戏剧、音乐、绘画、雕塑等文学艺术现象。文学艺术作品常常运用典型化手法，形象地间接地反映社会生活，其本身并不等于现实生活；而演讲则是直接地表现生活，其本身直接体现着现实生活内容。

（二）演讲必须在特定的时空环境中进行

所谓"特定时空环境"，一般指的是演讲者和听众处在一定的时间和空间环境中，如"街头演讲"，演讲者与听众同时处在街头；"法庭论辩演讲"，演讲者与听众同时处在法庭的氛围之中。

一般说，演讲活动都要有相应的场合、相应的听众、适当的布置、合适的讲台、良好的音响效果和一定的时限。一定的时空环境反作用于演讲，制约着演讲的内容、语言和表情动作等。一旦时空环境发生转移和变化，演讲的内容、语言和表情动作等也必须随之转移和变化，以适应新的时空环境。在科学飞跃发展的今天，时空观念发生了离异性变化，时间在超强度地缩短，空间在奇迹般地扩大。

广播、电视拓宽了人们的空间范围，同时也缩短了人们的时间差距。运用广播、电视可以把不同时间、不同地点的演讲者和听众组合起来，使传统的演讲出现了新的发展和突破。如广播电视演讲，从表面上看，听众、观众并未直接与演讲者处在同一时间和同一环境中，但从根本上仍是处在特定的时空环境中，演讲者仍然必须有强烈的现场感，宛若置身于听众之中，也要考虑听众对演讲的情绪反应和态度评价，尽管各种反映和评价不一定立即在现场流露出来。

因为在设置着麦克风和摄像机的演播室内演讲，本身也就是处于特定的时空环境中，从客观的角度来讲，任何一个演讲者都无法逃脱他所处的时代环境对他的制约，离开了这些，演讲也就失去了它的存在价值。

（三）演讲必须依托语言来展开

语言是人们彼此交流思想以达到互相了解的一种极其重要的交际工具，人类社会生产的任何方面，都直接或间接以语言为工具。有声语言就是演讲活动中传递信息、表达思想最主要的媒介和物质表达手段，它是演讲者思想感情的载体，以流动的方式，运载着演讲者的主张、见解、态度和感情，将其传达给听众，从而产生说服力、感召力，使听众受到教育和鼓舞。离开了口语表达，就无所谓演讲。要达到以理服人、以情感人、以智育人、使听众心领神会的效果，演讲者的语言必须流畅易懂，富有魅力。

好的有声语言不仅准确清晰、圆润和谐，而且绚丽多彩、生动有趣，以其跌宕起伏、音义兼美的艺术魅力，形成一种境界，使言辞的表现力和声音的感染力均达到最佳的状态。

三、演讲的主要表达手段

演讲顾名思义，就是有演还要有讲。"讲"是讲明道理，诉说对某一问题的看法。"演"是借助声音、表情、动作来加强演讲的生动性。演讲以讲为主，以演为辅，运用有声语言，加上动作、体态和表情，巧妙结合，通过这样的方式来强调自己的观点看法，加强演讲的力度和感染力，是每个演讲者都会做的事情，所以，演讲的主要表达手段，我们可以概括为：声音表达、态势表达和形象表达。

第二节 演讲的特点和功能

一、演讲的特点

作为一个演讲者，一定要对整个演讲活动负起责任，因为，演讲者是演讲活动的主体部分，在整个演讲过程中，起着主导地位，而听众始终处于接受地位。因此真正意义上的演讲是一个个性化的活动，它体现了一个人的个人魅力，是一个人的性格、气质、形态、口才的综合反映。

（一）演讲是真实的活动

一些演讲者站在讲台上时，虽然侃侃而谈，旁征博引，有时还能插入一些令人捧腹的俏皮话，说理透彻明白，但是如果没有体现出个人的特点，一样无法激起听众热烈的反响。反之，如果一个演讲者讲的虽然都是具有乡土气息的朴实的语言，但是这些语言中，包含了真情实感，这也会成为一个感人的演讲。

正是因为这样，演讲的一个首要特性就是真实性。

演讲是一种现实活动，它是面向公众、面向社会的，虽然演讲中可以有一些表演的成分，但究其根本，都是为了达成演讲者通过对社会现实的判断和评价，直接向广大听众公开陈述自己的主张和看法的一种手段。

（二）演讲中可适当地加入一些艺术效果

虽然演讲是事实的产物，但是演讲的目的简单来说就是使人认同自己的观点，所以，在演讲的过程中可以加入一些现实活动的艺术。

演讲为了达到启迪心智、感人肺腑的目的，需要借助一些艺术的表现手段创造艺术感染力。演讲的艺术性在于它使得演讲具有了文学特征、朗诵艺术色彩和富有感召力的体态语言，这样就形成了统一的整体感和协调感。也就是说，演讲中的各种因素，例如语言、声音、表演、形象、时间、环境等，形成一种相互依存、相互协调的美感。同时，演讲还具备着戏剧、曲艺、舞蹈、雕塑等艺术门类的某些特点，演讲与这些因素融为一体，就形成了具有艺术感的演讲活动。

（三）演讲具有鼓动人心的力量

我们知道，人们通过演讲活动来宣传真理，统一思想，赢得支持，从而引导他人。尤其在战争年代和政治斗争中，演讲活动一向被喻为是进行宣传教育、政治斗争的有力武器。

所以演讲需要使得听众产生感情上的共鸣，没有鼓动性，就不成为演讲。在演讲中，演讲者需要用自己的形象、语言、情感、体态以及演讲词的结构、节奏、情节等去引发听众的共鸣，以此来抓住听众的心。可以说，鼓动性是演讲是否成功的一个重要标志。

（四）演讲是人们日常生活中的一种工具

演讲从最初的面对公众讲话，演变到今天已经成为了一门单独的学科，它是人们交流思想的工具。

现今社会中人们的任何思想、任何学识、任何发明和创造，都可以借助演讲这个工具来传播。可以说，演讲是最经济、最实用、最方便的传播工具。

（五）演讲可以针对明确的目标

演讲是一种社会活动，它所面对的听众也是社会的成员。因此，演讲应具有社会现实的针对性，能够针对特定的人群、问题展开，取得公众的认同。

（六）演讲能够适应任何环境

演讲是人们为了表达自己观点的一种活动，所以它能包括的内容也是包罗万象，社会生活事无巨细，古今中外纵横千里，它适合于男女老幼，不同背景、文化层次、职业、身份、种族、阅历的所有人；同时，它不受时空、设备等限制，可以随时随地进行。因此，演讲是具有很强适应性的宣传教育形式之一。

二、演讲的功能

我们日常的讲话，是人们为了交流思想、联络感情、协调行动而说的。这样的讲话，都是人们你一言我一语地讨论。并且日常的讲话，对于逻辑性的要求并不高，人们的交谈是相互地交织进行，所以是散漫的、随意的。

但是演讲就不同，它具有明确的逻辑性和目的性。需要演讲者的精心准备，它是由演讲者、听众两部分组成的。

（一）演讲在演讲者和听众之间建起联系

正如我们之前说到的一样，演讲是由演讲者把自己的观点和看法系统地统合到一起，有计划、有组织传达给听众，在演讲的过程中除了设计好的互动之外，基本上是不需要听众插话的。即使是我们熟悉的辩论赛，也是一个人一个人地阐述，中途一般是不能被打断的。

在这样特殊的模式中，演讲者和听众、听众和听众、听众和演讲者之间就形成了多种多样的联系，这是传播的必然发展。

这些多种多样的联系，也以各种不同的形式展现在了听众和演讲者的面前。听众可以在这些表现之中找到感情的共鸣，同时便于听众理解和记忆演讲的内容。演讲者在台上滔滔不绝地发表演讲时，他的思想感情、举止神态都直接作用于听众，听众接收到这些信息，或欣然赞许，开怀大笑；或心存疑义，无动于衷；或惊或喜，或悲或叹，都会在现场流露出来。

而对于演讲者，这样的联系，可以使他随时确认演讲的进度和效果，对于听众对演讲的情绪反映和态度评价，会自然地反馈给演讲者，为其所察觉。所以一个成功的演讲者能够协调与听众的关系，使他的演讲具有吸引力，演讲就可望成功。

（二）演讲是一种典型的传播活动

我们知道一个传播活动必须是这样：

```
              介质
   传播者  ⇌  受众
              介质
```

传播源通过一定的介质将所要传递的消息传递给他的目标受众，而受众在得到消息后再将自身的想法、感情通过一定的渠道反馈给传播者，这样传播者就知道了他是否得到了他的预期效果。

所以说演讲是一个典型的传播过程，是演讲信息循环流通的过程。

在这个过程中，演讲者通过声音、体态、形象的特殊的媒介，将演讲信息传达给听众，听众在得到这些信息之后，必然会出现一定的反应，高兴、悲伤或者漠不关心等。

显然，要使演讲顺利进行，必须使各方面联系和各个环节有效地连接，密切配合。尊重演讲的传播性，尊重听众才能更好地完成演讲。

（三）演讲者独白的语言要具有准确性和生动性

我们在上面说过，演讲是一种靠演讲者独白来打动听众、感染听众的传播方式，没有了互动、交谈，就避免了内容的杂乱不统一，可以使得演讲者能够明确地阐述自己的观点，但是同样是因为这样，在演讲中要注意语言的准确、清晰和生动。

就像教师讲课一样，是要将全新的内容使得学生了解、掌握。这就要求演讲者必须通过自身的有声语言材料和相应的体态语言来逐条逐款层层展开。要讲清思想观点的来龙去脉，就不是三言两语可以奏效的。

因此，演讲者的语言必须经过认真组织、仔细斟酌、要有着很强的内在逻辑。

开头要精彩，引人入胜，结尾要恰到好处，耐人寻味。而中间部分要求层次清楚，论点明确，完美地将自己和听众的情绪推向高潮；同时运用叙事、抒情、说理等多种方式将自己的论证做到天衣无缝。如何以其深刻的思想性和精巧的文采美来吸引听众、感染听众，拨动听众的心弦，弹奏出最动听的乐曲，这一切都要求演讲者苦心构思，巧妙结合。

演讲者这种独白式的言态表达方式，又是有声语言和体态语言的结合体，它要求语言、声音、眼光、动作、姿态有机地结合，浑然一体，做到吐词准确、语调动听、表情丰富、动作适度、仪态大方、感情充沛，使人产生一种"思风发于胸臆，

言泉流于唇齿"的美感。因此，它必须遵循一定的美学原则，讲究音韵、修辞、气度等，具有一定的艺术色彩。总之，一次成功的演讲，其语言必须具备以下要素：措辞准确，声调清晰，体态得当，感情真挚，结构完美。

值得说明的是：演讲虽然是艺术化的独白式的言态表达，但这种"艺术化"有一定的"度"，它是受现实活动的目的和效果制约的有限的艺术，实际上只是一种手段性的艺术，如同技能技巧一般。如果超越了这个"度"，就把演讲搞成评书、单口相声或诗朗诵一般，那就不伦不类，失去了演讲的真实性。评书、单口相声、诗朗诵虽然也是"一人讲，众人听"，但是它们属于艺术范畴，是艺术活动，是艺术活动中的言态表达形式；而演讲是现实活动，"它是现实活动的言态表达艺术，而不是艺术活动的言态表达"。

（四）演讲是一种常用工具

在我们的生活中，演讲是无处不在的，政治、经济、军事、外交、法律，也无论是学术、理论、宗教、道德或其他社会问题，都可以成为演讲的题材，帮助演讲者发表自身的意见和看法。

第二章

演讲的目的和类型

第一节 演讲的目的

第一次世界大战之后,帝国主义操纵巴黎工会逼迫中国签署不平等条约,这样的行为使得北京大学等众多高校的学生愤慨,他们游行、示威、公开演讲。

这时期的演讲的目的非常明确,要求取消"二十一条"、拒绝签字,"外争国权,内惩国贼"。通常演讲都具有以下几种目的:

一、使更多人了解演讲的信息

演讲是一种传播活动,它的主旨就是:演讲者说明、解释或阐明有关人或事或物的某些状况或特征等,使听者理解、明白演讲者传递的信息。

在这样的传播活动中,演讲者不能支配听众的想法和感情,只能传达自己的目的和感情。

二、使更多人信服接受演讲的信息

这是演讲的目的进一步发展,在演讲将信息传达出去后,他的工作并没有完成,他要确保他的目的和希望能够被听众接受和理解。这要靠演讲者在观察听众的神态、表情等信息来判断。

三、使人们按照演讲的要求行动起来

这是在前两种基础上产生的一种更高阶段的演讲,这个阶段听众们已经完全接受了演讲的内容,并把演讲者的要求贯彻到了行动当中去。演讲的目的是影响听者的举止,影响其去做某件事或停止做某件事。

四、使人们从演讲中得到激励和鼓励

在这类演讲中,演讲者的目的一般不是要影响听者的思想、信念,而主要是企图更强烈、更深刻、更动人地再现听者已经具有的思想、观点、感情、愿望、信念等,使听者的思想感情得到进一步升华和强化,从而受到鼓舞和激励。在"使人激"演讲中,演讲者必须使自己成为听者的代言人,全面通晓、真挚地表达出听者的思想感情。此外演讲者还应当要求自己成为能对听者进行引导的长者。可以说,

"使人激"演讲是演讲技艺的顶峰,一些彪炳史册的著名演说,如林肯的葛底斯堡演说、恩格斯在马克思墓前的讲话、丘吉尔首相的就职演说等,都是"使人激"演讲的成功范例。"使人激"演讲与"使人动"演讲有着极其密切的联系,真正能"使人激"的演讲必先能"使人动"。

五、使人们从演讲中感到快乐

在"使人知""使人信""使人动"的演讲里,都可能穿插一些幽默而富有趣味的内容,以活跃气氛、增强听者的兴趣,使其更乐于理解,接受某些观点或按某种观点去行动。"使人乐"演讲能够寓思想教育于娱乐之中,使听者摆脱紧张和疲劳,达到一种轻松的心境。

第二节 演讲的分类

每次演讲的主题、形式、内容、观众都不尽相同,所以每次演讲前,演讲者都要煞费苦心地根据这次演讲的实际情况来制订相应的对策,而对演讲的分类能够帮助演讲者更加了解自己要做的演讲是什么。

对于演讲的分类，我们可以从内容和表达形式两个方面来讨论。

一、从演讲内容上分类

（一）政治演讲

政治演讲就是指具有鲜明思想、逻辑清楚的一种演讲，它具有强烈的感染力以及鼓动性，其目的就是尽可能多地吸引人们的兴趣，拉拢更多的人站在自己的阵营。

（二）经济演讲

所谓经济演讲就是在经济的环境中，对于如何发展自己、推销自己，或者是对于整体经济环境进行研究和探讨。

（三）学术演讲

学术演讲一般是学者或者研究人员对于自己的研究成果进行讲解，其目的是为了加强公众对于一些专业性比较强的内容的理解和认识。

（四）法律演讲

法律是国家或地区用来规定人们行为的一种规范，而法律演讲则是从事与法律相关的行业的专业人士对于各种事件的辩论、研究的演讲。

（五）宗教演讲

在宗教国家中，宗教演讲是生活中非常重要的一个组成部分，它的目的是规范人们的行为。

二、从演讲的表达形式上分类

主要有命题演讲、即兴演讲和论辩演讲等。

（一）命题演讲

所谓命题演讲，就像学生们的命题作文。演讲者所要演讲的内容不能随心所欲、按照自己的意愿来选择题目，命题演讲由别人拟定题目或演讲范围。

对于这样给定的演讲题目，有些正好是演讲者熟悉的，这样演讲者往往得心应手，但是对于一些演讲者不熟悉或者不太涉及的题目，演讲者就要经过一定时间的准备后再做演讲。

（二）即兴演讲

即兴演讲指演讲者在演讲前毫无准备的情况，因为一些临时突发的情况，主动或者被动发表的演讲。这是因为当我们面对一些场面、情境、事物、人物等情况时，经常会临时兴起发表演讲的冲动，例如婚礼祝词、欢迎致辞、丧事悼念、聚会演讲等。

这样的演讲因为没有详细的准备，所以在逻辑上难免会有所缺失。所以它要求演讲者要紧扣主题，抓住由头，迅速组合，言简意赅。

（三）论辩演讲

最常见的论辩演讲就是我们最常见的辩论赛，因为有人与人的互动性，所以要求演讲者具有非常强的应变能力和逻辑性。两方或两方以上的人们因对某个问题产生不同意见而展开面对面的语言交锋都是论辩演讲的代表。在某些方面它和即兴演讲有些相似。但是它比即兴演讲更难些，因为它不但要有即兴演讲的能力，还要同时应对各种提问和质疑。

命题演讲的两种形式

命题演讲包含两种形式：全命题演讲和半命题演讲。

全命题的演讲
此类演讲大多是由组织演讲的单位指定演讲题目，通常多是为某些活动而准备的，所以它主题鲜明、针对性强、内容稳定、结构完整。

半命题演讲
这种演讲只是划定了一个大概的范围，在这个范围内，演讲者可以根据自己的喜好再细致划分。

技巧篇

演讲前的准备

第一节 注意仪表和风度

作为一名演讲者,不但要有良好的语言表达能力,同样需要注意自己的仪表和风度。作为一名演讲者,给人的第一印象是非常重要的,而听众正是通过观察一名演讲者的仪表来决定对他的第一印象的。所以注重仪表和风度是演讲迈向成功的第一步,同时也是对听众的最基本的礼貌。

一、面带微笑可拉近同听众的距离

笑是大部分人能够做出的一个动作,我们在生活中总是不停地重复着各种笑容,所以说笑是人脸上一种最棒的表情,它能够反映出一个人的内心世界。

当一个考生面对考官时,考官的微笑可以缓解他的紧张情绪。当一个顾客遇到问题时,服务员的一个微笑可以安抚他的情绪。一个推销员,微笑可以为他赢得客户的信任。一名教师,一个微笑可以拉近他与学生们的距离。

在运用微笑传情达意时,要真诚自然,适度得体。微笑是一个人自信的标志,是待人接物时最基本的礼貌之一,同时一个人的涵养和情感都可以通过微笑表现出来。微笑可以沟通情感,消融"坚冰",是善意的标志、友好的使者、成功的桥梁。服务业的老板大都喜欢能够面带微笑的员工。

在大部分人中,能够展现出发自内心的微笑的都是心地非常善良的人,也是可以信赖的人,这样的人所说的话是可以相信的。

作为一名演讲者,在演讲中面带微笑,不但可以给听众一种温和开朗的印象,而且可以建立一种融洽气氛。

在所演讲的内容和听众的认知有所偏差,或者有刻意刁难的问题出现时,微笑可以消除听众的抵触情绪,激发听众的感情,缓解场面上的矛盾,避免冲突的发生。

值得我们注意的是演讲中的微笑是要讲究时机的，如果时机不对，同样是无法取得良好的演讲效果的。

首先，在上台和下台时，要面带微笑。上台时的微笑可以给听众一个良好的第一印象，拉近演讲者与听众的关系。下台时的微笑可以给演讲做一个良好的结尾，使听众感到温馨和意犹未尽。

其次，在赞美歌颂一些人、一些事时一定要面带微笑，因为只有微笑才能代表演讲者的赞美是发自内心的，才能加强演讲的感染力。如果演讲者面无表情地发表赞美，那么就会在听众中留下虚伪的印象，演讲的效果和影响力就大打折扣了。

第三，在面对听众提问时一定要面带微笑，这样做的原因有两个，一是表示对听众的尊敬，二是通过微笑鼓励听众说出自己的想法。

第四，即使遇到反对的声音，也要微笑面对。有这样一个例子，一个女交警在执勤站岗时遇到了一名喝醉酒的男子的纠缠，尽管如此，女交警依然微笑着回答了男子的问题。这名女交警的态度为她赢得了赞誉。在演讲中同样是如此，听到了不同或批判的声音，就更应该微笑着聆听。因为每个人的观点和看法都是不尽相同的，通过听众的反对意见，我们同样可以学到很多东西，演讲现场气氛也能够活跃起来。

第五，如果遇到了大声喧哗，或者捣乱的听众，演讲者也不能大声训斥，因为一方面这是在公共场合的基本礼仪，另一方面，怒目相对，也会影响其他正常听演讲的听众，使得他们觉得扫兴。所以在这种时候，作为一名演讲者，可以略略停顿一小会儿，这时一些听众会自发地维持会场的纪律，等待会场稍微安静一些时，可以面带微笑地对扰乱了演讲的人进行含蓄的批评。

微笑是我们在日常生活交谈中、辩论中、演讲中，都会用到的一种表情，那么要如何微笑，微笑训练都有哪些技术上的要求呢？

我们可以借鉴摄影师在拍摄照片时，常会问的问题，例如，问："肥肉肥不肥？"答："肥！"问："糖甜不甜？"答："甜。"或者说"田七""茄子"等，都可以使我们自然地做出微笑的动作。

平时，我们可以在空闲的时候，面对镜子作微笑的练习。

看看口腔开到什么程度为宜；嘴唇呈什么形态，圆的还是扁的；嘴角是平拉还是上提。要注意，口腔打开到不露或刚露齿缝的程度，嘴唇呈扁形，嘴角微微上翘。如果能每天面对镜子练习30分钟，就能成为一个具有得体微笑的演讲者了。

最后要注意的一个问题就是，不是所有的演讲都要有笑容，微笑也要分清场合，如召开重要会议、处理突发事件、参加追悼大会时，就不能面带微笑。同时，其他的演讲，演讲中不能从头到尾一味微笑，否则让人感到你像一个弥勒佛，觉得你带了一个假面具上台演讲，没有感情。尤其在表达不该笑的感情时更不能笑。

微笑时也要注意别犯错

1. 笑过了头
这种情况就是在微笑时嘴咧得太大。嘴咧得过大，会给人一种不礼貌的感觉。

2. 假笑
也可以叫作皮笑肉不笑，这是因为，微笑者并没有投入感情，只是机械地按照要求在摆动作。

在演讲中也是一样，听众们是很敏感的，他们能够分辨出真笑和假笑，只有真诚的笑才能感染观众。

二、得体的穿着可以给听众留下一个良好的印象

肢体的动作同语言一样是演讲的重要组成部分，是一种重要的无声语言。而肢体语言又包括了个人的形象和动作这两个方面。

肢体语言是补充语言传播的不足、作用于人的视觉的一种手段。

演讲者给予听众的第一印象，是十分重要的，甚至可以决定听众对演讲者的态度和是否愿意认真听取演讲者的演讲。

一般人在面对一个陌生人时，只能凭着这个人的服装和仪表来判断这个人。所以要有一个好的形象，就必须从最基本的做起，注意自己的服装穿着。

中国有句古话说得好："人靠衣服马靠鞍。"其意思就是指一个人穿上好的衣服这个人的气质风度都会变得不一样。服装和仪表，并不仅仅是一个外在形象的问题，也是一个人内在涵养的表现和反映，良好的形象是外表得体和内涵丰富的统一。

对服装和仪表最起码的要求，就是要干净、端庄、整齐，给人以清爽、精神的感觉，使人看了比较舒服。

当你意识到着装打扮的重要性时，还完全不够，如果你不会挑选、搭配，恐怕你的形象意识也是起不了作用的。

恰当的着装能够弥补自身条件的某些不足，树立起自己的独特气质，使你脱颖而出。从礼仪的角度看，着装不能简单地等同于穿衣。它是着装人基于自身的阅历修养、审美情趣、身材特点，根据不同的时间、场合、目的，力所能及地对所穿的服装进行精心的选择、搭配和组合。在各种正式场合，注重个人着装的人能体现仪表美，增加交际魅力，给人留下良好的印象，使人愿意与其深入交往，同时，注意着装也是每个事业成功者的基本素养。

首先，文明大方：忌过露、过透、过短、过紧。

整洁的衣着反映出一个人振奋、积极向上的精神状态；而褴褛、肮脏的服装，则是一个人颓废、消极、精神空虚的表现。因此，衣服要勤换、勤洗、熨平整，裤子要熨出裤线；衣扣、裤扣要扣好、裤带要系好；穿中山装应扣好风纪扣；穿长袖衬衣衣襟要塞在裤内，袖口不要卷起，短袖衫、港衫衣襟不要塞在裤内。

装饰必须端庄、大方，要让对方感到可亲、可近、可信、乐于与你交往。在演讲前，应适当打扮一下，把脸洗干净，头发梳理整齐。男士应刮胡子，女士还可化一点淡妆。一般来说，女服色彩丰富，轮廓较优美，面料较讲究，显示出秀丽、文雅、贤淑、温和等气质。男服则要求线条简洁有力，色彩沉着，衣料挺括。

其次，搭配得体：完美和谐、色彩搭配、鞋袜搭配。

服饰礼仪中所说的服饰，不完全是指我们日常生活中的衣服和装饰物，而主要是指在着装后构成的一种状态。它包括了它所表达的人的社会地位、民族习惯、风土人情以及人的修养、趣味等因素。所以不能孤立地以衣物的好与坏来评价人在着装之后的美与丑恶。必须从整体综合的角度来考虑和体现各因素和谐一致，做到适体、入时、从俗。

适体，就是追求服饰与人体比例的协调和谐。服饰是美化人体的艺术，服饰只有与人体相结合，使服饰的色彩、式样、比例等均适合人体本身的"高、矮、胖、瘦"，从而把服饰与人体融为有机统一的整体。因此，过肥或过紧的衣衫，过小或过大的裤腿、过高的"高跟鞋"以及不得当的颜色搭配等，都会扭曲人的形体、影响人的形象。

入时，就是追求服饰和自然界的协调和谐。人与自然相适应，有春夏秋冬、风雨阴晴的不同服饰；根据四季的变化穿着衣物，不但很合时宜，而且还可保证人体健康。一般来说，冬天衣服的质地应厚实一点，保暖性强一点，如呢毛料等，而春秋衣服的质地则应单薄些。可以设想，一个人在寒冷的天气穿着单薄，浑身颤颤抖抖；在炎热的天气里穿着厚实，满头大汗地出现在交际场所时那种难堪模样。

从俗，就是追求服饰与社会生活环境、民情习俗的协调和谐。应努力使服饰体现出新时代的新风貌和特征，各民族的不同习俗和特色，各种场合的不同气氛和特点。

再次，个性鲜明：与年龄、体型、职业、场合相吻合，保持自己的风格。

选择什么样的服饰，能够在很大程度上体现出穿着者的个性。在服饰整体统一要求中，追求个性美，可以说是现代生活的一大趋势。

个性特征原则要求着装适应自身形体、年龄、职业的特点，扬长避短，并在此基础上创造和保持自己独有的风格，即在不违反礼仪规范的前提下，在某些方面可体现与众不同的个性，切勿盲目追逐时髦。

那么，如何使自己的穿着得体呢？

（一）服饰礼仪

1.着装应与自身条件相适应

选择服装首先应该与自己的年龄、身份、体型、肤色、性格和谐统一。年长者，身份地位高者，选择服装款式不宜太新潮，款式简单而面料质地则应讲究些才与身份年龄相吻合。青少年着装则着重体现青春气息，朴素、整洁为宜，清新、活泼最好，"青春自有三分俏"，若以过分的修饰破坏了青春朝气实在得不偿失。

2.着装要合体，讲究线条配置、搭配合理、色调和谐

瘦高体型的人，不宜选用竖条纹的服装，否则会夸大纤细的身形。太薄的衣服也会给人以呆板、缺乏韵味的感觉，而质感、厚实一点的衣料会使体瘦的人看上去精神抖擞。体型丰满的人则相反，衣服质地太厚显得笨重，当然也不能太薄，否则体型弱点就暴露无遗了，衣料以薄厚适度为宜。胖人切忌穿大花纹、横花纹、大方格图案的服装，否则只会夸张体型。

3.衣着服饰要投听众所好

有的演讲者总是喜欢根据自己的爱好穿着服装，这样的好处是面谈时感到自然轻松。

一般说来，着装不必赶时髦，不必求流行，尤其不能浓妆艳抹，花枝招展。

许多人心理上都认为"过分追时髦的人往往是不求上进的人"。专家告诫，当不知道穿什么好时，与其追求新潮，不如穿得正统一点。

（二）服装的选择

1.男性

春、秋、冬季，男士最好穿正式的西装，西装的色调要用给人稳重感觉的深素色为主，如藏青色、蓝色、黑色、深灰色等。夏天要穿长袖衬衫，衬衫最好选择白色，系领带，领带应选用丝质的，领带上图案可以根据自己的爱好选择，最好是

形体对服装选择的影响

形体条件对服装款式的选择也有很大影响。

身材较胖、颈粗圆脸形者，宜穿深色套装。浅色高领服装则不适合。

而身材瘦长、颈细长、长脸形者宜穿浅色、高领或圆形领服装。方脸形者则宜穿小圆领或双翻领服装。

身材匀称，形体条件好，肤色也好的人，着装范围则较广，可谓"浓妆淡抹总相宜"。

单色的，它能够和各种西装及衬衫相配。单色为底，印有规则重复的小型图案的领带，格调高雅，也可用。斜条纹的领带能表现出你的精明。领带在胸前的长度以达到皮带扣为好。如果一定要用领带夹，应夹在衬衫第三和第四个扣子中间的位置。不要穿短袖衬衫或休闲衬衫。

要穿深色的袜子、黑色的皮鞋。皮带要和西装相配，一般选用黑色。皮鞋、皮带、皮包颜色一致，一般为黑色。眼镜要和自己的脸型相配。镜片擦拭干净。如果选用钢笔一定不要插在西装上衣的口袋里，西装上衣的口袋是起装饰作用的。

2.女性

要穿简洁、大方、合体的套装，裙子不宜太长，这样显得不利落，但是也不宜穿太短、低胸、紧身的服装，过分时髦和暴露的服装都不适合演讲。春秋的套装可用较厚实的面料，夏季用真丝等轻薄的面料。衣服的质地不要太薄、太透，薄和透有不踏实、不庄重的感觉。色彩要表现出青春、典雅的格调。用颜色表现你的品位和气质。不宜穿抢眼的颜色。

丝袜一定要穿，以透明近似肤色的颜色最好。要随时检查是否有脱线和破损情况。穿式样简单、没有过多装饰的皮鞋，后跟不宜太高，颜色和套装的颜色一致，如果你不知道如何配色，最简单的办法就是穿黑色的皮鞋。

3.服装的色彩搭配

不同的色彩有着不同的象征意义：暖色调——红色象征热烈、活泼、兴奋、富有激情；黄色象征明快、鼓舞、希望、富有朝气；橙色象征开朗、欣喜、活跃。冷色调——黑色象征沉稳、庄重、冷漠、富有神秘感；蓝色象征深远、沉静、安详、清爽、自信而幽远。中间色——黄绿色象征安详、活泼、幼嫩；红紫色象征明艳、夺目；紫色象征华丽、高贵。过渡色——粉色象征活泼、年轻、明丽而娇美；白色象征朴素、高雅、明亮、纯洁；淡绿色象征生命、鲜嫩、愉快和青春；等等。

4.色彩搭配原则和方法

服装的色彩是着装成功的重要因素。服装配色以"整体协调"为基本准则。

全身着装颜色搭配最好不超过三种颜色，而且以一种颜色为主色调，颜色太多则显得乱而无序，不协调。灰、黑、白三种颜色在服装配色中占有重要位置，几乎可以和任何颜色相配并且都很合适。

着装配色和谐的几种比较保险的办法：一是上下装同色——即套装，以饰物点缀；二是同色系配色。利用同色系中深浅、明暗度不同的颜色搭配，整体效果比较协调。

年轻人着上深下浅的服装，显得活泼、飘逸、富有青春气息。中老年人采用上浅下深的搭配，给人以稳重、沉着的静感。

服装的色彩搭配考虑与季节的沟通，与大自然对话也会收到不同凡响的理想效果。

同一件外套服装，利用衬衣的样式与颜色的变化与之相衬托，会表现出不同的独特风格，能以简单的打扮发挥理想的效果，本身就说明着装人内在的充实与修养。利用衬衣与外套搭配应注意衬衣颜色不能与外套相同，明暗度、深浅程度应有明显的对比。

着装配色要遵守的一条重要原则，就是根据个人的肤色、年龄、体型选择颜色。

肤色黑，不宜着颜色过深或过浅的服装，而应选用与肤色对比不明显的粉红色、蓝绿色，最忌用色泽明亮的黄橙色或色调极暗的褐色、黑紫等。

皮肤发黄的人，不宜选用半黄色、土黄色、灰色的服装，否则会显得精神不振和无精打采。脸色苍白不宜着绿色服装，否则会使脸色更显病态。而肤色红润、粉白，穿绿色服装效果会很好。白色衣服任何肤色效果都不错，因为白色的反光会使人显得神采奕奕。体型瘦小的人适合穿色彩明亮度高的浅色服装，这样显得丰满。而体型肥胖的人用明亮度低的深颜色则显得苗条等。大多数人体型、肤色属中间混合型，所以颜色搭配没有绝对性的原则，重要的是在着装实践中找到最适合自己的搭配颜色。

（三）发型的搭配

大多数人关注一个人，目光首先的落点都是对方的头发。所以，注意保持头发的清洁，并修饰整齐。

发型不仅要符合美观、大方、整洁和方便生活、工作的总体原则，而且要与自己发质、脸型、体型、年龄、气质、四季服装以及环境等因素很好地结合起来，才能给人以整体美的形象。

就季节来说，春秋两季的发式可以自由活泼一些，而冬夏季的头发则由于受到气候因素的影响，需要格外注意。

夏天天气炎热，可留凉爽、舒畅的短发，如果是长发，则可以梳辫子或将头发盘起。由于多数人夏天面部油脂分泌都很旺盛，而额前的头发过多往往容易使热量不便于散发，反过来更加使得面部油光光的。因此，夏季的发型一定要考虑前额、两颊的头发不能留得过多，应尽量把头发向后向内梳理。同时，搭配一个浅色的上衣领，能够把脸部衬托得光亮鲜活一些。

冬天人们的衣着较厚，衣领高，留长发既美观又保暖。在冬季较爱刮风的地方，参加演讲前最好用帽子、头巾或者干脆用发带把头发束缚起来，等到达演讲地点前，利用上卫生间的机会将头发理顺。

女性如果再在头发的适当部位装饰花色款式、质地适合的发夹、发带或头花等饰物，那么就对整体美起到"画龙点睛"的作用，从而增添无限魅力和风韵。但要注意饰物不可过多，色彩也不能过于光亮耀眼，形成堆砌，则给人一种俗气的感觉，反而失去自然美。

男性的发型也要体现出一个人的性格、修养和气质。短发型可以体现男性朝气蓬勃的精神面貌,具体来看,寸发适合于头型较好,面部饱满的男性;前额较宽的人应该梳"三七开"的分头,以便更多的头发能够遮盖前额;选择"四六开"或"中分"发型的男性面部一般都不会过长,而且发质偏油性的较为合适。

不同脸型适合的发型

发型设计可以使人活泼年轻,也可以让人变得端庄文雅,起到修饰脸型、协调体型的作用。

就不同的脸型来说,椭圆形脸是东方女性的标准脸型,可选任意发式。

长脸看起来面部消瘦,发型设计上应适当遮住前额,并设法使双频显得宽一些。

圆脸形的人应将头顶部的头发梳高,使脸部在视觉造型上增加几分力度。

(四)化妆的重要性

肤色十分重要,面色红润昭示着你的青春健康。

脸部皮肤的整体妆饰,除了要体现出自然光泽,还要注意脸部各器官妆饰的整体协调,否则便难以达到美容的效果。比如:有一双又黑又大的眼睛和长长的睫毛,为了突出眼睛的魅力,口红的颜色就应该有所限制,尽量使用与肤色接近的口红。

女性在化妆时一定要懂得如何把握淡雅适度的分寸,如果把口红抹得过浓,加上粉底较厚,整个面部便愈发夸大了一张喋血红唇。

为了达到美容的效果,妆饰还应考虑到不同季节和不同时间,根据自身的性格气质、职业特点、年龄、场合而采用不同风格的化法。

对于女性来说,化淡妆比较适宜,这样能显得端庄、秀丽,给人以自然、含蓄、舒适、得体的感觉。人们常说"化过妆就好像没有化一样"的效果就是化妆的最高境界。

少数男性也喜欢用一些化妆品,除非你很内行,而且确实无人能识破你的"伪装",否则大多数人会认为男性涂脂抹粉显得缺乏阳刚之气。

第二节 注意演讲的姿态

演讲的姿态,是演讲者的重要辅助工具,帮助演讲者加强演讲的效果,对听众有重要的引导作用。

一、手势的配合

手势是人们演讲态势的主要形式。借助手势说话的关键在于"助",它既不同于烘托语,可代替讲话,又不同于演节目,可以用手势演出情节。

手势有两大作用,一能表示形象,二能表达感情。许多演讲家的手势语独显其妙。伟大的革命导师列宁常习惯于用左手大拇指横插于坎肩,右手有力地挥动的手势;以右手坚定地探向前方,身体微倾向听众,构成了一种独特的姿态。

可见,恰当的手势不仅有助于表达情感,而且有很大的包容性,往往是"无声胜有声"。

论辩,尤其是赛场论辩与法庭论辩时,手势运用能构成论辩者丰富多彩的主体形象,使表达富有感染力量。自然而安稳的手势,可以帮助表达者平静地说明问题;急剧而有力的手势,可以帮助表达者升华感情;稳妥而含蓄的手势,可以帮助表达者表明心迹。

林肯在做律师时的老朋友赫恩登曾回忆林肯在进行法庭论辩时说:"他对听众恳切地发表讲话时,那瘦长的右手指自然地充满着动人的力量,一切思想情绪完全贯注在那里。为了表现欢乐的情绪，他把两手臂举成50度的角，手掌向上，好像已抓住了他渴望的喜悦。他讲到痛心处，如痛斥奴隶制时，他则紧握双拳，在空中用力挥动。"

  手势语"词汇"丰富，千变万化，没有一个固定的模式。作为一个出色的演讲者，平时要认真观察生活，刻苦训练，积极付诸实践。下面介绍一些常用的手势：

  1.拇指式。竖起大拇指，其余四指自然弯曲，表示强大、肯定、赞美、第一等意。

  2.小指式。竖起小指，其余四指弯曲合拢，表示精细、微小或蔑视对方。

  3.食指式。食指伸出，其余四指弯曲并拢。用来指称人物、事物、方向，或者表示观点甚至表示肯定。胳膊向上伸直，食指向空中则表示强调，也可以表示数字"一""十""百""千""万"……食指弯曲或钩形表示九、九十、九百……齐肩画线表示直线，在空中划弧线表示弧形。

  4.食指、中指并用式。食指、中指伸直分开，其余三指弯曲，这一手势一般表示二、二十、二百……在一些欧美国家与非洲国家表示胜利的含义。

  5.拇指、食指并用式。拇指、食指分开伸出，其余三指弯曲表示八、八十、八百，如果并拢表示肯定、赞赏之意；如果二者弯曲靠拢但未接触，则表示"微小""精细"之意。

  6.拇指、食指、中指并用式。三指相捏向前表示"这""这些"，用力一点表示强调。

  7.仰手式。掌心向上，拇指自然张开，其余弯曲，这一手势包容量很大。区域不同，意义有别：手部抬高表示"赞美""欢欣""希望"之意；平放是"乞求""请施舍"之意；手部放低表示无可奈何，很坦诚。

  8.俯手式。掌心向下，其余状态同仰手式，这是审慎的提醒手势，同时表示反对、否定之意；有时表示安慰、许可之意。

  9.手切式。五指并拢、手掌挺直，像一把斧子用力劈下，表示果断、坚决、排除之意。

  10.手啄式。五指并拢呈簸箕形，指尖向前，表示提醒注意之意，有很强的针对性、指向性，并带有一定的挑衅性。

  11.挥手式。手举过头挥动，表示兴奋、致意；双手同时挥动表示热情致意。

  12.掌分式。双手自然撑掌，用力分开。掌心向上表示"开展""行动起来"等意；掌心向下表示"排除""取缔"等意；平行伸手则表示"面积""平面"等意。

  13.拳举式。单手或双手握拳，平举胸前，表示示威、报复；高举过肩或挥动或直锤或斜击，表示愤怒、呐喊等意。

  14.拳击式。双手握拳在胸前做撞击动作，表示事物间的矛盾冲突。

演讲中要避免不恰当的手势

手势语言运用得是否恰当自然,这直接关系到口才表达主体的形象。

这个人从上台还没变过姿势呢,也不嫌累。

要避免像石头人一般地站立着,两手无力地下垂或在后背相交,自始至终只用一个手势动作,显得呆滞死板。

也要防止手势动作泛滥,轻佻作态,前松后紧,前紧后松,前后脱节等现象。

这人怎么总爱拽他的领带呢?

更要纠正手上的小动作。比如,玩弄扣子或不断地用手抚摸领带,或用手指对方鼻子等不良习惯。

总之,在演讲中要正确地运用手势,还需在口才实践中不断地加强自身的修养,努力做到手势动作优雅、适当贴切,充分发挥手势语言传情达意的功用,增强口才表达的效果。

15.拍肩式。用手指拍肩击膀,表示担负工作、责任和使命的意思。

16.颤手式。单手或双手颤动,必须与其他手势配合才表示一个明确的含义。

手势语言是人类在漫长进化历程中最早使用的一种交际工具。在原始社会里,先民们主要是依靠手势语言进行交际的。而后,人类社会出现了有声语言和文字,手势语言才降为对有声语言辅助、补充和修饰的从属地位。

在各种交际场合,遇到了相识的人,如距离较远,一般可举手招呼,也可点头致意,还可脱帽致意;遇到不熟悉的朋友,可点头或微笑致意;送别客人或朋友时,可举手致意,或挥手致意,也可挥手帕致意,或挥动帽子致意。手的挥动幅度越大,表现的感情也就越强烈。此外,一般场合都需要握手,这也是平日运用得最多的一种手势语言,它承载着丰富、深邃而微妙的信息。一般说来,上级与下级、长辈与晚辈、女性与男性、主人与宾客之间,应由上级、长辈、女性、主人先伸出右手,下级、晚辈、男性、宾客才能伸出右手与之相握。握手力度要均匀适中,这是礼貌、热情、友善和诚恳的表示;而握手用力太轻,被认为是冷淡、不够热情;用力太重,又会显得粗鲁无礼。

二、用眼睛表达自己

心理学研究表明,在人的各种感觉器官可获得的信息总量中,眼睛要占80%以上。人内心的隐秘,胸中的冲突,总是自觉不自觉地在不断变幻的眼神中流露出来,它犹如一面聚焦镜,凝聚着一个人的神韵气质。泰戈尔说:"一旦学会了眼睛的语言,表情的变化将是无穷无尽的。"

高尔基在回忆列宁的演讲时写道:"在他那蒙古型的脸上,一双锐利的眼睛在闪闪发光,表现出一个不屈不挠的战士对谎言的反对以及对生活的忠实,他那双眯缝着的眼睛在燃烧着,使着眼色,讽刺地微笑着,闪烁着愤怒。这双眼睛的光泽使得他的演讲更加热烈、更加清晰,有时仿佛是他精神上有一种不可战胜的力量,从他的眼睛里喷射出来,那内容丰富的话语在空中闪光。"当代演讲家彭清一演讲时,总是以自己的亲身体验现身说法,把饱满的热情淋漓尽致地"写"在眼里,其眼窝、眼睑、虹膜和瞳孔组成一台完整的戏。

刘鹗在他的小说《老残游记》中有一段关于艺人王小玉上台说唱的描写:"……她将鼓槌子轻轻地点了两下,方抬起头来,向台下一盼。那双眼睛如秋水、如寒星、如白水银里头裹着两丸黑水银,左右一顾,连那坐在远远墙角里的人都觉得她看见自己了。那坐得近的,更不必说。她的眼神的意思是:我已经注意到各位了。"

这眼神奇妙绝伦,就像无声的问候和命令,比高叫一声"请大家安静"更起作用。

眼神是运用眼的神态和神采来表达感情、传递信息的无声语言。在面部表情中，是最生动、最复杂、最微妙、也最富有表现力的。眼睛是心灵的窗户，最能倾诉感情，沟通心灵。眼神千变万化，表露着人们丰富多彩的内心世界。正如苏联作家费定的小说《初欢》中所描写的那样："……眼睛会发光，会发火花，会变得像雾一样暗淡，会变成模糊的乳状，会展开无底的深渊，会像火花和枪弹一样投射，会质问、会拒绝、会取、会予、会表示恋恋之意……"眼睛的表情，远比人类的语言来得丰富。

在与人交谈中，正视对方，表明对对方的尊重；斜视对方，表明对对方的蔑视；看的次数多，表明对对方的好感和重视；看的次数很少或不屑一顾，表明对对方的反感和轻视；眼睛眨动的次数多，表示喜悦和欢快，也可表示疑问或生气；眼睛眨动的次数少甚至凝视不动，表示惊奇、恐惧和忧伤；如果不敢直视对方，也可能是因为害羞，可能有什么事不愿让对方知道；如果怀有敌意的双方互相紧盯着，其中一方突然把眼光移向别处，则意味着退缩和胆怯；如果谈判时有一方不停地转动着眼球，就要提防他打什么新主意或坏主意；如果是频繁而急促地眨眼，也许是表示羞愧、内疚，但也可能表明他在撒谎……

配合着眉毛的变化，眉目传情意义更广泛。欢乐时眉开眼笑，眉飞色舞；忧愁时双眉紧锁；愤怒时横眉怒目；顺从时低眉顺眼；戏谑时挤眉弄眼；畅快时扬眉吐气等。

演讲目光语最主要的是强调眼神的运用。一般来说，不同的眼神表达着不同的情感。目光明澈表现胸怀坦荡；目光狡黠表现心术不正；目光炯炯表现精神焕发；目光如豆表现心胸狭窄；目光执著表示志向高远；目光浮动表现轻薄浅陋；目光睿智表现聪明机敏；目光呆滞表现心事重重；目光坚毅表示自强自信；目光哀颓表示自暴自弃。除此之外，故弄玄虚的眼神乃是高傲自大的反映；神秘莫测的眼神则是老奸巨猾的反映；似宝剑出鞘咄咄逼人的目光是正派敏锐的写照；如蛇蝎蛰伏灰冷阴暗的目光是邪恶刁钻的写照。坦诚者目光像一泓清泉，悠然见底；英武者目光如电掣雷奔，波澜壮阔；典雅者目光似云雾初开，林鸟相逐；俊秀者目光如玉，珠胎含月；妖媚者目光似春花始香，夏梅初笑；豪放者目光如风云波浪，海天苍茫……

眼神的表达丰富多彩。有诗人描述说："眼睛是心灵的窗户，不会隐藏更不会说谎。"得体地运用目光语会令你的演讲增添光彩。

在演讲中，让眼睛说话，就需要注意以下几点：

1.以明亮有神、热情友善、充满智慧的眼神，向听众表明你的坦诚、灵活、自信和修养，获得良好的第一印象。

2.用眼神的变化表达自己内在的丰富感情。

3.三种视线交替使用。三种视线分别是指环顾的视线、专注的视线、模糊的视线。环顾的视线，可以照顾全场，关心每一位听众，增强听众的"参与感"，表明演讲者是同所有听众交谈；专注的视线，就如同进行"典型调查"，把准听众的心

如何用眼神表达内在的感情

眼睛是"心灵的窗户",眼神的奇妙变化倾诉着一个人微妙的心曲,它是会"说话"的。比如:

讲到兴奋的时候,睁大眼睛,让它散发出兴奋的光芒。

讲到哀伤处,眼皮下垂,或让眼睛呆滞一会儿,以渲染哀伤的情绪。

对此我们感到十分哀伤……

讲到愤怒时,瞪大眼睛,怒视前方,让其充满着逼人的神色。

总之,什么样的思想感情,就应当配以什么样的眼神。

理,可以用来启发引导听众,或者赞扬、鼓励听众,或者制止个别听众的骚动,调整、控制会场;模糊不清的视线,可以向听众表现演讲者在认真思考,加强话语的价值,也可以借此为视线变化的过渡,稳定自己激动的情绪,同时向听众表明自己有较好的经验与修养。

三、摆正体姿

通过人的身体姿态传递信息,在当今社会,不仅是"修身养性"的基本要求,还是用来表示仪表、传递信息的重要体态语言。

在社会交际中,雅俗的表现与显露,姿势是一个衡量的重要标志。姿势在礼节上是一种文明修养的表现,也是一个人良好素质的反映。优美的姿势联系着一个人的心灵,可以说是心灵舞姿的外化。形体动作的词汇是非常丰富的,它不仅可以传情达意,更可透露一个人的心态。不同的姿势可以反映一个人特定条件下的心态,通过姿势可以准确地窥测其心灵的俗与雅。

姿势是雅俗表现与显露的必要标尺,人的身体的每一个姿势变化通常都反映了交际者的文明程度。比如,社会交往中,步伐矫健,轻松敏捷,能让人感到年轻、健康和精神焕发;步伐稳健,端正有力,给人以庄重、沉着和自信的印象;步履蹒跚,弯腰弓背,垂首无神,摇头晃膀,往往给人以丑陋庸俗、无知浅薄或是精神压抑的印象。又比如,交谈时高跷二郎腿,随心所欲地搔痒,习惯性地抖腿;或是将两手夹在大腿中间和垫在大腿下,或是撒开两腿呈现"大"字形,或有女性在场时,半躺半坐、歪歪斜斜地瘫在座椅上,都是失礼而不雅观的,会给人留下缺乏教养、低俗轻浮、散漫不羁的不良印象。

体姿对一个人整体形象的塑造有着很重要的作用。人的体姿与人的相貌有同等的重要性,共同显示出一个人的气质和风度。如果"站无站相""坐无坐相",即使相貌再漂亮也会大打折扣。外表相貌是天生的,而体姿可以通过后天的训练向理想姿态转变。

体姿语由两部分组成。一是指说话双方的空间距离,二是指各种不同的身体姿势。体姿语运用的总体要求是准确、适度、自然、得体、和谐、统一。

首先,准确、适度。所谓的准确、适度,就是要根据说话内容、说话环境、说话对象、说话目的的需要,准确恰当地运用。

其次,自然、得体。就是要求体姿语的运用不故作姿态,要适合自己的身份和交际场合。无论是从审美的角度,还是从表达功能的角度,体姿语的运用都要自然、得体,做到既符合审美的原则,给人以美感,又符合特定的情况。

再次,和谐、统一。包括两个方面:一是体姿语言和有声语言配合统一,才能准确地表达自己的思想感情和愿望,否则,就不能收到既定的效果。二是各种体姿语言要求一致而协调。

"坐如钟，站如松，行如风"，这是古人提出的姿势范式。在社会交际中，对姿势的基本要求是：秀雅合适，端庄稳重，自然得体，优美大方。

入座时，应轻、缓、稳，动作协调柔和，神态从容自如。人应走到椅子前，转身背对椅子平稳坐下，若离椅子较远，可用右脚向后移半步落座。女子入座尤其要娴雅、文静、柔美，若穿裙子则应注意收好裙脚。一般应从椅子左边入座，起身时也应从椅子左边站立，这是一种礼貌。如要挪动椅子的位置，应当先把椅子移到欲就座处，然后坐下去。坐在椅子上移动位置，是有违社交礼仪的。

落座后，应双目平视，嘴唇微闭，面带微笑，挺胸收腹，腰部挺起，重心垂直向下，双肩平正放松，上身微向前倾，手自然放在双膝上，双膝要并拢。亦可双脚一脚稍前，一脚稍后。两臂曲放在桌子上或沙发两侧的扶手上，掌心向下。坐椅子时，一般只坐满2/3，脊背轻靠椅背。端坐时间过长，可以将身体略为倾斜，头面向主人，双腿交叉，足部重叠，脚尖朝下，斜放一侧，双手互叠或互握，放在膝上。若是着西装裙的女子，最好不要交叉两脚，而是并靠两脚，向左或向右一方稍倾斜放置。起立时，右脚先向后收半步，然后站起。

站立时，应头正颈直，双眼平视，嘴唇微闭，下颌微收，挺胸直腰，上体自然挺拔，双肩保持水平，两臂自然下垂，手指并拢自然微屈，双手中指压裤缝，腿膝伸直，脚跟并拢，两脚尖张开夹角45度，身体重心落在两脚之间。男女的立姿略有不同。男子站立时身体重心放在两脚中间，不要偏左或偏右；双脚与肩同宽而立；手可自然下垂，向体前交叉或背后交叉也可以。女子站立时身体重心在两足中间脚弓前端位置，双脚呈倒"八"字站立；手自然下垂或向前向后交叉放置。

站立后，竖看要有直立感，即以鼻子为中线的人体应大体成直线；横看要有开阔感，即肢体及身段应给人以舒展的感觉；侧看要有垂直感，即从耳与颈相接处至脚的踝骨前侧亦应大体成直线，给人一种挺、直、高的美感。男女的立姿亦应形成不同侧重的形象，男子应站得刚毅洒脱，挺拔向上，舒展俊美，精力充沛；女子应站得庄重大方，亲切有礼，秀雅优美，亭亭玉立。

行走时，应昂首挺胸，收腹直腰，两眼半视，肩半不摇，双臂自然前后摆动，脚尖微向外或向正前方伸出，行走时脚跟成一条直线。起步时身体微向前倾，身体重量落于前脚掌，行走中身体的重心要随着移动的脚步不断向前过渡，不要让重心停留在后脚，并注意在前脚着地和后脚离地时伸直膝部；迈出每一步都应从胸膛开始向前移动，而不是腿独自伸向前。男女的走姿及步态风格亦有所区别。男子的步履应雄健、有力、潇洒、豪迈，步伐稍大，展示出刚健、英武的阳刚之美；女子的步履应轻捷、蕴蓄、娴雅、飘逸，步伐略小，展示出温柔、娇巧的阴柔之美。还应看到，现代女性穿高跟鞋，主要目的不仅在于增加身高，而在于能收腹挺胸，显示自身走路的动人的身姿和曲线美；而步态高度艺术化的时装模特儿，与其说是展示千姿百态的时装，不如说是在昂露高雅美妙的走姿。

社交中对姿势的要求

具体地说，在社交场合中对各种姿势有以下要求：

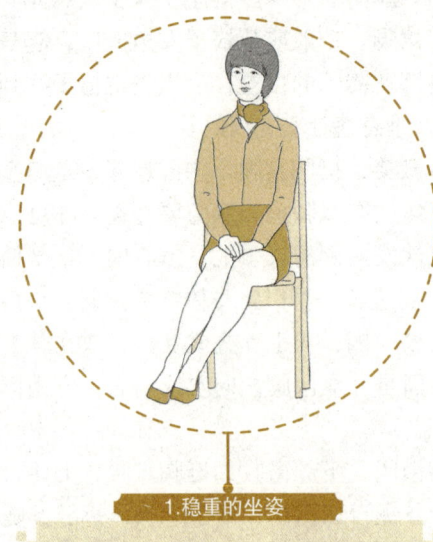

1.稳重的坐姿

在各种场合，都要力求做到"坐如钟"，即坐得端正、稳重、温文尔雅。这是坐姿的最基本要求。

2.端正的立姿

在各种场合，都要力求做到"站如松"，即站得端正、挺拔、优美、典雅。这是立姿的最基本要求。

3.优雅的走姿

在各种场合，都要力求做到"行如风"，即行得正确、优雅、轻盈，有节奏感。这是走姿的最基本要求。

秀雅合适的姿势在社会交际中有十分重要的作用。因此，我们应当注意体姿的培养。

人的形体在运动中构成种种姿势，良好的姿势形成优美的仪态。英国哲学家培根认为，相貌的美高于色泽的美，而秀雅合适的动作的美，又高于相貌的美，这是美的精华。

第三节　克服紧张、怕羞情绪

在公众面前讲话时感到恐惧、怯场是一种较为普遍的现象。20世纪80年代，美国的心理学家曾进行过一次有趣的测验，题目是："你最害怕的是什么？"测验的结果竟然是"死亡"名列第二，而"当众演讲"却名列榜首。有41%的人对在公众面前讲话比做其他事情感到恐惧。可见，在大多数人看来，当众讲话是一件令人害怕的事情。

一位代表本单位参加演讲比赛的年轻姑娘，一站到讲台上，脸就涨得通红，两腿微微颤抖，说话的声音变调，呼吸也显得急促起来。她刚说了几句就忘词了。她越发感到恐惧，好像所有人的目光都像利箭一样射向她。她想尽快躲避，但又不甘心临阵脱逃。她不能当众出丑，给本单位丢脸，可她唯一能感觉到的是心跳加快，而脑子里一片空白，早已背熟的语句全都飞得无影无踪。她放弃了这次演讲，跑回自己的座位坐下。直到演讲会结束，她也没敢把头抬起来。

一位即将毕业的研究生，作为见习老师第一次登上讲台，当学生起立，师生互致问候时，他想好的开场白不知跑到哪儿去了。惊慌中，他用颤抖的声音说了句："同学们，再见！"同学们莫名其妙，面面相觑，见老师满脸通红，不知所措，不由得哄堂大笑。他努力让场面安静下来，但换来的不是镇静，而是脑门上涔涔的汗珠。当他下意识地掏出"手帕"揩汗时，台下又是一阵哄堂大笑。这是为什么？经一位学生暗示，他才发现自己手里拿的不是手帕，而是一只袜子——啊？！真该死！大概是昨晚洗脚时，不知怎么鬼使神差地把袜子装进衣兜了。他想避开几十双眼睛的注视，抓起板擦擦黑板，整个课堂闹得翻了天。他窘得无地自容，只好跑下了讲台，慌乱中一抬脚又踢翻了讲台旁的热水瓶……

在日常生活中，我们常常可以听到：

"我听过许多报告，多数报告都有答疑的时间。即使我坐在听众中间，大多数人甚至不知我是谁，但每当我考虑提出一个问题时，我的心就怦怦地跳个不停，整个胳膊感觉像木棍一样，连举手都很困难。"

"我的老师在每堂课上都喜欢提问。无论何时被叫到，我都会口干舌燥。如果是一对一闲谈，我能感觉好一点，但仍然紧张，我不愿说蠢话或去表达一个与众不同的见解。"

"没有比求职更糟的了。我花了6个月来找工作，真是令人痛苦。在等待会见时，我总是冒冷汗，额头布满汗珠，腋窝也湿了，衬衫贴在后背上。还没进办公室就这副样子。"

纵览古今中外，很多政治家、演说家都是最初被认为说话笨拙的人，遭受过无数次的失败，然而他们却凭着胆量和勇气，经过无数次的磨炼，最后成为优秀的演说家。如林肯、狄更斯、丘吉尔、田中角荣等，年轻时口才都不算好，都经历过许多次的失败。但后来他们都成了令世人瞩目的一流演讲家和政治家。他们除了勤学苦练之外，敢于面对现实，不怕失败，大胆实践，勇于创新，这是他们成功的重要原因。就拿林肯来说，他当年在演讲台上窘迫不已，甚至恐惧得连一句话都说不出来，直到被轰下台去。但他并未就此消沉下去，而是勇敢地面对现实，勤讲多练，绝不放过每一次讲话机会，演讲水平日益提高。后来他的就职演讲被誉为最精彩的总统就职演讲之一。

又如雅典著名的演讲家狄里斯，在最初走上演讲台时，尽管经过周密细致的思索，做了充分的准备，但仍然遭到了失败。极度的恐惧让他语无伦次，别人不知他在说什么。但他并没有就此灰心泄气，丧失信心，而是比过去更努力地训练自己的讲话胆量。他每天跑到海边，对着岩石呐喊，向着浪花抒怀；回到家里对着镜子做发声练习，反复矫正，坚持不懈。经过几年的努力，功夫不负有心人，他终于成功了，被誉为"历史的雄辩家"。可见，克服恐惧是演讲成功者的必备素质，是迈向卓越口才的第一步。

害怕当众讲话，没有谁会是特例。在卡耐基的成人演讲训练班里，经调查得出80%～90%的学员在上课之初会感到上台的恐惧。许多职业演讲者都向卡耐基坦白过，他们从来没有完全消除对登台的紧张情绪。在他们发言之前，总是会害怕，而且这种害怕在演讲开始阶段一直持续着。

俗话说：树要皮，人要脸。所谓"要脸"，就是特别关注自我形象在别人心目中是个什么样。每个人都有一种理想的自我形象，总是希望别人都以赞许的目光看待自己；每个人还都有一种社会的自我形象，总是希望在群众中和社交中大家都能喜欢自己；每个人都有一种性别上、年龄上、职业上、家庭上，以及经济上的自我形象，总是希望自己在各个方面都能融入社会，对经验很少的年轻人来说，这种渴望更是十分自然而强烈的。年轻人总有一些从未体验过的欲望和不便公之于众的弱点和心愿。于是，自信与自卑、开朗与烦恼、大胆与怯懦、立志和消沉等互相矛盾的心理在他们身上往往混合存在，交替出现，因而他们也就特别关心自我形象在别人心目中会是什么样子，对周围的一切也就特别敏感。

由于害怕丢面子，被人议论，所以胆怯、腼腆、惊慌和恐惧便涌上心头。这种胆怯心理，不是少数人的问题，而是大多数人都程度不同地存在，其比例数字还相当高：在青少年中大约占80%以上，而在已经工作多年有一定阅历的人当中差不多也占50%以上。这不能不说是一个社会性的普遍难题。

可以毫不夸张地说，人人都可能在说话前后或说话过程中出现紧张、恐惧心理：性格内向、沉默寡言者如此；天性活泼、思想活跃者如此；即便演说专家、能言善辩者也不例外。

每当我们打开电视机时，往往会被一些潇洒大方、表达自如的节目主持人所折服；每当我们拧开收音机时，也往往会被一些口若悬河、音色优美的播音员所倾倒。其实，他们也并非我们所想象的那样在说话时无忧无虑，应付自如。他们也一样常常怯场。据闻，日本某演员临近自己拍片的时候就想上厕所，甚至一去就是5分钟。美国某播音员，起初每临播音，都要先到浴池去洗一次澡，不这样，播音时就不能镇定自若。如果碰到外出进行现场直播，他便不得不提前到达目的地，并在直播现场寻找浴室。

日本有位专家认为，人类用以视觉为首的五官来感知外界的动态，随即采取相应的行动。所谓"怯场"一事，乃人体器官正常动作的一种先兆，这种动作是当见到大庭广众，或见到意想不到的陌生面孔等之后，五官感受到了，并对之作出反应，明显症状是脸红、心扑通扑通地跳、语无伦次、词不达意等。如果此刻说话者想到：“怯场啦!怎么办呀!”他就会因慌张而说不出话来。但是，如果他当时想到的是：“换了任何一个人遇此情景，都有可能怯场!"那他心里就会踏实多了，并随之而镇静下来，很快恢复正常。所以，正确地对待怯场非常重要。

我们可以把平时生活中关于怯场之类的事反复地思量一下，认真清醒一下自己的头脑，正确对待怯场这件事。

问问自己为什么怕人笑呢？自己说的话真的值得被人取笑吗？怎样才能避免被人笑话呢？是不是自己说话缺乏自信而致使别人笑话呢？究竟怎样才能克服自己的弊端，提高自己的语言交际能力呢？如果说话者能够真正地把这些问题分析清楚了，查出了问题的症结，一切也就容易解决了。

说话怕羞的人甚至可以这样想想：如果某一个人取笑了你说话，不等于每一个人都取笑过你；如果你的话可笑，那并不是你所说的每一句话都会让人取笑；如

缓解紧张情绪，克服怯场

平时做一些抗怯场练习，对于改善神经系统的状态、减缓紧张和压力、提高工作效率、增强抗怯场的能力是非常有好处的。

坐在前面

坐在前排，是培养自信的一个好方法。引起别人注意可以增强你的心理承受能力。

多表现自己

在聚会等场合尽量表现自己，从熟悉的环境中开始练习当众讲话可以增强自信心。

其实最重要的是要自己开口说话，只要在平时多说话，就会逐渐适应在人前说话，克服怯场的紧张情绪。

你的话可笑，那别人笑的只是那句话，而不是你本人；而且，谁都被他人笑过，这是很平常的事。还有，如果那个笑你的人是一个以取笑别人为乐的人，那么大部分错不在你身上，而在喜欢取笑人的那个人身上。况且，古今中外那么多名人大家都有过怯场的经历，你只是一个普通人，紧张是在所难免的。

当你真正认识到说话怯场的真实状况，就不再那么担心会"丢脸"，心情放松下来，你的谈吐自然会随之舒畅起来。

一、心病还须心药医

俗话说："心病还须心药医。"心理的毛病用心理的方法去矫治是最直接、最有效的。心理卑怯现象是心理夸张性感受所致，必须让心理感受重新归位。要达到这一要求，需要采用心理暗示的方式，对对方有客观、正确的认识，对自己做准确、公正的评估，这样就能保持清醒，树立信心。如当别人说话显示出我们没有的优势时，我们可做这样的暗示：这是他的优势所在，我同样也有优势，一样是他比不上的。

对于一个要当众讲话的人来说，首先要对自己的讲话的内容和讲话的效果充满自信，要在精神上鼓励自己去争取成功。你可以用如下几句话反复暗示、刺激自己："我的讲话对别人具有极大的价值，他们一定会喜欢""我非常熟悉这类题材，我一定会成功""我准备得非常充分了"讲话者不应在讲话前过多考虑可能导致演讲失败的因素，如"我忘了词怎么办？""别人嘲笑我怎么办？"这种负面的自我暗示往往会产生消极的影响。

关于克服当众怕羞的心理，卡耐基先生最有经验，而在他的众多经验中最基本的经验就是："你要假设听众都欠你的钱，正要求你多宽限几天；你是神气的债主，根本不用怕他们。"现代实验心理学表明，由自我启发、自我暗示而产生的学习、行为动机，即使这动机是佯装的，也是导致学习、工作取得良好效果的有力手段。

树立自信的方法之一，就是要记住自己是被邀请来做讲话的。有人相信你的能力，相信你对这一论题十分精通。提醒自己，如果在座的观众中有人比你更权威，他们早就该被邀请来做演讲了。

我们应该想到恐惧是后天的反应。两岁大的孩子在过马路时不会懂得害怕，直到有人猛地把他拽回来，警告他过马路有多么危险。同样，当我们第一次看见同学站起来背诵诗歌，发现他突然哽住了，变得慌张窘迫，以致全班发出阵阵的窃笑时，我们懂得了当众讲话时害怕。既然紧张害怕是后天造成的，那么它也是可以被忘却的，或者至少是可以被控制的。

二、胆子是练出来的

胆量不会与生俱来，也不会从天而降，就像庄稼需要施肥、道路需要整修，它也需要不断磨炼。有人曾对丘吉尔的口才进行各种分析，他的儿子却一语中的：

"我的父亲把自己一生中最宝贵的年华都用在写演讲稿和背诵演讲稿上了。"

世界上没有天生的演说家!毫无疑问,丘吉尔被誉为"世纪的演说家"是当之无愧的,但人们可能忘了,他原先讲话结巴,口齿不清,根本就不是当演说家的材料。他本人身高五英尺半左右(约1.65米),没有堂堂的仪表和风度,他那难听的叫喊声又不像道格拉斯·麦克阿瑟或是马丁·路德·金的嗓音那样洪亮。丘吉尔没有受过大学教育,他曾经在下院最初的一次演讲中,讲了一半便垮下来了……然而,他并不为此而自卑,并没有从此一蹶不振、认为自己就不是这块料。在经过多次的主动练习后,经验和胆量都大大增加的他终于成了举世皆知的雄辩的演说家。

英国的现代主义戏剧家萧伯纳才华杰出,并且以幽默的演讲才能著称于世,显示了渊博的知识、深邃的思想。但是,在他年轻时却胆子很小,羞于见人。初到伦敦,上朋友家做客,总是先在人家门前忐忑不安地徘徊良久,却不敢直接去按门铃。有一次,一位朋友邀请他参加一个学会的辩论会,他在会上怀着一颗忐忑不安的心站了起来,做出了有生以来的第一次公开演讲。当他讲完时,迎接他的不是掌声,而是喝倒彩和讥笑。这次下来,萧伯纳感到蒙受了莫大的耻辱。但是,萧伯纳并没有从此不在公开场合演讲,而是化自卑为动力,化弱点为长处,鼓足勇气,面对挑战。他越挫越勇,拿出超人的毅力,参加了许多社团辩论,并且在社团辩论中总是参与发言,据理力争。他每星期都找机会当众公开演讲,在市场、在教堂、在公园、在码头,无论是面对成千上万的听众还是寥寥无几的听众,都慷慨陈词。终于,萧伯纳成了一名世界级的演说家。

面对陌生的事物或人,我们总是很容易退缩、害怕,想要让自己大胆表达,最好的方法就是让自己习惯开口说话,怎么样让自己习惯开口说话呢?在任何场合,你都应该积极把握或创造与人交谈的机会,试着与他人闲聊、寒暄、攀谈,说话的次数多了,自然也就成了习惯,胆怯就会逐渐消失。

成功的推销员、演说家并非一开始就对说话习以为常,无所畏惧。一名成功的推销员很可能在历经多次失败之后才建立起说话的勇气,著名的演说家也是从无数次演说经验中才掌握演讲的技巧,才能赢得满堂彩。第一次的尝试总是比较艰难,但是一回生、二回熟,熟悉之后就能泰然处之,游刃有余。

三、主动营造减压的气氛

有时候,有的人在单位里见到以前在一起玩过的同事,竟然低头不语,装作没看见,自顾自地走过去。乍看起来,似乎觉得这种人很没有礼貌。其实不然,他们并不是高傲不理人,而是害羞、胆小,连很普通的招呼都不知道该怎么打,也不喜欢有事没事都露出一脸微笑,所以,见人只好假装没看见。像这种没有表情的人,除了可以和三四个密友谈天说笑之外,面对其他的人,就不知道该说些什么,无法像闲聊那样,与不熟悉的人自如畅谈。

好的气氛才能谈话自如

一个人说话胆量的大小,说话水平发挥得如何,与说话时的气氛很有关系。

当我们在与自己的家人或亲友交谈时,一般气氛都较好,这样几乎不需要思考,就能聊个没完,越聊越起劲。

但是,当我们在遇到陌生人、地位显赫的大人物时,往往大家都很拘束,脑中一片空白,完全想不出该说什么话。

另外,当你过于紧张时,你可以适当开开玩笑,在笑声中解开紧张的情绪,这种方式很容易使气氛达到高潮。

所以,为了使我们的说话胆量得到提高,为了使自己能成为一名具有较好口才的人,我们在与他人说话时,要设法创造一种轻松和谐的说话气氛。

热情是这种气氛所必不可少的元素。你最好钻出自己的壳,热情主动地与人交往,不要使冰霜结在你的脸上。要把冰霜融化掉,方法是说些有趣的事。热情的力量会帮助你营造一种愉快气氛,并且使它有人情味儿。

我们现在所处的社会,是具有高度民主的社会,再怎么有名的大人物,也跟我们一样是人。我们应该对他们表示敬意，但却不必畏缩、恐慌。只要把他们当成自己的亲戚或师长，很自然地与之进行对话，就可以了。我们说话的时候，不必害怕或紧张，应该泰然自若，以尊敬而明朗愉快的语调，和知名人士交谈。这样就可以营造出一种轻松和谐的气氛了。

四、绝不放过每一个练习的机会

发明大王爱迪生说过，天才是百分之一的灵感和百分之九十九汗水的结晶。天赋固然重要，但后天刻苦的锻炼更为关键。在实践中磨炼口才，以坚强的意志作为通向成功的基石，用汗水浇灌成功的花朵，勤奋的苦练加上技巧，一定会成功。哈佛大学的著名教授威廉·詹姆士说过："我们只是半醒着。我们仅仅在使用我们体力和智力的一小部分。说得明白一点，人类就是一直这样画地为牢，生活在自己的圈子里。人具有各种力量，但往往未加发挥。"这些力量我们每个人都有，只是没有得到充分发挥，却对这些力量置若罔闻，真是太可惜了！

有的人想练习口才，但苦于找不到机会，我们可以清楚地告诉你：路就在脚下。练习口才的机会处处都有，不仅很多，而且方便省事。我们每天都要见人，都要说话，所以到处都是练习的机会，千万不要以为日常的说话不需要什么口才。其实，练习口才的人应该把每一句话都说好，口才好的人才能一开口就能说上一句好话、一句动听的话。这恰如练习书法的人一样，必须首先练好每一个字。一个书法好的人，一动笔就能把一个字写好。所以，我们绝不能轻视那些日常生活对话。就是这些极简单抽象的日常对话，口才好的人和口才不好的人，说起来都是截然不同的，即使是"哼"一声也迥然有异。

面对陌生的事物，我们很容易害怕退缩。想让自己能够流利地表达意见，最好的方法就是让自己习惯开口。做任何事情都需要练习才会进步，说话也是如此。

如果我们无法自在地与陌生人交谈，假如你能鼓起勇气和超市店员或不太熟识的邻居说声"你好"，你就会发觉自己越来越习惯面对陌生人发言了。

所以在任何场合，你都要积极把握和别人交谈的机会，试着与他人闲聊、寒暄，从中学习说话技巧，建立自信。

主持会议或在会议上发言也是练习口才的绝好机会。会议语言是一种很好的磨炼形式，能迅速促进你的提高。

说话的机会随处皆是，如果有可能，你不妨参加一个社会组织，志愿从事需要你讲话的职务。在公众聚会里，你要勇敢地站起身来，使自己出个头，哪怕是附议也好。在参加各种会议时，千万别去敬陪末座，而要洒脱一些。另外，还应当参加相应的团体活动，并活跃地参加各种聚会。我们只要多留心我们周围的事情，便会发现，没有哪种商业、社交、政治、副业甚至邻里间的活动是你不能举步向前、开口说话的。如果我们不主动地开口说话，抓住一切机会不停地说，我们永远不会有进步，也永远不知道自己会有怎样的进步。

练出好口才

如果一个人能抓住机会努力练习口才,那他的口才一定会得到很好的训练。

> 像你刚才那样说话就是不应该……

家庭是练习口才的第一个场所。如果你能时常就一些问题提出一些有益的意见给另一半,这也是在练习自己的口才。

广结良友,是练习口才的又一途径。尽量想出如何帮助、开导、启发他们的谈话内容来,这样你说话的胆量又会增加。

> 我的观点说完了,现在让我们大家一起干杯吧!

在陌生人聚会的场合也可以训练口才。每个人都免不了会参加一些社交活动,那可以说是练习口才的很好机会。

总之,要想拥有好的口才,就要抓住一切机会,锻炼自己的胆子。只有不懈地锻炼才能取得最后的成功。

第二章

演讲前的语音训练

第一节 发声能力训练

著名的寓言大师伊索年轻时曾经给一个贵族当奴仆。有一天，这位贵族想设宴，宴请城中的达官贵人。于是传下话去，让伊索准备最好的酒席，伊索听后就四处收集各种动物的舌头，办了一个舌头宴。用餐时，贵族大吃一惊，忙问伊索是怎么一回事，伊索笑着说："我尊敬的主人，你吩咐我为这些高贵的客人办最好的菜，而舌头是引导各种学问的关键，对于这些名士、贵族们来说，舌头宴不是最好的菜吗？"客人们听后，一个个都发出由衷的赞叹和笑声。贵族也为伊索的机智表示赞许，又吩咐他次日准备一次最差的酒宴。伊索应声赶紧下去准备，谁知次日开席上菜时仍是舌头。这次贵族勃然大怒，伊索却不慌不忙地说："难道一切坏事不是从人口中出来的吗？舌头既是最好的，也是最坏的东西啊！"贵族听后无话可说。

虽然这只是个古希腊流传下来的故事，却说明了一个很重要的道理：说话之于人们有着无可估量的作用。

一、不同的语调带有不同的意义

作为一个人，我们说出的每一句话都是带有一定的语气的，或是高兴的、或是伤心的、或是忧郁的、或是兴奋的，语调反映一个人说话时的内心世界，它能够表露出人的情感和态度。

中国的语言博大精深，同样的一个字、一句话，因为说话的语调不同，就具有了不同意义，这也是中国语言的魅力。一个演讲中，听众可以从演讲者的语调中，感受到演讲者的内心状况和他的感情。

同样，听众会从演讲者的语气中来评价演讲者的性格，他们会下意识地对演讲者作评判，判断他是一个令人信服的人、幽默的人、可亲可近的人，还是一个呆板保守、具有挑衅性、好阿谀奉承或阴险狡猾的人。

所以，当演讲者向听众阐述一个问题时，应保持说话的语调并与讨论的话题相适应，并能恰当地表明你对这一话题的态度。严肃的问题要用正式的语气，幽默的问题，要用玩笑的语气，切不能用错，一旦用错，就会导致观众对于演讲者提供的信息不信任。

二、如何在演讲中运用突兀语言

有些演讲者善于在演讲开头时出语惊人，突兀而起，配以起伏变化的语调使演讲体现出一种神秘的色彩，一下子就能把听众震住。这样既能吸引听众的注意力，又能确定演讲的情感基调。有位演讲者在介绍刘玲英为了保卫国家金库而与行凶抢劫者奋力拼搏的事迹时，是这样开始演讲的：

刀，一把明晃晃的三角刮刀已经逼近了刘玲英的眼睛，穷凶极恶的歹徒丧心病狂地号叫："你交不交钥匙？不交就要你变成瞎子！"面对威吓，刘玲英毫不畏惧，回答的是三个字："不知道！"凶手手中的刮刀刮进了刘玲英的眼睛，可刘玲英回答的仍然是三个字："不知道！"歹徒用三角刮刀在刘玲英身上、脸上捅了二十多刀，鲜血染红了地面，刘玲英还是那三个字"不——知——道！"朋友们，这就是我们的英雄，面对猖狂，面对凶暴脸不改色心不跳，用生命和鲜血捍卫着人民的财产。在这里我要用我全部的热情来赞一赞这位女豪杰，女英雄！

这里，摆在听众面前的是一幅凶残血腥的画面，令听众为之惊心，为之动魄。加之演讲者夸张地运用轻重、快慢、升降、停顿等语调技巧，强烈地感染着听众。

运用突兀而起的方法要注意与后面的内容配合得当，否则给人一种头重脚轻、"吊胃口"的感觉。前后越不协调，听众反感越大。过渡要自然，联系要完整，表达不要过分神秘。

三、怎样用顿歇技法推进情感

顿歇，绝不是思想表达的终止，而是力量的积蓄。停顿是为了更好地连接和贯通。

为了突出某一事物，强调特殊含义，可以运用语法停顿、逻辑停顿、感情停顿等方法变化停顿时间。一般在被突出的事物，感情前后进行。我们看看富兰克林的演讲《制造国旗的人们》的最后两句："她振奋明亮、果敢光辉，信仰坚定，因为那是你们用心做成的。你们是国旗的制造者，所以你们应当为制造国旗而感到无上光荣。"

这里在"因为"和"所以"后作较长的停顿，然后把声音明亮畅快地送出去。

运用停顿可以产生一种骤然紧张的气氛，停顿以后，听众绷紧的心弦也会突然放开，能让听众得到一种快感，并彻悟到演讲的内容和感情。这里的"顿"是短暂的歇息，是整体之中的一个过程。这个过程是对听众的引领，是使听众进入演讲情绪场的诱导，听众会拿上你交给他们的这把钥匙去开启演讲情感的大门从而去领略演讲的风采。

强调的是，停顿的时间要适可而止。如果太短，紧张的气氛难以形成，高潮难以产生；如果太长听众会琢磨到你顿歇的原因，从而能理解到你停顿后高潮的意义，削弱顿歇的效果。

下列一些场合可运用顿歇手法：

1.上台站定演讲之前与演讲完了下台之前。此时可做较长时间的停顿，且停顿时要配合态势进行。

如何练习呼吸法

气息均匀、长足，可以让声音更加清亮、持久，因此，在平时要多练习呼吸法，以便在演讲时能更好地运气发音。

1.闻花香。好像眼前有一朵花，深深吸进香味，两肋张开，控制一会儿，缓缓送出。

2.模拟练习吹灰尘的动作。

1，2，3，4，5，6，7，8，9，10，1，2，3，4，5，6，7，8，9，10，1，2，3，4，5，6，7，8，9，10……

3.数数练习气息："1，2，3，4，5，6，7，8，9，10"，循环往复，一口气能数多少就数多少，吐字要清。

2.赞叹、悲伤、惊讶、愤怒之时,如"你太不像话了"之前停顿。
3.反问、设问之后。
4.举例、述说另一整体内容之前。
5.段落之间。
6.当你的演讲受到干扰或得到赞美时。尤其是由于你精彩的演讲,听众对你报以热烈的掌声,你一定要停下来,微笑着面向听众。如果听众的掌声是建立在你严肃的幽默之上,你也可以"严肃"地看着听众。

四、演讲有声表达如何科学运气

科学的发音取决于科学的运气,有些演讲者时间稍长点就底气不足,出现口干舌燥、声音嘶哑的现象,此时,只得把力量集中到喉头,使声带受压,变成喉音。

"气乃音之师"。气息是声音的原动力,科学地运用运气发音方法可使声音更加甜美、清亮、持久、有力。要达到这个地步,平时要加强训练,掌握腹胸联合呼吸法。其要领是:双目平视,全身放松,喉松鼻通,无论是站姿还是坐式,胸部稍向前倾,小腹自然内收。

吸气方法是:扩展两肋,向上向外提起,感到腰带渐紧,后腰有撑开感。横膈膜下压腹部扩大胸腔体积,小腹内收,气贯"丹田"。用鼻吸气,做到快、静、深。

呼气方法是:控制两肋,使腹部有一种压力,将气均匀地往外吐,呼气时用嘴,做到匀、缓、稳。

五、学会使用语气来表达不同的意义

语气是声和气的结合,不同的语意是某一种声和气在人们长期的使用过程中逐步形成的。它是具有社会性的,是约定俗成的,具有稳定性,包括思想感情、声音形式两个方面。不会以个人的意志为转移,我们只能遵循这一特点,而不能根据个人的好恶去随意地违背它或改变它。

人们对于不同的语气的反应在长期的生活中,是本能的认知:恶声恶气不会是抒发柔情蜜意、大声吼叫不会是称赞别人、粗声粗气不会是向别人道歉,更不能用来表现我们激动的心情。所有使用有声语言的场合,都离不开语气。若想成为一个说话富有感染力的人,就一定要熟练掌握驾驭语气的能力,要善于运用合适的语气来表达复杂的内容和不同的思想感情。

只有用正确的语气才能表示正确的意义,否则我们将不能正确地表达我们的本意,甚至还会招致麻烦和痛苦。但是当一个团体的成员固定使用一种新的语气,那么也会给既定的语气赋予新的含义。

相同的词语因为不同的语气而产生不同的意义的例子在我们身边有很多。

语气能够影响人们的情绪,这是在我们的实际生活中经常会遇到的现象。意大利一位演员曾经用悲怆的语气来朗读阿拉伯数字,虽然朗读阿拉伯数字本身并没有任何意义,但是因为语气的悲哀,使得听众产生了共鸣,不少听众潸然泪下。所以,有时,在表情达意方面,甚至超过语言本身。

我们用很熟悉的一个词"讨厌",来举个例子。

当我们用粗声粗气来说,就表示出一种指责、反感;用恶声恶气来说,就表现出一种愤怒、斥责;用柔声细气来说,则有一种害羞的感觉;用嗲声嗲气说,则有一种打情骂俏、撒娇的感觉。使用好声和气的一条重要原则就是要尽力避免可能会出现的歧义现象。

那么作为一个演讲者,在演讲中可以常用哪些语气呢?

首先,当演讲者需要激励听众的士气时,可以使用慷慨激昂的语气。慷慨激昂的语气有一种气势磅礴的感觉,可以给予人们激励的感觉,具有强烈的鼓动性和感染力。

其次,当演讲者需要引起听众的兴趣时,可以使用抑扬顿挫的语气。所谓抑扬顿挫,就是指句子里的语气有高低升降、轻重缓急的变化。抑扬顿挫,使得一句话说出的时间和强度有了变化,这样它所表达的意思就有可能不同,甚至会截然相反。所以,抑扬顿挫的语气可以加强句子的语气,有助于演讲者抓住听众的情绪,吸引听众的注意力。

第三,当演讲者需要平复听众的情绪时,可以使用平和舒缓的语气。有时,一味地慷慨激昂,高声演讲,并不能够吸引听众,当演讲者置身于某些特定的场合中,例如分别的时候,吊唁的时候,演讲者说话时的声音不能高声喧哗、慷慨激昂,这时就需要演讲者用平和缓慢的语气,这样的语气不但能符合听众的心理,还能够安抚、治愈听众的心灵。

最后,当演讲者需要说服听众时,可以使用气势沉稳的语气。这样的语气是在演讲者想要将一种观念或理念传达给听众时常用的,教师就常用这种语气来给学生们讲解新的内容。这样的语气最大的特点就是自信,因为,一个人想要别人相信自己,首先要相信自己,要想说服别人,就先要说服自己,然后再以自己的沉稳自信去征服别人。

总之,用语气表达不同的感情时要注意语言、语意、演讲的场景和主题,注意语气与措辞的一致以及语气之间的协调,这样,我们的演讲才能取得比较好的效果。

六、有活力的声音才能吸引听众

演讲者在演讲中想要得到听众的认同,自己的声音就不能有气无力的,有生命力的声音能给听众认同和活力。响亮的声音,就有一种生机勃勃而富有朝气的感觉。当一个演讲者,希望向听众传递信息、劝说他们赞同时,有活力的充满朝气的语言可以加强给予他们的暗示，得到他们的认同。同样的话用充满活力的语气来表现，还可以带动听众的情绪。

　　一个再好的演讲稿，如果演讲者用呆板、平淡无奇的语气将演讲稿读出来，一样无法吸引听众的注意力。有活力的声音，甚至可以蛊惑听众，赵本山和宋丹丹的小品中，赵本山就说过："听这小声，至少有五个加号。"这就是说明有活力的声音，可以使人产生极美好的幻觉，它能够使一个年过七十的老人给人一种年轻、有活力的感觉。同样的，如果一个年轻人说话有气无力的，则会给人一种苍老的感觉。

　　而要使自己的声音充满活力，其重点就是要注意重音。即根据演讲内容的需要，把重要的音、句或语意用强调的方式说出。这样演讲者的思想感情就能清楚明晰地传达给听众，并加深他们的印象。

演讲中重音的运用

演讲的声音不可千篇一律，抑扬顿挫的语气非常重要。那么具体来说该如何做呢？

这，就是我们城市的未来！也是我们的未来！

首先，感情上的重音，在演讲中，它的作用在于帮助演讲者突出某种情绪，增强说话的感染力。

其次，通篇高亢的声音也会使人感到厌烦，所以重音的运用要考虑整个演讲的内容和主题。

干吗一直这么大声啊，真是刺耳啊。

总之，在演讲的时候要做到轻重得当，才能使整个演讲充满活力与激情。

七、发音是建立良好沟通的第一步

我们所说的话都是由每一个字组成的，然后我们给每一个字加上适当的重音和语调，再将所有内容正确而恰当地发音，就形成了我们的演讲。这能够帮助我们准确地表达自己的思想，使听众明白演讲者的意思和所强调的重点。

练习发音的第一步是，练气。

咽喉炎似乎是所有教师的通病，这种现象一方面是因为教师每天的说话量过大，另一方面是因为没有掌握正确的发声方法。我们都知道播音员和歌唱家每天的一个必备功课就是练习发声，练习用气来发声，也就是人们常说的练声先练气。

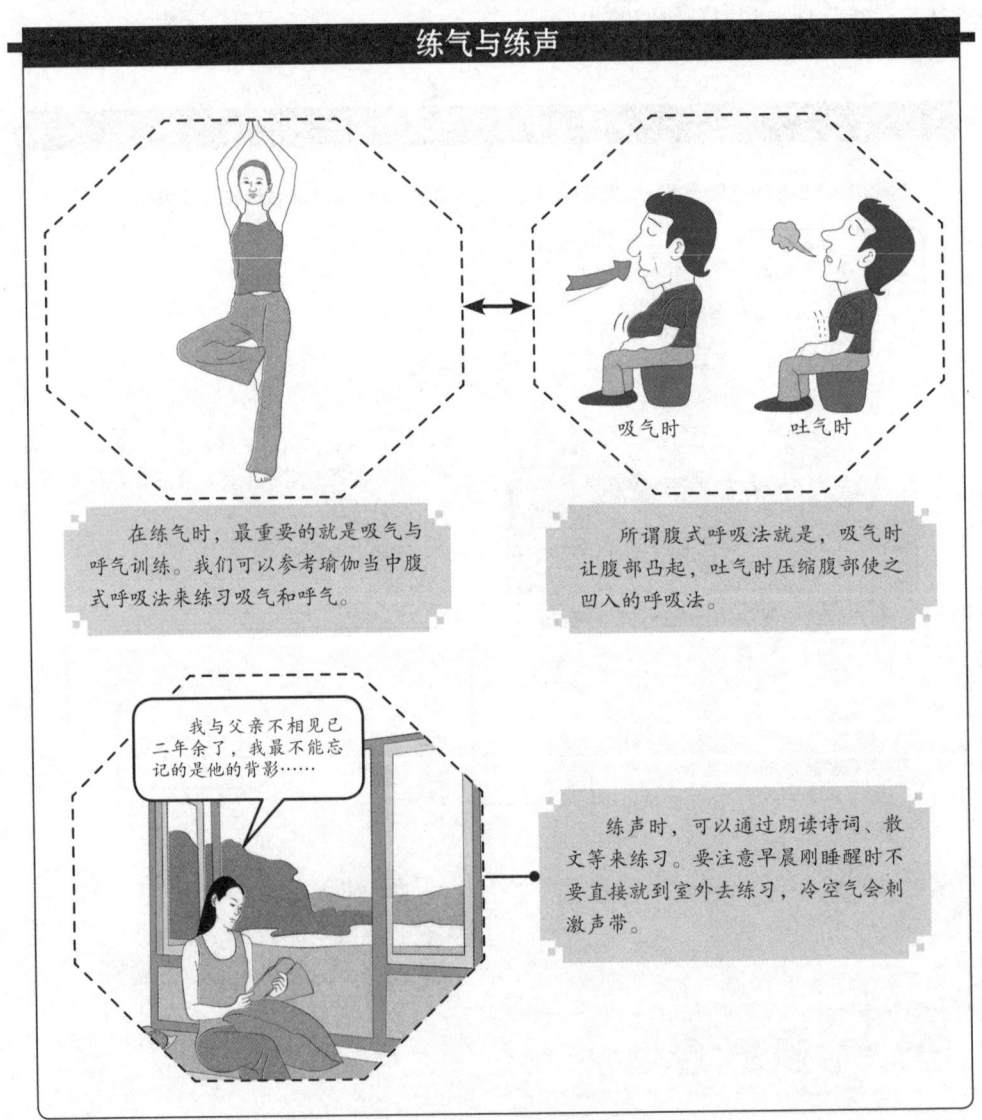

气息是人体发声的动力,是发声的基础。演讲的效果与发声有着直接的关系,我们之前说了,有活力的声音可以使听众兴奋,反之就会给人一种说话绵软无力的感觉。而影响发声的最直接原因就是气息,气息充足,声音就会响亮而有朝气;气息不足,声音就会恹恹无力;用力过猛就是我们常说的大嗓门,给人一种不礼貌的感觉。

练习发音的第二步,练声。

第一,练习音高和音低。先从低音说起,再一句句地升高,说到最后再一句句地降下来。然后再一句高,一句低,高低交替地朗读,也可以每个字的音调由低向高,再由高向低。

第二,练习音强与音弱。可以采用和之前同样的材料,按音量从小到大来练习,从小音量练习开始,要注意的是音量虽小,但吐字一定要清晰。之后把音量加大到正常来练习,同样要求吐字清晰,抑扬顿挫。之后再加大音量,用大音量练习,这时要求气息强大,音色高亢洪亮。当我们能熟练清晰地用三种音量发音时,就可以进行三种音量的混合练习,这样的练习还可以加强我们的语感和语气。

第三,练习实音与虚音。所谓的实音,就是音色响亮、扎实、清晰度高的声音,这就要求我们在发音时,要清晰明白,咬字要准确。所谓虚音多用于表达感叹、回味、夸张等情感的语句中,说话的气息强而逸出较多,音量则有所控制,但是同样注意字音的清晰。

第二节　普通话能力训练

普通话的定义是"以北京语音为标准音,以北方话为基础方言,以典范的现代白话文著作为语法规范的现代汉民族共同语",这是在1955年的全国文字改革会议和现代汉语规范问题学术会议上确定的。这个定义实质上从语音、词汇、语法三个方面提出了普通话的标准,运用普通话来进行演讲既符合社会的需求又能够使演讲的内容被尽可能多的人理解。

一、吐字要清晰准确

准确的发音,是演讲者传达自己意图的最基本的要素,只有清晰准确的发音才能使听者明确地领会演讲者所要表达的思想,加深听众的印象。

不准确的发音不但会损坏演讲者的形象,还会影响演讲者的思路和才能的发挥,影响听众的理解效果。

有这样一则笑话:

有一户潘姓人家长辈过世,家祭时请一位乡音很重的老先生来当司仪。

讣闻的落款是这样写的:"孝男:潘根科;孝媳:池氏;孝孙女:潘良慈;孝孙:潘道时。"这位老先生老眼昏花并且发音不标准。当他照着讣闻唱名时,凡是字面上有三点水的或左边部首都漏掉没看到。于是他就给念成："孝男，翻……跟……斗……"

孝男一听，只觉得很奇怪，但又不敢问，于是就翻了一个跟斗。

老先生接着又说："孝媳，也……是……"

孝媳一听："我也要翻啊？"于是孝媳也翻了一个跟斗。

老先生继续说："孝孙女，翻两次。"

孝孙女一听，想想爸妈都翻了，我也翻吧！于是就翻了两个跟斗。

此时孝孙心想："老爸、老妈都各翻一次，姐姐也翻两次，那么我要翻几次？"心里想着想着就开始紧张了："怎么办？"只见老先生扯开喉咙，大声念出："孝孙……翻……到……死！"

这仅仅是一个为博人一笑的笑话，但是仔细想想，要是这样的事情发生在我们的实际生活中，那么我们是怎么也笑不出来了。

那么怎么样才能准确地发音呢？应该做到以下几点。

（一）要念准字音

念准字音是有效交流的第一要素，要念准字音就要尽可能使用普通话，避免方言发音带来的误读误听。

（二）一定要避免读音错误

很多人都知道一个笑话：我骑着自行［hang］车到银行［xing］去问行［xing］长行［hang］不行［hang］。

汉语是世界上最复杂的语言之一，尤其是多音字，声调的不同以及字形相近且平时不常用的字，如果不细心的话，经常会出现口误闹出笑话。

1.口部训练

口部的开合练习。张嘴像打哈欠（打牙槽），闭嘴如啃苹果（松下巴）。开口的动作要柔和，两嘴角向斜上方抬起，上下唇稍放松，舌自然平放。经常做这个练习，可以克服口腔开度小的问题。

咀嚼练习。张口咀嚼与闭口咀嚼结合进行，舌自然平放，反复练习即可。

双唇练习。一个方法是双唇闭拢向前、向后、向左、向右、向上、向下及左右转圈。另一个方法是双唇打响。

舌部练习。舌部练习方法较多，分列如下：舌尖顶下齿，舌面逐渐上翘；舌尖在口内左右顶口腔壁，在门牙上下转圈；舌尖伸出口外向前伸、向左右伸、向上下伸；舌尖弹硬腭，弹上唇，练习其弹性；舌尖与下齿龈接触打响。

2.呼吸发声练习

慢吸慢呼。立定站稳或一只脚稍向前，双目平视前方，头正，双肩放松，用鼻子吸上一口新鲜空气。保持几秒钟，然后再轻缓地呼出。

快吸慢呼。想象当你看到一封意想不到的来信时，你会迅速而短促地吸一口气,并保持气息,喊一声"啊",然后保持着吸气状态。你可以经常假想这种状态,反复练习,可以延长呼气时间,对吐字清晰、掌握运气有帮助。

上述方法,只要坚持练习,就可以使你的发音准确,使你的音色圆润。

二、语调要准确

语调是语言表达中的第二大要素,同样的拼音因为平仄不同可以生出不同的语义,例如"tang"因为语调不同可以有"汤""糖""躺""烫"这四种不同的意思。

语调能够润色语言,促进思想沟通,使语言表达更加清晰明确,从而增强语言的表现力。

四声是中古汉语声调的四种分类,以表示音节的高低变化,包括平声、上声、去声和入声。平声、上声、去声又称舒声,入声则为促声。舒声韵尾以元音或者鼻音结尾,促声韵尾以塞音结尾。入声除了是一个声调,还是一系列以塞音收尾的韵母的统称。现代普通话已经失去了入声。唐宋以来,汉语在四声的基础上区分声母清浊对应的阴调和阳调形成八声,也就是四声八调。

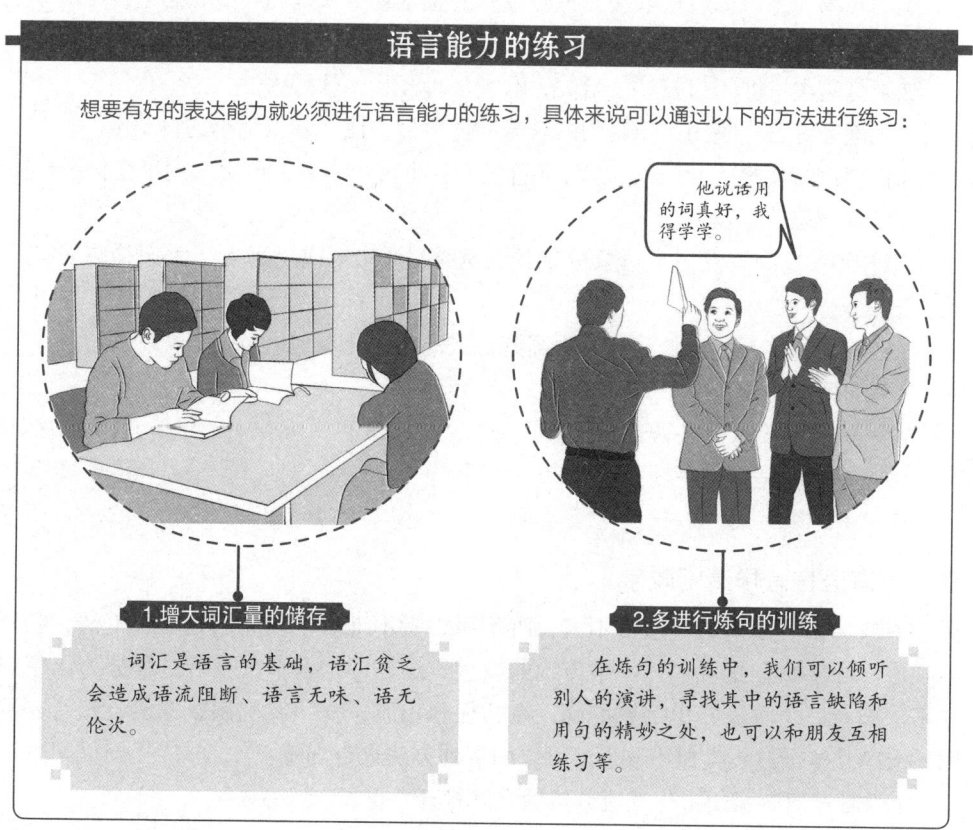

语言能力的练习

想要有好的表达能力就必须进行语言能力的练习,具体来说可以通过以下的方法进行练习:

1.增大词汇量的储存

词汇是语言的基础,语汇贫乏会造成语流阻断、语言无味、语无伦次。

2.多进行炼句的训练

在炼句的训练中,我们可以倾听别人的演讲,寻找其中的语言缺陷和用句的精妙之处,也可以和朋友互相练习等。

他说话用的词真好,我得学学。

三、语言能力的练习

中国语言博大精深，口语是人们日常生活中的必需品，我们要别人理解我们的思想一般是依靠前后连贯、相对完整的语言来实现的。常见的表达能力不强而又缺乏训练的人，经常会出现语言吞吞吐吐、词不达意、前后脱节等问题。所以，对于这些问题，语言的训练就是能够培养他们完整、准确的口语表达能力。

四、有声语言怎样正确练声

声带发出来的音是单调乏力的，只有经过头腔、口腔、喉腔、胸腔等共鸣腔的控制才能产生洪亮悦耳的声音。要么激昂高亢一泻千里，要么清澈流转娓娓道来，要么平缓深沉宽厚低吟。

人的共鸣腔以咽腔为主分为中、低、高三区。低音共鸣区是指胸腔共鸣区。中音共鸣区就是咽腔共鸣，指硬、软腭以下，胸腔以上的各共鸣腔。高音共鸣区指鼻腔共鸣腔、头腔共鸣腔。应用、控制各个共鸣腔并求得整体配合可美化音色，加大音量，使声音变化无穷。

下面介绍几种练习方法：

1. "哼鸣"练习：放松喉头，把"哼"的感觉置于叹气的呼吸状态上。练时不能太紧。检验方法：哼唱时看嘴巴能否灵活动作，可以则为正确。

2. 半打哈欠：即闭口打一个哈欠，喉咙呈打开状，软腭提。

3. 气泡音练习：嘴闭，用轻匀的气流冲击声带，使之发出细小的抖动声。

4. 模拟汽笛长鸣（di——），可平行发音，也可由小到大或由大到小变化进行。

5. 模拟声乐节奏发音。

6. 呼唤练习：假设一个对象分别处在50米、100米或更远点，大声拖喊："小程——等——等！"

7. 音阶层递练习：由低到高，由高到低或高低变化层递训练。

8. 夸张四声练习：

山——明——水——秀；

风——调——雨——顺；

鲲——鹏——展——翅。

五、有声语言怎样清晰咬字

有些演讲者演讲时听众听不清，听不明，听不准。主要原因是吐字不清，归音不到位。吐字归音是说唱艺术中传统的咬字方法，即把音节的发音过程分为出字、立字、归音三个阶段，出字要准确，有叼住弹出感；立字要圆满，充实；归音要鲜明，干净。整个过程类似枣核形。可以用下列方法进行训练：

1. 弹唇：双唇紧闭阻住气流，然后突然打开，爆发b或p音。

2.转唇：双唇紧闭，用力噘起，顺时转360度再逆时钟转360度。
3.弹舌：舌轻触上齿背，用气冲击使舌跳动。
4.卷舌：用"er"练习。

第三节　朗读能力训练

所谓朗读就是朗声读书，在朗读中要求朗读者语言清晰、明亮、富有感情色彩。作为一项口头语言的艺术，朗读需要创造性地还原语气，朗读的目的就是将平板的书面的文字烘托出视觉效果。

一、朗读的作用

朗读可以培养人们的情趣，可以给人们一种将人带入身临其境的感觉，富有韵律的朗读可以深切地撞击人的心灵。同时朗读可以培养人们的审美情趣，一篇文章，在声情并茂的朗读中，就可以为人们描绘出文章中的场景。

有一句话是这样说的：一千个人眼中有一千个"哈姆莱特"，这是因为不同的人有不同的思想和观点，所以在朗读时，根据不同的理解，区分语气的轻重，语调的高低，语速的快慢，加上情感的起伏迂回，就形成了或是铿锵有力，或是婉转缠绵，或是辗转回环，或一泻千里的语言风格。这样，朗读就最大限度地调动了听众的听觉，叩击他们的灵魂，拨动他们的心弦。朗读还可以激发人的感情，使听众产生强烈的共鸣。我们可以通过朗读来抒发与宣泄自己的感情，将静态的无声的文字转换成动态的有声的各种情景，从而引起听众的共鸣，将听众和演讲者的情感交融在了一起。

朗读是作用于人们听觉的一种形式，它虽然不像影视作品一样能够直接作用于人们的视觉，但正是因为这样，才给予了听众丰富的想象空间。

朗读的基本要求有以下几点：

（一）深入地理解作品

1.理解作品的内容

2.把握作品的结构

（二）字音正确

1.认读生字。

2.纠正方音。

3.按字定音。

4.读出音变。

（三）把握作者在作品中所要表达的情绪

1.关切：天冷了，多穿点衣服，别感冒了。

2.烦躁：讨厌，离我远点。

3.热情：老王，干吗去了，中午一块儿吃饭吧。

（四）设身处地将作品中所要表达的感情利用语言表达出来

（五）准确使用内在语

1.和文字描写一致的内在语

"在古老的神州大地上，有一座现代化的汽车城、科技城、纺织城——湖北省襄樊市。她有着古老而优秀的传统文化，古隆中、鹿门寺、米公祠，无不展示着襄阳古代文化的灿烂与辉煌。"

2.和文字描写不一致的内在语

"奶奶把小女孩抱起来，搂在怀里。她们俩在光明和快乐中飞走了，越飞越高，飞到那没有寒冷、没有饥饿、也没有痛苦的地方去了。"

（六）把握感情基调

感情基调一般包括以下几种：昂扬有力、坚定深沉、喜悦明快、悲愤凝重、愁思满怀、豪放舒展、清新细腻。

二、朗读训练法

（一）选择朗诵材料

朗诵是一种传情的艺术。朗诵者要很好地传情，首先要注意选择那些语言具有形象性的而且适于上口的文章。

（二）把握作品的内容

准确地把握作品的内容，透彻地理解作品中所要表达的内在含义，是作品朗读重要的前提和基础。应注意以下几方面的内容。

1.正确、深入地理解。朗读者要把作品的思想感情准确地表达出来，需要理解作品的内在含义，清除障碍，把握作品的创作背景、作品的主题和情感的基调，这样才会准确地理解作品。

2.深刻、细致地感受。有的朗读，听起来也有抑扬顿挫的语调，可就是打动不了听众。主要是因为朗读者没有进入作品的深层，在那里"挤"情、"造"性。

3.用普通话语音朗读。要使自己的朗读优美动听，必须使用标准的普通话进行朗读。只有普通话才能更好地、更准确地表达作品的思想内容。

三、朗读中常见的问题

每个人都渴望行云流水般的语言，可怎样才能做到呢？这个问题不是简单的三言两语就能说完的。因为造成语言不流畅的原因很多，比如口讷、口吃、思维逻辑混乱等，但是这些障碍都是可以解决的，只要我们了解清楚其现况以及根本原因，就可以消除语言流畅的阻力。

（一）口讷

人人都希望自己语言流畅，出口成章。但不少人在人前讲话却十分费力，说出话来结结巴巴，意思支离破碎。正如俗话所说："茶壶煮饺子，肚里有货，嘴里倒不出来。"这种现象叫作"口讷"。

从心理学角度看，口讷的原因主要有二，一是口语的自动化程度较差；二是意识对语言活动的监控失当。言语包含着无意动作，也叫自动动作。平常说话并不需要去思考口唇、舌头、喉部如何活动，呼吸怎样调节，口腔怎样共鸣，只要想好了要说的内容，发音器官就会自动发出适宜而连贯的有声语言来。人的很多行为都是这样，琴师只看乐谱，手下便飞出悠扬婉转的曲调；打字员眼看文稿，手指自能按到正确的字键。习惯成自然，动作经多次重复达到熟练之后，不需要进行更多的思考，便能自发地进行，这就是高度的自动化。

如果缺少正确而充分的训练，没有养成言语自动化的技能，口语表达就难以流畅顺妥。言语活动又是一种高度自主性的思想和情感活动，选择哪些词语和句式来表达，声音高低和语速快慢的调节等，都需要高度灵活的自觉意识和监控。高度的自动化和高度灵活的意识监控是相辅相成的，是言语活动顺利进行的两个必要条件。高度的自动化使意识得到解放。

口讷的人多属于羞怯型。他们过分注意别人的评价，过分注意自己言语活动的细节，对自己说话过程中的失误尤其敏感。这种太强的患失意识，往往干扰语言自动化的实行，造成表达的困难。你越是集中精力注意自己说话的动作，嘴就越发紧张得不听使唤。

（二）思维逻辑混乱

现实生活中常常有人由于缺乏必要的语法修辞知识，又不注意逻辑思维的训练，导致说话时前言不搭后语，条理不清，逻辑混乱，因此逻辑思维不强也是语言不流畅的一大原因。这种词不达意的言语，不但使对方听着吃力，而且会阻碍交往的进程和深度，影响良好人际关系的建立，本人也会因此感到烦恼。要纠正这个毛病，应努力做到：

1.多学习，勤实践，讲实效

除了看一些必要的语法、修辞和逻辑方面的书籍外，报纸杂志上的好文章也在学习之列。多看多读能培养语感，加强对语言的自发控制力；另外，平时应注意语言实践，多听、多说、多练，这样能够提高语言的敏感度、清晰度，增强语言材料的丰富性、逻辑性。

2.有准备地发表自己的看法

说话前，特别是在叙述一件复杂的事情或者阐述某个观点，或者驳斥某种论调前，最好先在脑子里打一遍"草稿"，先思考，后表达，分层次，讲条理，就会使言语的逻辑性大大提高。而对那些可长可短的话题，要力求短，对可有可无的铺垫话语，则尽量不说。言简意赅，反而能发人深省。

语言的逻辑性，来自于缜密的思考。这就需要把握问题的前因后果，对问题有独到的见解，观点鲜明，中心突出，层次清楚，并摆事实，讲道理，来论证自己的意见，使人心悦诚服。

3.克服紧张、焦虑、恐惧情绪,保持一个良好的心境

谈话时态度沉着、仪表从容、不慌不忙、镇定自若地阐述自己的看法,就会使语言自然亲切、流利透彻,使人在不知不觉中接受你的观点。

总之,要增强自己口头表达的逻辑力量,应注重在实践中不断锻炼,在谈话过程中发现漏洞,可及时采取措施加以补救。

另外,要做到语言流畅,是不允许语病现象出现的。语病现象常见的有几种:

1.表述简略

表现在其本人自认为表述完毕,而听者却还不知所云。即使是在叙事、状物、抒情时,虽然对于话题的认识有一定深度,也同样找不到话说,不得不三言两语结束。

2.口齿不清

这里指功能正常而"口齿不清"者,这种现象是与过去缺乏训练有关。在口语表述时心里一紧张,加之原本不习惯朗声说话,结果难免使人感到口齿不清了。这种情况要纠正不太困难,只要有意识地加强朗声阅读和当众表述的训练即可。

3.表述散漫

其特点是表述时把握不住中心,东拉西扯,而且越说越远,甚至到后来连自己都不知道最初的话题是什么了。这种现象产生的根源在于思维机制的主控功能不强,表述中思维运动的主方向不能紧扣话题向前延伸,在交际中很容易被非主题因素所左右和干扰。如不注意改正,就很难成为口语交际的高手。

4.语不连贯

即同一话题有时可看作几个子话题和分话题,话题的完整表述应该由各个分话题的完整表述综合而成。而"不连贯"性则表现为多个分话题表述得不完整。

5.赘语过多

由于赘语词占据了表述时间,结果干扰了信息交流。语言交际主要依靠表述内容,赘语与表述内容之间没有必然的联系,是交际时从语言表述的"外部"强加上去的。它对于信息交流反而具有某种阻隔作用,直接影响交际效果。

6.节奏过慢

即通常所谓的"拉长腔"。还有则是语句之间停顿时间过长,即所谓"半天说一句"的情况。有人觉得语言表述时间长、速度慢,显得庄重稳健,能增加语言分量。其实,这也是一种误区。

综上所述,语言交际中的种种语病主要由于:表述时思维机制的主控功能不强,思维"运动"与发声运动表现为一种"不同步性";表述时发声器官运动乏力,且思维速度偏慢;表述中因紧张而导致的心理障碍等。

纠正语病的办法

想要在语言交际中避免语病的出现,就要多加练习,具体来说,纠正语病的办法是:

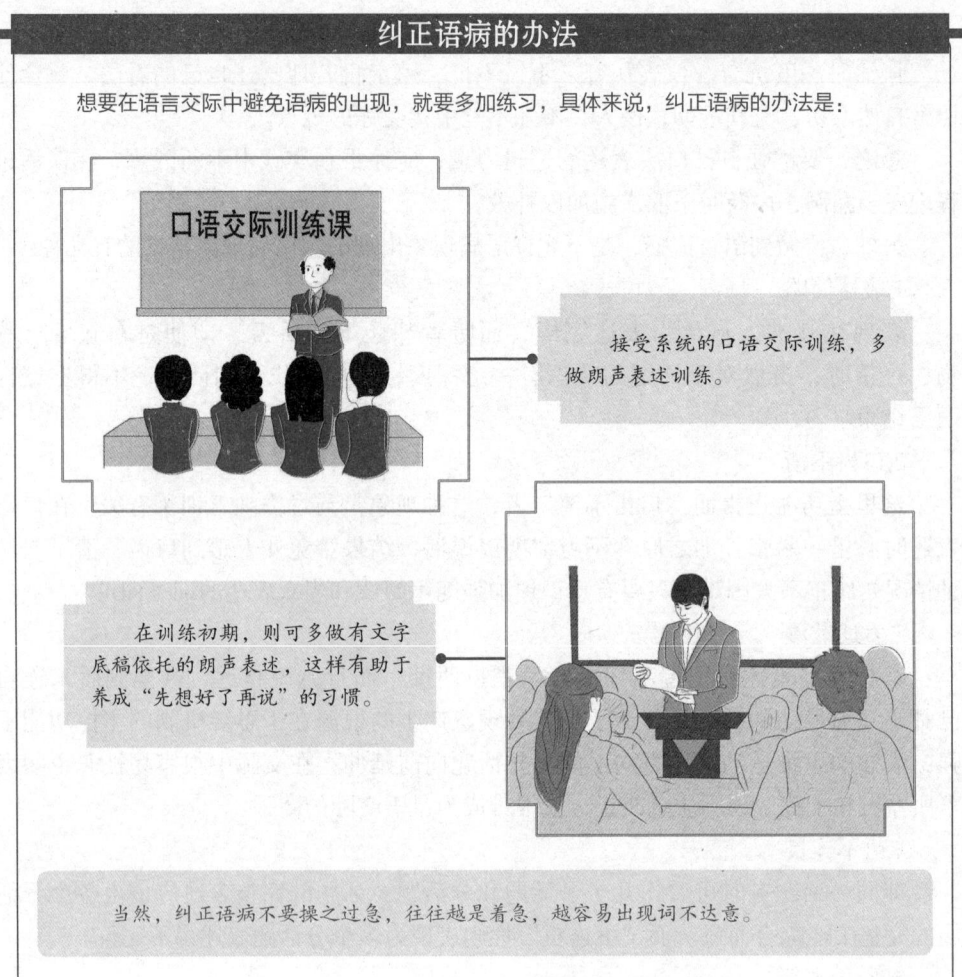

接受系统的口语交际训练,多做朗声表述训练。

在训练初期,则可多做有文字底稿依托的朗声表述,这样有助于养成"先想好了再说"的习惯。

当然,纠正语病不要操之过急,往往越是着急,越容易出现词不达意。

第三章

掌控听众的情绪

第一节　使演讲深入人心

我们常见的听众一般分为四种：
1.对演讲内容完全不了解的。
2.观点与演讲者相同的。
3.观点与演讲者相反的。
4.对于演讲漠不关心的。
对于这四种类型听众，想要使他们接受演讲者的观点其方法也是不尽相同的。

第一种听众，是演讲者比较喜欢的听众，这样的听众是一张白纸，因为对于演讲者的观点，他是茫然不知的，所以可以很容易地接受演讲者的观点。

第二种听众，是演讲者最喜欢的听众，因为观点相同，非常容易产生共鸣。听众也不会产生排斥情绪。对于这样的听众需要注意的就是即使是细小的观点、看法也不能出现错误，因为会被听众发现，同时演讲的内容还要有所新意。

第三种听众，是比较棘手的听众，因为他们在听演讲者的演讲之前就已经否认演讲者的观点，在这样的演讲中演讲者就是试图影响听者的观点和信念，或者使听者建立起新的观念和信念，对于这样的听众，论点一定要明确，事实依据一定要真实有说服性，同时演讲者要有真情实感。

第四种听众，其实是最难以打动的听众，因为他们对于演讲者的内容，既不像赞同者一样喜欢，也不像否定者一样讨厌，而是没有添加任何的感情。

一、研究听众的需求

演讲是讲给听众们听的，是反映人们的心声、愿望的一种推动时代发展的活动，所以作为一名演讲者应该懂得人们想了解什么，想知道什么，不能闭门造车，不问世事，不了解群众。演讲的内容只有贴近生活，贴近人们的需要、需求，才能打动听众的心。

有一个著名的例子，曹操一次在行军时，走到了一个荒芜缺水的地方，将士们因为干渴而士气低落，这时曹操就说前面有一片杨梅林子，里面的杨梅有酸有甜，水分丰富。兵士们因为想到了杨梅的酸甜而大量地分泌了唾液，这样就不觉得干渴了，这样这支部队才成功地走出了这片地区。

这就是望梅止渴这个成语的来历，这就是因为曹操了解人们的需求是什么而做出的决定。

爱国主义教育是时代的主题，是一个古老而永恒的主题。不管是工厂企业、学校、政府机关都要定期进行爱国主义教育。

在进行有关爱国主义的演讲时，如果我们只是单纯地喊口号，就显得不务实际，变成了唱高调、不求实效的空洞的说教。这样的演讲容易使人们产生厌烦情绪，这样就很难起到教育的目的。但是如果我们邀请一些参与过某些战役或者有一定影响的人来进行演讲，由他们来以自己的亲身经历道出一个人是如何爱国的，紧紧围绕爱国这个主题，阐明祖国、事业、人生的关系，这样就能够深深地感染听众，由这些德高望重的人们来传达爱国主义思想，就能够达到宣传爱国主义的目的。

作为一名演讲者，怎么样才能了解听众的需求呢？这首先要求演讲者了解我们当今社会的特点和需求，同时不要把自己当成高高在上的发话者，而是要把自己当成一个听众，设身处地地想想，听众有什么需求，演讲者应该以朋友和对话者的身份，提出听众想要提出的问题，然后给出自己对这个问题的看法与解决它们的办法。只有这样才能使听众觉得演讲者是在和他们讨论一个问题，而不是在发号施令。

二、分析听众的心理

所谓的分析听众的心理，是一个演讲者的最基本的工作。我们分析听众的心理，并不是为了迎合观众，而是为了了解听众，贴近听众，是为了保持演讲的真实性、独立性，以及演讲的公正性。

之所以这么说，是因为观众来听演讲者演讲，首要的目的是从演讲中得到心灵的安慰。这也就是我们说的"好的演讲能给予人们心灵的共鸣"。

演讲者通过语言来安抚听众的情绪。所以，作为一个演讲者，通过分析听众的心理，在准备材料时多寻找些能够符合听众心理的材料。

分析听众的心理的另一个重要的作用，在于通过选择听众喜欢的材料来引起他们的兴趣。

想要诱导人们听取演讲，先得给对方一点小胜利；引导对方做一件很重大的事情时，就得给对方一个强烈的刺激，使之对此事抱有成功的希望。因为当他被一种成功的意识支配着，他就会为可能到来的美好结果而去不断尝试。

人们在这个世界上，大部分时间都是在思考自己，我们会思考我们的生活、工作、学习、家庭。同时我们还会幻想，幻想我们的未来，或者产生一些奇异的梦。

那么对于这样的人，我们在进行演讲时只要选择和自身发展等相关的方向，就能够引起他心灵的共鸣。一旦听众产生了与演讲者共鸣的感受,可以说演讲已经有了一个成功的开篇。

曾经有一个青年,向一个大文学家说:"我需要活着。"但是这位文学家却回答他:"我看不出你有活着的必要。"

这位文学家说这样的话,并不是希望这位青年人去死,只是青年人的话无法感动文学家的心灵,文学家感觉不到青年话中活力。

这个实例说明,一个演讲者,或许他脑子里有许多精妙的题材,有优秀的演讲稿,他设计了生动形象的现场表现方案。然而他每次讲起话来却是死板而缺乏生气,就像是背稿一样,这样的演讲稿甚至都不能感动演讲者自己,又怎么能感染听众呢。

这种现象出现的原因就在于演讲者不够了解听众的喜好,不能用脑中的题材,结合听众的需求表达出来。他缺乏一种精神活力,他对于自己所要讲的话,总觉得好像没有说的必要。这样他的演讲无法感动自己,更无法感动听众。

所以,华丽的辞藻仅能耀人眼目,对于演讲者而言,却不能感动人心,需要把自己的活力爆发出来,将自己的情感投入到演讲当中去。演说必须伴以热忱和真诚。

当一个演讲者发现听取他演讲的听众们总是昏昏欲睡时,首先他要检讨一下自己的演讲是不是没有打动人心的力量,这时就要像许多著名的演说家那样,学会在台上刺激一下听众。

这种刺激可以通过语言、动作、神态等多种手段来实现。

三、和听众套近乎

所谓的套近乎,并不是要求演讲者放弃自尊一味地讨好听众,而是帮助演讲者拉近和听众的关系。听众的心理是变化多端、复杂多样的,通过和听众套近乎,可以放松听众在遇到陌生人时本能的防备心理,使得听众能够在心情放松的情况下听取演讲者的演讲。同时,在演讲者和听众在某个问题上存在分歧时,套近乎可以帮助演讲者安抚听众的情绪,使得听众能够平心静气地听取演讲者的讲解。

最常见的套近乎方式一般在演讲开始时就可以进行,例如:

各位朋友:我是翻山越岭,历经千难万险才来到这里为大家来进行演讲的,虽然辛苦,但是我一点都不后悔,因为到这里我就发现,这里是山美,水美,人更美,在座的每一个人非常热情,你们都是我的亲人啊。

短短几句话,一下子牢牢地吸引了听众的注意力,使听众的心里暖和和的,赢得了全场热烈掌声。当然,"套近乎"并不是一味讲赞美的话,光说好听的。否则,会给人哗众取宠、油嘴滑舌之嫌。"套近乎"应该有感而发,有感而"套",做到以情托声,声中有情。

运用心理控制调动听众情绪。前面讲到演讲首先必须了解听众的心理需求,但当进入演讲过程中，就更应该注意心理控制及听众情绪的调动。只有当演讲者做好了心理控制和听众情绪的调动工作，才能使演讲者与听众心心相通，达到演讲的最佳效果。"套近乎"的方法，是一种非常好用的拉近和听众距离的方式，但是这样的方式并不能每次都用一套方案，要根据不同听众的社会阅历、兴趣爱好、思想感情等方面的特点，结合自己的实际，给观众描述一段与听众相似的生活经历或在学习工作上相同或相似的事例，有时也可以将自己的内心烦恼、趣事展现给听众。

四、征服听众的方法

有时候演讲有其非常明确的功利目的：演讲需要"征服听众"，让他们的心随着演讲者的思考而思考，让他们的行动跟随演讲者的脚步。

这种"征服"的效果，不能通过混淆视听、欺骗蒙蔽的手段来达到目的，而要靠真情实感来感染听众。

古往今来，"尊重"都是"征服公众"的一个重要条件。自尊心与安全感是人的共性。要征服一个人首先要尊敬这个人，这是征服听众的必要条件。演讲者登上演讲台之后，他的一举一动都一览无余地展现在了别人面前，每一个下意识的动作都会影响到听众的感受和对演讲者的评价。所以只要演讲者怀有一丝一毫的骄傲，就会在演讲台上被无限放大。因此应谦虚谨慎地向听众表示你的诚意。这样，听众才不会小看你，相反还会认为你是一位诚实坦白、值得信赖之人，你的演讲即能在一种融洽的氛围中进行并取得成功。

孔子是中国著名的思想家、文学家，是儒家的代表，但他从未以他渊博的知识向别人炫耀，他总是以包容一切的博爱精神来感化别人、教化世人。作为演讲者，必须懂得这个简单的道理，并采取相应的措施。

其次，要征服听众，就应有卓越的演讲才能。所谓演讲才能就是一个演讲者的口才和语言能力。这是通过长期的锻炼和学习来实现的。作为一名演讲者，可以从这几个方面来加强自己的语言魅力：有新颖奇特的观点；所有论述都是真情实感；有的放矢，尊重事实；思维清楚，加强语言的逻辑性；合理地安排演讲的布局；运用多种修辞来加强影响力；保持语言生动形象，有活力；语言简洁有力；声情并茂，感人至深。

如果你能较好地掌握这些要求，那么就有了征服听众的较大把握。同时还要注意环境、音响、时间等因素的作用。

五、选择亲身经历过的事情作为话题

对于人们来说，自己亲身经历过的事情说起来总会比较得心应手，一个人说得最生动、激昂、富有吸引力的，必定是自己最熟悉、最了解、最清楚的事物。

而作为听众最为关心的是与其生活息息相关的现实问题，是他们在生活中能够见到听到的熟悉的事情，空泛的理论是无法吸引他们的注意力的，所以有真情实感的演讲总是比单靠从书本、报纸、杂志上东拼西凑的东西要感人。

每个人的生活和经历都不尽相同，以个人的生活经验为话题展开演讲，演讲者往往以个人生活中的小事为例子，这样的小事往往是神秘、特殊而隐秘的，带有鲜明的个性，很少能和其他人相重复，同时可以满足人们的好奇心。

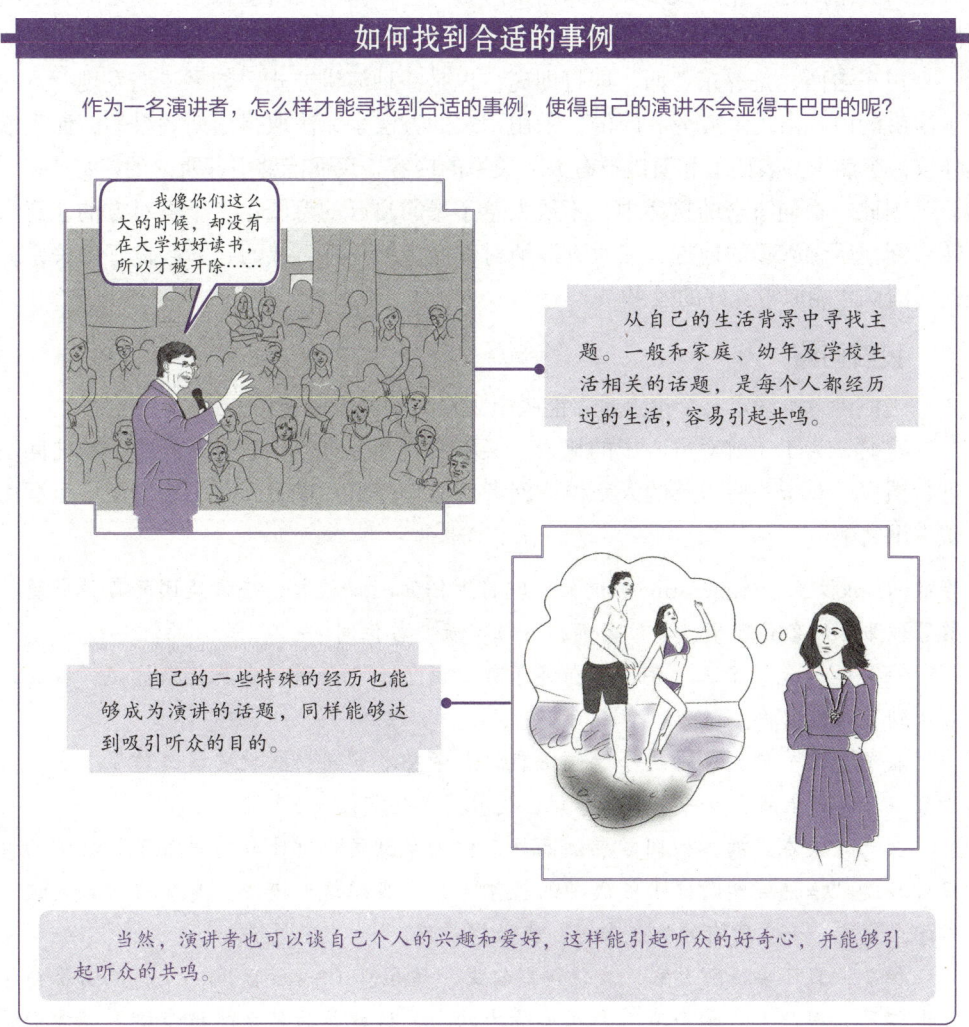

第二节　使听众关注演讲

听众的注意力是有限的，无论演讲者怎样努力，总会遇到听众注意力不集中的情况，在这种情况下，演讲者就需要想一些办法把听众的注意力吸引回来，否则就会导致演讲的失败，会场秩序的混乱。

一、声东击西

所谓声东击西，兵法原文是这样写的："凡战，所谓声者，张虚声也。声东击西，声彼而击此，使敌人不知其所备。则我所攻者，乃敌人所不守也。"它的意思是：凡是作战，所谓声，就是虚张声势。在东边造声势而袭击的目标是西面，声在彼处而袭击此处，让敌人不知道如何来防备。这样我所攻击的地方，正是敌人没有防备的地方。

声东击西，是忽东忽西，即打即离，也是一种演讲方式。如果我们发现听众对于演讲的内容出现了疲劳和厌倦，采用正攻的方法是无法取得预期效果的，而采取佯攻，突然说些表面上和演讲没有太大关系的内容，反而能够引起听众的好奇心。

因此，在同听众的接触中，不要太急于暴露自己的意图，尽量将对方的注意力转移到他所感兴趣的地方，使对方逐渐对你产生信任感，从而建立起良好的关系，此时演讲才能取得良好的效果。

二、投石问路

当演讲者不确定某个论点是否能吸引观众时就可采用这种方式。

有时，为了了解对方心中的秘密，又不便直问，可以用"投石问路"的曲问法进行试探。对于一些敏感的人来说，问者便显得谨慎。投石问路之法也被广泛运用于审讯之中。

尊敬的Bok校长、Rudenstine前校长、即将上任的Faust校长、哈佛集团的各位成员、监管理事会的各位理事、各位老师、各位家长、各位同学：

有一句话我等了三十年，现在终于可以说了："老爸，我总是跟你说，我会回来拿我的学位的！"

我要感谢哈佛大学在这个时候给我这个荣誉。明年，我就要换工作了……我终于可以在简历上写我有一个本科学位，这真是不错啊。

我为今天在座的各位同学感到高兴，你们拿到学位可比我简单多了。哈佛的校报称我是"哈佛大学历史上最成功的辍学生"，我想这大概使我有资格代表我这一类学生发言……在所有的失败者里，我做得最好。

但是，我还要提醒大家，我使得斯特夫·鲍尔莫（Steve Ballmer）也从哈佛商学院退学了。因此，我是个有着恶劣影响力的人，这就是为什么我被邀请来在你们的毕业典礼上演讲。如果我在你们入学欢迎仪式上演讲，那么能够坚持到今天在这里毕业的人也许会少得多吧。

这是比尔·盖茨在哈佛大学2001年毕业典礼上所做的演讲的开篇，我们都知道比尔·盖茨，1973年进入哈佛大学，大三时辍学，与同窗保罗·艾伦一起创办了微软公司，成为世界巨富。但是这都不能改变他没有大学毕业的事实，他采取这种方式开始演讲，一方面可以缓解气氛，同时可以试探听众对他的态度，可谓一举两得。

三、欲正故谬

当演讲者发现听众走神时，可以故意将一些简单的问题说错，这样不但能吸引没有走神的听众们的互动，同时能将走神的听众的注意力吸引回来，还能够缓解演讲现场的气氛。

四、欲实先虚

所谓欲实先虚，是演讲者为了让对方顺着自己的意愿来展开话题而设下的一个圈套。这是因为平铺直叙地将道理讲述出来，有时无法打动听众的心，不能吸引听众的注意力。在这种时候，由演讲者先虚设一问，这一问乍一看与演讲内容毫无关系，或者让对方摸不清虚实，当对方出答案后，这种答案其实正是演讲者想要的，这时演讲者就可以抓住对方的话柄，以此为契机，得出想要的结论。这时，听众也就无法否认自己刚才说过的话了，这样也就无法否认演讲者的结论了。通过这样的小圈套来达到演讲的目的。

历史上墨子曾经给楚惠王讲过这样一个故事，他说："有这样一个人，他自己家有非常珍贵的宝物，但是他却觉得这些都没什么，反而特别喜欢邻居家的破烂的物品。"墨子问楚惠王："你觉得这是个怎么样的人啊。"楚惠王觉得好笑，他觉得这个人大概是有病，还是喜欢偷东西的病，这是一个不识货的笨蛋。楚惠王的答案正中了墨子的下怀，墨子接着问，楚国是不是一个物产丰富、土地肥沃的强大的国家，楚惠王当然回答是的，接着墨子又说到了宋国，他认为宋国是一个地域窄小，物产贫乏，弱小的国家，楚惠王当然不会夸奖其他国家，所以他又回答是的。

至此，墨子好像问了三个毫不相干的问题，这就使得楚惠王十分好奇，而他的这些答案和他好奇的心理，就是墨子问这些问题的目的。最后墨子问道，如果大王守着强大的楚国，而去攻击弱小的宋国，这样的行为是不是和之前的那个人一样呢。

这时楚惠王才知道自己中了墨子的圈套，但是此时也是无能为力了，只能回答他"是的"。这样，墨子就通过几个简短的故事，化解了宋国的危机。

第三节　使演讲具有兴奋点

所谓的兴奋点就是最能够吸引听众注意力的关键点，这是一个演讲的亮点所在，也是一个演讲者成功与否的重要因素。

最常见的话题有以下几个：

一、满足求知欲的话题

陌生的知识领域或神秘不可及的事物总是能引起人们的求知欲，使人们兴起探索的欲望，对于不知道的东西，想要弄清楚其工作原理，这是人们的本能，针对这种奇闻轶事展开话题可以大大地吸引听众的注意力。

二、刺激好奇心的话题

西方有句俗语：Curiosity killed the cat（好奇心害死猫）。西方传说猫有九条命，怎么都不会死去，而最后恰恰是死于自己的好奇心，可见好奇心有时是多么的可怕！

可见好奇心是每个活着的生物都具备的特征。演讲者可以利用每个人都有好奇心，通过各类趣闻、名人轶事、突发事件、科学幻想、传奇经历等等内容，来激发听众的好奇心。

三、与听众利益密切相关的话题

在很多单位都会有这样一种现象，公司的一些大的发展方向或者整体规划往往不能得到每个员工的重视。相反的，每个小的细节例如年终奖金的评定方法、午餐的标准等，这样的事情反而能赢得大部分人的关注，这是因为群众最关心的无非就是涉及自己切身利益的事情。所以，综观各类演讲，一旦关系到吃、穿、住、行、生活琐事的都会非常受欢迎。所以高明的演讲者常常能将要演讲的问题和人们生活中的实际利益结合到一起，例如在讲解全球变暖，号召大家爱护环境时，可以不用空洞的说明，而是根据现实生活中的实际情况来说明：夏天气温越来越闷热等。

四、有关信仰和理想的话题

在物质生活越来越丰富的今天，人们对于理想和信仰的追求也越来越明确，没有探索、没有理想的人几乎是没有的。古今中外，人们都在为信仰和理想而不停地奋斗着。

因此，有关这方面的话题能够被大多数的群众所接受，尤其是青年听众，他们正是人生观、价值观形成的时期，关于信仰和理想的演讲对于他们具有良好的启迪。同时也要注意演讲的内容必须要有针对性、现实性，符合现实生活，符合时代的需求，只有这样才能达到励志的目的。

第四章

演讲词的准备

第一节　演讲稿的作用

演讲稿是演讲的依据。演讲稿能够帮助演讲者确定演讲的目的和主题；梳理演讲思路；提示演讲内容；把握演讲节奏；限定演讲时速；斟酌演讲用语；提高语言表达能力；促进演讲稿写作的研究；等等。

演讲前认真写演讲稿，有如下几点好处：

一、减少妄说，避免出丑

在演说时当众出丑，是非常难堪的事。由于种种原因而当众出丑的情况常常存在，但听众往往会宽容演说者的技巧失误，而对那些"无知妄说"的演讲、演说时的胡说八道是不会原谅的，出现后面一种失误的原因除少数人是"无实事求是之心，有哗众取宠之意"外，多数人是没有经过深思熟虑，事前没有字斟句酌，他本人对问题还处于模模糊糊、不甚了解的状态。"以其昏昏"焉能"使人昭昭"？再加上上台以后过度紧张，血压增高，使头脑发热，故而信口开河、胡说一气。

如果事先写了演讲稿，则不会犯这方面的错误。因为撰写讲稿时，演讲者就会认真思考，进入分析、综合、归纳、推理状态。原本散乱、模糊、似是而非的理解，就会眉目清楚，如同在一缸混混沌沌的水中加进了明矾，立刻会变得清澈见底。冷静思考，一般会出现两种情况：一种是觉得自己对问题还没有真切的见解，又不能马上解决，便明智地婉言谢绝演讲，从而避免当众出丑；一种是立即补充知识，抓紧时间学习，再上台演讲，就不会无知妄说，胡扯一气。

二、引发灵感，如有神助

撰写讲稿的过程，其实是一种反复思考、广征博引的过程。这时，你就会充分发挥自己的智慧，对往日所有的"库存"，包括已有的知识、学问、经验、理论进行搜索和全面整理，如同电子仪器所进行的全方位、多角度、多层次的"扫描"过程。

我们可以把人的思维过程分成以下几个步骤。

1.收集资料。这时演讲者沉浸在对问题的思考中,正是在这个阶段,收集那些创造活动可能要利用的材料。有些材料也许已经存在演讲者的头脑中了。这些一般性材料在以后将与具体的演讲主题资料相互融会贯通。

2.分析资料。一旦原始资料收集充分,演讲者就可以开始分析和研究这些材料,这就是大脑消化阶段的主要工作。

3.酝酿。当演讲者将材料分析妥当之后,可以完全地放开自己的思维,转移一下

如何征询众人的意见

征求、汲取众人意见的方法,对初学演讲的人是绝佳的途径,对有经验的演讲者也是有益处的。那么,征询众人的意见时采取何种方式呢?

将众人邀请到一起
虽然此举能做出科学的评价,提出中肯的意见,但是要把大家同时请到场是非常困难的。

这是我的演讲稿,麻烦您帮我看一下。

把演讲稿分别给大家看
大家不用集中便能提出讲稿的优缺点,为你提供新的材料、证据、理论,甚至帮你进行文字润色。

相比较而言,第二种方法更合适一些,而且这样你的演讲稿便会像吸水的海绵一样,博采众人的智慧。

注意力，休息一下，这就是酝酿，也可以说是在"做白日梦"。所以好的演讲者要随身携带一个笔记本来记下突然出现的灵感。好的主意或点子，都是在不经意中一闪而过的。

1993年，日本的一家研究所对821名日本发明家的灵感产生地做了一次调查：

枕头上52%，家中桌旁32%，浴室18%，厕所11%，办公桌前21%，资料室21%，会议室7%，乘车中45%，步行中46%，茶馆中31%。

4.灵感闪现。当你不经意时，念头有时就会冒出来。及时地把握所产生的观点才能做出成功的演讲。

5.应用阶段。要求演讲者把想法放到现实世界中测试，看看是否切实可行。例如，检查一下在演讲中是否有低俗的语言，或者对于民族、性别的歧视等现象。

这一阶段的工作要求耐心和坚韧，只有这样才能使演讲最终取得成功。许多人喜欢出主意，但大多数人的耐心和坚持奋斗的精神不足。

三、抛砖引玉，博采众长

要想获得演讲的成功，除了充分发挥自己的智力潜能外，还需要得到他人的指教和帮助。因为演讲要面对众多的听众，"众口难调"已是不容争辩的事实。你所做的演讲，从主题到语句，如果稍有疏忽，稍失分寸，就会得罪听众。要想使之周密并有分寸，最好能预先向你的亲友、同事、上级、老师征询意见，请他们指出谬误之处，以便改正。当然，并非是用众人的意见代替你自己的思索，"谋在于众，断在于独"，最后结论还得你自己做主，但众人的意见可以给你启发（包括正面的启发和反面的启发）。

四、"有恃无恐"，百战不殆

演讲者临场失常，不能将水平正常发挥出来，往往是因为心情过于紧张。而造成紧张的原因之一，是自己心中没有把握。尤其对于初次登台的演讲者来说，有了演讲稿，心中就有了底，就可以大胆沉着地进行演讲。即使恐惧心理较重，但由于有演讲稿作依据，也可以继续坚持下去，不至于出现中断演讲的现象。

如果登场前手上已握着一份精妙的演讲稿，这份演讲稿即使让听众自己阅读，听众都能被感染，那么演讲至少就有了百分之六七十的把握，心情也就不会紧张，登台演讲就不会发挥失常。他心里会想："现在我用不着害怕，也用不着粉饰，也用不着过多的表情、拿姿态、做手势，更用不着拿腔拿调，只要对着麦克风，一字一句把意思表达完整，就足以感动听众了，我还怕什么呢！"这就叫"有恃无恐"。在演讲的过程中，当演讲者卡住了壳，临时忘记了某些内容，随时看一眼演讲稿，就会把演讲内容连贯起来。但演讲者一定要做到，除长篇演讲外最好不要带讲稿上台，而是应该背熟记在脑海里。

戏剧界有句行话叫作"剧本，剧本，一剧之本，它决定剧场演出一半的生命。"演讲也可以借鉴这个道理,其实演讲稿就是登台演说的"剧本",这个"剧本"的好坏,决定着演讲50%的成功。所以,有好的演讲稿在手,演讲者一般都能镇定自如,如同吃了定心丸。

五、演讲稿可以限定演讲进度

每一个演讲都是有时间限定的,短的几分钟、十几分钟,长的一两个小时甚至半天或一天,总是要在一定的时间范围内讲完的,不能永远不停地讲下去。所以同一主题的演讲,在不同的时间限定下,其稿件也是不相同的。

第二节 演讲稿的现场感

每个演讲者都有自己不同的演讲风格,想要成为一名成功的演讲者就一定要形成自己的演讲风格,不同的时代、民族和阶级都有自己不同的特点,每个演讲者的风格也都会受这些因素的影响。演讲者的个人风格可以通过演讲稿的写作来逐步细致和完善。

一、利用不同的演讲稿风格来加强演讲稿的现场感

(一)激昂型演讲

这种演讲风格就如同字面上的意思一样,是一种充满了激情、豪放、爽朗、干脆、刚健的演讲稿。激昂型的演讲稿要求具有真情实感,案例丰富,具有极强的说服力,并不能单纯地认为,激昂就是大吼大叫。

在演讲过程中,演讲者的情绪一直处于一种亢奋的状况。这样的演讲稿,为了能够产生慷慨激昂的演讲效果,在演讲稿的写作中,经常要加入非常多引人入胜的情景描述成分,营造出一种神秘、紧迫的氛围。这样的演讲稿,一般会大量地运用比喻、设问和反问等修辞手法,通过这样的描写来加强语气,使演讲稿语言简洁明了,表达通俗易懂。同时,在演讲稿中经常会用大量的排比句,这是因为,排比的句子在朗读的过程中读音是逐步加重的,这样就能够起到一个语气逐渐加强的感觉,使得演讲者的音域宽广,音色洪亮,能够使会场的气氛异常活跃,演讲者必然能听到听众或是鼓掌喝彩,或是捧腹大笑或痛哭流涕。

激昂型的演讲稿是通过演讲稿中的每一个字来表现演讲者的思想感情,并将这些思想感情施加到听众的感情上,通过演讲的过程加强观众的认知。

作为一名演讲者在写作演讲稿时,如果想将演讲稿写成这种激昂型,首先要确定自己的演讲主题是否符合这种类型的要求。如果演讲者要做的是一个未受人注意的新观点的演讲或者是具有鼓动性和号召性社会政治演讲,那么这种具有强烈感染力和鼓动性的演讲稿类型,是十分合适的。但是如果演讲者在一个社交的场合做一场平和的或是娱乐的演讲时,用这种类型的演讲稿,无疑就是贻笑大方了。

（二）严谨型演讲

这种演讲风格的总特征是：理智、精深、执著、质朴和稳定。一般地说，这类演讲崇尚实事求是、朴实无华，它所刻意追求的是用命题本身去激发听众的思想，是通过对命题的充分论述去说明某个道理。因此，在主题方面，它要求尽可能排除主观性，使演讲者对待主题的态度具有客观性，至少要隐蔽到近乎毫无所察的"旁观者"的地步；在选材方面，它的形象材料往往少到最低限度，没有多余的情景描述；在结构方面，着力于对论点进行论证和分析，使其严谨无隙、相互贯通；在语言方面，它讲究工整、鲜明和准确，不可雕琢和粉饰；在声音方面，它的语流比较平稳，没有太大的起伏；在体势方面，它的手势动作用得不多，连演讲者的站立姿势和位置都比较稳定。这就是严谨型的演讲风格。

很明显，最具有这种风格特点的，当首推学术演讲和课堂演讲。例如，杨振宁的《读书教学四十年》；我国著名学者和演讲家梁启超先生曾应邀在南京等地作了二十余次学术演讲，这些演讲充分地表现出了严谨的特色。在法庭诉讼演讲中，这类风格的演讲也是不乏其例的，如古巴卡斯特罗的名篇《历史将宣判我无罪》。我们还注意到，在庄严、隆重的集会上，在某些极为特殊的场合，不少演讲也都是这种风格的典范，如华盛顿的《告别词》、林肯的《在葛底斯堡国家烈士公墓落成仪式上的演说》和周恩来的《在亚非会议全体会议上的补充发言》等。

必须指出的是，诉诸理性的严谨型演讲，并不是说它不需要或者毫无感情色彩，而是说它们更注重对听众理智的征服；也并不是说它们全然不做加工和修饰，而是说它们很少显示出粉饰的痕迹。也许正是这一缘故，才使得这种演讲具有很高的审美价值和巨大的社会作用。事实证明，虽然它在短期内对听众的影响不如激昂型演讲那样强烈，但却比后者持久得多、稳定得多、深刻得多。

当然，这种风格的魅力是有条件的。如前所述，对于具有较高智力水平的听众来说，诉诸理性的演讲比诉诸感情的演讲所能产生的影响确实要深刻得多、有力得多。但是，这类演讲能否产生应有的正效应，除取决于演讲者的演讲素养外，显然还取决于听讲者的内在条件。

（三）活泼型演讲

轻松、亲切、生动、幽默、灵活和多变，是这种演讲风格的总特征。在具体的演讲实践中，这些总特征既表现在内容的诸要素上，又表现在形式的诸要素上。比如说，在选题上，多是讲一些别开生面的小题目，特别是一些角度新、与现实联系紧密的题目；在题材上，多选用古今中外某些新鲜有趣的材料，喜欢大量引用名言警句、轶闻逸事、典故史实；在结构上，貌似臃肿杂乱，实则是形散而神聚；在语言上，善于运用各种修辞手法，采用一些富有表现力的词语和多变的句式，口语化色彩很浓。此外，这类风格的演讲也很注重表情、神态和手势，讲究声音的轻重缓急和抑扬顿挫；喜欢用提纲式和即兴式演讲与听众交流；会场气氛轻松活跃，听众常常会发出会心的笑声和鼓掌声。一句话，它既讲内容的厚重，又求形式的多彩。

不言而喻，活泼型演讲同样有着独特的魅力。但是，它也很容易引导人们走上另一个极端，即刻意追求演讲的戏剧性效果，因而一旦处理不妥，即使是最出色的演讲家，也会成为人们的笑柄。有许多事实证明，俄国著名演讲家普列汉诺夫也是擅长活泼型演讲的高手，然而随着时间的推移，他后期的不少演讲表演化倾向越来越明显，常常"带有做作的热情与戏剧式的姿态"。

因此，发表这类演讲，文学性和戏剧性一定要使用得适可而止，尤其要防止过分幽默。如果都是夸饰的言辞、栩栩如生的形象、引人入胜的情节、朗诵般的腔调和表演化的姿态，就会使演讲喧宾夺主，以辞害意；如果节外生枝，随意穿插与主题无关的笑料，就会破坏演讲主题的严肃性，进而破坏演讲的效果。这些都是演讲

活泼型风格演讲的适用范围

活泼型风格与激昂型、严谨型风格虽有这样或那样的相似之处,但差别却是十分明显的。正是这样,这种风格通常有自己特定的适用范围。

者应该特别注意的。

(四)深沉型演讲

深沉型风格的总特征可以概括为:恳切、凝重、深邃、含蓄和柔和。说它恳切,是指演讲者的态度一般都比较诚恳,有实事求是之意,无哗众取宠之心;说它凝重,是指演讲的内容通常都比较严肃,有相当的分量;说它深邃,是指演讲的思想一般都比较深刻，有相当的力度；说它含蓄，是指演讲的感情不尚外露，看似风平浪静，实为倒海翻江；说它柔和，一是指演讲的音调较为低沉，节奏也较缓慢，力度对比不太强烈，二是指演讲的体态动作用得较少而且轻缓，主要依靠面部表情。由此看来，这种风格既明显地区别于激昂型演讲，也明显地不同于活泼型；在某些特征尤其是某些形式特征上，虽然它和严谨型演讲有一定的相似处，但从这些特征表现出来的强弱程度来看，从这两种风格总的色彩、总的面貌和总的状态来看，两者还是有很大的差异，基于这一事实，把深沉作为一种相对独立的典型的演讲风格，应该说是合情的必要的。

其实，在某些政治外交演讲中，在某些意在说服教育听众的训导演讲中，尤其是在悼念演讲和告别演讲中，这种风格不仅大量存在，而且以它特有的魅力显示出了很高的审美价值和强有力的感染力。林肯的《告别演说》和恩格斯著名的《在马克思墓前的讲话》，就是这种风格的典型代表。

不过，在发表这类演讲时，应该引起特别注意的是，平柔不同于平淡，也不同于柔弱。平淡是内容的贫乏，是形式的枯燥，它不是心灵的强烈震动和对表现技巧的积极追求；柔弱是内容的浅薄和脆弱，是形式的苍白和软弱，它不是理智的高度升华和对表现艺术的刻意创造。作为一种审美追求，平柔是外柔的美，内刚的美，两者有机统一的美，是一种有特定适用范围的演讲风格。因此，我们不能把它等同于平淡和柔弱。否则，这种演讲就将成为听众的沉重负担，其风格也就失去了应有的光彩。

二、利用蒙太奇的效果增强现场感

蒙太奇是电影中常用的剪辑和组接的方法。它是电影构成的法则，运用这种法则，把那些不同画面的镜头有机地、艺术地剪辑、组接在一起，用以形成整部影片的节奏、气氛和塑造生动感人的艺术形象。在电影创作中运用蒙太奇手法，可以产生隐喻、象征、想象、衬托、悬念、对比、连贯等效果；增强电影的艺术魅力。而这种方法同样适用于演讲。

蒙太奇的表现手法多种多样，分类方法也五花八门，从结构形式上看主要有"并列式蒙太奇""平行式蒙太奇""交叉式蒙太奇""对比式蒙太奇"四种。在演讲中恰当借鉴蒙太奇手法，同样会产生特殊的艺术效果。

（一）并列式蒙太奇

"并列式蒙太奇"又叫"剪辑蒙太奇"，即把各种不同的镜头用并列的方式剪接、编辑在一起，从不同的侧面来反映一个共同的演讲主题。

（二）平行式蒙太奇

"平行式蒙太奇"就是把两组镜头用平行的方式串联起来，使之相对照，互相映衬来突出主题。

（三）交叉式蒙太奇

"交叉式蒙太奇"就是把各种密切相关的生活镜头交织在一起，以引起人们的联想，来突出主题。交叉蒙太奇的方式时而国内，时而海外，进行交叉的叙述、联想、引申，事例就成了有血有肉的统一体，具体而生动形象。如果没有这种镜头的交叉运动，就不会有这么强的艺术表现力。

（四）对比式蒙太奇

"对比式蒙太奇"就是把两种截然不同的生活场面或事物紧紧组接在一起，以造成强烈对比的气氛，来突出主题。

第三节 演讲稿的撰写

演讲稿不同于我们平时写的作文，有的演讲者认为演讲就是把写好的作文背诵好了就可以了。这其实是错误的。要进行演讲必须要准备好演讲稿。演讲稿不同于一般意义上的作文，演讲稿有它自己的要求。

初学演讲者往往人为地割裂了演讲稿与演讲的有机联系。要么把心思全放在"演"上，只考虑着上台后如何去"演"去"讲"，对演讲稿为演讲服务的重要性认识不足，即使有充分的时间也不愿去撰写演讲稿，或者写了也当成可有可无的"道具"，显示出心态上的浮躁；要么倾尽全力在"写"上下工夫，成语、典故、格言连篇累牍，忽略了演讲稿到演讲之间语体上的有机转换，失去口头语言应有的通俗、朴素、简短、流畅等特点，失去了演讲的可听性，上台后唯稿是从，不敢改动一个字，结果把演讲变成"作文朗读"或"作文背诵"。我们认为，作为初学演讲者，不但应认真撰写演讲稿，还应充分把握演讲稿的写作要求，努力达到演讲稿为演讲服务的目的。

演讲提纲是组织演讲时一种不可或缺的辅助手段。清晰的提纲可以帮助你掌握自己希望谈论的要点；采用提纲还可以使听众容易记住你演讲的大致内容。演讲要有头有尾，要懂得尊重听众，不要一开口就冒出一句没头没脑的话，使听众听不明白。

一、演讲提纲的作用

编列演讲提纲，是演讲前的重要准备工作。它常常是临场发挥的重要依据。提纲编写的好坏，直接影响到演讲成功与否。所谓编列提纲，实际上就是确定框架，以提要或图表方式列出观点、材料以及观点和材料的组合方式。

首先，它可以确定演讲框架，编列提纲能把演讲的整体轮廓用文字固定明确下来。事实上，拟订提纲的过程，正是认识不断明朗化条理化的过程。通过拟订提纲，可以对论题的设想不断加以修改和补充，使构思更为周密、完善。确定了整体框架，演讲者便能心中有数，逐层展开，不致东一句西一句，词不达意。

其次，它可以进一步选材组材。编列提纲的过程，也是进一步选材和组材的过程，是演讲内容逐步具体化的过程。演讲题目、结构层次、典型事例、引文材料以及其他有关资料都要具体地在提纲中体现出来。在这个过程中必然要对材料做进一步的筛选和补充。

第三，它可以训练思维。编写提纲的过程，正是演讲者积极思维的紧张过程。

在这个过程中，演讲者必然要认真思考，分析演讲的主题、材料、层次、结构和其内在的逻辑联系，促使思维的条理化和科学化。因此这个过程事实上正是培养和锻炼思维的过程。

最后，它可以避免遗忘。编写提纲也是不断熟悉材料的过程，特别是在不用讲稿仅用提纲进行演讲时，提纲更是起着提示启发、避免遗忘的作用，成为临时发挥的重要依据。根据演讲的具体目的和要求，以及演讲者对材料的掌握情况等，演讲提纲的编写可粗可细。内容简单，材料易掌握，可编粗略些；内容复杂，材料丰富，就宜编得详细些。粗略的概要提纲要以极其简练的语言，扼要地列举出演讲的主旨、材料、层次大意等；详细提纲则要求比较具体，应基本上是讲稿的缩影。

二、撰写演讲大纲的步骤

撰写讲稿应先拟出演讲大纲，演讲纲略大致分如下五个部分：

1. 标题。
2. 内容提要。
3. 开场白。
4. 正文。
5. 结尾。

在这里，要注意把握演讲稿的整体结构：标题、副标题分别是什么；论点、分论点有哪些；如何开头和结尾；如何过渡；如何应对可能出现的问题；等等。

第五章

设计演讲的内容

第一节　收集材料

演讲是一种需要精心准备、梳理写作的一种表现形式，所以在演讲前精心地写作演讲稿能够帮助我们理清演讲的逻辑，明确地表达演讲的目的和主要问题。我们在演讲的过程中，需要引用大量的实例来支撑我们的论点，使听众信服。

我们还需要了解当今社会的最新的科学技术、信息知识，这也是保证演讲成功的必要条件。所以，收集材料是演讲非常重要的一个步骤，它是充实演讲主题，充分证明论点的有力条件。也是能够影响一个演讲是否成功的重要条件。

一、收集材料的原则

收集材料不是一个茫然混乱的过程，我们要知道自己的演讲需要什么样的资料，什么样的资料适合我们的演讲。如果我们不分青红皂白，只是广泛地将我们能看到的信息都收集起来，虽然这让我们得到大量的资料，但是这样繁重的资料会加重我们的整理数量，加重我们的劳动量，所以有逻辑、有计划地收集资料才能更好地完成演讲。

（一）为演讲选择充分的材料

所谓选择充分的材料就是尽可能多地把我们能够收集到的材料全部收集起来，只有这样，才能满足演讲要求大量地详尽地收集和占有材料。这样我们既能纵向了解事物发生、发展的经过，又能横向了解事物各方面的联系。

在收集材料时，演讲者不但要收集赞同的声音作为论据的材料，对于那些反对的声音，与论点相悖的材料，也要大量地收集，材料越充分，思路就越开阔，论据就越充分，也就越能正确有力地阐明论点，产生令人信服的雄辩力量。特别是学术演讲和法庭演讲，更要求论据充足，旁征博引。材料不足往往难以言之成理，很难达到预定的目标。

这就要求我们在更加了解所要演讲的内容的同时，能够更加丰富我们的知识。当演讲者在面对听众的反对意见或刻意刁难时，有充足的材料和准备，自己才不至于哑口无言，闹出笑话。

（二）材料信息要真实可靠

我们说的真实可靠，是指我们的材料是有据可依的，是真人真事，是客观世界确实存在的、符合历史实际的。真实是选择材料的出发点，因为只有真实存在、发生过的事情才有说服力，才能够感动人，才最有利于人们形成坚定的信念。选择材料时，要选出最可靠的第一手材料，不能用捕风捉影、道听途说的材料，更不能无中生有、胡编乱造。只有真实的材料，才能取信于人。

（三）尽可能地选择具有代表性的材料

我们在收集材料时，有时能够收集到几十或者几百个材料，而通常演讲者的演讲时间只有几分钟，作为一名演讲者，从众多的材料中选择合适的材料是最为重要的一个准备工作。真实具有可信度，新鲜具有吸引力；而典型则由于其深刻揭示事物本质，具有代表性。演讲的目的在于说服人、鼓动人。

具有代表性的、典型的事例，在演讲中可以使演讲有较强的说服力、感染力和鼓动性，而平淡无奇和被多次引用的事例则会使听众产生厌倦的心理，使演讲失败。

典型材料与一般材料是相比较而言的。只有在充分掌握许多材料的基础上，有比较余地，才能分出高下。在与众多材料进行比较时，要发现典型材料，关键在于演讲者的观察分析能力和思想认识水平。

1.选择具体的材料

具体，是相对抽象笼统而言的。有些材料虽然真实、新鲜、典型，但由于详略处理不当，尽管讲清楚了来龙去脉，也使人感到"不够味""不解渴"。这恐怕就在于叙述太简略所致。出现这种情况的原因，对于事例性的感性材料来说，往往是忽视了对重点材料的必要渲染；从记叙的诸要素看，常常是对Why（为什么）和How（怎样）交代得不够。如果把Why和How的内容进行较为详细的阐述，做必要的渲染，就会显得具体，给人留下明晰的印象。比如"他带病坚持工作，最后累倒在车床旁"，给人的印象就较笼统。如果进一步把他为什么带病工作，如何做的，怎样累倒的，累倒后又怎样，当时的现场怎么样等做必要的交代和渲染，给人的印象就具体得多。

2.定向收集材料

收集材料要把准方向，防止盲目性和随意性。生活千头万绪，书报浩如烟海，时间和精力不容我们有见必记、有闻必录，这不仅没有必要也没有可能。我们必须把准方向，有计划、有针对性地收集。所谓把准方向就是围绕论题进行，根据论题划定的区域范围，按计划、有重点地工作。选择的论题要大小适中，不宜太窄，也不宜过宽。太窄，往往会漏掉与之相关的材料，使用时没有回旋余地；太宽往往难抓住主线和重点，造成内容芜杂臃肿，削弱和冲淡主题。例如，做一次题为"岗位成才"的演讲，不妨把收集目标集中在下列方面：从名人先哲的著作中收集有关成才的论述及有关部分和整体关系的论述；从教育学和心理学的图书中收集有关成才理论和有关青年心理特点及其发展趋势的论述；从历史图书中收集有关青年在工作中立志成才的故事；从报刊和现实生活中收集，特别是收集本单位青年在本职岗位上所做贡献的先进事例等。确定了这样一个范围和方向，收集材料就会顺利得多。

3.选择新鲜的材料

新颖别致，是就听众的感觉而言的。新奇感是促使人们注意的心理因素。演讲者立论高妙，演讲材料新鲜，就能较好地激起听众的新奇感，引起注意。这对深化主旨，充实内容都有着十分重要的意义。鲁迅先生在这方面为我们树立了很好的榜样。他常借古讽今，十分生动，如《由中国女人的脚，推定中国人之非中庸，又由此推定孔夫子有胃病》的演讲，运用了大量历史材料和现实材料，古今结合，使人感到异常新鲜、有趣。

如何收集有新鲜感的演讲材料

演讲者"人云亦云"，重复使用别人用滥了的材料，就会令人感到乏味甚至反感。因此要尽力防止和避免材料的雷同。

> 她可真机智，这件事说不定可以做演讲的例子呢！

> 这个我得好好听听，说不定以后可以当素材。

> 你们听说了吗？老王……

> 不好意思各位，但我是想试试这样上台是不是能获得更多的掌声！

要让观众产生新鲜感，首先就要留心收集现实生活中新近发生的事情。

其次也要善于收集那些过去早已发生但并不为人所知的事例。

此外还要善于观察分析抓住现实中看似一般的材料，从中挖掘出新意来，这些当然不是信手可得的而必须有耐心有韧劲。

4.选择感人的材料

在演讲活动中，要注意选取能提高听众兴趣和打动听众感情的材料。在现实生活中，许多感人的事情都是看似违背常理但又是在情理之中的。例如，有位演讲者在演讲时引用了一位老师上课老是请假跑厕所的事。这种事显然违背常理，令人好笑。可是，当你知道这位老师身患膀胱癌，长期尿血，直到他被抬上病床，大家才发现他揣了一大摞病假条却从不请假时，你会觉得看似违背常理的事情，其实却在情理之中。演讲者用这件事来表现这位老师的高风亮节，十分生动感人。在现实生活中有许多这样的事例，关键在于要善于发现这种有违常理事例的特殊性。此外，演讲要感人，讲人们的奋斗经历，讲与听众切身利益相关的事，容易达到目的。

二、有计划查阅、研究相关资料及找他人求教

只有收集到大量的资料，演讲者才真正具有站在公众面前的勇气。演讲是向听众传达信息，如果你不能满足听众的需要，不能提供足够多的信息，那么你的演讲一定不是好演讲。根据演讲查阅相关资料，找他人求教都是很好的办法。

（一）根据演讲题目查阅相关资料

好好规划一下资料的查找工作使你能够在指定的时间内达到最好的结果。这一点要求你在匆匆忙忙地开始查找之前必须认真考虑自己的演讲题目和场合。你有多少时间？就你演讲的性质而言必须查阅哪些事实？哪些题目要调查？你查阅资料的目的是什么？

1.从演讲题目入手

先从了解"总体情况"入手。你不应该先入为主地在一个方面的资料上花费大量时间，这样做也许会遗漏与演讲题目相关的其他重要方面。随着研究的深入，你会得到更加具体、更加确凿的材料，你知道哪些内容可以置之不理，但是如果其他方面的有关内容突然冒出，根据已经掌握的知识你完全能够把握这些提示，并顺藤摸瓜进一步深入下去。

演讲者在查阅资料之前的准备或探索性研究是由一系列活动所构成的。面对一个知之甚少的题目，在分析题目之前你必须先查阅一些概括性的知识。即使你对演讲题目很熟悉，你也得在准备查找资料之前在脑海里先厘米清自己的思路。

2.规定完成时间

根据你可以支配的准备时间和演讲题目的不同，你要进行的查阅工作也会有很大的差异。建议你为自己的准备工作制订一份可行的时间表。如果演讲前一天才接到通知，你不可能详尽地查阅所有相关文献，但是可以从百科全书之类的书中查找概括性的资料。如果时间较为充裕，你的准备活动就可以更加深入，先从概括性的书籍当中收集线索，用它们作为指导再寻找其他更加细致、更加具体的资料。跳读是从头开始查找资料时最有用的技巧之一。在从图书馆查阅书籍或为此购买图书之

前，先迅速浏览一遍书目。因为你没有时间把所有的书都看完，一定要掌握最重要的方法和理论。要首先查看书籍目录，跳过第一章和最后一章，或者阅读某一章或一篇文章的第一段和最后一段。记下书中频繁引用的重要学者和公众人物的姓名。留意反复出现的概念和研究项目。不要认为自己必须一字不落地把整个句子读完。

开始浏览时，翻找一些综述或有关该问题现状的文章和书籍。这些文章和书籍概括指出该问题目前的思潮，追溯该问题来龙去脉的文章段落也非常有用。这些文章和书籍往往很容易从题目中加以识别。

跳过一些资料，阅读一些概括性的书籍可以使你对自己的题目有大致的把握，你就可以进一步缩小范围，把查阅内容集中到某些问题上。

3.带着分析性问题查阅资料

当你已经完成背景资料的查阅，还没有开始主要的研究活动之前，要回头分析自己的演讲题目。想一想你是否要把题目缩小为某个问题，调整自己的演讲目的，或者修改主题句的遣词造句使之适应演讲场合。

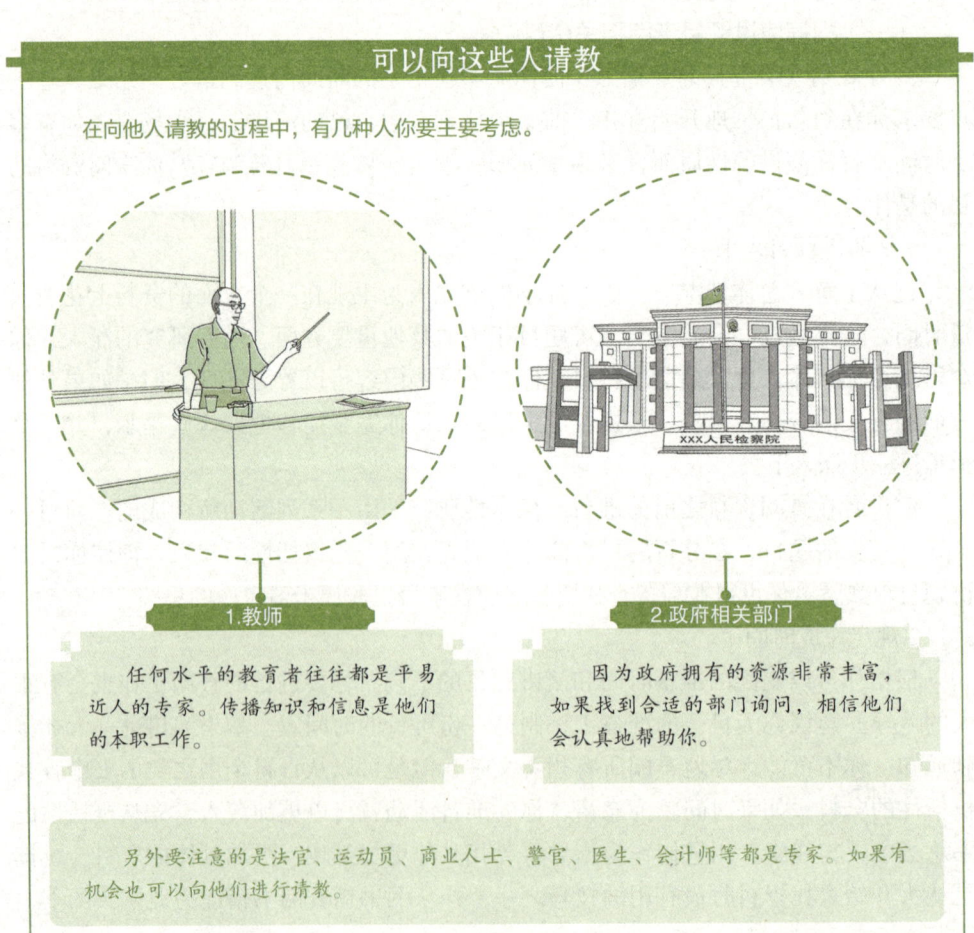

可以向这些人请教

在向他人请教的过程中，有几种人你要主要考虑。

1.教师

任何水平的教育者往往都是平易近人的专家。传播知识和信息是他们的本职工作。

2.政府相关部门

因为政府拥有的资源非常丰富，如果找到合适的部门询问，相信他们会认真地帮助你。

另外要注意的是法官、运动员、商业人士、警官、医生、会计师等都是专家。如果有机会也可以向他们进行请教。

4.熟悉相关的专业用语

为新题目查找资料就像学习一门新的语言一样。随着你逐步展开对题目的研究，你就能够列出这个过程中所出现的关键词。比如，在研究职业女性时，你会发现自己必须搞清楚"机会均等""果断行动"和"相对价值"等之间的区别。你会注意到如"玻璃天花板""女强人综合征"和"粉领工人"等都是关键性的名词，在谈论你所面对的问题时这些词已被广泛采用。熟悉与演讲题目有关的语言随着研究的展开而变得不可或缺，因为你在浏览文献时要查找这些关键词。

当然，如果你熟悉的人群中有人对你要演讲的项目非常了解，那么请教他们就再好不过了。

（二）直接向他人请教

直接向他人请教相关问题是非常便捷的一个方法。如果没有特别合适的人选，你也可以请教一下周围的人对你要演讲的题目的看法。你的朋友、家人、同事都可以成为信息渠道。

在你根据演讲题目组织整理自己的思路时，先和那些自己每天接触的人们谈一谈。你可能会喜出望外地发现有人对你要讲的题目非常在行。在大多数情况下，这些人告诉你的情况是他们自己的观察和体验，在书本中是无法找到的。随便和几位朋友交谈一番，你就会惊喜地发现懂了很多自己原来不知道的知识。

三、采访的技巧

采访是获得材料的重要手段。不要慌慌张张、毫无准备地采访别人。分析一下采访对象，想一想他或她该如何最大限度地为你的研究提供帮助。如果面谈的对象曾经就你所要谈论的问题写过文章或有专著出版，先把这些资料读一读。你应该事先设计一系列具体而明确的问题，这样就不会浪费宝贵的面谈时间，否则只能得到一些在百科全书中也可以查到的内容。你要准备一些没有确定答案的问题，而不是做肯定或否定的问题，或者只需简单地进行事实确认，但是不要含糊其辞让对方不知该从何说起。

采访时先用几分钟时间融洽气氛，建立进行采访的背景，介绍自己的身份，解释你为什么需要了解这些情况以及你已经得到哪些信息。同时，再次说明你预计采访将占用多长时间。这些内容也许是再次提起你打过的电话或写过的信。如果你希望把采访过程录下来，首先应该征求被采访者同意，但是要准备记录纸和笔，以防录音失败。不管怎么说，即使你确实把采访过程录了下来也应该记录采访内容。笔记可以帮助你让采访始终沿着所设计好的、有待澄清的问题前进，在重新听录音内容时，书面记录还可以帮助你把握重点。

开始提问时，一定要把大部分时间留给专家发言。不要打断、表示异议或鲁莽地说出自己的看法。用话语和身体语言鼓励专家继续说下去：点头、微笑、表示兴趣，留意自己的姿势和面部表情，用谦和的评价鼓励对方，比如"我明白了""非常有趣""那么后来怎么样",为采访结束留出一定的空余时间。尊重接受采访者的时间,如果时间快到了,要主动停止发问,即使你只得到了一半问题的答复。总结自己的采访角度,通常请被采访者进行总结性发言会让人获益颇多。有些情况下你可以这样问:"您希望我提出哪些问题而我没有提到?"当然最后要对他或她表示感谢。

演讲材料收集整理的范围

1.直接材料
从现实生活中得到直接材料。这是演讲者在生活、工作、劳动、学习及其他社会活动中所见所闻、所思所感的材料。

2.间接材料
从书本或各种媒体中获得间接材料。这是演讲者从报刊、书籍、文献、广播电视上得到的材料,可称为第二手材料。

3.创建材料
演讲者在获得大量直接材料和间接材料的基础上,经过归纳、分析、研究所得出的新材料,是一个演讲者智慧的结晶。

四、演讲材料的收集范围和具体方法

占有丰富的材料是演讲成功的一个重要因素。熟悉演讲材料的收集整理范围非常重要。重要的是还要收集属于自己的材料，整理属于自己的素材，而且要保证材料的充足。

（一）演讲材料收集整理的范围

演讲材料的收集整理范围主要包括直接材料、间接材料和创建材料。

（二）准备属于自己的素材

这里强调一个"自己的"，虽然念一本书也是一种准备，但并不是最好的方法。从书上找材料，是可以有帮助的，但假如一个人仅想从书本上得到一大堆现成的材料，立刻据为己有而讲给别人听，难以获得听众热烈的掌声。

（三）积累的材料一定要充足

别人的东西，只要消化了就能成为自己的东西。积累材料的过程就是收集属于别人的东西，纳为己有。然后在开始演讲前，就集中于某个题目，去注意和思想、去斟酌、回想并选择最能引起你兴趣的题材，加以润色，改造成另一种形式，成为你自己的作品。

某演说家关于怎样准备他的演说，他如此回答："我的准备是这样的，当我选择了一个题目时，就把题目写在一个大信封上，我备有许多这样的信封。假如我在读书时遇到一些好材料，认为将来用得上，就把它抄上，放入适合它题目的信封里。另外，我一直带着一本记事簿，当我在听别人演讲时，听到有切合我题目的话，便立即把它记下来，也放入信封内。当我要演讲时，就针对我要讲的题目取出我收集的所有材料，再加上我自己的研究，这样一篇文章就形成了。在我许多年演讲中，从这里取一些，从那里择一点，因而演讲永远有材料，也不会陈旧。"

材料需要积累而且需要积累充分。收集100个意见、思想，选择10个非常契合题目的，而抛弃另外90个。收集丰富的资料和知识，可以增加自信，可以使你的心境觉得安然有把握，讲话的态度自然大方。这是准备演说最重要的基本原则，演讲者不应该忽略此点。

第二节　整理资料

在收集资料阶段，我们收集了大量的资料，但是这些资料如果不整理妥当，那么不论我们收集了多少资料都是毫无用处的。怎么才能把大量的资料整理成自己需要的材料呢？材料的选择有哪些基本要求？这就是我们这一节要研究的问题。

一、整理资料的原则

（一）选出真实的材料、剔除虚假的材料

如果演讲者使用这种没有经过考证或找不到出处的材料，准备材料的工作就不

能说是完善的。可以设想一下，如果演讲内容被听众怀疑其是否准确，演讲的效果就很难说好。要在平时多下工夫，经常查阅有关书籍、资料并将用得着的资料摘录下来，注明资料的出处，以便在演讲时引用，这能提高演讲的效果。材料准确性的另一个方面是用词准确性。任何一篇演讲的第一个要求是让人听懂，即演讲者的用词必须与听众使用的词汇一致。凡是演讲者使用的词汇、术语超出一定范围，就应该加以解释。特别是面对非专业性的听众发表有关专业方面的演讲时对专业词汇就应该进行解释。

为了保证材料的准确性和可靠性，我们可以对材料进行刨根问底，例如，在材料中有哪些人？他们在做什么？他们是什么时候做的这些事情？这件事情发生在什么地方？为什么要做这些事情？他们是怎样完成这件事情的？这些问题可以帮助我们了解材料的情况，帮助我们辨别材料的真假，可以帮助我们厘清材料的脉络，完善我们的演讲，同时，可以帮助我们避免在演讲时闹出笑话。

（二）选出有新意的材料，舍弃平淡的材料

有新意的材料，指的就是能够成为演讲的依据，同时是大部分听众没有听过或者没有想到过的材料。

世人常说，世界上没有两片完全相同的树叶；人不能进入同一条河。这是因为事物是不断变化的，而人更喜欢多变。相声、小品演员经常抱怨说他们要不停地变换段子，因为再好的段子，观众看过几次后也就失去兴致了。同样，一支非常好的流行歌曲也不能长期占据榜单的前几位，这都是因为人们喜欢多变的事物的原因。

演讲要有新意，谈论问题要有超越一般、不同凡响的感受和见解。比如你谈论"怎样看待人体美？""离婚率的上升说明了什么？"这一类的题目，往往会引起别人的注意和兴趣。这就是选取新题目，有所新发现。可口可乐是目前世界上最畅销的饮料之一，可口可乐公司推销成功的秘诀是什么呢？就是广告有新创意，与众不同。

在某次会议上，主持人请企业领导讲话，他谢绝了。理由是：一时讲不出新的意见，与其重复别人的话不如少说最好是索性不说。这位领导的做法值得提倡。实际上那种一讲老话、套话就没个完的现象真是比比皆是。有些人讲起话来滔滔不绝，可往往是打着官腔，说套话，信息量很少，缺乏给人以启迪的东西，甚至只是起到了留声机、传声筒的作用。听这种没有新意的讲话，实在是味同嚼蜡，令人生厌。据说有个知名人士作报告，这里讲，那里讲，一年之内每次所讲的内容都如出一辙，丝毫没有变化。试想，社会在变，听众在变，可报告者如此一成不变、墨守成规，还有什么价值和吸引力呢？即使这个报告起初内容不错，可是日复一日地重复也早让人生厌了。

要做内容有新意的演讲当然有许多方法，但首先要有自己的个性和积极的自我意识，要敢于标新立异。一个人如果不能发现和发挥自己的与众不同之处，不敢表现真实的自我，那就不可能用自己的语言表达自己的思想感情，演讲就没有生命力。

（三）优先选择幽默风趣的材料，放弃枯燥呆板的材料

演讲要想引起听众的兴趣就要选用新颖的、生动有趣的、寓意深刻的材料。吸引听众的有趣材料是演讲的调味品。适当地使用诙谐幽默的材料将在吸引听众方面起重要的作用，它可以帮助你消除和听众之间的紧张感，委婉地表达自己的意见，巧妙地解除窘境，甚至可以出奇制胜。使用给听众设悬念的办法，也能增加演说的趣味性。演说者可根据听众的心理，在演说中提出问题，然后解答问题，使听众的思路和注意力自始至终跟着演说者的思路走。

（四）选材要紧紧围绕主题

主题是选材的依据。选择材料必须紧紧围绕主题，选择材料时必须考虑它能否有力地支持主题或为主题服务，否则，再生动的材料也不能用。即坚持这样一条原则：凡是能突出、烘托主题的材料就选用，否则就舍弃。能够有力支持主题的材料一般包括演讲者自己受感动的材料、演讲者亲身实践证明了的材料、听众感兴趣的材料等。

二、正确安排要点的方法

收集到足够的材料以后，把所有的想法根据演讲题目进行筛选，保留自己满意的部分，然后对它们进行综合，最后做到前后连贯，这个过程涉及很多步骤，主要包括产生想法，把想法归类，把每类综合起来，然后重新过滤、调整并且理顺各种想法的关系，最终确定下各个要点。

（一）广泛收集想法

在准备演讲时，不要限制自己的思路。把你觉得演讲中可能提到的内容随手记下来，不管这些内容是在收集资料还是在整理准备放弃的资料时碰到的。不要对任何想法心存偏见或轻易抛弃，把它写下来，现在不必为你记录的内容排列顺序。加快工作速度，即使其中有些只是另一种想法的不同表达或者与另外一些想法截然对立也不要在意。除非已经积累了充足的原材料，否则无法着手进行整理。

（二）整理归类想法

可以采用许多不同的办法进行组织整理，选择适合自己的一种或几种方式，加以组合，起决定作用的可以是视觉效果或者演讲内容。

1.基础的、可行的提纲

组织演讲内容最传统的办法是采用阶梯形的、缩格提纲的格式。但是在确定提纲的时候不要自我局限认为只能用正式的、完整的句子列出提纲。用完整的句子列出提纲对你清楚表达要点和分要点很关键，但是运用主题提纲这种比较灵活的形式也很有好处。

因为你可能会尝试采用不同的办法整理思路，因此不要把时间浪费在措辞或格式上，以不同的方式对各项内容加以整理，使得它们能够和谐地组织起来，直到发现一种紧凑而清晰明了的结构为止。

2.概念图

概念图是一种理清思路的方式，通过它可以直观表示某些概念之间的相互关系，你可以按照其基本形式很快绘制简单的图表，用中间标有说明的圆圈或方框表示，再用线把它们连起来。

3.调整可移动的想法

把内容分布在纸上各个部分，它也可以类似于列提纲用线性方式连接内容。比如，你可以把自己的想法在记事贴上记下，把它们粘在墙上或桌上。你可以根据主题把它们集中起来把某一组的某些部分移到另外一组，直到你对整体结构感到满意为止。或者，如果你更喜欢以线性方式考虑问题，则可以根据记事贴上的内容制订原始提纲，提纲可以写在任何地方，包括缩格记录的分要点。

另一种可行的方式是从收集资料的笔记卡片入手，在卡片上添加你自己的想法。我们建议在查阅资料时使用笔记卡片在上面注明标题。你可以从这里着手写下自己的看法、过渡句，并再用一些卡片进行综合，把它们插在你认为适当的地方。像记事贴一样，你可以随意改变顺序和模式，变换尝试多种处理主题的方式。充分展示每种组合方式的优点，不要急于下判断做选择。让自己享有充分的自由，能够随意调换各个部分，直到你认为满意为止。

经过这个过程，你已为自己的演讲准备了好几个可能的要点。下一步是选择最能满足你的演讲目的、效果最佳的要点。

（三）要点应独立且符合主题

一看你的论点陈述句，就应该想到你的演讲中应该包括哪些要点。明确必须做出回答的核心问题。一旦明白主题涉及的内容，你就能用论点陈述句检验提纲中的要点了。除此之外，还要注意挑选彼此独立的要点。

要点之所以被称为要点不是偶然的，要点是扩展主题的有限几项核心的不可或缺的内容。

为了尽可能明确清晰地说明问题，要点应该彼此独立。每项都应该排除隶属于另一项的可能性。用简单的话来说，这条法则就是我们常说的一句格言："任何东西都有其所归和所属。"演讲者面临的挑战在于找出一种可以恰到好处地把所有内容加以安排的条理。

（四）确定要点的数量

虽然这条规则听起来过于武断，但是并不像你认为的那样束缚手脚。作为演讲者，你应该围绕几个要点整理自己的内容和思路。

重要性相同或逻辑作用平行的要点称为并列要点，用于解释、支持或服务于其他要点展开的逻辑推理过程，重要性稍弱的要点称为分要点。你心中必须明白各种要点之间的关系只是相对的。演讲的每条内容都既是并列要点，又是分要点，这也是对其他内容的综括。

逻辑推理类似于说明内容之间从属和并列关系，例如，汽车是一种有效的货物运输方式，因为汽车运输的目的地覆盖范围相当广阔；因为汽车的设计形式多种多样，灵活多变；因为汽车相对易于操作。

显然，原因从属于它们所支持的要点。

安排演讲内容时用于证明要点的论据不能与要点具有同等的重要性，或与要点并列。

第三节　演讲语言运用的分寸

我们在演讲及日常交往中，使用得体的语言，把握说话的分寸，尊重自己、尊重他人，这样才能使语言成为人与人之间情感沟通的桥梁，才能使得交往得以维持并向更为密切的方向发展。

一、开玩笑的分寸

不难发现，生活中那些会开玩笑的人特别受欢迎。他们凭借一个得体的玩笑，不仅给他人带来了欢乐，而且能迅速获得别人的好感。把握好开玩笑的分寸，才能成功地开玩笑。

（一）开玩笑有轻有重

开玩笑要做到有轻有重，而"重"的玩笑多半是开不得的，它只能在比较特殊的场合才能开。若在一般场合开比较"重"的玩笑，可能就不再可笑了，甚至会变质成悲剧。朋友聚会，为了活跃气氛，应该选择一些比较轻松的玩笑开，如果不是特殊需要，切不可开比较"重"的玩笑。

演讲者在演讲中可以适当地列举一些例子来增强演讲现场的气氛，但是要注意不要把快乐建立在别人的痛苦上。过多地以其他人的过错来开玩笑，会使听众产生排斥感。

（二）不拿别人的隐私开玩笑

玩笑是生活的调味品，适当地开个玩笑，不仅可以调节气氛，减轻疲劳，而且能缩短与朋友和同事之间的距离。一句玩笑话可以化干戈为玉帛，消除积怨，一句玩笑话也可以批评或拒绝某人的要求。

但是开玩笑时必须要注意尺度和分寸，尤其不要拿别人的隐私开玩笑。因为每个人都有隐私，而且也不允许别人触及自己的隐私。一旦有人喜欢拿别人的隐私开玩笑，那他必定是一个不受欢迎的人。

调侃时说出了他人的隐私，有时是言者无意，但听者却有心。他会认为你是有意跟他过不去，从此对你恨之入骨。

心理学家研究表明：谁都不愿把自己的错误和隐私在公众面前"曝光"，一旦被人曝光，就会感到难堪而愤怒。因此，在与人交往谈话中，如果不是为了某种特殊需要，一般应尽量避免接触这些敏感区，避免使对方当众出丑。必要时可采用委婉的话暗示你已知道他的错处或隐私，让他感到有压力而不得不改正。知趣的、会权衡的人须"点到即止"，一般是会顾全双方的脸面而悄悄收场的。当面揭短，让对方出了丑，说不定会使他人恼羞成怒，或者干脆耍赖，出现很难堪的局面。至于一些纯属隐私，非原则性的错处，还是那种方法：装聋作哑，千万别去追究。

（三）开玩笑要分清对象

开玩笑一定要注意区分对象，对于敏感的女性千万不能盲目开玩笑。一般来说女性是比较敏感的，不当的玩笑只会让她恼怒。

黑色玩笑对一个人的影响力很大，同时黑色玩笑背后隐藏了一个人性的弱点——任何人都不会笑着面对被揭开的疮疤。

（四）玩笑不要用语低俗

开玩笑是要运用幽默的语言，有技巧地进行思想和感情交流的艺术。这就要求在开玩笑时要注意语言必须纯洁、文雅。太庸俗、太低级下流的笑话不仅使语言环境充满丑恶的气味，也是对听者的一种侮辱，更是有损于你的形象。

所以在开玩笑时，要注意多说些健康的事、有哲理意义的言辞，摒弃那些庸俗、肉麻的话题。

一提到"肉麻"二字，人们往往联想到"性"。性是个敏感的话题，又是人们感兴趣的一个话题。革命导师恩格斯在19世纪80年代曾指出过这样一个事实："性爱特别是在近800年间获得了这样的意义和地位，竟成了这个时期中一切诗歌必须环绕着的轴心。"

近年来，我国的文学作品、影视艺术涉及性的，更是不胜枚举。退一步说，人们在日常生活交往中，性也是一个躲不开的话题。就连两千多年前的孔老夫子都感叹："吾未见好德如好色者也。"然而由于"性"的特殊敏感性，大多数人对此讳莫如深。谈性的时候，小心为好，慎重为佳，时机、对象、分寸都要掌握得恰到好处，不然就会产生较大的负面效应。

健康、风趣的幽默自然受大家欢迎，也易让人接受。正如英国著名戏剧家莎士比亚说过：幽默和风趣是智慧的闪现。同样，法国作家雷格威更断言，幽默是比握手更进步的大文明。但在幽默过程中我们应尽量避免不洁和不雅的内容和形式出现。

二、批评的分寸

俗话说"人要脸，树要皮"，被批评谁都不希望被别人知道。在工作中，上级经常会有给下级提意见或进行批评教育的情况，但一定要注意把握好分寸，不要让他们产生倦怠和逆反心理。

有些演讲中通常会涉及一些批评的内容，这时就要记得批评也要留几分面子给对方。不计后果的批评，经常会出现在离职演讲中，因为是离职所以觉得可以畅所欲言，很多人都会把原公司批得一无是处，这样做的后果是虽然一时心里舒畅，但是将来就再也不能和原公司合作了。

（一）批评留三分

人人都有自尊，都有保护自尊的心理倾向。优秀的演讲者，在对别人进行批评教育时，总是三言两语见好就收，不忘给对方留一定的余地，而有的人就不是这样了，他们总是不肯善罢甘休，非把对方批得"体无完肤"不可，结果是过犹不及，往往把事情推到了反面。

大多数人的本质都应该是积极的，那种冥顽不灵、屡教不改的"老油条"还是少数，多数人都会有一份神圣不可亵渎的尊严，在批评教育时一定要本着这个前提来进行。

（二）批评要分清场合

聪明的批评者知道在什么场合下说什么话，从而创造出一个批评下级的良好时机。愚蠢的批评者则往往不分场合，不看火候，随便行使权力，大耍威风，结果，使问题反而变得更加复杂和严峻。通常批评宜在小范围里进行，这样会创造亲近融洽的语言环境。实在有必要在公众场合批评时，措辞也要审慎，不宜大兴问罪之师。

大量事实说明，恰当地选择批评的时机和场合，对于优化批评的效果是十分重要的。批评的目的和内容都正确，选择的场合和时机不当，也会导致批评的失败。毕竟批评的目的只在于纠正错误，期望改正，而不在于负面打击。

（三）不翻老账

许多人总是对以前曾犯过错误、受过处分甚至惩罚的人，抱有很深的成见。这样，在对他们进行批评教育时，就会自觉不自觉地把眼前的事和以前的事扯到一块儿，翻老账。而这往往就触动了别人最敏感的、最不愿意让他人触及的神经，从而使人产生极大的反感。

批评应针对当前发生的问题，翻老账会使下属产生逆反心理，直觉告诉他领导一直在做收集他全部缺点的工作，这一次是在和他算总账，因而会产生对立情绪，不会做出任何配合的。

驾驶员因违反交通规则而受罚时，有的会乖乖顺从，有的却想尽办法推脱。为什么会产生这种差别？这当然和警察对驾驶员的态度有密切关系。特别是当警察看到驾照违例记载栏时的反应，会直接影响警察的态度。

驾照中有违例记载的驾驶员，都不希望别人看到。而警察因为要执行勤务，有责任查看。但看过违例内容后，应避免再追问，只处理当天的案件即可，这样的话，驾驶员大都会听从处理。如果警察表现出不屑的样子，并盘问不休，驾驶员自然会很反感。

就心理学的观点来说，驾驶员这样的反应是人之常情。弗洛伊德曾说："人具有抹杀不愉快记忆的潜在欲求。"这意味着任何人都难以接受别人用过去来评价现在的自己。尤其是过去犯错已获得应有的惩罚，而现在再揭发，无疑是被强迫接受多余的惩罚，所以明显表示出抵制情绪也是不足为怪的。

批评人时必须认清这种心理，就算不得不提及以往的错误，也要有意避开，以便制造容易接受批评的心理状况。

（四）不要一棒把人"打死"

当有些错误必须要当面指出的时候，有一件事是你一定要做的，那就是批评之后给对方铺退路。

精明的人在说话时都懂得不撕破脸，在对方没有退路时给对方铺退路。这样对方也会自知理亏，而早早收场，不再纠缠。

1909年德皇威廉二世执政，他目空一切，发表了一篇荒诞绝伦的演说，他说德国是世界和平的主宰，只有使德国建立强大的陆海军才能稳定欧洲，并且维持英国的利益。他还声称自己是英国友人，他曾使英国不受俄法两国的压力在非洲获得胜利。

这篇演说在新闻上一刊登，举世震惊，并把整个局势搅得越发混乱。世人都对这篇骄横狂妄的演说加以攻击评论，尤其是在英国最为激烈，连德国的政客亦不胜惊惶，德皇至此也后悔不该说那么露骨的话。为了保持自己的尊严，德皇就把责任推到总理大臣布洛克亲王身上，叫他来声明那篇演说是出自亲王的建议。布洛克得知此事后就对德皇说："陛下，恐怕世人不会相信它是事实。"德皇闻之大怒，便说："你以为我是笨猪，能犯你永不犯的错误。"布洛克立即发现自己的错误，于是连忙改正说："陛下，我说的话绝无这个意思，实际上陛下各方面的学识都远胜过我，我所懂的只是军事和外交上的一些粗浅知识，而陛下在这方面懂得比我多得多，并且精通一切自然科学。陛下每次谈及各种科学原理时，我都深感佩服，因为我完全是个外行，一点儿都不懂。"

德皇经过他这样一补充，心中的不快顿时全消，因为他相信布洛克没有鄙视之意，并且敬佩自己的才能，于是很高兴地握着布洛克的手说："我们继续互相合作，团结一致，如果有人说布洛克不好，我将对他的鼻子猛击一拳！"

其实，事后德皇也心知肚明自己的不足，重新考虑了布洛克所说的话，只不过当时被人弄得下不了台，自然是非常恼火的。在这个时候，指责的人就要赶快给他铺条退路，好让他风风光光地退场。

三、说服与劝阻的分寸

每个人的见解、主张，都是经过长期的生活经验形成的，你不可能在短时间内通过一场争论改变它。因此，当你遇到与别人意见不同的情况时，一方面不要太过心急地要求别人立刻同意你的看法，应该学会理解、同情对方，容许别人作更多的考虑。另一方面也不要因别人的意见一时和自己不同，就说什么"话不投机半句多"，跟人断绝交往，闭口不说话。如果你能很礼貌又很谦虚地听取别人不同的见解、主张，必然会受到人们的欢迎和尊敬。

（一）动辄争辩只会激化矛盾

留心我们的周围，争辩几乎无处不在。一场电影、一部小说能引起争辩，一个特殊事件、某个社会问题能引起争辩，甚至，某人的发式与装饰也能引起争辩。而且往往争辩留给我们的印象是不愉快的，因为它的目标指向很明白：每一方都以对方为"敌"，试图以一己的观念强加于彼。

你可以阐述你的主张，但是不可在谈话中处处争辩。说服别人的才智是可敬佩的，但不是好胜。而且，你应该听过大智若愚的话吧，修养高的人，绝不肯与人计较的。

学习尊重别人的意见。好胜是大多数人的弱点，没有人肯自认失败，所以一切的争辩都是没有必要的。谈话的艺术就是提醒你怎样游出这愚蠢的漩涡，更清醒地去应付一切。如果能够常常尊重别人的意见，你的意见也必被人尊重，如此，你所主张的就很容易得人拥护，而不必把精神花在无益的争辩上。你可以实现你的主张，你可左右别人的计划，但不是用争辩的方法来获取。如果你想借某一问题增加你的学识，你应该虚心地请教，而不要企图借助争辩。请记得：争辩是一个无期的战争。

切记："常有理"不是金口才，说服别人时，有输才有赢。给对方留一点空间，也就给自己留下了回旋的余地，离你的目的也就更近了。

当你觉得某些情况下不得不争论一番时，最好先问自己几个问题：

1.这次争辩的意义何在？如果是一些根本就不相干的小事情，我们还是避免争论为妙。

2.这次争辩的欲望是基于理智还是感情（虚荣心或表现欲等）？如果是后者，则不必争论下去了。

3.对方对自己是否有深刻的成见？如果是，自己这样岂不是雪上加霜？

4.自己在这次争论当中究竟可以得到什么？又可以证明什么？

心理学家高伯特普曾经说过："人们只在不关痛痒的旧事情上才'无伤大雅'地认错。"这句话虽然不胜幽默，但却是事实。

（二）劝阻听众的分寸

劝阻别人，本是一种与人为善的美好情操，也是社会成员应该履行的道德义务。然而有好多人虽是怀着一片诚意苦口婆心地对别人进行说服、劝阻，结果却是费力不讨好，不仅得不到对方的感激，反而会受到周围舆论的讥讽和指责。究其原因，就在于没有掌握好劝阻的分寸与技巧。

（三）给人台阶下

当说服别人的时候，对方可能会有下不来台的时候。这种时候如果能巧妙地给人台阶下，就可以缓和紧张难堪的气氛，使事情能顺利进行。同时因为我们给对方台阶下，就给对方挽回了面子。所以要达到这样的目的，就应该学会使用下列的技巧，给人台阶下。

如给对方寻找一个善意的动机，装作不理解对方尴尬举动的真实含义，故意给对方找一个善意的行为动机，给对方铺一个台阶下。

（四）将尴尬的事情严肃化

当演讲者在演讲中遭遇了尴尬的情况，可以用严肃的态度来化解事件。

演讲者为了帮助自己或者听众摆脱窘境，恢复会场的气氛，采用了将可笑事件严肃化的办法，这样不但尴尬一扫而尽，还能成为在场的焦点人物。

由此可见，在说服别人的时候，一定要给人台阶下，这样于己于人都是有利的。

（五）响鼓不用重锤敲

有的批评者明白这一道理，更是采取一种十分高明的暗示手段，效果不一般，这就是请教式批评。

1887年3月8日，美国最伟大的牧师及演说家亨利·华德·毕奇尔逝世。就在那个星期天，莱曼·阿伯特应邀向那些因毕奇尔的去世而哀伤不已的牧师们演说。他急于做最佳表现，因此把他的讲道词写了又改，改了又写，并像大作家福楼拜那样谨慎地加以润饰，然后读给他妻子听。

实际上，他写得很不好，就像大部分他以前写的演说一样。如果他的妻子不懂得批评的技巧，她也许就会说："莱曼，写得真是糟糕，念起来就像一部百科全书似的，你会使所有听众都睡着的。你已经传道这么多年了，应该有更好的认识才是，看在上帝的分上，你为什么不像普通人那般说话？你为什么不表现得自然一点？如果你念出这样的一篇东西，只会自取其辱。"她"也许"会这么说，而且如果她真的那么说了，其后果是可想而知的。

但是，她只是说，这篇讲稿若登在《北美评论》杂志上，将是一篇极佳的文章。换句话说，她称赞了这篇讲稿，但同时很巧妙地暗示，如果用这篇讲稿来演说，将不会有好效果。莱曼·阿伯特知道她的意思，于是把他细心准备的原稿撕碎，后来讲道时甚至不用笔记。

批评的话并不是随口说出来的，我们必须思考应该以什么样的方式把它说出来而不会让对方难堪。对于那些有自知之明的人，最好采用暗示的方式，因为这样做就可以达到劝说的目的了，无须再把话挑明，多加一层伤害。

四、拒绝过分提问的分寸

"不"字是很难说出口的，但很多时候我们不得不去拒绝别人。这种时候要注意分寸，不要伤害到别人的感情，使得关系僵化。

（一）通过暗示来说"不"

许多人都苦于找不到合适的办法，其实通过暗示来说"不"是一种不错的选择。当然这种暗示可以是语言的暗示，也可以是身体动作的暗示。

所以，一定要学会一套巧妙的暗示拒绝法，在短时间内表达出"不"的意思，把正事办妥，并且做到不伤和气地拒绝。

（二）要顾及对方尊严

拒绝别人时，要顾及对方的尊严。因为自尊之心，人皆有之。人们一旦进入社交场合，无论他的地位、职务多高，成就多大，他们无一例外地都关心外界对自己的评价。由于来自外界评价的性质、强度和方式不同，人们会相应地做出不同反应，并对交际过程及其结果产生积极或消极的影响。通常的规律是：尊之则悦，不尊则哀。也就是说，当得到肯定的评价时，人们的自尊心理得到满足，便会产生一种成功的情绪体验，表现出欢愉乐观和兴奋激动的心情，进而"投桃报李"，对满足自己自尊欲望的人产生好感和亲近力，采取积极的合作态度，交际随之向成功的方向发展。反之，当人们不受尊重，受到不公正的评价时，便会产生失落感、不满和愤怒情绪，进而出现对抗姿态，使交际陷入危机。

在社交场合上，无论是举止或是言语都应尊重他人，即使在拒绝别人的时候也要顾及对方的尊严。也只有这样，才能赢得别人的尊重。

五、化解矛盾冲突的分寸

人际交往中，总是会有一些意见不合的情况发生，这种情况，我们不能意气用事，要找到合理的解决方法，心平气和地解决矛盾。

（一）避免语言冲突的分寸

语言上的冲突，这种冲突的表现形式是多种多样的，比如反问、责问、嘲骂、谩骂等，有时候还会表现在一些体态语中，比如皱眉头、不屑一顾等。

人际交往中的语言冲突是十分有害的，它很容易造成一些尴尬的局面，甚至产

在演讲中要把握说"不"的分寸

对别人说不,如果表达得巧妙可以使得双方皆大欢喜;但如果说得不好就会得罪别人。所以在对别人说"不"的时候就要注意分寸,下面有几个小窍门不妨参考一下。

1.用拖延表示"不"

当听众询问"你觉得你能否胜任这个工作?",这时可以回答:"这个问题我们后面会说到。"或者"我现在不回答这个问题,但是路遥知马力,日久见人心。"

2.用推脱表示"不"

当一个明星被询问是否有恋人时,这时可以回答:"我其实很想回答你的问题,但是我现在还不知道答案。"

3.用客气表示"不"

那听众询问了很隐私的问题时,这时可以回答:"我很高兴你这么关心我,但是这个问题不适合在这里讨论。"

当你拒绝别人而羞于说"不"的时候,不妨借鉴上述方法吧。但是,在处理重大事务时,来不得半点含糊,应当明确说"不"。

生不可预想的结果，这对交往是十分不利的。所以，在与人交谈的过程中，应极力避免冲突。要避免冲突首先就要提升自身的修养，避免与他人起冲突。再者，对于别人无意间的语言冲撞也要表现出应有的大度，让自己占据主动优势。即使是别人有意冲撞，你对之进行反驳时，也要严守一个"度"，把握住应有的分寸，否则就会造成不必要的损失。

谨慎用语，力避冲撞，这是人际交往及演讲中不能不加注意的重要之点，特别是那些涉世未深、年轻气盛的年轻人更要注意。

当然，如果你面前的是一位野蛮、粗俗、无理的人，你还可以采取据理力争的方法，坚持原则，绝不迁就软弱，争端自然会解决。

双方相争，必有一伤，也可能两败俱伤，所以在与别人交往及演讲的过程中，必须要注意避免语言冲突的分寸与艺术，以免让情形不可收拾。

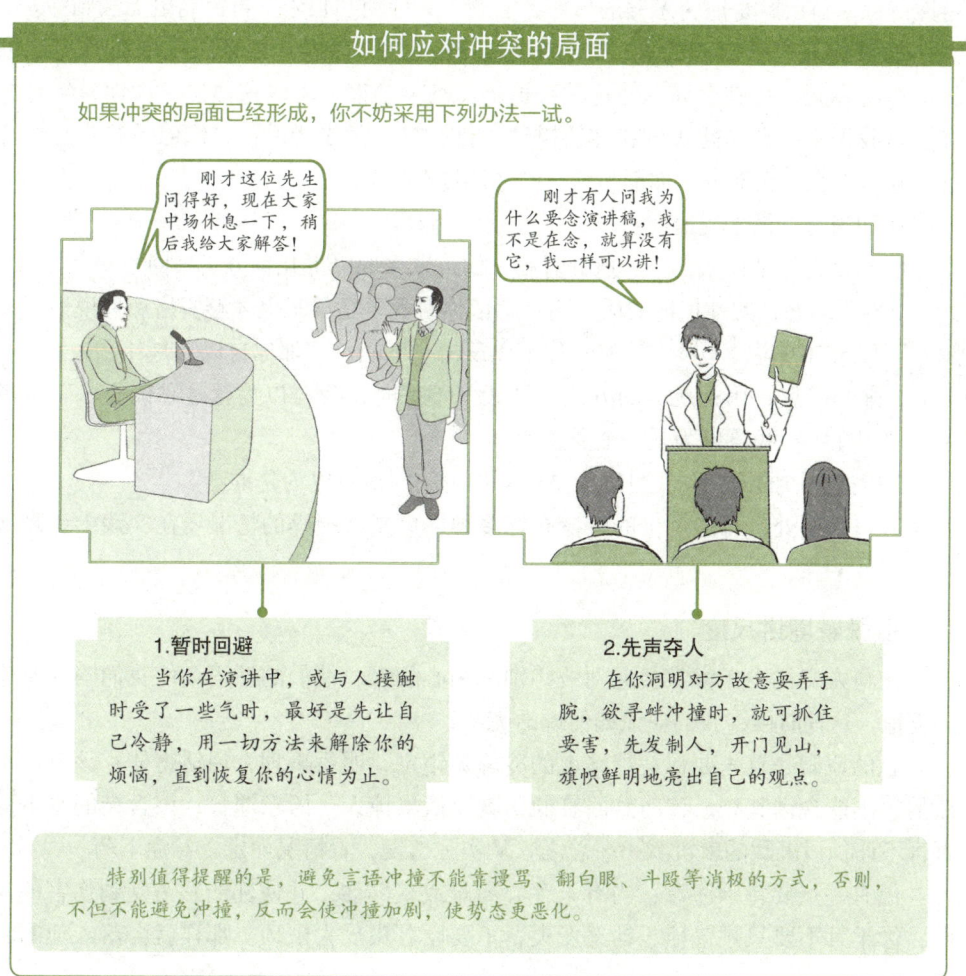

如何应对冲突的局面

如果冲突的局面已经形成，你不妨采用下列办法一试。

1. 暂时回避
当你在演讲中，或与人接触时受了一些气时，最好是先让自己冷静，用一切方法来解除你的烦恼，直到恢复你的心情为止。

2. 先声夺人
在你洞明对方故意耍弄手腕，欲寻衅冲撞时，就可抓住要害，先发制人，开门见山，旗帜鲜明地亮出自己的观点。

特别值得提醒的是，避免言语冲撞不能靠谩骂、翻白眼、斗殴等消极的方式，否则，不但不能避免冲撞，反而会使冲撞加剧，使势态更恶化。

（二）应对羞辱要有分寸

社会是纷繁复杂的，所以在人际交往中，不是所有的语言都如朋友欢聚时那样融洽和富有情调。所以在许多场合下，人与人之间不可避免会产生纷争与矛盾，比如有的人会被别人羞辱。

被别人羞辱着实是一件令人恼火的事情。它意味着尊严受到侵犯，感情受到损伤。虽然羞辱你的人来势汹汹，张牙舞爪，咄咄逼人，但在这场羞辱与反羞辱的争斗中，何方取胜却还是一个未知数。这关键要看被羞辱的一方如何把握应付的分寸，如何化被动为主动。

尽管羞辱人的言语是卑鄙的、恶毒的、残酷的、无聊的，但你不可以被他的一句羞辱而气愤得像他一样失去理智。应付他的基本对策是保持冷静镇定，这样你才能稳操胜券。

不理睬他人对自己的无礼攻击，便是给他的最严厉的迎头痛击。由此可见，保持冷静、保持沉默是应付羞辱的最好"盾牌"，即使"长矛"再锋利也无法刺穿。

如果有人故意出你的丑，让你难堪，你完全可以以牙还牙，采取更严厉的措施。有时你必须打破僵局，使这种窘迫场面马上结束，可以这样说："你显然是想存心让我下不了台，能告诉我你这样做的目的吗？"或者说："你似乎有些心烦意乱，我是否有什么地方惹你不高兴了？你能告诉我吗？"

比如当对方很生气地问：

"你以为你是什么人？"这种时候，你可以采取以下几种方式来回答。

1.不要动怒，索性把他的话点明："依你看我要是某某人才够资格和你说话，是吗？"如果对方说"是"，这时，你可以反击一下问："那你自以为是什么人？"

2.谦和一点，用开玩笑的方式："天气不好时，我自以为就是拿破仑。"或者说："现在吗？我自以为是一个受害者。"

3.指指旁边的人："我自以为是他，你再问问他自以为是谁？"

人与人相处，可能产生的摩擦有好多种，更复杂琐碎的情况要在实践中认真地对待。

六、摆脱窘境讲尺度

在与人交往中，常常会遇到一些别有用心的人，他们的话语会使我们陷入窘迫的境地。这种时候，我们应该如何说话呢？

总的原则是首先要保持情绪上的冷静、镇定，明辨事理，说话得体；该直言不讳的，不能含糊其辞；该巧妙回答的，就要语出惊人，语意深长；该含糊的也不能直言不讳；该沉默的就沉默……总之，从实际出发，看情况而定，对症下药。

但有一点要特别注意：当有人存心刁难或羞辱你，并使你的感情受到伤害的时候，你千万不要只顾气愤、动怒发火，不要硬着头皮去硬顶。那样就会落入他的圈套，扩大事态，于己更为不利；你也不能张口结舌，或满脸羞红，那样会使对方觉得你软弱可欺，他很可能会变本加厉地嘲弄你。唯一的办法是：头脑冷静，控制情绪，迅速开动脑筋，调整思维，运用语言的艺术特别是以急中生智的幽默的方式去对付。

不同性格不同交流方式

人的性格不同，在语言上也会呈现不同的特点，因此，对待不同性格的人时，要根据他们的性格特点，选择合适的方式方法进行交谈。

性格暴躁型的人

当与他们谈话时，应该运用谦和的语气，或者给对方先戴一顶高帽子，尽量从启发、自责的方面去说。

性格外向型的人

与这种性格类型的人谈话，宜单刀直入、开诚布公，以有力的事实和道理进行规劝和说服。

性格倔强型的人或性格内向型人

与其谈话时，就要运用"迂回战术"，多用婉转、暗示、商讨性的语言。

你可以运用下列方法帮助你摆脱窘境：

（一）巧妙避开话题

有些问题很难准确回答或做出结论，直言相告可能会令人难以接受。碰到这类问题时，不要拘泥于正面解答，而要说一些与此相关的事物来引导对方深思，或是借取比喻、假设、移花接木等方式，含蓄作答，略加暗示。这样，既不脱离所提出的问题，使对方满意；又可巧妙地避开疑难之处，超脱自如。

（二）含糊其辞

在某些场合，尤其是社交和外交场合，对于某些难以回答而又不好回避的问题，你可以含糊其辞，模棱两可，作隐晦笼统的回答，如"可能是这样"，"我也不太了解"等。有时候也可用体态语言略有表示，以便有所回应而又避免明确表态，既摆脱了对方的纠缠，又给自己留下了回旋的余地。

（三）装聋作哑

在某种场合，如果处境不利而又无计可施，什么也不能表示，那就索性装聋作哑，避免落入对方设计的圈套，更加被动。

（四）直言不讳

假如朋友或同事在公开场合责备你，而情况又不属实，一定使人难堪。你可以心平气和地直言："我们是否私下谈谈这个问题？我要求你把情况搞清楚了再说话。如果你不注意尊重事实，那我以后很难再信赖你。"倘若是你的亲友无故责怪你，你就明确地说："你已经让我难堪了，但你总该告诉我这都是为了什么缘故吧？我什么地方把你得罪了？"当然，假若做错了什么事，哪怕不是有意的，也要诚恳道歉。

所以，每当你面临窘境时，一定要保持头脑冷静，控制好自己的情绪，运用恰当的语言艺术来迅速摆脱。

七、打破僵局有分寸

人际关系是复杂的，所以交往谈话时难免会出现不和。在事情发生以后，有的人试图通过交谈重归于好，但又往往因为话不投机，致使双方越谈越僵。因此，如何能打破谈话的僵局就成为许多人急于想解决的问题。

由于人们的年龄，及所受的教育或所处的环境不同，所以打破僵局的交谈就要善于抓住对方的特点，把握好说话的分寸。

（一）分清对方年龄再说话

心理学告诉我们，老年人最关心自己的身体状况，最希望得到晚辈的尊重。因此，当与己不和者是位年过半百的长辈时，见面后的第一句话应该带有深厚的关怀之情和强烈的道歉之意。如说："李爷爷，好久没有看望您老人家，近来身体可好？您老这么大年纪了，我还惹您生气，真是不应该，现在我给您老赔不是来了!"

而中年人最重视的是自己事业上的成就。与己不和者如果是属于中年人，见面后首先说的话应该带有对其事业的支持、肯定和赞许之意。如说："赵师傅，听说您的手艺越来越精了，今天我特意来登门求教。但能不能赐教，就看您能不能宽谅我上次对您的冒犯了。所以，求教之前，我必须向您老表示真诚的道歉！"

再者，与己不和者如果是位血气方刚的年轻人，见面后应该从适应其好学、敢想、爱玩、求信任等特点说起。

适应对方的心理特征，满足对方某一方面的需要，在一般情况下，与己不和者也会友好相待，从而消除了笼罩在双方之间的紧张空气，使谈话得以深入进行。

（二）把握住对方的兴趣再说话

当人们对某种事物感兴趣时，总感到称心如意，伴随着愉快情感。因此，从与己不和者感兴趣的事情说起，不仅能消除他们的敌意，而且能实现感情交流，甚至会出现"酒逢知己千杯少"的局面。对于这一点，有许多事例可以证明。

兴趣相投，爱好一致，能融化感情上的"冰霜"，打破双方谈话的僵局。当然，我们讲的兴趣爱好，是指积极良好的兴趣爱好，而对那些不良的兴趣爱好，我们绝不能去迎合。

总之，要想打破僵局，必须要认清对方的不同特点去说。如此一来，僵局才能被打破，双方的关系才能重归于好。

第六章

演讲的开头和结束

第一节 演讲的开场

演讲者应殚精竭虑、全力以赴对付好开头,力求一开口就拨动听众的兴奋神经。

良好的开头应如瑞士作家温克勒说的有两项任务:一是建立听众对演讲者的认同感;二是如字意所释,打开场面,引入正题。具体方法是语言新鲜,忌套话、空话;忌那些磨光了棱角的、听众不爱听的老话、旧话;语言准确,忌大话、假话;语言简练,忌空话、抽象话。

文章开头最难写,同样道理,作演讲开场白最不易把握,要想三言两语抓住听众的心,并非易事。如果在演讲的开始听众对你的话就不感兴趣,注意力一旦被分散了,那后面再精彩的言论也将黯然失色。因此只有匠心独运的开场白,以其新颖、奇趣、敏慧之美,才能给听众留下深刻印象,才能立即控制场上气氛,在瞬间里集中听众注意力,从而为接下来的演讲内容顺利地搭梯架桥。

奇论妙语,石破天惊,听众对平庸普通的论调都不屑一顾,置若罔闻;倘若发人未见,用别人意想不到的见解引出话题,造成"此言一出,举座皆惊"的艺术效果,会立即震撼听众,使他们急不可耐地听下去,这样就能达到吸引听众的目的。

平常多用的形式主要有这样几种:

一、以故事开头

在开头讲一个与所讲内容有密切联系的故事从而引出演讲主题。1940年12月17日,罗斯福总统终于在美国白宫记者招待会上露面了。

此时,正当美、英、苏等国家共同抗击纳粹德国的关键时刻。英国处在欧洲反法西斯侵略的最前线,由于黄金外汇已经枯竭,根本无力按照"现购自运"原则从美国手中获取军事装备。作为英国的重要盟友,罗斯福深知唇齿相依的道理。在反法西斯战争旷日持久的情况下,英国一旦被纳粹击溃,希特勒一朝得势,势必严重威胁到美国的全球利益。美国全力支持英国,是理所当然的事情。

但是,美国国会一些目光短浅的议员们只盯着眼前利益,丝毫不关心反法西斯盟友和欧洲糟糕的战局。而罗斯福却认为必须说服他们,要使《租借法》顺利通过，以全力支持英国，他特别举行了一个意义重大的招待会。

"尊敬的女士、先生们！"罗斯福在简要地介绍了《租借法》以后，紧接着就来说明他的设想了。"假如我的邻居失火，在数百英尺处，我拥有一条浇花的水管，要是赶紧借给邻居拿去接上水龙头，就可能帮他灭火，以免火势蔓延到我家。但是，在救火前要不要对他讨价还价？喂，朋友，十万火急，邻居到哪里去找钱。我想，还是不要他十五元为好，只要他灭火之后原物奉还。如果灭火后水管还好好的，他会连声道谢；如果他把东西弄坏了，他得照赔不误，我也不会吃亏。"

记者们紧追不舍，问罗斯福总统："请问，总统阁下所说的水管一定是指武器了！"

"当然，"罗斯福毫不掩饰，"我只不过以此来阐述《租借法》原则而已。也就是说，如果你借出一批武器，在战后得到归还，而且没有损坏的话，你就不吃亏；即使军火损坏，或者陈旧了，干脆丢弃，只要别人愿意理赔，我想，你依然没吃亏，不是吗？"

这一番回答之后，再也没有人对此提出任何质疑与反驳了。

这种方式的开场白很能引起听众的兴趣，而且在语言操作上也比较容易，适合那些初学演讲的朋友使用。总之，你要注意的是故事型的开场白一定要摒弃复杂的情节和冗长的语言。

二、开门见山

开门见山式的演讲开场白，也就是一开始就用高度凝练的语言把演讲的基本目的和主题告诉听众，引起他们想听下文的欲望，接着在主体部分加以详细说明和论述。如《在马克思墓前的讲话》：

3月14日下午两点三刻，当代最伟大的思想家停止了思想。让他一个人在屋里总共不过两分钟，等我们再进去的时候，便发现他在安乐椅上静静地睡着了，但已经是永远地睡着了。这个人的逝世对欧美战斗着的无产阶级、对于历史科学，都是不可估量的损失。这位巨人逝世以后形成的空白，在不久的将来就会使人感觉到。

在这里恩格斯以极为简略、精当的话语明确道出了他这次演讲的主题。

开门见山型的开场白适合于比较庄重的演讲场合。因此，它要求必须具备高度的总结概括能力。

三、幽默的开场白

幽默型即是以幽默或诙谐的语言及事例作开场白。这样的开场可以使听众在演讲者的幽默启发下集中精力进入角色，接受演讲。

因为笑话中人物鲜明，情节离奇，意义深远，俏皮幽默，所以在演讲开始讲一个笑话会令听众开心解颐，得到启示，在轻松气氛中领悟演讲观点。

四、引用的开场白

演讲的开场白也有直接引用他人话语的（大多是名人富有哲理的名言），它为演讲主旨作事前的铺垫和烘托，概括了演讲的主旨。

五、抒情的开场白

这种开场白主要借助诗歌、散文等抒情文学的形式，通过华丽的辞藻和汹涌澎湃的激情，感染听众，把听众带入诗一般的境界。多数参加演讲比赛的朋友都喜欢运用这种类型的开场白。

林肯在为独立战争时期一位烈士的遗孀辩护时说：

现在，1776年的英雄早已长眠于黄泉，可是，他那衰老而可怜的遗孀，还在我们面前，要求我们代她申诉。这位老妇人从前也是一位美丽的少女，曾经有过幸福愉快的家庭生活，然而，她为美国人民牺牲了一切，到头来却变得贫困无依，不得不向享受着革命先烈争取来的自由的我们请求一些援助和保护。试问，我们能视若无睹吗？

六、演讲注意承上启下

演讲，尤其是赛事演讲，一般来说，选手都需要对演讲的开头、中间、结尾进行全面完整的设计。不可能也不太好做过多的临场更改，这似乎没有什么不好的。但如果你能独辟蹊径，逆向求新，巧妙地承接上一位或前面几位选手的演讲话题，或是他们演讲中的观点、动作等进行引发，效果将非同凡响。这种临场性的引发会给听众留下良好的印象。

第二节　演讲的自我介绍

演讲者走上讲台，听众一般有一种陌生感、朦胧感，渴望了解演讲者的愿望很强烈。如果这时你能及时、准确、得体地自我介绍，自我袒露，使听众得到满足，他们会很高兴的。自我介绍切忌背稿式的朗诵，不要让人感到你花费了很多时间在自我介绍的设计上。自我介绍能取得听众认同的最好方法是自嘲！

自嘲是运用嘲讽的语言，自己戏弄、贬低或嘲笑自己，以此外化出另一层意思，显得"表里相悖"。这就必须委婉达意，巧妙得体，格调轻松，俗而不陋，透露出豁达与聪明。

在演讲中，自我介绍要注意以下几点：

其一是：如果节目主持人已经介绍了，自己就没必要再介绍。如果觉得要补充的话，则要注意与主持人的介绍连成一体。有次一位演讲者参加《理想与未来》的演讲，主持人是这样开场的："接下来是曾多次参加全国演讲比赛并获奖的国家级优秀演讲员，当代青年演讲家为大家演讲，大家欢迎！"显然，主持人忘了他的名字。只见这位演讲者立即上场接过话："我姓谢，谢谢的谢，叫谢伦浩。在这里首先要谢谢主持人对我的赞美，更要谢谢大家来听我的演讲，不过这里要把主持人刚才讲的'当代青年演讲家'改成'未来著名演讲家'。未来是美好的，我相信未来。让我们大家携手并进，共创未来。我给大家演讲的题目是《理想与未来》。"

其二是：一些赛事演讲由于时间严格控制，主持人会为你介绍，这时就没有必要再进行自我介绍。

其三是：自我介绍尽量精巧点。

第三节　演讲的进行

初次上场的演讲者容易犯的错误是速度太快，像放鞭炮似的噼里啪啦，一个调子，一个速度。他们提醒自己"慢慢慢"后，又趋于慢得平坦，慢得没变化。

就内容感情来说，讲述一些热情、紧急、赞美、愤怒、兴奋之类的内容时，不能以"毋庸赘言"代替，叙述那种无法控制的感情，即表示激动的态度时，叙述进入精彩高潮时可以速度快点。

表现一些平静、悲伤、庄重、思考、劝慰之类的内容时，讲述一些需要听众特别注意之事时，讲述有关数字、人名、地名时，引起疑问之事时要慢点。就环境而言：演讲场合大的，速度可慢点；场合小的可快点；听众情绪受到干扰时慢点，情绪旺盛时快点。

下面以丘吉尔的演讲《热血、辛劳、眼泪和汗水》的结尾处为例进行说明：

摆在我们面前的，是一场极为痛苦的严峻的考验。在我们面前，是漫长的战争和苦难的岁月。你们问：我们的政策是什么？我要说，我们的政策就是用我们全部的能力，用上帝所给予我们的全部力量，在海上、陆地和空中进行战斗，同一个在人类黑暗悲惨的罪恶史上所从未有过的穷凶极恶的暴政进行战争。这就是我们的政策。你们问：我们的目标是什么？我可以用一个词来回答：胜利——不惜一切代价，去赢得胜利。无论多么可怕，也要赢得胜利，无论道路多么遥远和艰难，也要赢得胜利。因为没有胜利，就不能生存。

大家必须认识到这一点：没有胜利，就没有英帝国的存在，就没有英帝国所代表的一切，就没有促使人类朝着自己目标奋勇前进这一世代相因的强烈欲望和动力。但是当我挑起这个担子的时候，我是心情愉快、满怀希望的。我深信，人们不会听任我们的事业遭受失败。此时此刻，我觉得我有权利要求大家的支持，我要说："来吧，让我们同心协力，一道前进。"

这段演讲，开始几句平稳缓慢，从内心发出质问："我们的政策是什么？"接下来加快，说明现实的严酷。演讲者激情迸出，最后号召大家同心协力，一起前进。

总之，演讲要快慢适中。长时间的快会"供过于求"，引起烦躁，听众不易全面了解内容，理解感情；太慢则"供不应求"，听众注意力无法集中，情绪提

不起来。

一、演讲应怎样设置称谓

演讲中无论开头、中间、结尾都可以适当地运用称谓。得体的称谓可以把演讲者的感情传导给听众。容易让听众与演讲者同欢乐，同伤悲，共希望，共思索。演讲中的称谓可分为泛称和特称两种形式。

泛称是指不分职业，不看年龄，不管层次的统称。这种称谓广泛用于多层次听众参与的演讲。

如"各位朋友和同胞""我的朋友们"，一般的还有"朋友们""同志们""同伴们""各位小姐、先生们""女士们，先生们""有相同爱好的青年朋友们""姐妹们"等。

特称是指在一些特殊行业、特殊年龄、特殊层次的听众面前用的称谓。如："副总统先生、议长先生、参众两院各位议员先生"（见于1941年12月6日罗斯福的《要求国会对日宣战》），"总理先生、中华人民共和国和美利坚合众国的我们十分尊贵的客人们"（见于1972年2月尼克松《在答谢宴会上的祝酒词》），还比如"在座的各位老师""尊敬的教练""各位评委""未来的工程师们""尊敬的白衣天使""可爱的小朋友们""祖国的卫士们"等。

称谓要能反映出对方的身份、地位和双方的关系，更重要的是表达出演讲者的感情，融洽气氛，拉近距离。无论是泛称还是特称均要做到以下几点：

1.称谓要发自内心。句句有义，字字含情。语气要亲切，语速要缓慢。景克宁有次到山西一所农业大学演讲，面对大学生他是这样称呼的："三晋热土，大地之子，绿色生命的守护神。"

2.称谓要轻快得体。在一般情况下可用"朋友们"称呼。当你没有了解听众的具体情况时不要乱用特称，以免喊错对象而闹出笑话。比如你面对的是年龄大小不一的女听众，而你又是年轻男士，就不能称呼"女同胞们"。当你很清楚听众的职业、年龄等情况时最好是用特称，特称比泛称更显得亲近些，听众有一种受尊敬感。

3.称谓要适时适度。可在开头结尾处也可在感情高潮处。如诺曼底威廉大公的一段演讲："我的勇士们啊！一个屡战屡败，对军事一无所知，连弓箭都没有的民族竟能陈兵列阵挡住我们，这岂不是奇耻大辱！背信弃义的哈罗王竟敢露面和你们作战，岂不叫人羞耻？令我十分惊异的是，将你们的亲属和我的族人艾尔弗雷德斩首，犯下滔天大罪的凶犯仍未授首。勇士们，高举战旗，奋勇前进吧！你们的叱咤之声将震动山河，东西回荡；你们的刀剑之光将气冲牛斗！"

演讲中称谓不要过多，过多偏于空泛，听来很不好受。

4.称谓可直接与感叹句、反问句、双重否定句连用，更能表达出一种强烈的肯定感情。起到振聋发聩、掷地有声的作用。如："难道还要我再说吗？朋友们，这令人咬牙切齿的税耗子就是这样地吞噬着国家的财产，他们难道不该受到法律的严惩吗？"

二、营造逼真生动的语言环境

我们先看下面一段演讲词：

一天下午，轰隆隆，一发罪恶的炮弹拦腰削断了一棵碗口粗的大树。接着，轰隆隆……一连几发炮弹在战士们的周围爆炸。这时，受伤的战士继续匍匐向前，嗒嗒嗒……敌人的高射炮轰击着，战士们顺着山势往下滚，鲜血浸进了殷红的大地……

这段演讲词把绘声和描状结合起来，增强了演讲的视觉形象和听觉感受，逼真地烘托出战场的气氛，使听众宛如身临其境。

苏联著名幼儿教育家波维卡娅也很喜欢在教学中使用摹状手法，充分调动动作、姿态去表演，运用口技去摹声，使课堂充满笑声。

摹状主要运用形容词后附加重叠音节的方法。如"绿油油""红彤彤"。

还有变迭法："滴滴答答""郁郁葱葱"。

还有直音法："黑咕隆咚""轰"的一声。

摹状的最大作用是诉诸人的感觉。如：

描写："哒哒哒哒地跑过跑道""风嗖嗖地吹着"。

象征："牛哞哞地叫""狗汪汪地叫"。

拟态："波涛滚滚地涌来"。

三、运用排比技巧表达各种情感

排比是由三个或三个以上的结构相同或相似、语气一致的语句成串地表达相关或相连的内容的一种句式。无论在叙事演讲、政论演讲还是抒情演讲中都被广泛运用。

另外，在演讲中，一些特别要强调的字词，一些特别要加固的感情可以采用重复的方法去表现。如罗斯福1941年12月9日在对日宣战后向全国广播的"炉边谈话"：

十年前，在1931年，日本入侵中国——未加警告；

在1935年，意大利入侵埃塞俄比亚——未加警告；

在1938年，希特勒侵占奥地利——未加警告；

在1939年，希特勒入侵捷克斯洛伐克——未加警告；

同样在1939年，希特勒入侵波兰——未加警告；

在1940年，希特勒入侵挪威、丹麦、荷兰、比利时和卢森堡——未加警告；

在1940年，意大利先后进攻法国和希腊——未加警告；

而今年，1941年，轴心国家进攻南斯拉夫和希腊，控制了巴尔干——未加警告；

还是1941年，希特勒入侵俄国——未加警告；

而现在日本进攻了马来西亚和泰国——以及合众国——未加警告。

这里罗斯福十次反复使用"未加警告"强烈地呼吁和唤醒人们，如果继续放任法西斯，他们将更猖狂地践踏人类。

这里运用的是同一重复的方法。

以下一些场合可以运用重复手法：

1.演讲内容新颖独特；

2.演讲的话题与听众既往经验相矛盾时；

3.听众对演讲中的一些理论难理解时；

4.听众不喜欢演讲的内容,情绪低落时;
5.演讲者感到应着重强调的地方。

重复手法的优点与注意事项

所谓重复手法,就是用相同的言词复述某一观点或某一句话。

四、怎样才能增强情感的力度

反问是指用疑问形式表达确定的思想内容的一种形式。反问寓答案于问句之中，思想内容恰与字面意义相反。在演讲中用好反问句能加强语势，把意思表达得更加鲜明。由于反问句带有感叹语气或疑问语气，比正面陈述更有激发鼓动力量，更能唤起听众的思想和激情，所以具有很强的感染力和鼓动性。

佩特瑞克在演讲时很喜欢运用排比，把听众的情绪推向高潮：

战争实际上已经爆发。兵器的轰鸣即将随着阵阵的北风而不绝于耳！我们的兄弟们此刻已开赴战场！我们岂可以在这里袖手旁观，坐视不动！请问一些先生们到底心怀什么目的？他们到底希望得到什么？难道无限宝贵的生命，无限美好的和平，最后只能以戴镣铐和受奴役为代价来换取吗？……

演讲中，设问与反问经常连用，设问、反问与排比、递进、感叹经常套用。如古罗马演讲家西塞罗《第一篇控告卡提利那辞》的开场白：

卡提利那，你恣意地滥用我们的耐心还要多久？你疯狂地嘲笑我们何时了？你肆无忌惮地炫耀自己的无耻行为有无止境？难道无论是帕拉提乌姆山冈的夜间警戒，无论是罗马城里的夜间巡逻，无论是全体人民的惊恐，无论是所有的高尚人的集会，无论是选择这一受到严密保卫的地方做元老会场，无论是元老们的脸色或表情，都未能使你有所触动？你难道看不出你的阴谋已被在座的人们识破而难以施展？你以为我们当中谁都不知道你昨天夜里干了什么？前天夜里干了什么？这两夜你待在哪里了？……

这段演讲词开头是设问，问而不答；中间部分是反问；后面是设问。演讲者将设问、反问、排比、感叹、陈述诸种句式融为一体，使感情更加强烈，气势更加宏大。

在演讲中，巧妙地用好双重否定也可收到强调的效果，如："我们并非是不求上进，不思进取的一代。"运用双重否定把握好否定词，用得不好适得其反，如："大家在论辩时，没有一个人不认为论辩的超水平发挥，不是知识丰富的结果。"这里连用了"没有""不认为""不是"三个否定词，使表达出来的意思与本义恰恰相反。

五、演讲中如何巧妙朗诵诗文

被戴尔·卡耐基称誉为美国最有感染力的演讲家之一的福尔敦·希恩主教每次演讲总是慷慨激昂，谈论自己有激情的话题，而他运用的技巧是喜欢在开头或结束朗诵一段感人的诗歌。

演讲中运用声情并茂的朗诵可以更好地营造气氛，引领听众进入演讲意境之中。如：

"我是你的十亿分之一，/是你的九百六十万平方公里的总和；你以伤痕累累的乳房，喂养了——/迷惘的我，沉思的我，沸腾的我。/那就从我的血肉之躯上去取得，/你的富饶，你的荣光，你的自由。/祖国啊，我亲爱的祖国！"

朋友们，每当我看到"祖国"这个字眼，我就情不自禁地想起了舒婷的这首诗《祖国啊，我亲爱的祖国》！

这里以声传情，以情托声，声情并茂，这样的开头很有吸引力。

演讲的中间也可在感情强烈处加上一段朗诵，宛如一颗闪亮的星星，点缀着演讲气氛的空间，为演讲平添几分光彩。

季米特洛夫1933年在莱比锡法庭的最后辩词中就曾引用了歌德的诗：

警官海勒在法庭上读了一首共产党员写的诗，以此证明共产党员在1933年放火烧国会。该诗选自一本1925年出版的书。请允许我也引用一首诗，一首由最伟大的德国诗人歌德写的诗：

要及早学得聪明些。/在命运的伟大天平上，/天平针很少不动；/你不得不上升或下降；/必须统治和胜利，/否则奴役和失败，/或者受罪，或者凯旋，/不做铁砧，就做铁锤。/不是胜利，便是失败，不做铁砧，就做铁锤！

清算账目的时刻终会到来，而且要加上利息！国会纵火案的真相以及真正罪犯的判定，将由未来无产阶级专政的人民法庭完成。

伽利略被判刑时，他宣告："地球仍在转动！"

我们共产党人今天也怀着同伽利略一样的决心宣告："地球仍然在转动！"历史的车轮滚滚向前，向着最后的、不可避免的、不可遏制的必然要达到的目标——共产主义。

这里感情浓缩，寓意深长，深深地打动着听众。

演讲结尾是运用朗诵较多的地方。

丘吉尔任英国首相期间，正逢第二次世界大战，有一次他发表演讲，结尾引用了英国诗人克拉夫诗作中的一段：

当那疲乏无力的浪花向岸边冲击，/仿佛是寸步难进了的时候。/远远地，通过小河小溪的流灌，/正静静地汇成一片汪洋。/当晨光初照人间，那光芒止透过东窗；/太阳在前缓缓地上升，/多么缓慢啊！但是请看西边，/大地正是一片辉煌！

这里丘吉尔引用诗人的诗句结尾，表达了对战争胜利的期望和信心。

演讲中的朗诵可选用诗段、散文、杂文、台词、歌词、名人警语等。表达时要自然真挚。切忌为了朗诵而朗诵。因此，演讲稿忌通篇运用诗歌形式表达。

请看下例：

探索，贯穿于人类前进的每一步，自从地球上诞生了人类以后，探索就成为了人类的主旋律,探索就成了人类忠实的伴侣。它伴随着人类发现一束又一束真理的光芒,伴随着人类一步又一步从愚昧的沼泽走向文明的净土,伴随着人类步履艰难地从黑暗的蒙昧时代步入光明的理性时代……

这段演讲中长句多,深奥的词语多。"愚昧的沼泽""文明的净土",表现这样的文字时,很难讲得出口的,只能是"念"或"诵",因此缺少感情。

演讲表达的口语化可以通过下列方法使得:

1.少用文言词,多用现代词汇;
2.少用方言词,多用通用词汇;
3.少用书面语,多用口语词汇;
4.少用抽象语,多用形象词汇;
5.少用学术语,多用普通词汇;
6.少用连接词,多用动态词汇;
7.少用成语,多用俗语。

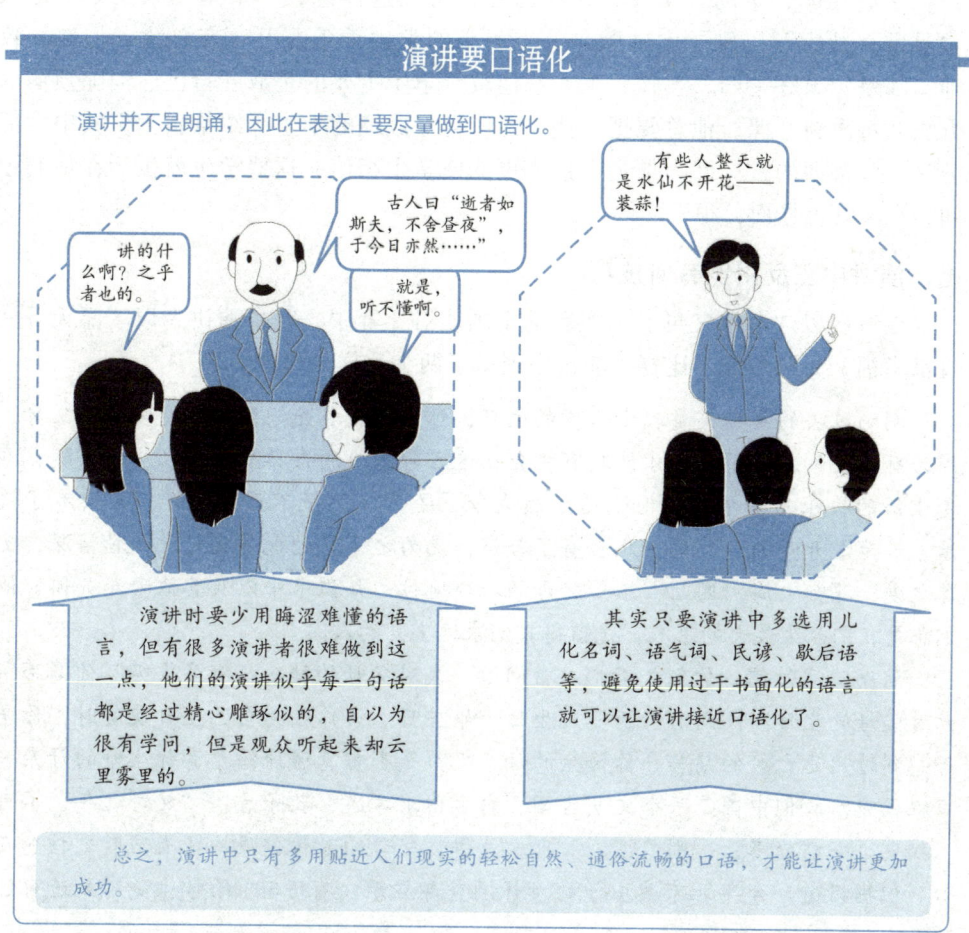

六、演讲时如何用例

"事实胜于雄辩",演讲中如果没有典型、生动、感人的事例来做依据,再动听的语言也是苍白、空乏的。

黑格尔说:"演讲家不能只把主题和目的简单地演绎为抽象的概念,而且还要用事实来说理。"演讲的事实要生动具体。唯其如此,才能使演讲引人入胜。

大千世界,丰富多彩,作为"万物之灵长"的人表现出来的感人事迹是数不胜数的,大到名人领袖,小到百姓平民,遗憾的是,我们有些演讲者总是喜欢列举一些人人皆知的名人趣事、轶事,似乎觉得只有名人的言行才有震撼力。不可否认,名人事迹有一定力度,能收到"权威效应"。但是如果千篇一律,听来就会叫人索然无味,面目可憎了。另外这些名人一般不在我们身边,时间悠久、地域相隔遥远。听众容易产生"身外之物""可望而不可即"之感,并以此产生逆反心态。

这就告诉我们:演讲中也可以举一些发生在身边的让人感到亲切可信的事例。它们具体、生动、实在、说服力强。可以这样说,"下里巴人"更易走入"寻常百姓家"。励志大师戴尔·卡耐基的学生千千万万,有总统、伯爵、牧师、邮差、家庭主妇、教师、工人。他教给学生主要的是战胜自己、消除烦恼的方法。每次新开课,他总要把一些以前取得好成绩的学生介绍给新生,其中大部分是一些普通的人。因为他觉得这样更能使学生相信,这些学生就生活在他们中间,平时常可见面,很真实。

七、演讲中正反用例有何技巧

在一次以"孝敬父母"为主题的全国演讲比赛中,有位演讲者以《愿天下父母都幸福》为题参加了比赛,演讲中列举了两个这样的事例:

刚刚过去的星期天是我十六岁的生日,那天,我首先想到的就是要感恩父母,因为有了父母才有了我,才使我有机会在这五彩缤纷的世界里体味人生的冷暖,享受生活的快乐与幸福,是他们给了我生命,给了我无微不至的关怀。儿女有了快乐,最为之开心的是父母,儿女有了苦闷,最为之牵挂的也是父母。舐犊情深,父母之爱,深如大海。因此,不管父母的社会地位、知识水平以及其他素养如何,他们都是我们今生最大的恩人,是值得我们永远去爱的人。

然而,同学们,你们是否扪心自问过:我对父母的挂念又有多少呢?你是否留意过父母的生日?民间有谚语:儿生日,娘苦日。当你在为自己生日庆贺时,你是否想到过用死亡般的痛苦让你降生的母亲呢?是否曾真诚地给孕育你生命的母亲一声祝福呢?我们中国是一个文明古国,自古讲求孝道,孔子言:"父母之年,不可不知也。一则以喜,一则以惧。"也就是讲,父母的身体健康,儿女应时刻挂念在心。但据报道,今年北京某中学的抽样调查却显示:有近50%的学生竟不知道自己父母的生日，更谈不上对父母的生日祝福。同学们，或许一声祝福对自己算不了什么，但对父母来说，这声祝福却比什么都美好、都难忘、都足以使他们热泪盈眶！

像上面一样，在一篇演讲词中正反事例两相对照，观点鲜明，感情强烈，可以收到很好的效果。因为正面事例能鼓励人们奋发向上，寻求一种美好的精神境界，而反面事例则鞭挞丑恶、抨击虚假，使人受到教育。二者相得益彰。

八、如何委婉表达演讲稿

演讲中运用婉曲技法可以含蓄地表达内心的不满和意见；艺术地表达不便直言的事情；婉转地批评丑恶与谬误。运用婉曲技法可以使气氛风趣轻松，易使听众接受你的观点。

英国文学家查尔斯·兰姆在一次演讲时，有人故意发出"嘘嘘"的怪声捣乱，兰姆说："据我所知，只有三种东西会发出'嘘嘘'声——蛇、鹅鸟和傻子，你们几位能到台前来让我认识一下吗？"台下顿时一片安静。

演讲中运用婉曲手法要注意：

其一，要恰到火候且点到为止，不能含混糊涂、晦涩，也不能直露。

其二，切忌为了取得婉曲的效果而一个劲地把矛头指向听众，令听众听来好像含沙射影，难以接受。

其三，要随机应变，随境而发。巧妙地利用语音、语汇、语调、语气、表情、体态、动作结合生活实际，创造出一个内涵深刻、丰富的语言形式，使之具有动人的魅力。

九、怎样使演讲带上幽默感

"幽默是语言中的盐。"演讲需要幽默，幽默感的形成可借助仿词与拆词手法。

先看仿词手法：突破现行语言规范的束缚，巧移善铸，临时仿造出一个意义相反或相近的词语来提高语言的表达效果。演讲中的仿词听来风趣，有一种明快犀利、生动活泼之感。

再看看拆词手法：把词拆开镶进别的词，或把特定的词句有规则地暗嵌在别的词语中，或把词拆开交错搭配。

如："荒天下之大唐""滑天下之大稽"。

十、怎样准确把握演讲稿中的概念

在演讲前一定要对演讲稿中的每一个词，每一个概念仔细推敲，认真斟酌，以免出错。虽然演讲不同于书面文字，转瞬即逝，但有些观点一旦表达出来是不会马上从听众感觉中消失的。他们会思考，会比较。如果认为你的观点虚假、错误，他们会因为你的演讲提供了虚假失真的信息而觉得自己受骗、被愚弄，从而

产生了一种抵触心情,导致演讲威信下降。

在一个"戒烟联席会"上,主席说:"吸一支烟至少要少活一天。"下面听众马上就有人吸烟。为什么呢?因为这位先生已经抽了三十多年的烟,现在六十多岁了。按主席的说法,以每天十支烟计算,他已经少活了300年,岂不是天大的笑话!主席的话经不起推敲。

十一、怎样把演讲设计得错落有致

"文似看山不喜平。"演讲亦如此。据心理学家认为:人听讲话时的注意力每隔五至七分钟就会有所松弛。因此,演讲者要适度地注意演讲的起伏张弛,变化有度。

如果我们把演讲的进行轨迹用一根线来描述的话,这根线不应是直线,而应是曲线，具有运动变化感的曲线。这主要从语言、内容、情感几个方面去体现，语调要高低升降，速度要急促徐缓，声音要宏大精细，音色要刚柔多变，情感要跌宕起伏。

产生这种效果的方法是：事实与道理相交，议论与抒情互见，严肃与轻松共存，快捷与徐缓交叉。

十二、如何处理篇幅长的演讲稿

有些篇幅较长，时间较久的演讲如学术演讲，论辩演讲、政治演讲、外交演讲、生意演讲、谈判演讲等在演讲之前可以很简要地阐述演讲目的、论点及方式。能让听众紧紧地把握演讲的中心论点，便于听众接受与理解。

如下面的演讲：

我很高兴来到大家之中，我相信我一定不虚此行。因为我面对的是时代的骄子、科学的栋梁、祖国的人才。而我所要讲的是一个很时髦而又实用的话题——口才与人才。（基本理由）

在这段时间里，我将与在座的各位朋友共同探讨一个这样的热门话题：人才是否一定有口才，有口才的人肯定是人才吗？（论点）

为此，我将从以下几个方面与大家交流：

首先，……

其次，……

再次，……

最后，……（分述）

这样在开始便交代了演讲的目的、主题、论点等，开宗明义地介绍了演讲的整体框架，听众对演讲就心中有数了。

要注意的是：比较短小的演讲，带有浓烈感情色彩的演讲最好不要这样做，赛事演讲更不能如此。

十三、演讲中如何巧施客套话

市长先生、各位爵士、各位先生：

对于诸位先生对我的亲切表示以及我的朋友市长先生和我的尊敬同行大法官阁下刚才对我的过誉之词，要是说我拙于辞令，无法用语言表达我的感谢，想必你们不会觉得奇怪。但是尽管我无法用言语表达，你们一定会相信，我的感情完全是真挚的、由衷的。我感谢你们，各位先生，不仅因为今天晚上你们在此为我举行的宴会极其隆重，有异于寻常的宴会，尤其因为你们使我有机会在这友好的气氛中会晤众多的良友。对于他们，我怀着深深的惜别之情。

这是费尔普斯卸任离开英国前在饯别宴会上的演讲的开篇，这篇演讲用词恳切、真诚，表现出了他对此地的不舍和对人们的尊敬。

十四、如何在演讲过程中表达情感

美国南北战争结束后，有两位军人竞选国会议员。一位是著名英雄陶克将军，陶克功勋卓著，曾任过两三次国会议员；另一位则是约瑟夫·爱伦，他是一位很普通的士兵。

陶克的演讲是：

诸位同胞们，记得十七年前（南北战争时）的那天晚上，我曾带兵与敌人激战，经过激烈的血战后，我在山上的树丛里睡了一个晚上。如果大家没有忘记那次艰苦卓绝的战斗，请在选举中，也不要忘记那位吃尽苦头、餐风宿露、造就伟大战功的人。

这段话很精彩，感情色彩也很浓。

爱伦的演讲是：

同胞们，陶克将军说得不错，他确实在那次战争中立下了奇功。我当时是他手下的一个无名小卒，替他出生入死，冲锋陷阵。这还不算，当他在树林里安睡时，我还得携带武器，站在荒野上，饱尝风寒露冷的味儿来保护他。

爱伦的演讲更动人，更易激起共鸣。他打败了陶克，取得了胜利。

"感人心者，莫先乎情"。"情不深，则无以惊心动魄。"有经验的演讲者当他激情迸发时，好比冲出闸门的河水，呼啸着奋进的浪花，使"快者掀髯，愤者扼腕，悲者掩泣，羡者色飞"。听起来使人精神振奋，思想升华。

十五、演讲时如何进行情感迁移

里根向美国人民发出了一封公开信。信的开头几段是这样的：

我的美国同胞们：

最近我被告知，我是数百万美国早老性痴呆病患者之一。

得知这一消息后，南希和我必须做出决定：是把这作为一个普通公民的个人私事，还是将这一消息公之于众？

过去，南希得了乳腺癌，而我做了肿瘤切除手术。我们发现，我们的公开宣布，能提高公众的警惕。结果是许多人都去做了检查，使患者在早期得到了治疗，并恢复了正常、健康的生活。

所以现在，我认为重要的是也让你们都知道这个情况。我们衷心希望这能进一步提高人们对早老性痴呆症的警惕。也许，这能促使人们更好地理解罹患此病的个人和家庭。

接下来，里根讲到了他如何调养，治病；他希望同病者战胜病魔；他感谢美国人民过去给他的荣誉。通篇演讲涌动的是"急人所急、想人所想，立足自身，达及他人"的情感。因此他通过演讲赢得了人们的爱戴。

演讲首先要能引起人们的共鸣，然后在此基础上教育人，感化人。列夫·托尔斯泰说过："演讲应做到将自己体验过的感情传达给他人，而使别人也为这感情所感染，也体验到这些感情。"这就要求演讲者搭建与听众之间的情感通道。不仅仅让听众体验到演讲者的情感，而且应该把这种体验化为"自发的感情"，即将自己的感情转化为听众的感情，达到情感的迁移。

第四节　演讲的风格

不同的演讲风格能够达到不同的演讲效果，是影响演讲成功的重要因素。

一、男性演讲者应追求什么样的演讲风格

男子汉应有男子汉的风采和气质。男性演讲者在演讲中要求做到的是态度坚

定沉着，言语掷地有声，表情容光焕发，精神气宇轩昂，风度潇洒大方。达到语言美与风度美的统一，内在美与外在美的交融。

要达到这一目的要注意以下一些技巧：

（一）声音洪亮

由于男性声带相对于女性来说偏宽、厚、长，所以他们的音色浑厚有力，发音准确平稳。初学演讲的男士要使声音优美洪亮首先要学会控制气息，加强气息力度，以保证发音明亮，爽朗。其次要运用好共鸣器官，即灵活控制好口腔、鼻腔、头腔和胸腔。尤其是胸腔。共鸣会使声音很稳健、厚实、有力。另外发音要有特色，不要去学些什么流行语、现代语，把声音发得漂浮灰暗。应做到"高而不喊，低而不散"，"轻而不浮，沉而不浊"。同时要注意吐字清晰，喷弹有力，这样才能像炮弹一样打得出，送得远。

（二）内容理性

相对女性来说，男性的思维表现得重理性，体现在演讲中带有明显的理性色彩。开诚布公，见微知巨，高瞻远瞩，一般说来，男性演讲者以取议论型演讲为佳，一些叙事演讲、抒情演讲尤其具有极度情感抒发的如悲痛、厌恶、惊喜等情感不宜演讲表达。因为男士表达这些感情难免粗犷而弄巧成拙。

（三）言语豁达

男性粗犷开朗，坦率自然。决定着其演讲语言干脆利落，豪迈奔放，信息频传，旁征博引，往往有一锤定音之势。绝不患得患失，结结巴巴，吞吞吐吐。男性演讲的语言还有一个最大的特色——幽默技巧的运用，诙谐有趣，幽默的言词中露出讽刺的锋芒，富有战斗性。

美国莱特兄弟在成功地驾驶动力飞机飞上蓝天之后，在法国的一次欢迎酒会上哥哥威尔伯再三被邀请演讲，他即兴演讲说："据我所知，鸟类中会说话的只有鹦鹉，而鹦鹉是飞不高的。"这一句深含哲理而幽默的演讲词博得了与会者长时间的鼓掌。

（四）感情真挚

对于感情，女性的塑造性强，表演色彩浓。而男性则感情内储，外化不多，往往是英雄有泪不轻弹，演讲时，男士不宜表达极度的感情，但要投入，要自然地去体现，真诚地去体现。

（五）动作潇洒

演讲时，男士一举手，一投足，一顾一盼之间，都要不失稳重、洒脱。高雅的仪态，大方的举止，得体的打扮，亲切的神情是男士演讲风采体现的主要手段。要想达到灵活自如的境界，需要平时加强态势语的设计和训练。

二、女性演讲者应追求什么样的演讲风格

秋瑾是近代史上著名的演讲家。我们先看看她的一篇演讲《敬告中国二万万女同胞》的开头和结尾：

开头——

唉！世界上最不平等的事，就是我们二万万女同胞了。生下来，遇着好老子，还说得过；遇着脾气杂冒，不讲情理的，满嘴连说："晦气，又是一个没用的"。恨不得拿起来摔死。

结尾——

……有钱做官的呢，就是劝丈夫开学堂，兴工厂，做那些与百姓有益的事情。无钱的呢，就要帮助丈夫苦作，不要偷懒吃闲饭。这就是我的望头了。诸位晓得国是要亡的了，男人自己也不保。我们还想靠他们么？我们自己要不振作，到国亡的时候，那就迟了。诸位！诸位！须不可以打断我的念头才好呢？

这篇演讲采用深入浅出的方法，以形象生动，明白晓畅的话语说服听众，以事明理，感情充沛，代表了女性演讲的特点。女性的演讲总是以清脆悦耳的声音，真实浓烈的感情，优美得体的打扮，温柔端庄的气质吸引听众。与男性演讲相比显得细腻、丰富、流畅。表现在：

其一，感情细腻。女士感情丰富、多变、热烈、细腻。她们对演讲内容的把握很精心，很投入。在演讲时能真实地体现各种感情。或致以亲切动人的问候，或诵以优美悦耳的诗章。其中不乏轻言细语，娓娓道来，像春风沁入听众心扉，时起时伏，峰回路转，余音袅袅，让人回味。她们演讲议论时犀利激烈，抒情时舒展优美，叙述平缓清晰。她们很注意与听众的交流，善于调节音节强弱，表达快慢，给人一种变化多姿之感。

其二，形象生动。女性演讲以形象生动见长，善于体现抒情型与叙述型演讲。如下面这段演讲词：

朋友，你是否留心过这样一组镜头：早晨上班，毫不费力挤上公共汽车的是身强力壮的男子汉，而雨里急哭了的是抱着孩子的女工；凶狠地谴责妻子没有及时把饭做好的是丈夫，委屈得哭了的是妻子；回到家里，轻闲、自在地看电视的是爸爸，困乏不堪地操持家务的是妈妈——

其三，态势精巧。男性在演讲中表情、动作、姿态可大起大落些，女性不行。她们态势语言的表达应显得含蓄、精巧，可以在台上始终如一地站着，也可以用双手下垂或一只手稍稍在胸前动一动。

第五节　演讲的结束

结束演讲的方法是多种多样的，没有一种适合于任何特殊情况的通用方法。演讲者可根据自己演讲的具体时间、地点、主题、听者及自己个性等因素，选择适合于自己结束演讲的方法，使之有效地为自己演讲的思想和目的服务。

在演讲的结尾，也有些演讲者不考虑如何把演讲留到听众心中，让演讲走入听众记忆深处，也喜欢用一些没有信息含量、没有感情力度的陈词滥调，以致留下松散、疲沓无力的尾巴。有位演讲者这样结束他的演讲："我的演讲就要结束了，此时我向大家表示深深的歉意。耽误了每人五分钟，加起来就耽误了大家五百分钟，很对不起！"本来这位演讲者音色可以，感情贯通，可这样的结尾实在差劲，似乎让人想到鲁迅先生的一句话，耽误别人的时间等于谋财害命。前面精彩的部分被这苍白无力的话语冲淡了。

演讲的结尾应该感情充沛，语气铿锵，像美国作家约翰·沃尔夫说的"演讲最好在听众兴趣未尽时戛然而止"。给人以振奋，给人以鼓舞，给人以无穷的思考和无尽的遐思。

古希腊哲学家苏格拉底被指控由于不信仰人们共信的神而被处死刑时，临死前演讲的最后一段是："诀别的时刻到了——我将死去，而你们还将活下去，但只有上帝知道我们中谁会进入天堂。"这句话意味深远。

常用方法：

1.在演讲结束时简洁、扼要地对自己已阐述的思想进行总结，帮助听者加深印象。

2.利用赞颂的话结束演讲。人一般都喜欢被赞颂。通过一些赞颂的话，会场的活跃气氛可达到一个新高潮，讲者和听者的关系就更融洽了，给听者留下一个满意的印象。但要注意，讲者在说赞颂的话时，不能有过分的夸张和庸俗的捧场，否则听者就会有溢美或哗众取宠的感觉。同时，讲者说话的表情要自然，态度要严肃，口气要诚恳。

3.利用名人的话或轶事结束演讲。权威崇拜是一种普遍存在的社会心理，恰当地运用权威和名人的话或者轶事结束演讲，可以把演讲推向一个新高潮，给讲者的思想提供最有力的证明。讲者可借助这样的话来结束演讲："最后，我想引用×××的话（或者关于×××的一个轶事）来结束我的演讲……"但要注意，讲者引用名人的话或轶事要有针对性，要能丰富和深化自己演讲的主题。

4.利用诗结束演讲。用诗结束演讲可使演讲显得典雅而富有魅力，听者听了也会产生清新和优美的感觉。引用诗句同用名人的话或轶事一样，要有目的，要为演讲的主题服务。同时，讲者引用的诗一定要短，最好四句，最多八句，而且讲者一定要谙熟地背诵所引用的诗句，否则会弄巧成拙，反而影响演讲效果。

5.利用幽默结束演讲。除了某些较为庄重的演讲场合外，利用幽默结束演讲可为演讲添加欢声笑语，使演讲更富有趣味，并给听者留下一个愉快的印象。讲者利用幽默结束演讲时，要做到自然、真实，使幽默的动作或语言符合演讲的内容和自己的个性，绝不要矫揉造作、装腔作势，否则只会引起听者反感。

6.利用呼吁结束演讲。这方法对一些"使人信"（相信）和"使人动"（行动）的演讲来说，效果尤为显著。讲者通过对与听者有共同思想、共同愿望、共同利益和共同语言的某问题的阐述，使演讲达到一定高潮。然后，讲者利用一些感情激昂、动人心弦的讲演词对听者的理智和情感进行呼吁，并借助像"为实现我们预定的目的而奋斗"等语言，向听者指明行动的具体步骤，这样，讲者实现了激励和感召听者的目的，听者马上就会明了讲者的意图和自己行动的具体方案。

7.利用动作结束演讲。在演讲中，讲者的动作（无声语言）是与听者交流思想的重要媒介，利用动作结束演讲，是一种具有独特风格的方法。例如，有位演讲者在结束自己的演讲时，他穿上外套，戴好帽子，拿起手套，而后诙谐地对听者说："我已结束了自己的演讲，你们呢？"他出人意料的绝技立刻博得了全场听者的掌声。

第七章

演讲现场的技巧

第一节 情感沟通的技巧

一、训练有素不留痕

戴尔·卡耐基在他的著作《口才训练术》一书中记载着这样一件事：

一年夏天，我到阿尔卑斯山脉的避暑胜地——莫林小住，我住的宾馆是伦敦一家公司经营的，他们每周要从英国派来两位演说者，为住店的旅客办讲座。其中有一位著名的女作家，她演说的主题是《小说的未来》。由于她根本没有充分发挥，因而没能很好地表情达意，所以她虽然站在听众面前，却对听众的目光视而不见，不把听众放在眼里，也不与听众交流感情，而是时而望前方，时而看地板，又看手中的纸条。她的声音和视线，使你感觉不到她在面对着一群人讲话，而是对着虚拟的空间演说。

这种心不在焉的态度当然不能获得满意的效果。其实你该像和朋友促膝交谈一样自然、真诚地演说，和听众产生感情交流，让他们与你产生共鸣，同喜同乐，同苦同悲。否则，若像这位作家一样进行演说，那么面对听众还不如面对没有生命的大沙漠。

和听众交流感情的前提是你必须坦率真诚。过去有许多关于演讲的书都没有重视这一点，这些书往往只注重演说的规则及形式，认为懂得了这些就能出色地演讲，就能当演说家，因此有的人甚至去背诵雄辩家的演说词。其实，这是低效率的方法，毫无实际效果，更无技巧可言。

较新式的说话训练与以前曾流行一时的夸张式演说不同。因为现代听众能接受并欣赏的演说者，是那些面对许多听众发表演说就像和普通人交谈一样坦率、自然而且充满生机与活力的人。所以这种说话训练受到了人们的喜爱。

有一次，马克·吐温在内华达州瓷区发表演说之后，有一位年老的瓷器工程师问他："你每次都能这样自然地施展雄辩术吗？"这句话道出了听众对演讲者的要求，自然的雄辩加以引申，就能说出听众想说的话，与他们产生共鸣。

练习是使自然的雄辩加以引申的唯一途径。在练习过程中，你如果发现自己正在以夸张的语气说话，就应该立即停止练习，并严格地审视并反省："怎么能这样子呢？你应当清醒，要说得坦率且自然。"然后，在你的听众中找出最不专心听讲的，只对他演说，暂时把其他人忘掉，设想他在向你问话，你也正在回答他的话，并且想"只有我才能回答他的话"。经过这样多次训练后，听众中即使真的有人站起来提出问题，你也能立即自然地做出回答。你还可以利用自问自答来训练演讲的技巧。比如："也许各位听众会怀疑，你所说的话有什么证据呢？我们为什么要相信你所说的话？""有的，的确只有证据才能让你们相信，这就是……"经过这样多次训练就会使你的演讲非常自然，而不会让人觉得你是在背台词，并且能使单调、贫乏的演说趋于生动、具体、和谐。

例如，一位英国演说者演说的题目为《原子与世界》。他对原子的研究已达半个多世纪，他很想把自己的感想和知识，清晰地传达给听众，他忘记了自己是在演说，而只是想通过自己热情的话语，让听众正确地了解原子，让听众感觉到他自己所感觉到的事。最后，这位演说者获得了极大的成功。他的演说充满了无穷的魅力和强大的说服力，博得了听众阵阵的喝彩，可以说他是一位具有异常天赋的演说者。然而他并没有炫耀自己是一位演说家，听众也不这样认为，他们之间已自然地水乳交融了。

二、全力以赴，争取好感

（一）全力以赴

诚实、热心和认真的态度，能帮助你达到目的。一个人的强烈情感，能使他展示真正的自我，这是因为强烈的情感能清除一切障碍。这样的演讲者，其行动和演说犹如在无意识中进行的。这种自由发挥的状态就是演讲的最佳境界。

在英国，有一位名叫乔治·麦克唐纳的传教士，他在布道时发表了题目叫《致希伯来人书》的演说，给人留下了深刻的记忆。他说：

各位都是信仰虔诚的人，对于信仰的含义，相信已有了一定的了解，用不着我多说，何况还有许多比我更优秀的神学教授在这儿，我之所以站在这里，只是为了帮助你们加强信仰。

这时，他把全部注意力都集中到演说中去了。为了使听众产生真正的信仰，并且虔诚地表达出来，他全力以赴地演说着，他那充满热情的话语将眼睛所无法看到的永恒真理和自己坚定的信仰，生动具体地表达了出来。他说话态度诚恳、感情真挚，这一切反映了他淳朴敦厚的内在气质，而这种演讲态度正是他成功的关键。

柏克·艾德曾写过出色的演说词，被美国各大学当作雄辩的成功典范来研究，可他本人的演说却很失败，因为他对珠玉一样的演说词，缺乏热烈而生动的表达能力，每当他站起来发表演说时，听众便开始坐立不安，有的咳嗽，有的东张西望，有的走动，有的打瞌睡，有的干脆走出会场，这种情形在会场里实在令人尴尬。因而他得到一个"晚餐报时钟"的绰号。

一枚足以穿透钢板的子弹，如果用手投掷的话，就连衣服的一角都损伤不了，因为它没获得足够的速度，所以没有强大的动能；相反，如果你把豆腐当子弹发射的话，它也无法损伤什么。同样一篇十分精彩的演说词，如果在它的背后没有高水平的演讲技巧来加以再现的话，那么其效果就会和发射豆腐一样软弱无力。因为它虽有速度，但是本身质地却太软了。

（二）让听众产生强烈的好感

演讲追求的是一种自然的表达。这种表达是指把自己心中所想的事，所积聚的情感，诚恳地用言语和表情表达出来。掌握了演讲技巧的演讲者，在演讲时就会注意使用比较丰富的词汇来描述，从而扩大自己的内涵所能表现的范畴。如果你认为缺乏改变自己的能力，那么这种表现就难以进行；如果你对改变自己的方

法很重视，那么你就会寻找到适合你个性的表达方式。比较积极有效的方法有：经常检查自己演说时音量的高低、速度的快慢、节奏的强弱等。检查方法：利用录音带录下自己的演说，然后边听边作自我分析，或是请朋友听了你演说后来评判。当然如果能请到专家予以指导，那么演讲技巧会达到更高的境界。

同时，你要记住，不要把太多注意力放在你的表达方式上，那样会使演说流于形式。因此，你面对听众发表演说的时候，一定要满怀热情、全力以赴地去争取听众产生强烈的好感，只有这样，你才能够自由地表达你的思想、意念、情感，才能使你的演说具有极强的说服力。

三、把握听众心理的技巧

由于对演讲效果的评判在很大程度上是根据听众对演讲的接受程度而定的，所以应把握演讲过程中听众的心理。十分有名的《钻石的土地》是由康威尔·罗李演讲的，而且他曾经演讲过6000次以上，也许有人会以为他的演说只不过像录音机一样，多次播放相同的内容，甚至连每一句话的抑扬顿挫都没有改变。然而事实并非如此，因为罗李明白每一次的听众都不尽相同，他必须对演说做适当调整，以满足不同层次、不同品位的听众。当他到某地发表演说前，总是先去拜访当地的各个阶层的人物如局长、经理、工程师、理发师等，或是随便和某人闲聊，并从闲聊中根据他们的言谈举止分析他们会有怎样的期望。然后，才因地制宜、因人而异确定内容、题材，再发表演说。无疑，罗李深知思想传达的成功与否很大程度上取决于听众的理解和接受程度的高低。《钻石的土地》并没有留下讲稿，但他以同一主题讲了6000次以上，并取得了成功，这完全得益于他对人情世故的敏锐洞察和演讲的机敏应变。这给我们揭示了一个深刻的道理：演说必须融合听众的心理，符合听众的知识结构。

第二节 控制场面的技巧

一、表达自己的技巧

仅有自信和对听众的了解是不够的，还要注意演说中的表达技巧。这里所说的表达技巧指表达方式和措词方面的基本技巧。

（一）表达方式的技巧

表达方式不同，则效果迥异。如说："我很讨厌他"或"我不喜欢他"，就不如说"我对他的印象不怎么样"。对一个看来超过40岁的人，与其说"你还不太老"，倒不如说"你现在可正值壮年"。这样别人就会认为你是一个很会说话的人。

为什么会出现这种效果上的差异呢？其实原因很简单，说话人的态度是否谦

演讲中不应滥用的语言

要在演讲中做到措辞准确精妙,除了文中的注意事项之外,有些语言在演讲中也不可滥用:

1.不要滥用重叠

在汉语里,有时的确要用重复来强调你所要表达的内容。但是,如果滥用叠词叠句,就会显得累赘。

2.要避免滥用口头禅

口头禅说多了,不仅影响内容的表达,而且还给人一种傲慢、以自我为中心,逻辑不严密的印象。

3.不要滥用术语

如果在演讲中大量使用专业术语,就会给人一种故弄玄虚的感觉。让专业人士听了厌倦,非专业人士听了反感。

恭，其问话是否合乎听者的心理，都会直接影响到说话的效果。因为任何人都希望得到别人的尊重和体谅。问话如果不尊重和体谅对方，自己就会自讨没趣。

(二) 措词精妙的要诀

在交谈中，措词的精妙和恰当也是非常重要的一环。如果措词词不达意，或者粗俗不堪，或者故弄玄虚，那么不管内容有多好，也不会取得良好的效果。要做到措词简洁精妙，我们在谈话中应注意以下几个方面。

第一，尽量简洁明了。说话一般是越简洁越好。有些人在叙述一件事情时，本来只需一两句话就可说明，但他拉拉杂杂说了很多，却仍没有把意思表达出来。听者云里雾里，费了很多的心思，也不知道他要说什么。矫正的最好办法是在说话之前，先打好腹稿，尽量用最简洁、最少的字把要讲的话表达出来。

第二，同样的言词不可用得太频繁。一般地说，听者总希望说者的语言丰富多彩。我们虽不必像名人那样，字字珠玑，妙语连篇，句句都是深刻精辟的道理，闪耀着哲理的光辉；但也应该在许可的范围内尽量使表述语言多样化，不要把一个词用得太频繁。即使是一个非常新奇的词，如果你在几分钟之内就把它复述了好几次或十几次，那么人们对它的新奇感就会丧失，并对它产生一种厌恶感，进而拒绝接受你的演讲。

第三，要避免使用粗俗的词。常言道："言语是个人素质、修养的衣冠。"一个相貌堂堂，看上去颇为不错的人，如果出口成"脏"，那么别人对他的好感就会消失殆尽。其实，这些人中的相当一部分并非学问、本质不好，只是在追求语言的新奇和俏皮的过程中染上了这种难以更改的坏习惯。试想一想，在一个初次交往的人前，你若说了句粗俗的话，他就会认为你是一个粗俗不堪、没有修养不可交往的人。

二、旁征博引的技巧

所谓"援例"就是通常所说的"用例"或"举例"，以事实证明自己的观点。

有经验的演说者在演说时经常举例。这是因为举例既可有效地说明问题，又能使演说内容充实，形式活泼。即常言说的"事实胜于雄辩"。演讲中用例一般应注意以下技巧：

(一) 贴切

演讲中举例，是为了达到"证明问题、阐述观点"的目的。因此，举例一定要贴切。举例说明不贴切是在实际演讲中最容易犯的毛病。

(二) 新颖

有些事例，本来很好，但你用过来，我用过去，听众听来也就乏味了，觉得你的演讲也不过如此。有人一讲"潜心钻研"就举居里夫人在实验室的事；讲顽强拼搏，就举海伦·凯勒；讲贵在坚持，就举马克思把大英图书馆的地板磨出一道沟，似乎大千世界就这么几个例子可举。这种"炒剩饭"式的举例，恰好暴露出了演讲者的弱点：知识贫乏，思维迟钝。其实，只要真正留心，现实中和历史中生动感人的事例何止千万。

（三）典型

典型事例与一般事例不同。一般也能说明问题，但毕竟"一般"不可能最有说服力，更不会引起强烈反响，留下深刻的印象。而典型事例则是最生动、最有说服力的。事例一出口，道理就昭然若揭。这种事例，源于生活，能深刻反映生活本质和深层的生活哲理。但这种事例往往被一些貌似平凡的表面现象所掩盖，非潜心发掘不可。

（四）具体

举例是为了证明观点，要想观点明确，就必须使例子生动、形象，具有说服力。因此，在演讲举例时，不仅要典型，而且要具体生动。要想具体生动，必须有一定的典型细节描绘。

（五）有趣

演讲，是为了影响人。首先必须吸引人，才能影响人。教学要讲究"寓教于乐"，也有人说过："兴趣是最好的老师。"这样既营造了一个轻松愉快的氛围，又是听众感兴趣的事。这样就很容易让人接受你的观点。

第三节　身体语言的技巧

身体语言是使演讲效果更好的一种演讲技巧。在深入讨论这一问题之前，必须先弄清楚什么是身体语言。

所谓身体语言是通过人体器官的动作或改变某一部分身体形态来进行情感思想交流的一种符号序列。通俗地说，身体语言是利用身体动作来传递信息从而达到交际手段的。由于身体语言主要由身体形态的变化来表达，因此又有人将其叫作态势语言。

身体语言在人类文明历史发展进程中的地位和作用虽然不及有声语言，但是，身体语言所表达的意义却比有声语言更丰富、更真实。有声语言所表达的各类信息，大多经过了人的理性思考和总结加工，因而大多蕴含着人的意识中更深层次的东西。而以传递人的情绪和欲望为主的身体语言，在大多数情况下是一种无意识的自然动作，它来源于人先天的动物本能和遗传形态，同时也受一定文化习俗的后天熏陶。

学习研究身体语言，至少具有以下几方面的重要意义：

（一）学习各种符合社会规范的身体语言，使个人的身体语言社会化

每个人在婴幼儿时期就开始运用身体语言。最初运用的身体语言具有先天遗传的性质，仅仅表达人的基本感情和原始表情，如喜怒哀乐、饥渴痛痒等。随

演讲中头部的运动变化

一般情况下，演讲者的头部不能随意晃动，但是，也不能僵硬地保持一个姿势，而应该随着演讲内容的变化而变化，以辅助表达不同的情感。

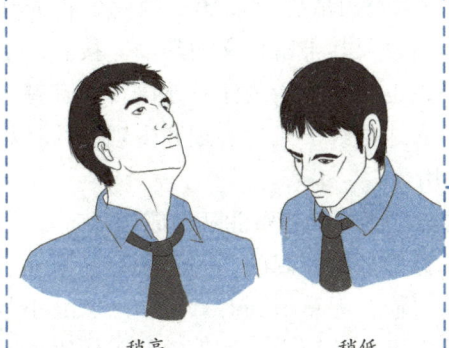

稍高　　　稍低

当表示希望、请求、祝愿和思索时，你可以把头部微微抬高；当表示羞怯、谦虚、内疚和沉痛时，你则要稍稍低头。

演讲时，你的头部向前，表达的是同情和倾听，你的头部偏向侧方，则表现的是高傲和自信等。

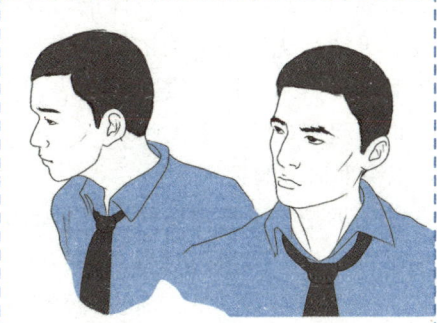

偏向侧方　　　向前

头部的运动也不能太频繁，幅度也不宜太大，而是要自然。如鞠躬敬礼时，低头应配合弯腰，但不要让听众看到你的头顶。

请记住，一定要根据内容来确定头部的不同状态。并且，自然的头部运动要伴随着颈部、背部和腰部的运动，并且要互相和谐一致。

着年龄的增长，身体语言的学习范围扩大到后天习得的某些社会规范化的类型，如礼貌动作、卫生习惯等。有意识地学习身体语言，将促进个人身体语言的社会化，帮助我们获得社会的认同。

（二）了解他人的内心世界，领会对方表达的深层次心理信息

身体语言比有声语言更能真实地流露出人的情感和欲望。因此，首先在医学、文艺、公安等领域，掀起了研究身体语言及其丰富含义的热潮。接着，语言学、传播学、美学，特别是各类管理学科，也相继开始关注身体语言而且越来越广泛地对此进行了研究与应用，从而更深入地了解了人的心理和生理，并且更有效地促进了本学科在各个领域中的广泛应用。

（三）帮助人们有意识地运用身体语言，使个人的事业获得成功

绝大多数身体语言是可以通过学习掌握并加以控制的。一旦学习和掌握了身体语言丰富的内容与各种形式，就能帮助人们从无意识到有意识，从家庭小范围到社会大环境，把握自己的身体语言，让它更有效地为个人生活、工作服务，从而取得成功。在演讲时，身体语言技巧的运用，会直接影响演讲的效果。自然、适度、灵活、优雅是对演讲身体语言的基本要求。在演讲中，身体语言有两种：站姿和坐姿。站姿比坐姿更具有表现力，而坐姿则要把听众的目光吸引到胸部以上，训练起来难度要更大些。

1.头部语言的运用

如果不是表达的需要，演讲者的头部就一定要避免往一侧偏，也不要抬得过高或垂得过低。因为面对听众时，演讲者在众目睽睽之下会感受到一种"视线压力"，变得怯场。但是，演讲者是不能无视听众视线的。调整怯场心理的办法有两种：一是运用"回避目光法"；二是把自己的视线投向听众中频频点头的人，从而增强演讲的信心。大胆地将视线对准听众，你与听众之间才会营造出一种亲切交流的氛围。

"眼睛是心灵的窗户"说的是人的紧张、疲劳、喜悦、焦虑等各种情绪都会清楚地写在脸上。而复杂的面部表情会让听众留下极其深刻的记忆。如果表情单调、呆板，那么你的演讲也就毫无说服力可言。而且演讲时，表情切忌做作，初学演讲的朋友则要注意避免那些表示羞涩、胆怯或掩饰口误的消极表情。

2.手势语言的运用

职业演说家通常都要训练自己的手势语言，而非职业演讲者在设计演讲时的身体语言时，考虑得最多的往往也是手。由此可见，手势语言在演讲中的地位是不容忽视的。在演讲中，不同的手势表达不同的情感与意愿。

手心向上常常表示风趣、幽默或坦诚、直率、奉献、许诺等。例如当讲到"从这里，我们又将踏上新的征途，去收获另一个金秋"这类演讲词时，你可以单手手心向上，从胸前缓缓向前方偏上的角度伸出；当说到"此刻，让我们伴随

欢快的音乐，跳舞吧"，你也可以两手手心向上，从胸前往前平伸，左右适度地分开。手心向下一般表示否定、抵制、反对、抑制或消失、宁静等。如当讲到"仁慈的人大声疾呼：'和平！和平！'但是没有和平"的时候，你的手势语可以设计为两手手心向下，手掌有力而均衡地向两边划开，但肘部的动作幅度不能太大；当讲到"月光洒落在静静的小溪和树林上"这类演讲词时，你的手势语可以是单手手心向下，往前伸，然后从内向外缓缓移动，表现出月夜山野的宁静。

两手分开往往表示分离、消极的意义，可用在演讲词中表达悲伤，消极。如"从此，我们彼此将远隔天涯，在人生旅途上苦苦跋涉"等。

手心向外的竖势姿势总是表示对抗、分隔、矛盾或反对等。例如当讲到"我们从来不吃这一套"时，你可以一只手手心向外或成竖立状，用力向前推出。

握紧拳头表示团结、挑战、信心、警告等。例如，当讲到"我们将用行动向你们证明，我们是好样儿的"这类具有挑战、自信的演讲词时，你可以一只手握拳，拳心向内，有力地在胸前轻微振动。

在演讲时，你还可用双手高举、手掌摊开、掌心面对听众的手势语言来表达自己对听众的谢意。

当然，手势语言的表意非常丰富，在此无法一一列举说明。但对手势语言的基本要求是不变的，那就是：尽量简明凝练，不要多次重复而使演讲失去吸引力，不要喧宾夺主，从而削弱了有声语言的主体地位。

初学演讲者，大多不知双手该往哪儿放合适，那是因为害怕面对众多的听众所造成的。这时，你不妨在演讲开始时，以下列方式来处理两手的位置：一是把两只手轻松自如地垂放在身体两侧，稍有先后之分；二是可以用一只手握住演讲稿或者书本，或者麦克风等物品，这样有助于消除你的紧张，使你的手会放得更自然；三是当你的前面有讲台时，你可以把手轻轻地放在讲台上。其实，当你投入地去演讲时，手就不会不自然了。

初学演讲者的手大多会无意识地做出一些多余的或不雅观的动作，比如挖鼻子、抬嘴巴、摆弄钥匙、抚弄纽扣等，这些都是成功的演讲手势语言所不应该出现的。

3.身躯语言的运用

在演讲过程中，身躯在大多数情况下是面向听众的。但也不是一成不变的，根据演讲内容的需要，你也可以侧身或后转身，但一定要整个身躯自然协调地运动，而且时间不宜过长。更不要只扭头而不转身，像个木偶。

如果你是站着演讲，不要将身躯倚在墙壁或讲台上。如果你坐着演讲，请不要左右扭动身体，也不要把全身紧靠在讲台上。这些姿势会让人觉得你软弱无力，无修养。

4.腿、脚语言的运用

在演讲中,站立姿势以你自己感到自然、舒适为最佳。一般说来,这样的姿势是:两脚叉开站立成45度角,类似稍息的样子,但身体重心不变。在演讲过程中,你可以稍作走动,或者换换脚,但应进行得自然。运用手势语言时,一般要遵循"步行原则",即手与脚不能同向,做左手手势时,右脚应在前,而做右手手势时,左脚应在前,这样才会有种平衡感。

演讲时腿、脚的注意事项

设计腿、脚的动作,应注意避免这几种失误:

1.忌频繁地走动。

2.忌一只脚站立时,另一只脚脚尖跷地或不停地屈膝抖动。

3.忌两脚交叉或者把腿压在椅子边上。

采用坐姿演讲时，一般来说都有讲台遮住身体的下半部分，因此你就不需要再为腿和脚的姿势多费心思了。

以上谈到的仅仅是演讲时身体语言的一些一般性原则。初学演讲者主要应注意防止消极的破坏性的身体语言的出现，而不必一开始就刻意去追求"一举手，一投足"都要完善和优雅。当演讲成为自己的本能习惯时，你就可以形成自己的身体语言风格，在演讲中展示真正的自我了。

第四节　演讲中的语言技巧

对语言的追求是一个方面，是一种基础，而对语言力度的掌握却远远超过了这种追求，那是如何让语言发挥其最大作用的一种途径，任何需要语言的地方，语言都很难以它最美的形式出现。

——高尔基

与用语言进行交流的任何方式一样，演讲同样需要遵循语言的一般规律。如合乎语法、讲究修辞等。但由于演讲者是在公众场合与众多听众进行面对面的直接交流，因此演讲更讲究视听结合的效果、情感参与的作用和临场应变的能力。

一、形象、个性、口语

使听众的视觉愉悦，那么你的观点就更容易让听众接受。为了使演讲效果更好，演讲者除了应注意自己的外在形象和手势语言外，更应注意的是，演讲者要善于将抽象的哲理物化为活动的景象，让空洞的说教转化为鲜明的画面。

演讲要做到形象化，运用比喻和打比方是最有效的手段。如蔡顺华的题为《小狗也要大声叫》的演讲：

各位朋友，到这个讲坛演讲的，应该是曲啸、李燕杰、邵守义那样的大人物。我这个嘴上无毛的青年人站在这里，很不般配哟。（停顿，提高声调）

不过，我很欣赏契诃夫的一句名言："世界上有大狗也有小狗，小狗不应因为大狗的存在而慌乱不安，所有的狗都要叫！"小狗也要大声叫——就按上帝给的嗓门叫好了！今天，我这个自信的"小狗"，就来大胆地叫几声。

这新颖滑稽的开场白引起观众注意后，蔡顺华简单阐释了契诃夫比喻的本意，又很快从"小狗叫"引入了正题：

试想，一个单位、一个部门、一个地区乃至一个国家，倘若只充斥着极少数名家、权威和当权者的声音，虽不算"万马齐喑"，但群众，尤其是最富有创造力的年轻人的智慧和声音被压抑了，哪里会有真正的"九州生气"？

蔡顺华的演讲结尾更是围绕着"小狗叫"作了如下结论：

那些腹有经纶但阴柔有余、阳刚不足的奶油小生是不敢"叫"的；那些虽"嘴上无毛"但已深谙"出头椽子先烂"等世俗哲学的平庸之辈也是不敢"叫"的；响亮而优美的"叫声"，往往发自那些有胆识的开拓者与弄潮儿。如果我国的每一位"小狗"都发出了自己的"叫声"，那么地球也会颤抖的！

蔡顺华的演讲，通篇利用了"小狗叫"这生动、新奇又幽默的比喻，贯穿始终，使听众在轻松的气氛中接受了一个普通而又严肃的话题。使演讲通俗形象，道理深入浅出，还可选用生活中的实例来证明论点。

某些演讲需要运用数据说明问题，但仅仅把一连串枯燥的数据抛向听众，就会影响现场活跃的气氛。

要想不理会充满形象的演讲，就好像要求歌迷对自己心中的偶像在舞台上精彩的表演不能喝彩。法国哲学家艾兰曾说："抽象的风格总是差的，在你的句子里应该充满了石头、金属、椅子、桌子、动物、男人和女人。"这就道明了应选用形象化的语言。

世界上没有个性完全相同的两个人，就如世界上没有完全相同的两片树叶一样。演讲者曾力求演讲出自己的风格，创造出独特的"讲"。每个演说家都有自己的风格。如鲁迅先生是分析透彻、外冷内热、富于哲理的演讲风格；郭沫若先生是热情洋溢、奔放跌宕、文辞富丽的演讲风格。这就是继形象化后的又一演讲技巧——个性化。

演讲的个性与演讲者自己的个性密切相关。每个人的个性形成与人的性别、年龄、生活环境、生活经历、文化修养、气质、职业等因素有关。如一位女药剂师在第一次品尝啤酒时，脱口而出："哎哟，就像喝颠茄合剂一样！"女药剂师的职业敏感使她把啤酒和颠茄合剂联系在一起，而不像一般人把啤酒比喻为潲水。

当演讲者的个性与演讲词的风格不一致时，演讲者的演讲是很难动情的，也很难感染人。演讲者文化层次很低，大谈一些极其深奥的哲理，只能是囫囵吞枣地背诵，而即使背诵出来也只显得极其牵强；平时很严肃的演讲者，生硬地念充满幽默情趣的演讲稿，总会显得不伦不类。与其这样，不如用符合自己气质、个性的语言进行演讲。

演讲风格的个性化还体现为演讲中所涉及人物的个性。对于演讲中涉及的人物个性不应是一种平白的交代，而要通过生动刻画、语言模拟等手法充分展现。

某些演讲，即使对其立意和材料挑不出毛病，而且从某种意义上来说，还是绝妙好词，但就是不能给观众留下深刻的印象。原因何在呢？其根本就在于演讲者没有把握住演讲词的风格，或者演讲者的个性与演讲词的风格迥异。演讲并不是任何人拿着演讲稿上台照念一遍就行了，还要注意其鲜明的个性，适当采用语言模拟、神态模仿等手段。

在演讲中，不仅要注意语言的形象化、个性化，还要注意演讲语言通俗易懂。若要使每一句话都深入人心，这就必须讲求语言的口语化。听众是否清晰地接受了演讲者的话是演讲是否成功的先决条件。

演讲语言不同于书面语言，听众在现场中不可能有余暇去理解某些生僻的词语和隐晦的意思，更不可能像阅读文章那样进行多次的反复领会。口头语言的接受特点就决定了演讲语言的特点既要清楚明白、生动形象，同时又具有较强的感染力。要使演讲语言达到一个完整的统一体，就必须同时具备形象化、个性化、口语化三个条件，因为它们彼此之间存在着必然的联系而不是静止孤立的。任何一个演讲者如果考虑到了这三个因素的重要性，并运用到演讲中，那他就具备了成为一个成功的演说家的先决条件。因此，对于初学者来讲，切不可想当然而为之，要把理论的学习和实践结合起来才能达到演讲成功的彼岸。

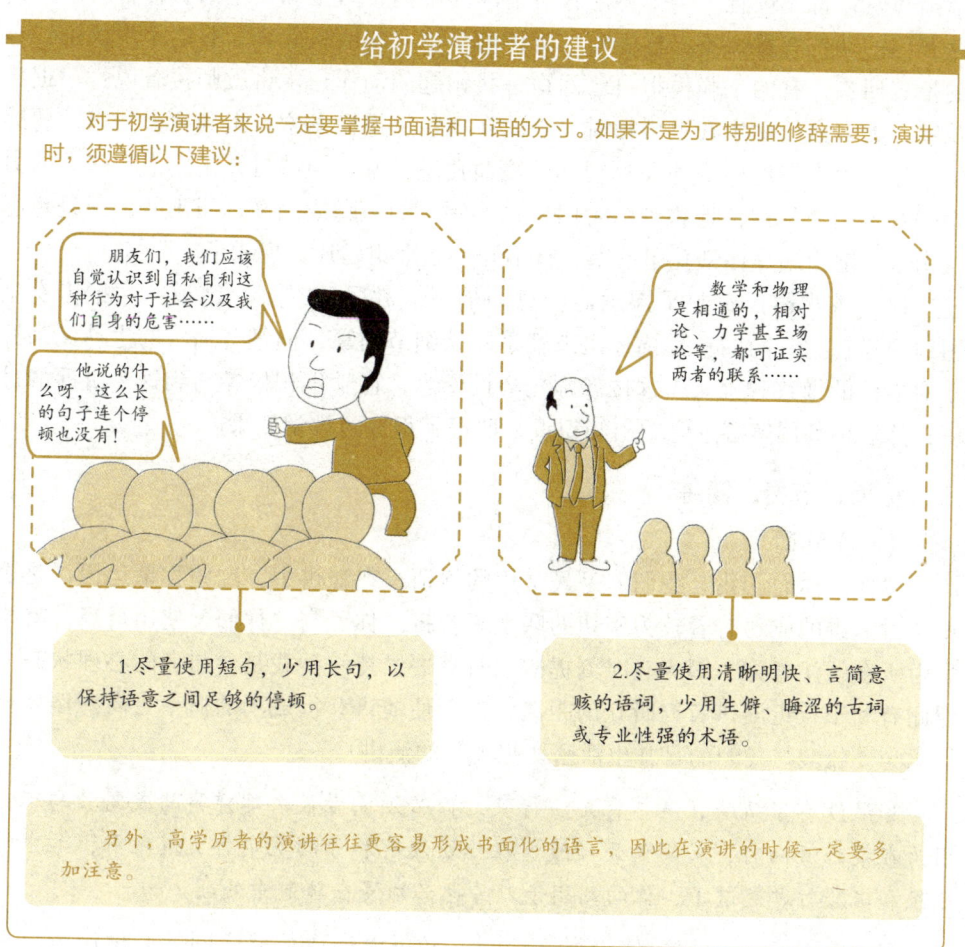

给初学演讲者的建议

对于初学演讲者来说一定要掌握书面语和口语的分寸。如果不是为了特别的修辞需要，演讲时，须遵循以下建议：

1. 尽量使用短句，少用长句，以保持语意之间足够的停顿。

2. 尽量使用清晰明快、言简意赅的语词，少用生僻、晦涩的古词或专业性强的术语。

另外，高学历者的演讲往往更容易形成书面化的语言，因此在演讲的时候一定要多加注意。

二、幽默、迂回、悬念

在《演讲入门》中约翰·哈斯灵写道:"幽默是演讲者与听众建立友好关系的最有效的手段之一。当你讲得听众眉开眼笑的时候,他们也就主动地参与了思想交流的过程。"哈斯灵总结了幽默在演讲中的作用:建立友好关系和促进思想交流。

有时演讲者并不直接阐明演讲主题而是以说反话、先贬后褒等手法,迂回达到演讲主题,这就是所谓的迂回法。这种手法往往能达到"山重水复疑无路,柳暗花明又一村"的演讲效果。

所谓悬念法就是指在演讲过程中提出一个听众极为关心的问题后,并不解答,听众又急于想知道问题的答案,从而调动听众的兴趣,让听众参与到演讲中去。设置悬念是一种有效的演讲方法。某大学举办写作知识讲座,老师在讲到细节描写时,首先设置了一个悬念:"请问同学们,男生和女生回到宿舍时,摸钥匙开门的动作有什么不一样呢?"听讲的学生立即活跃起来,有的小声议论,有的抢着回答,有的干脆模拟自己回宿舍找钥匙的动作。主讲教师接着说:"据我观察,大多数的女生在上楼梯时,手就在书包里摸摸索索,走到宿舍门口,凭感觉捏住一大串钥匙中的那一片钥匙,往锁孔里一塞,门就打开了。而大多数的男生呢?他们匆匆忙忙地跑到宿舍门口,'砰'的一脚或一掌,门不开,于是想起找钥匙,把钥匙片往锁孔里一塞,打不开,原来钥匙片又摸错了。"

这一番描述,引起了同学们会意的笑声。教师于是又总结道:"把男女生回宿舍摸钥匙开门的动作描述出来就是一处细节描写,而细节描写的生动又来源于对生活的细致观察。"这位教师先巧设悬念,让学生积极参与到这个讲课的过程,然后再利用解答悬念抛出知识点,取得了很好的教学效果。

三、称谓、节奏、简练

(一)称谓

"你、你们、我、我们"是最常用的称谓,在演讲中,这些称谓运用得是否得体对演讲的成功有着较为密切的联系。若将"你"与"你们"使用得当,就能集中听众的注意力,因为它时刻提醒着听众去维持一种我是参与者的心理状态,因此有利于拉近演讲者与听众的距离,进而使演讲获得成功的概率更高。例如一篇题为《硫酸与我们的日常生活密切相关》的演讲:

> 如果没有了硫酸,汽车将无法行驶,你必须像古代人那样骑马或驾驶马车,因为在提炼汽油时,必须使用硫酸。在你还没有和你的毛巾打交道之前,毛巾就已经和硫酸打过交道了,你的刮胡子刀片也必须浸在硫酸中处理……

但如果"你、你们"使用得不恰当,又可能造成彼此之间的心理鸿沟。例如,在一次学术讨论会上,一位语言学家作了这样的开场白:"刚才几位同志的报告都很好,如果把你们的讲稿没收,你们还能不能讲得这样好呢?""你们"一词拉开了这个语言学家与其他人的心理距离,有一种居高临下的语气,于是,激怒了其他的语言学家,他们私下议论:"把我们的讲稿没收,我们都讲不好?怎么,把你的讲稿没收,你就能讲好啦,你也太狂了吧!"

其实只要将开场白中的"你们"换成"我们"就行了。

据心理学家统计,精神病患者是使用"我"的频率最高的人。演讲者如果频繁使用"我",听众会感觉你是个以自我为中心的人,那么你的演讲就不会受欢迎。此外,在演讲中,特别是学术讨论中,如果需要谦虚地表述个人的新观点时,就可以使用"我们",听众会因你的谦虚而乐意接受你的观点。

沉默的作用

俗语道:"沉默是金",便是强调了沉默在某些场合的重要性。教师对沉默的作用体会最深。

别说话了!安静一下!

在课堂上,老师在上面讲,同学们在下面讲,老师一再提醒同学不要讲话,但没有作用。

而老师看着学生说话,停止自己的课堂讲解,学生在老师的沉默中意识到了自己的不礼貌,停止了说话。

可见,沉默有的时候比一味地语言制止更加有效。因此,在演讲中可适时利用沉默来制止台下那些小声说话者。

（二）节奏

演讲抑扬顿挫是节奏的主要体现。如果没有节奏变化，听众就会昏昏欲睡。著名演讲理论家费登和汤姆森曾说："关于演讲速度，所应遵守的主要原则，就是随时注意变化。"

演讲中需要慢的地方有：重要的事情、数据、人名、地名，极为严肃的事情，悲伤的感情，等等。演讲中需要快的地方有：人人皆知的事情，精彩的故事进入高潮时，表达欢快的情感，等等。

停顿（沉默）是控制节奏、吸引听众注意力、调节现场气氛的一种重要方法。以下是几个沉默的实例。

美国前总统林肯是一个很善于运用沉默技巧的著名演讲家。当林肯说到某项要点时，会倾身向前，有时直接注视听众达一分钟之久。这种沉默比大声疾呼更有力量。采用这一手段，听众的注意力被高度集中起来了。爱因斯坦应邀到日本某大学访问，不善言词的校长竟然在欢迎仪式上紧张得忘了欢迎词。他沉默了很久，才讲出一句话："爱因斯坦博士万岁！"

全体集会者在焦急的等待之中，校长那异乎寻常而又发自肺腑的呼喊把大家感动得热烈鼓掌。爱因斯坦更是热泪盈眶，与校长紧紧拥抱在一起。

（三）简练

马克·吐温针对"演讲是长篇大论好呢？还是短小精练好？"这个问题讲了一个故事：

有一个礼拜天，我到礼拜堂去，适逢一位传教士在那里用哀怜的语言讲述非洲传教士的苦难生活。当他说了5分钟后，我马上决定对此事捐助50元；当他接着讲了10分钟后，我决定把捐助的数目减少5元；当他继续滔滔不绝讲了半小时后，我又在心里减到35元；当他再讲了一个小时，拿起钵子向听众哀求捐助并从我面前走过的时候，我却从钵子里偷走了两元钱。

他形象地回答了演讲需要简练。演讲语言提倡口语化和通俗化，但并不是纵容语言的冗长和啰唆。冗长和啰唆既影响表达效果，又会使听众生厌。演讲语言的冗长和啰唆主要是以下原因造成的：

重复论证。如1933年，美国参议员爱兰德尔，为了反对通过"私刑拷打黑人的案件归联邦州立法院审判"的法案，在参议院发表了长达5天的马拉松演讲。有记者统计：爱兰德尔在讲台前踱步75公里、做手势1万个、吃夹肉面包300只、喝饮料46升。但他这次演讲并未达到他预期的效果，原因在于他用了琐碎的事例重复论证。

废话过多。有些演讲者在演讲时东拉一句，西扯一句，抓不住要点，思维混乱，逻辑不严密。其演讲只不过是废话的大集合，还有什么魅力可言呢？

打官腔。有些身居要职的官员，喜欢说套话。在演讲中，貌似流畅、得体，实则空洞无物，令人生厌。有人曾入木三分地总结了这类官场语言：同志们，对于我们的工作，我们应该肯定该肯定的东西和否定该否定的东西。我们不能够只知道肯定应该肯定的，却不知去否定应该否定的；也不能只知道去否定应该否定的，却忘了去肯定应该肯定的；更不能去肯定应该否定的，而否定应该肯定的。

反复客套。反复地客套如"我水平有限，肯定有讲错了的地方，请大家多多指教""对这类问题我缺乏研究"等，使听众觉得你这种"老生常谈"大煞风景，令人厌恶。

总之，在演讲语言的技巧方面，我们应该牢记"人类的思考越少，废话就越多"这句名言。

第五节 消除紧张的技巧

演讲的最大障碍就是紧张。紧张是一种生理现象，分为肉体的紧张和精神的紧张。演讲中的紧张属于精神紧张，也是每位演说者必须克服的心理障碍。因此，初学演讲的人必须消除紧张，它可以通过演讲训练的方法来实现。演讲训练可以使演讲者在听众面前自然、平静。你一旦突破自我的束缚，像面对朋友一样自然大方地走上讲台与观众朋友倾心交谈，你就会发现这个世界正张开双臂欢迎你，你与世界融为一体了。

一、消除紧张，留住自然

（一）消除紧张情绪

在演讲训练过程中，必须处处留意自己，使自己"像一个无忧无虑的小孩那样无拘无束地表现自己"。做到说话自然，热情而不矫揉造作，平和易懂而又不呆板。为了使训练效果更佳，你应该想象自己是身临其境，面对观众听众。只有坚持做这样的练习，你才能消除演讲时的紧张，到最后演讲时，你便可做到"被人偷袭也能立刻还击"，而且自然得近乎"反射性"地说话。

（二）秉持本色

世界上从来没有两个完全相同的人。每个人都有其各自独特的个性，这种个性使你与其他人不同，也是你赖以生存的条件。

说话也是这样。当你面对听众时，你应该尽量表现自己独特的个性。一个富于健康个性的说者，才会受到听众的欢迎。

二、建立自信的技巧

恐惧是许多人不能较好地进行演讲的主要心理障碍，那么，如何搬掉这一"绊脚石"，充满自信地走上讲台，使我们的演讲才能充分显示出来呢？这就是建立自信的技巧问题，你不妨试用以下方法：

（一）自我鼓励法

演讲者首先要对自己的演讲充满信心，在精神上鼓励自己成功。演讲者可用如下语言反复鼓励自己，比如"我的演讲题材很有吸引力，听众一定会喜欢""我的口才很好，我一定会成功""我准备得很充分了"等。

（二）要点记忆法

初学演讲者往往把能够背诵演讲稿认为是充分的准备。熟读记忆，对于初学演讲者来说可能是一种必要的准备手段，但如果只是机械记忆，那么不仅会耗费演讲者大量时间，而且容易形成演讲者的心理疏忽。

在演讲中，以采用提纲要点记忆法为宜。首先，就有关演讲的主题、论点、事例和数据整理成翻阅方便的卡片，然后针对演讲稿进行比较和适当的补充，整理出一份简略的提纲，并在提纲里注明各段的小标题，最后在各段的小标题下按序补充重要的概念、定义、人名、地名、数据和关键性词语。

至此，一份演讲提纲即算基本完成。在整理和编排的过程中，演讲者应反复思考和熟悉自己的演讲内容，而演讲时仅仅需要将该演讲提纲作为提示记忆的依据即可。

（三）试讲练习法

试讲练习可纠正语音，矫正口型，锻炼遣词造句能力，又可训练形体语言。演讲者可以自选一个演讲题，或模仿名家的演讲，在静僻处独自练习。著名演讲家，美国第十六任总统林肯，年青时代经常独自一人对着森林或空旷的原野模仿律师、传教士演讲，并反复练习。

（四）情绪调节法

适度的深呼吸有助于调节紧张、烦闷、焦躁等情绪。当演讲者在临场时出现怯场反应，可以运用深呼吸法进行调节。即：使全身放松，双眼望着远方，做绵长的腹式深呼吸，同时，随呼吸节奏心中默数1、2、3……

（五）目光回避法

刚学演讲的人往往害怕与听众进行眼神交流。因为一看到听众的眼神于自己不利，就会心慌意乱，而无法继续演讲下去。于是出现了侧身、仰望、低头等影响演讲效果的不正确姿势。因为，演讲要求演讲者正视听众，这既是出于一种礼貌，又是演讲者与听众全方位交流的需要。拉近演讲者与听众的距离，是演讲成功的必备条件。刚学演讲的人不妨采用虚视方式处理自己的目光，将视线移至演讲场后排上方，以回避听众的目光，让目光在会场上方缓缓流动。这种方式既能避免演讲者与听众目光对视所产生的局促和窘迫，又能给听众留下演讲者稳重大方的印象，使演讲获得成功。

三、应用：兰博士的抗怯场练习

（一）摇来摆去练习

1.双腿分开站立（与肩相齐），同时摆动身躯、脖子和头，先向右，再向左。

上场前消除紧张的动作练习

下列动作有助于在上场前消除紧张感，在登台前最后一刻做，效果最好。

1.双脚开立，与肩相齐，膝微屈，挺背，双臂放松垂于身体两侧。

2.不必刻意呼吸，边叫"呜"边做蹦跳，一共10次，尽量用力，"呜"声要短、急、用力。每次做完"呜"，双拳向下猛砸。

呜！

3.放松闭嘴，缓慢深呼吸。然后嘶嘶吸气，微张嘴，弯腰至膝，蹲于地。

2.让双臂自由摆动,随身体转来转去,最后双臂放松地围住双肩。

3.你在摆动时,尽可能大声叫:"我不在乎!"

4.如此反复,也可叫:"不,我不在乎!"或"你奈我若何!"重复几十次。

(1)身体摆动时,保证头随身子转。

(2)尽可能轻松自在地去做。

(二)空手劈柴练习

1.双足分开约40厘米,屈膝。握拳,手放两边。嘴唇紧闭。深呼吸三次后抬臂高举过头。

2.哗啦一声,双手有力地劈下,并尽可能放喉大声叫喊:"哈哈哈哈哈哈哈哈!"(屈膝)

3.尽可能用劲地重复5次。

(三)劈柴动作练习

1.两腿分开40～45厘米,脚尖向前,两膝轻松放直,攥紧双手。

2.吸气,摆动紧握着的手,高抬过头。

3.把举起的手摆下来,猛向前屈,吐气。手下来时,大叫一声"哈"。(屈膝)

4.吸气,再举手。

5.重复上述动作,做上10次或20次。

注意:吸气时要闭着嘴,直到你的手下摆时叫"哈",这样就可吸进更多氧气,练习就更有效。

(四)蒸汽机练习

1.双脚与肩齐,站在那里,屈膝,将头抬起,闭嘴,右臂后拉,左臂前伸,尽量用力。同时深呼吸。

2.左右臂换个方向,重复上述动作。节奏要平稳。

3.开始要慢,随后要越来越快,持续做3～5分钟。记住:闭着嘴!

第八章

突发状况的处理

第一节　如何面对自身失误

一次，里根总统在白宫钢琴演奏会上讲话时，夫人南希一不小心连人带椅跌落在台下地毯上，观众发出惊叫，但是南希却灵活地爬起来，在众多宾客的热烈掌声中回到自己的座位上。正在讲话的里根看到夫人并没有受伤，便插入一句俏皮话："亲爱的，我告诉过你，只有在我没有获得掌声的时候，你才应该这样表演。"

只要把握得当，戏谑调笑的化解法大多数人都拒绝不了它的"攻效"，因为它能使人开怀大笑，舒展情绪，在笑声中淡化尴尬与窘迫。

一、主动调侃自己

当我们与别人交往时，由于我们的过失，造成谈话中间出现了难堪，这时我们不要责备他人，还是找找自己的责任，采用自我调侃的方式低调退出吧。

当我们由于自己的原因，造成尴尬时，最好的办法就是：不要死要面子活受罪，可以采用自我调侃的办法，来得真诚一点，表达自己真诚的歉意，而对方也不会喋喋不休地责备我们，相反还会因为我们的真诚，一笑而置之。

然而，当由于他人的原因甚至恶意使你陷入窘境时，逃避嘲笑并非良方，而你殚精竭虑地力图反击，很可能会遭到对手更多的嘲讽，不如来个180度大转变的超脱。这种超脱既能使自己摆脱狭隘的自尊心理束缚，又能使凶悍的对手"心软"下来。

当然，大多数人制造尴尬都不是恶意的，而是出于不小心，这时候，如果你过分掩饰自己的失态，反而会弄巧成拙，使自己越发尴尬。而以漫不经心、自我解嘲的口吻说几句取悦人的话，却可以活跃气氛，消除尴尬。

在尴尬的场合，运用自嘲能使自尊心通过自我排解的方式受到保护。而且还能体现出说话者宽广大度的胸怀。

尴尬场合，运用自我调侃可以平添许多风采。当然，自我调侃要避免采取玩世不恭的态度。具有积极因素的自我调侃包含着自嘲者强烈的自尊、自爱。自我调侃实质上是当事人采取的一种貌似消极、实为积极的促使交谈向好的方向转化

二、找个化解尴尬的"台阶"

在社交活动中,能适时地为陷入尴尬境地的对方提供一个恰当的"台阶",使对方免丢面子,算是处世的一大原则,也是为人的一种美德,这不仅能获得对方的好感,而且也有助于自己树立良好的社交形象。否则对方没能下得"台阶"而出了丑,可能会记恨终身。相反,若注意给人"台阶"下,可能会让人感激一生。是让人感激还是让人记恨,关键是自己在"台阶"上的表现。

外圆内方的人,不但尽量避免因自己的不慎而使别人下不了台,而且还会在对方可能不好下台时,巧妙及时地为其提供一个"台阶"。这是因为他们在帮助别人"下台"时,掌握了正确的方法。

(一)不露声色搭台阶

心理学的研究表明,谁都不愿把自己的错处或隐私在公众面前"曝光",一旦被曝光,就会感到难堪或恼怒。因此,在交际中,如果不是为了某种特殊需要,一般应尽量避免触及对方所避讳的敏感区,避免使对方当众出丑。必要时可委婉地暗示对方自己已知道他的错处或隐私,便可对他造成一定的压力。但不可过分,只需"点到为止"。

既能使当事者体面地"下台阶",又尽量不使在场的旁人觉察,这才是最巧妙的"台阶"。有一则报道很能启发人。在广州一著名的大酒家,一位外宾在吃完最后一道茶点后,顺手把精美的景泰蓝食筷悄悄"插入"自己的西装内衣口袋里。服务小姐不露声色地迎上前去,双手擎着一只装有一双景泰蓝食筷的绸面小匣子说:"我发现先生在用餐时,对我国的景泰蓝食筷颇有爱不释手之意。非常感谢您对这种精细工艺品的赏识。为了表达我们的感激之情,经餐厅主管批准,我代表酒家,将这双图案最为精美并且经过严格消毒处理的景泰蓝食筷送给您,并按照大酒家的'优惠价格'记在您的账上,您看好吗?"那位外宾当然明白这些话的弦外之音,在表示了谢意之后,说自己多喝了两杯"白兰地",头脑有点发晕,误将食筷插入内衣口袋里,并且聪明地借此"台阶",说"既然这种食筷不消毒就不好使用,我就'以旧换新'吧!哈哈哈。"说着取出内衣口袋里的食筷恭敬地放回餐桌上,接过服务小姐给他的小匣,不失风度地向付账处走去。如果服务员想让这位外宾"出洋相"真是太容易了,但她没有那样做,而是委婉地暗示对方的错处。外圆内方的人往往都会这样不动声色地让对方摆脱窘境。

(二)增光添彩设台阶

有时遇到意外情况使对方陷入尴尬境地,这时,外圆内方的人在给对方提供"台阶"的同时,往往会采取某些妥善措施,及时给对方的面子上再增添一些光彩,使对方更加感激不尽。

给别人"台阶"下的方法

除了文中的方法之外,还有顺势而为送台阶法和挥洒感情造台阶法。

顺势而为送台阶法

对对方的尴尬之举加以巧妙解释,使原本只有消极意味的事件转而具有积极的含义。

挥洒感情造台阶法

故意以严肃的态度面对对方的尴尬举动,消除其中的可笑意味,缓解对方的紧张心理。

学会给人下台阶,既可以缓解紧张难堪的气氛,使事情得以正常进行,又能够帮助尴尬者挽回面子,增进彼此的关系。

第二节 如何面对刁难者

在社交或公众场合,有时我们会遇到别人有意无意地抢白、奚落、挖苦、讥讽,这时该怎么办?"兵来将挡,水来土掩",你可视不同的对象选择不同的应付办法。

一、以毒攻毒

当对方用恶毒的话攻击你的时候，不妨顺水推舟，借他的话回敬对方。

1914年9月2日英德两方谈判时，德国首相提出："你们是否要为一张废纸（指保证比利时中立的休约）和我们开战？"乔治对于这样的提问没有辩解或回避，而是做了这样的演讲：

在座诸位没有人比我更不情愿、更反感看到我们被卷入一场大战的前景了。在我的政治生涯中，我一直抱着上述的态度。没有人会比我更坚信，我们不可能既避免这场战争的发生，又不使我国荣誉受到损害。我完全清楚，历来一个国家如卷入战争，就必然要乞灵于荣誉这个堂而皇之的名义。

不少罪行都是在荣誉的名义下犯的。现在就有些犯罪活动正在进行。然而，国家的荣誉毕竟是一个客观存在的现实，任何国家无视这个现实，都是注定要灭亡的。为什么这场战争牵涉到我国的荣誉问题？这是因为我们承担着光荣的责任，要保卫一个弱小邻国（指比利时）的独立、自由与领土完整。这国家很弱小，不可能强迫我们这样做。但是如果有人因债权人太穷，无力强迫他还债，便拒绝清偿债务，此人便是一个卑鄙的恶棍。

我们郑重地签订过一项保卫比利时的条约，但是在条约上签字的不仅是我们。为什么奥地利和德国不履行条约规定他们应守的义务？有人提出我国引用这项条约纯粹是借口，说我们施诡计、耍手腕，有意掩饰我们对更为文明发达的国家的妒忌心，我们正企图摧毁这个国家。我们对此的回答是我们在1870年的行动。当时我们也曾呼吁法国和普鲁士遵守这项条约。

…………

条约是代表国际政治家信誉的货币。德国商人和世界上任何其他国家的商人一样有着同样诚实正直的名誉。但是如果德国货币贬值到和她的政治家的信誉一样的水平，那么从上海到瓦尔帕莱索，再也没有一个商人会对德国商人的签字看上一眼了。这就是所谓一张废纸的理论。这就是伯恩哈迪公开宣扬的理论：条约只在有利该国时才有其约束力。这关系到一切公共法律的根本问题。这样走下去，就直通野蛮时代了。正如你嫌地球的磁极妨碍了一艘德国巡洋舰，便把它除去一样，各个海洋的航行就会变得危险、困难，甚至不能航行。如果在这次战争中，这种主张占上风，整个文明世界的机制便要土崩瓦解。我们正在同野蛮作战。只有一个办法能扭转这种情况：如果有哪些国家说他们只在条约对他们有利时才守约，我们就不得不使局势变得只有守约才对他们有利。

二、一箭双雕

抓住主要事实或揭露要害，在自己摆脱困境的同时，通过对比指出对方的弱点，置其窘境。

这个政府借口军队打了败仗，便同敌人接触，谋取停战。

我们确实打了败仗，我们已经被敌人陆、空军的机械化部队所困。我们之所以失败，不是因德军的人数众多，而是败于他们的坦克、飞机和作战战略。正是敌人的坦克飞机和战略使我们的将领们惊惶失措，以至出此下策。

但是难道败局已定，胜利已经无望？不，不能这样说！

请相信我的话，因为我对自己所说的话完全有把握。我要告诉你们，法兰西并未失败。总有一天我们会用目前战胜我们的同样手段使自己转败为胜的。

因为法国并非孤军作战。她并不孤立！绝不孤立！她有一个幅员辽阔的帝国作后盾，她可以同控制着海域并在继续作战的不列颠帝国结成联盟。她和英国一样，可以得到美国雄厚的工业力量源源不断的支援。

这次战祸所及，并不限于我们不幸的祖国。战争的胜败亦不取决于法国战场的局势。这是一场世界大战。我们的一切过失、延误以及所受的苦难都不能改变一个事实：世界上拥有一切手段，能够最终粉碎敌人。我们今天虽然败于机械化部队，将来却会依靠更高级的机械化部队夺取胜利。世界命运正系于这种部队。

我，戴高乐将军，现在在伦敦发出广播讲话。我吁请目前或将来来到英国国土上的法国官兵，不论是否还持有武器，都和我联系；我吁请具有制造武器技术的技师与技术工人，不论是目前或将来来到英国国土的，都和我联系。

无论出现什么情况，我们都不容许法兰西抗战的烽火被扑灭，法兰西抗战烽火也永不会被扑灭。

明天我还要和今天一样在伦敦发表广播讲话。

这是戴高乐1940年6月18日在伦敦英国广播公司发表的演说。这篇演讲在批判了法国政府的不抵抗政策的同时表示自己一定要坚持战斗，说明法国还是有希望的，这样的演讲给予了法国民众希望，而戴高乐从此被法国人称为"六·一八英雄"。

三、巧借比喻

巧借对方比喻中的不雅事物，用与此相克相关的事物作比，针锋相对，给以迎头痛击。

例如，达尔文提出进化论以后，赫胥黎竭力加以支持和宣传，并与宗教势力展开了激烈的论战。教会诅咒他为"达尔文的斗犬"。在伦敦的一次辩论会上，宗教首领见赫胥黎步入会场，便骂道："当心，这只狗又来了！"赫胥黎轻蔑地答道："是啊，盗贼最害怕嗅觉灵敏的猎犬！"

赫胥黎以比对比，巧妙地戳穿了宗教首领的丑恶本质和害怕真理的面目。

当你面对别人恶意的侵犯时，拥有随机应变的语言表达功力非常重要。在防卫中运用优雅、得体的语言把你的智慧和大度发挥得淋漓尽致。

面对刁难者的方法

面对刁难,有随机应变能力的人,能调动自己的智慧,化被动为主动,使尴尬烟消云散。

1.仿拟话语

仿照对方讽刺性的话语形式,制造出一种新的说法,从而使对方落入"聪明反被聪明误"的自造的陷阱中。

2.歧解语义

它是指故意将对方讽刺性的话做出另一种解释,而这种解释又恰巧扭转了矛头,指向对方,这等于让对方自己打了自己的嘴巴。

3.装聋作哑,糊涂到底

"装聋作哑",就是指对别人的话装作没有听到或没有听清楚,以便避实就虚、猛然出击的处理问题的方式。

第三节　如何面对冷场

在日常生活和社会交往中，尤其是在比较正式的场合，如聚会、议事等常会出现冷场现象，彼此都尴尬。冷场，在人际关系中，它无疑是一种"冰块"。打破冷场的技巧，就是及时融化妨碍交往的"冰块"。

会话出现冷场，双方都会感到尴尬。但只要会话者掌握住了破"冰"之术，及时根据情境设置话题，冷场是很容易被打破的。

一、要学会拓展话题的领域

开始第一句话要注意的是使人人都能了解，人人都能发表看法，由此再探出对方的兴趣和爱好，拓展谈话的领域。如果指着一件雕刻说："真像某某的作品！"或是听见歌唱就说："很有门德尔松音乐的风味。"除非知道对方是内行，否则不仅不能讨好，而且会在背后挨骂的。

如果不知道对方的职业，就不可胡乱问他。因为社会上免不了有人会失业，问他的职业无异于迫他自认失业，这对自尊心很重的人来说是不太好的。如果你想开拓谈话的领域而希望知道他的职业，只能用试探他的方法："先生常常去游泳吗？"如果他说："不。"你就可以问他是否很忙，"每天上哪儿消遣最多呢？"接下去探出他是否有固定工作。如果他回答"是"，你便可加上一句问他平时什么时候去游泳，从而判断他有无职业。如果他说是星期天或每天下午五时以后去，那无疑是有固定工作。

确定了别人有工作，才可问他的职业，这样就可以谈他的工作范围内的事情。如果不知对方有没有职业，或确知对方为失业者，那么还是谈别的话题为佳。

二、风趣接话转话题

在谈话中善于抓住对方的话题，机智巧接答，可以使我们谈话变得风趣，从而使谈话活跃起来。有一个典型的例子：当我们夸奖对方取得的成绩时，总能听到这样的回答："一般情况"的说法。倘若我们不接着话茬说下去，就有点赞同对方的"一般情况"说法的意思，达不到接话说的目的。可以这样回答："'一班'情况尚且如此，那'二班'情况就可想而知了。"言外之意是说："你一班的情况才如此的话，我二班的情况就更不值得一提了。"这类搭茬儿，一般是采用谐音、双关的手法，接住对方的话茬，作风趣的转答。

巧妙地接答对方的话茬，可以把原来的话题引向另一个话题，使谈话转变一个角度继续进行下去。

三、适时地提一些引导性的话题

提出引导性话题，可以给他人留下谈话时间和空间，特别是对于那些不善于当众讲话的人。这些话题可以根据对方的性格特点、兴趣爱好、职业性质等方面来设置。比如："近来工作顺利吧""听说你最近有件高兴的事,是什么呢""前一阵我见到你的孩子,学习怎么样"。先用这些听起来使对方温暖的话寒暄一下,便于开展谈话。对于那些在公司上班的人,可以探问对其公司的日常规则的看法,像"你们公司,每周都要举行升旗仪式,之后还要做早操,召开例会,你怎么看待?"引导性话题应该注重可谈性和可公开性。对学文科的不宜谈深奥的理科的问题,反之亦然。不宜在公开场合触及个人隐私,或者是背后议论他人等。

谈话者容易出现冷场的情况

谈话者之间存在以下几种情况时,最容易因"话不投机"而出现冷场:

1.彼此不大相识。

2.年龄、职业、身份、地位差异大。

3.异性相处,尤其单独相处时。

如果引导性话题过于敏感，或者超出了对方的兴趣爱好，或者过于深奥，超出了对方的知识结构等原因，对方也许不愿说，也许真的无话可说。提出这类话题，目的是让对方开口讲话，不能让对方讲，还有什么意义呢？

在提一些引导性话题的时候，也要注意方法和策略，不要让对方感到难以回答。比如："你是不是也觉得你们现在的厂长很能干？"人家要说赞同的话，他自己的确也有保留意见；要说不赞同，而你已经认可了，他总不至于在你的面前进行反对吧，何况是说别人的坏话呢？这样的话题，处理得不好，会让自己失去谈话的亲和力，适得其反。再者也不要问些大而空的问题，让人不知从何说起，最好具体点。

此外，在打破冷场时说话还应该注意下面的内容：

如果是由于自己太清高、架子大，使人敬而远之，而造成双方的沉默，在交谈中应该主动、客气及随和一些。

如果是由于自己太自负，盛气凌人，使对方反感，而造成了沉默，则要注意谦虚，多想想自己的短处，适当褒扬对方的长处。

如果是由于自己口若悬河，讲起话来漫无边际、无休无止，而导致了对方的沉默，则要注意自己讲话适可而止，给对方说话的机会，不要让人觉得你是在做单方面的"传教"。

有时装作不懂事的样子，往往可以听取他人更多的意见，这根源于人们的自炫心理。反之，你表现得太聪明，人家即使要讲，也有顾虑，怕比不上你。如果我们用"请教"的语气说话，引起对方的优越感，就会引出滔滔话语。一般人的心理总是喜欢教人，而不喜欢受教于人。

冷场的出现，往往与"话题"有关。"曲高和寡"会导致冷场；"淡而无味"同样会引起冷场。不希望出现冷场的交谈者，应当事先做些准备，使自己有一点"库存话题"，以备不时之需。

第四节　如何面对特殊情况

在演讲过程中，经常会遇到一些恶意的或非恶意的打断演讲的突发状况，面对这种状况，我们可以利用言语交际中的"反弹术"来化解。

所谓反弹术，是一种说话技巧，即指对对方提出的问题，由于某种原因，不便、不能或不愿做直接的回答，于是采用以问作答的形式将问题反弹给对方。这种答话技巧其实是将对方的难题再还给对方，使自己由被动变为主动，它常常可以令对方处于尴尬的境地，使对方自作自受，产生"圣人所非与熙也，寡人反取病焉"（《晏子春秋》）的感想。

一、当别人打探你的隐私时该怎样说

隐私本是一个人内心深处的不愿被别人知道的东西，但是在人际交往中，有些人总是会有意或无意地触及别人的隐私。不管问的人动机如何，一旦被问的人回答不好，很有可能会产生一些不良的后果。那么当你面对被问及隐私时该怎样回答呢？下面的几种方法不妨一试。

（一）答非所问

菲律宾前总统科拉松阿基诺，在出席一次记者招待会时，记者问她有多少件旗袍礼服，科拉松阿基诺不假思索地回答："我所有的旗袍礼服，都是第一流服装设计师奥吉立德罗为我设计的。你知道吗？她经常向我提供最新流行的服装样

式。"别人问数量，她却回答是谁设计的，这样回答明显属文不对题，然而，那位记者却知趣不再追问了。

（二）似是而非

似是而非的回答往往让那些爱探听隐私的人无功而返，它的奇妙之处就在于听上去你像是在回答对方的问题，但其实并不是对方想要的答案。

（三）绕圈子

不给出一个明确的答案，只是原地绕圈，迷惑提问者，例如，听众要是问演讲者"你体重多少"，演讲者可以回答"比去年轻了一点"。也就是回答听众一个暧昧不清的答案。

（四）否定问题

著名影星、孙悟空的扮演者六小龄童，在一次记者招待会上，一位记者问他："当初谈恋爱，你和于虹谁追的谁？"六小龄童回答："到底谁追谁，有什么重要？我们都没有想过要'追'对方，因为不是在赛跑，一个在前一个在后，我们是夜色中的两颗星星，彼此对望了几个世纪，向对方眨着眼睛，传递着情意。终于有一天，天旋地转，我们就像磁石的两极碰到一起，吸在一起了。"

六小龄童根本就没有回答对方的问题，而是一开始就否定了对方问题的前提，即认为两人谈恋爱不一定是一方主动追另一方，随后便对两人的爱情作了一个浪漫、精彩的比喻。这样既回答了记者的提问，又没有透露自己的隐私。生活中，有人打听隐私的时候，这不失为一个好办法，从一开始就否定对方的问题，自然也就不用按照他的提问来回答了。

（五）直言相告

有时候，对方打听你的隐私时，你可以开门见山，指出对方问话的不当，直言相告地表达自己的不满。

二、当别人提出不便当众回答的问题时该怎样说

当众回答某些难以回答的问题确实要顶着巨大的心理压力。因为严词拒绝回答问题将有失风度，但照实回答也是不可以的。面对这种难以选择的境地，可以通过下述方法顺利解决。

（一）反踢皮球，把难题还给对方

有时提问者的问题一两句话是难以说清楚的。如果顺着这个思路去回答，势必陷入尴尬的境地。这时，可以巧妙地转移话题，反而把难题转移到对方自己头上去了，自己占据了主动地位。

（二）暂退一步，换位思考

1956年在苏联共产党第二十次代表大会上，赫鲁晓夫作了"秘密报告"，揭露、批评了斯大林肃反扩大化等一系列错误，引起苏联及世界各国的强烈反响。大

家议论纷纷。

由于赫鲁晓夫曾经是斯大林非常信任和器重的人，很多苏联人都怀有疑问：既然你早就认识到了斯大林的错误，那么你为什么早先没有提过不同意见？你当时干什么去了？你有没有参加这些错误行动？

有一次，在党的代表大会上，赫鲁晓夫再次批判斯大林的错误。这时，有人从听众席递来一张条子，赫鲁晓夫打开一看，上面写着："那时候你在哪里？"

这是一个不便直接回答的尖锐问题，赫鲁晓夫的脸上很难堪。他不想回答但又不能回避这个问题，更无法隐瞒这个条子，这样会使他更丢面子，让人觉得他没有勇气面对现实。他也知道，许多人有着同样的问题。更何况，这会儿台下成千双眼睛已盯着他手里的那张纸，等着他念出来。

赫鲁晓夫沉思了片刻，拿起条子，通过扩音器大声念了一遍条子的内容。然后望着台下，大声喊道："谁写的这张条子，请你马上从座位上站起来，走上台。"

没有人站起来，所有的人都吓得心怦怦地跳，不知赫鲁晓夫要干什么。赫鲁晓夫又重复了一遍他的话，请写条子的人站出来。

全场仍死一般的沉寂，大家都等着赫鲁晓夫的爆发。

几分钟过去了，赫鲁晓夫平静地说："好吧，我告诉你，我当时就坐在你现在的那个地方。"

面对当众提出的尖锐问题，赫鲁晓夫不能不讲真话。但是，如果他直接承认"当时我没有胆量批评斯大林"，势必会大大伤了自己面子，也不合一个有权威的领导人的身份。于是赫鲁晓夫巧妙地即席创造出一个场面，借这个众人皆知其含义的场景来婉转、含蓄地隐喻出自己的答案。这种回答既不失自己的威望，也不让听众觉得他在文过饰非。同时赫鲁晓夫营造的这个场景还让所有在场者感到他非常幽默，平易近人。

当不便回答的问题被提出时，往往是双方都觉得对方的言行不合适，这时，如果采取退一步思考问题的策略，把角色"互换"一下，就能够很顺利地继续交谈下去。

三、面对过分的玩笑你该如何应对

玩笑开得过分了时，气氛往往会变得比较尴尬或紧张，这种情况下，很多人还是希望能保持住自己说话的风度。那么，该如何应对这种过分的玩笑呢？你可以选择下面的方法作为参考，以便顺利走出困局。

（一）借题发挥

某业余大学中文班开学第一天开了个座谈会。首先，学员们一个个作自我介绍。当轮到来自农村的牛力时，他刚说了句："我姓牛，来自乡下……"不知谁小声说了句："瞧，乡下小牛进城喝咖啡了！"一下子，许多人都笑起来了。牛力先是一愣，但很快就镇定下来，说道："是的，我是来自乡下的小牛。不过，我进城

特殊情况之二：圆场的话该怎样说

如果在交际中出现剑拔弩张的情况，怎样说才能让气氛缓和下来，这确实是个难题。我们不妨学一下以下几个技巧，使圆场的话变得不再难说。

1. 化分歧为两面，让双方都满意

如果你能把双方的分歧点分解为事物的两个方面，让分歧在各自的方面都显得正确，这必定是一个好办法。

2. 善意谎言，营造轻松氛围

有时不合时宜地开玩笑，免不了尴尬。这时我们可以善意地撒点小谎，或者加点幽默，为大家营造出轻松的氛围。

3. 旁逸斜出，顺着对方的心意

当双方因为其中一个做错了事，而情绪紧张时，把事情往好的方向解释，顺着对方的心意，往往就能化解紧张的气氛。

是来'啃'知识的，以便回乡下耕耘。我'吃的是草，挤出来的是奶和血'。我愿永远做家乡的'孺子牛'！"

话音刚落，大家热烈地鼓起了掌，为牛力精彩的讲话喝彩。牛力用自己的机敏，顺着那位同学过分的玩笑话，引用鲁迅的名言，不但摆脱了尴尬的场面，而且表明了自己做人的准则，为自己赢得了喝彩。

当有人对你开的玩笑带有一定的侮辱性质，而开玩笑的人又不是恶意刁难你的时候，如果你能顺着对方的话，再借题发挥一番，反而把他的话变成你用来夸奖自己的话，可谓是一种最机智的选择。这样既能避免自己的难堪，又不至于把关系弄僵。

（二）诱敌上钩

当有人纯属恶意地开你的玩笑时，你当然需要毫不客气地回敬，诱敌上钩就是其中的一种技巧。你要不紧不慢地诱惑对方进入你语言的圈套，在适当的时候，就反戈一击，让对方自取其辱。

（三）反唇相讥

生活中一些尴尬的局面，完全是由于别人不敬的玩笑引起，如果你隐忍退让，只会被人看扁；如果针锋相对，又会把事情搞僵。这时不妨采用反唇相讥的办法，把对方开自己玩笑的话返回到他自己身上去，从而为自己争取主动。

应用篇

第一章

竞选、竞聘演讲

第一节　竞选演讲的适用范围

竞选演讲是政治家登上历史舞台的第一步，如美国的总统在通往白宫的路上，时时伴随着演讲。美国总统除最初的几届外，其余的无一不是在竞选中产生，因此，若不具备高水平的口才，绝不可能在四年一度的竞选中战胜对手，也肯定当不了总统。

例如第26任总统罗斯福是一位健谈家。他1945年4月12日在工作中猝然而逝，生命中最后的工作便是撰写一篇题为《在杰弗逊纪念日上的演说》的准备稿，此稿即是有名的"罗斯福未竟演说稿"，它将长留演说史册。

在竞选活动中，大至一国总统，小至一厂之主、一乡之长，或某个团体负责人，有抱负的人想要一展雄才，此时是表现才干和管理能力的好机会。

例如，一位考进某所经济管理学院的学生在学生会主席竞选大会上演讲。在他演讲之前，几位竞选的同学都谈到自己辉煌的过去。他一上台，向大家问好后，接着讲：

和刚才几位同学不同，我的往事"不堪回首"，也有曾经属于自己的辉煌，但都已经成为渐渐淡漠的记忆。××年夏踏进这方热土的时候，我相信"抛弃过去，才能够拥抱未来"，告诉自己要诚心待人，自强不息。如今两年时间过去了，在走过的路上或多或少地留下了几许遗憾，但至今不悔的是：真诚待人的自己拥有了那么多真诚待己的朋友，让我常常为得到的支持和关心而感动，更愿以自己的真诚与执著加倍地报答别人。

作为经院八百莘莘学子中的一员，我为自己是经院人自豪，也更愿为此负起属于自己的那份责任。这，就是今天我站到这里来的初衷。

记得上届学生会竞选的时候,有位候选人曾经响亮地问自己:"我是该安静地走开,还是勇敢地留下来。"结果,他勇敢地留了下来。今天站在这里,我想告诉大家的是:我真诚希望自己也能够留下来,即使面对失败的苦涩,也不会负气"安静地走开",因为,我是经院人。谢谢大家!

第二节　竞选演讲的写作要求

竞选演讲是竞选者为了实现竞聘目的而发表的演说。竞选演讲的作用主要是制造舆论,推介自身,争取选民。随着我国民主政治进程的加快,这种演讲形式将会被广泛采用,更加显示出它的重要作用。

一、竞选演讲的结构

1.标题。大体有三种形式,一是公文标题法,即由竞选人加文种组成,或由竞选职务加文种组成;二是文种标题法,很简单地标出"竞选演讲";三是运用正副标题法。

2.称谓。对竞选主管人员或主办单位的称呼。

3.正文。首先写清竞选的原因和愿望;然后写明自己所具备的应聘条件,包括学历、资历、政治思想、业务水平等各方面的客观条件;最后表明自己竞选的决心和信心,请求主管单位考虑。

二、竞选演讲稿的特点

(一)气势要先声夺人

竞选演讲的一个重要特征就是具有竞争性,而竞争的实质,是争取听众的响应和支持。而做到这一点的有效方法之一,就是要有气势,"气盛宜言"。这气势不是霸气,不是骄气,不是傲气,而是浩然正气。有了渊博的才识、正大的精神,以及对事业和人民的深厚的感情,作者就不难找到恰当的语言表达形式。

(二)态度要真诚老实

竞选演讲其实就是"毛遂自荐"。自荐,当然应该将自己优良的方面展示出来,让他人了解自己。但要注意的是,在"展示"时,态度要真诚老实,有一分能耐说一分能耐,不能为了自荐成功而说大话,说谎话。

(三)语言要简练有力

老舍先生说:"简练就是话说得少,而意包含得多。"竞选演讲虽是宣传自己的好时机,但也绝不可"长篇累牍"。应该用简练有力的语言把自己的思想表达出来。

(四)内心要充满自信

著名演说家戴尔·卡耐基曾说过:"不要怕推销自己。只要你认为自己有才华，你就应该认为自己有资格担任这个或那个职务。"当你充满自信时，你站在演讲台上，面对众人，就会从容不迫，就会以最好的心态来展示你自己。当然，自信必须建筑在丰富的知识和经验的基础上。这样的自信，才会成为你竞聘的力量，变成你工作的动力。

第三节　竞聘演讲的写作方法

一、竞聘演讲稿的开头方法

竞聘演讲的时间是有限制的。因此，精彩而有力的开头便显得非常重要。有经验的竞聘者常用下面的方法来开头：

（一）用诚挚的心情表达自己的谢意

这种方法能使竞聘者和听众产生心理相融的效果。例如：我非常感谢各位领导、同志们给了我这次竞聘的机会。

（二）简要介绍自己的有关情况

介绍如姓名、学历、职务、经历等个人情况。例如：我叫××，××年毕业于××大学社会学系，××年加入中国共产党，现任社会学教研室副主任。

（三）概述竞聘演讲的主要内容

这种方法能使评选者一开始就能明了演讲者演讲的主旨。例如：我今天的演讲内容主要分两部分，一是我竞聘人事局副局长的优势；二是谈谈做好人事局副局长工作的思路。

二、竞聘演讲稿的结尾方法

好的结束语能加深评选者对竞聘者的良好印象，从而有利于竞聘成功。竞聘演讲常见的结尾方法有：

1.表明对竞聘成败的态度。这种方法能使评选者感受到竞聘者的坦诚。例如：作为这次竞聘上岗的积极参与者，我希望在竞争中获得成功。但是，我绝不会回避失败。不管最后结果如何，我都将"堂堂正正做人，兢兢业业做事。"

2.表达自己对竞聘上岗的信心。例如：我今天的演讲虽然是毛遂自荐，但却不是王婆卖瓜，自卖自夸。我只是想向各位领导展示一个真实的我。我相信，凭着我的政治素质，我的爱岗敬业、脚踏实地的精神，我的工作热情，我的管理经验，我一定能把副处长的工作做好。如果各位有疑虑，那就请给我一个机会，我绝不会让大家失望。

3.希望得到评选者的支持。例如：各位领导、各位评委，请相信我，投我一票！我将是一位合格的处长。

竞聘演讲的主体内容

竞聘演讲的目的，就是要把自己介绍给评选者，让评选者了解你的基本情况，了解你对竞聘岗位的认识和当选后的打算。所以，竞聘演讲的主体内容应该包括以下几方面：

1.介绍自己应聘的基本条件

所谓基本条件就是政治素质、业务能力和工作态度等。这一部分实际上是要说明为什么要应聘，凭什么应聘的问题。

2.简要介绍自身的不足之处

竞聘者在介绍自己应聘的基本条件时，要尽可能地展示自己的长处，但不是对自身的不足之处闭口不言。

3.表明自己任职后的打算

评选者更关心的还是竞聘者任职后的打算。因此，竞聘者在竞聘演讲时，一定要用简明扼要的语言亮明自己的观点。

第四节　竞选、竞聘演讲的注意事项

一、目标的明确性

一般说来，在竞聘演讲时，竞聘者向评审人员及听众一要讲清自己的应聘条件，突出自己的优势，并且这种优势足以完成应承担的职务和工作；二要回答"若在其位，如何谋其政"。要在有限的答辩时间内完成上述工作，演讲的总体内容应始终围绕一个目标——岗位职务工作进行，做到目标明确，语不离宗，不可开口千言，离题万里。

二、内容的竞争性

竞聘演讲的全过程，其实是候选人之间就未来推行的施政目标、施政构想、施政方案进行比较与选择的过程。竞聘除了基本素质条件之外，实际上更重要的是施政目标与施政措施的竞争。写作时应在此处压倒对方，只有具备了明确、先进的施政目标，且有切实可行的施政措施来保证，才会取得竞争的成功。

三、演讲的技巧性

竞聘演讲是演讲的一种，也存在演讲技巧问题。它除了要求演讲者具备良好的心理素质和较强的语言表达能力外，还应当充分考虑竞争对手、听众的心态、临场状况等多种因素，用据理力争的方式，巧妙地说明"他不行，我行"或"他行，我更行"。当然自我推销要有艺术性，切忌为了竞争而贬低对手，所遵循的原则是"唯真唯实，具体可信"。

四、实事求是，言行一致

每介绍一段经历、一项业绩都必须客观实在。给国家做出什么贡献，给单位创造什么效益，给职工提供什么福利等，一定要讲清楚，不能吞吞吐吐，模棱两可。要言而有信，不说过头话。能够办到的就说，办不到的就不要开"空头支票"。

五、调查研究，有的放矢

竞聘演讲是针对某岗位而展开的，因此，写作前必须到招聘单位了解情况，可以通过调查摸底、群众访谈等方式，切实弄清楚单位的历史、现状，尤其对于当前存在的焦点、难点问题及其存在的根本原因要问清查透，力争找到解决问题的最佳途径，以便在演讲时击中要害，战胜对手。

六、谦虚诚恳，平和礼貌

竞聘者是通过答辩实现被聘用目的的，只有给人以谦虚诚恳、平和礼貌的感觉，才能被认可和接受。评审人员及与会者是不会接受狂妄傲慢、目中无人的竞聘者并委以重任的。所以，竞聘演讲词十分讲究语言的分寸，表述既要生动，有风采，打动人心，同时又要谦诚可信，情感真挚。

竞聘演讲"三忌"

1.忌狂妄自大，目空一切

有的竞职演讲者过高地估计了自己的能力，自认为条件优越，但实际上极易引起听众的反感。

2.忌妄自菲薄，过分谦虚

过分谦虚的表白，不仅不能反映自己真实的能力，也不利于听者对你做出正确的评价。

3.忌服饰华丽，求新求异

服饰华丽，或不修边幅，不仅群众眼里通不过，也不会给评委留下好印象。

第二章
就职演讲

第一节　就职演讲的适用范围及特征

就职演讲稿是新当选或连任的政府首脑、地方长官、部门领导以及企事业单位的领导就职时，就怎样处理国内外、地方和部门的政务而发表的演说词。随着时代发展，撰写就职演讲已经成为一种惯例。就职演讲是各级领导干部就职时必不可少的一部分，好的就职演讲可以使领导将来的工作变得顺利，在员工和下属心中树立良好的形象。

大到国家领导人，小到班主任，上任时，都要做一个就职演讲。

就职演讲的内容可以从阐述自己的施政纲领、工作规划、工作的决心来表述，也可以从对员工、下属的要求的希望方面来说。总的来说，就职演讲并不是一个形式，是要说些实在的东西，并且在将来的工作中要贯彻到底的事情，要认真对待。

就职演讲是新任领导面对其职权范围内的所有群众或代表而发表的施政演说。就职演讲是群众对新任领导的第一印象，所以，就职演讲稿的写作必须具备以下特征：

一、对症

就职演讲稿的写作是在深入调查研究的基础上动笔的。是就职者面对现实生活中最需要解决的问题发表见解，其矛头所指必须是该单位的热点、焦点问题，这样才会引起听者的共鸣。

二、真挚

演讲稿中要注入演讲者强烈而真挚的感情，这种强烈的感情以适当方式表现出来，必将产生强大的感染力和号召力。

三、简洁

演讲稿必须简洁。要做到主题集中、突出、层次少而有条理，语言准确洗练，使听众一听就能够明白接受。

四、真实

就职演讲稿要比其他文章更给人以真实亲切之感。演讲内容要真实，要讲真话，讲实话，不能哗众取宠。

第二节　就职演讲的写作要求

就职演讲稿目前没有固定的格式和内容要求，但一般由标题、称谓、正文、落款四部分构成。

一、标题

就职演讲稿的标题有多种写法，一般由事由加文种组成。

二、称谓

在标题下顶格书写称谓。演讲者面对的听众一般有三种情况：一是主管单位领导与本单位员工，称谓用"各位领导、全体员工同志"；二是面对的是全体人民代表，称谓用"各位代表"；三是主管单位领导，所属单位员工代表，称谓用"各位领导、各位代表"。

三、正文

就职演讲稿的正文一般由开头、主体、结尾三部分组成。

1.开头。就职演讲的开头部分，要对领导和群众的信任表示感谢。同时简明扼要地介绍自己就任的原因想法、背景环境、心情感受等。就职演讲将会给大家留下自己在这个职位上的第一印象，因此至关重要。而开头则是关于演讲的第一印象，尤为重要。开头部分能够有特色自然是好，如果没有把握，切不可为了出新而出新，以免弄巧成拙。因此，就职演讲的开头不妨稳妥一点的好，有什么"精彩片段"可以留在主体部分慢慢发挥。例如，一位新当选的县长在他就职演讲的开头说道："今天，是我最难忘的日子、最荣幸的日子，也是最激动的日子。在此，让我向各位人大代表表示衷心的感谢!向在座的各位领导、同志们和全县35万父老乡亲表示崇高的敬意!"这样开篇恳切自然，虽不能给人以"惊艳"的刺激，但还是能给听众以良好的印象和感受。

2.主体。就职演讲的主体部分应首先简单地介绍演讲者本人的基本情况，对当前形势和环境的分析，对可能存在的问题的解剖，对发展前景的展望。接着明确地表述自己任职期间的施政纲领和思路，以及在这个职位上的长期、中期、短期目标。然后详细地说明短期目标的具体任务、工作方法、考核方式和可能存在的困难。最后讨论工作的价值和完成任务的可行性，并请听众提出意见和思考。

3.结尾。就职演讲的结尾部分，在感谢领导和群众的信任后，更重要的是展望未来，表示决心，发出号召，振奋士气，给听众以鼓舞和激励，如就职者在演讲结尾时，热情洋溢地说"人心齐，泰山移。各位代表，各位领导，同志们，只要我们同心同德，群策群力，我们的目标就一定会实现，我们的事业就一定会成功，我们的明天就一定会更辉煌!"一个好的就职演讲的结尾，能够使听众有一种热血沸腾的感觉，有想马上跟演讲者一起去做些什么的激情。

另外，就职演讲的场合，一般都比较庄重严肃。但这并不意味着所在的就职演讲者都要板着面孔，更不表示应该打官腔说套话。多说一些通俗风趣的话，远比官样文章更能讨人喜欢。

四、落款

一般是署上姓名和日期。

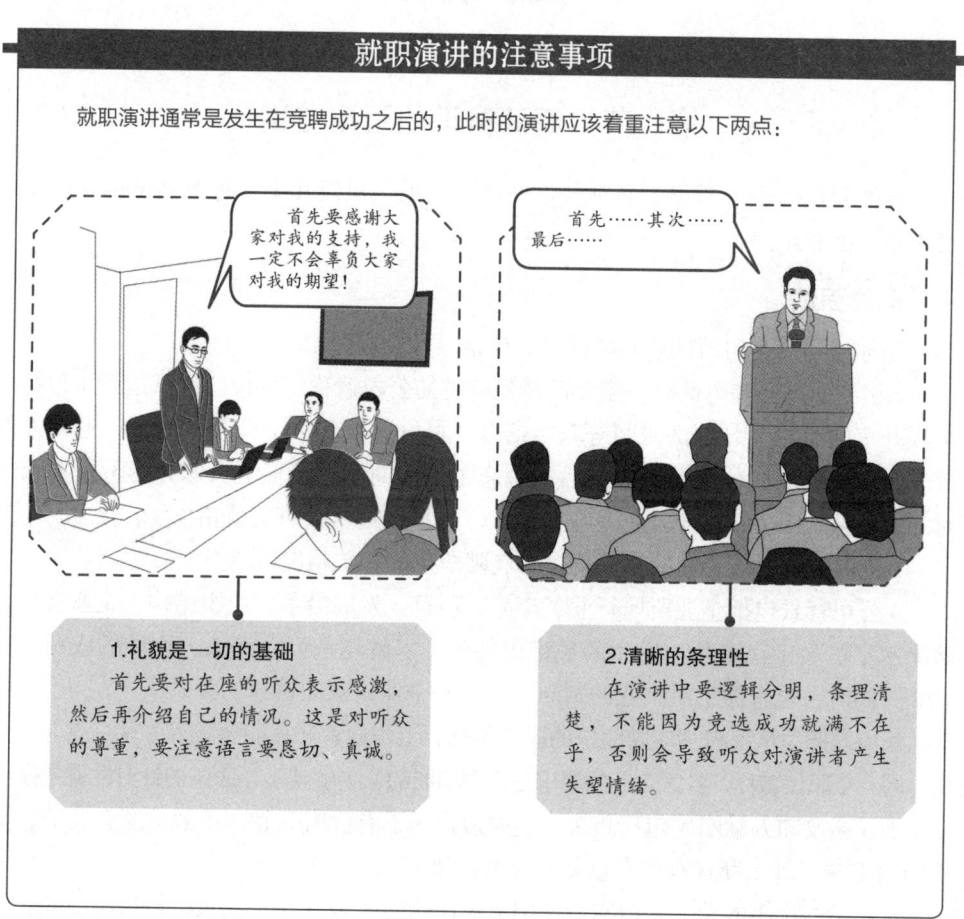

第三章
面试演讲

第一节 面试演讲的适用范围

要得到任何一个职位，必须经过面试这一关，短短几十分钟的面试也许就决定着你的职业生涯。

一、职位面试

当你接到企业的面试通知电话后，应该做什么呢？

1.接到面试通知电话时一定要问清楚应聘的公司名称、职位、面试地点（包括乘车或开车的路线）、面试时间等基本信息，最好顺便问一下公司的网址、通知人的姓名和面试官的职位等信息。最后，别忘了道声谢。这里提醒大家，尽量按要求的时间去面试，因为很多企业都是统一面试，如果错过机会可能就错失了。

2.上网查一下该公司的相关背景和应聘职位的相关情况。

3.公司背景包括企业所属行业、产品、项目、发展沿革、组织结构、企业文化、薪酬水平、员工稳定性、发生的关键事件等，了解越全面、深入，面试的成功率就越高，同时，也有助于对企业的判断（人才和企业是双向选择的关系）。

4.应聘职位情况包括应聘职位的职位名称、工作内容和任职要求等，这一点非常重要，同一个职位名称，各家企业的要求是不尽相同的，了解越多，面试的针对性就越强。

5.在亲友和人脉圈（包括猎头）当中搜索一下有没有熟悉、了解这家企业的，他们的感受或了解无疑具有非常重要的参考价值。

6.这里要说明的是，去招聘会或网上投简历时，最好有个记录，包括应聘的企业和职位、哪份简历投的，哪些企业招聘会上做过简单面试，面试官是谁，面试内容是什么，提过多少待遇要求等。在接到面试通知时，马上查看一下。

7.如果是应聘高管职位，最好能了解一下老板的相关背景和个性风格等（一般情况下，老板肯定是面试高管的最后一关）。

二、公务员面试

（一）考官组成

公务员面试一般由5、7或9名考官（人数不定，但总为单数）组成，人员包括用人单位、组织人事部门、纪律监察部门和理论社科部门的人员等。

（二）评分标准

一般为每位考生面试后先打初评分，等所有人面试结束后通过平衡整体情况再给予每人最后得分。每个人的得分是去掉最高分和最低分后的平均得分。面试分数在所有人员面试结束后当场公布，所以，请随身携带纸笔，记下自己的得分和其他

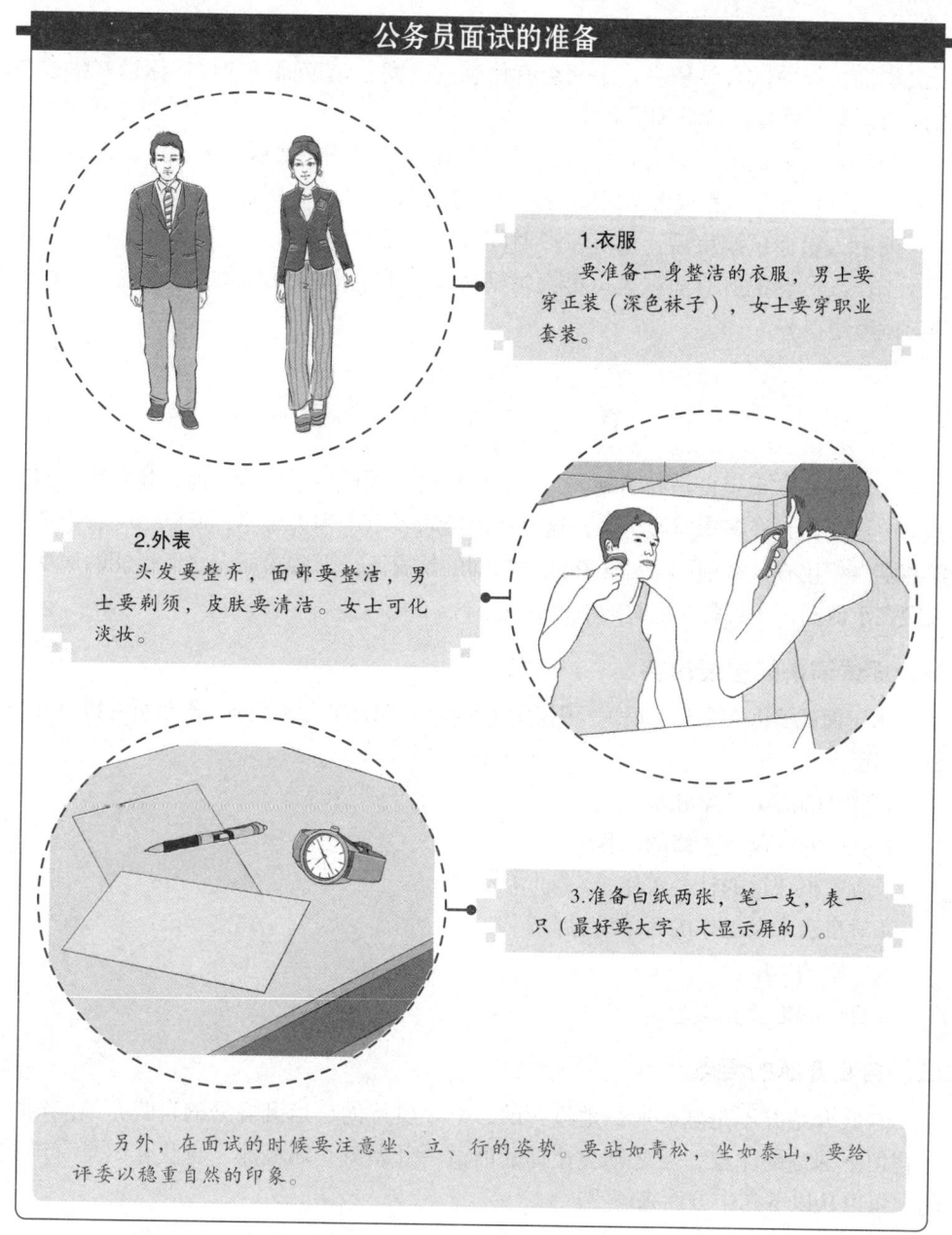

面试人员的得分，面试结束后询问一下别人的笔试分数，按比例进行总分计算（一般为笔试×40%+面试×60%，或笔试×50%+面试×50%），即得出你在笔试及面试后的名次，这时能不能被录取基本就心中有数了。

（三）面试程序

到考场后，会有专门的准备室，这时所有面试人员都在一起，面试前30分钟左右抽签，决定面试顺序。第一名面试人员结束后，不回准备室，到休息室，与其他面试人员不得相见。第二名面试人员结束后，到休息室，与第一名一起等待结束，依次类推。如面试人员较多，中间会有休息的时间，结束面试的可在休息室附近自由活动，但不可接近考场和准备室。

当轮到你面试时，会有工作人员引领你到考场门外，然后进入考场，回答考官的问题，结束所有回答或考试时间已到，由工作人员带到休息室。

所有人员面试结束后，会有一段时间等待评委打分和工作人员算分，算分结束后，工作人员会把所有面试人员再次领到考场，由主考官按面试顺序宣读每位考生的面试最终得分。

第二节　面试演讲的内容要求

俗话说："千里良马尚高嘶。"求职面试时，同样要学会恰当地自我介绍。招聘者手中往往拥有许多求职履历表，这里面的应聘者个个实力雄厚，所以招聘者想知道你和别人相比有什么独到之处。在能力相同的情况下，那些求职者之所以能够成功，关键在于他们在作自我介绍时的出色表现。

一、面试演讲的主要内容

由于面试演讲大多时间很短，因此说话内容不宜太多、太繁杂，着重讲好以下几个方面即可：

1. 自己的简历、家庭状况。
2. 自己的专业、主修的课程。
3. 所曾担任过的社会工作。
4. 对自己未来工作的简单设想。
5. 应聘的态度。
6. 自己的抱负和理想。

二、自我介绍的要点

自我介绍并不是随心所欲地进行的，一个良好的、恰到好处的自我介绍能给主考官留下深刻的印象，反之则会让你的面试一开始就一塌糊涂。自我介绍是有讲究的，可以从以下几个方面来着手。

（一）彬彬有礼

在作介绍前，要先向主试官打个招呼，道声谢，如："经理，您好，谢谢您给我这么好的机会，现在，我向您作个简单的自我介绍。"介绍完毕后，要注意向主试官道谢，并向在场面试人员表示谢意。

这能给主试官留下很好的印象。没有人会拒绝谦恭的态度。

（二）主题明确

在作自我介绍时，最忌漫无中心，东扯一句西扯一句，或者陈芝麻烂谷子事无巨细都——详谈，让人听了不知所云。求职面试中的自我介绍宜简不宜繁，一般包括这些基本要素：姓名、年龄、籍贯、学历、学业情况、性格、特长、爱好、工作能力和工作经验等，对于这些不同的要素该详述还是略说，应按招聘方的要求来组织介绍材料，围绕中心说话。假如招聘单位对应聘人的工作能力和工作经验很重视，那么，求职者就得从自己的工作能力及经验出发做详细的叙述，而且整个介绍都是以这个重点为中心。

下面是一位求职者面试时的自我介绍，非常的精练，分寸把握得当：

"我的经历非常简单。1985年，18岁的我高中毕业没有考上大学，招工进入某厂当上了一名车工。从此，我操刀切削十多年。其间3次参加全市车工岗位技术大比武，荣获两次第3名，一次第2名。去年企业破产，我下岗失业。下岗后参加过3个月的电脑培训，3个月的英语培训，取得两个上岗证书，为我掌握现代化的数控车床打下了基础。听说贵公司招聘技工，我觉得我是比较合适的人选。"

从上例中可以看出，介绍自己简历时可以从参加工作时讲起，不要拉得太远；经历中重点介绍自己从事什么工种，有何特长，凡与此无关的都可省略；能够显示自己优势的，可以讲详细些，而且与招聘内容联系起来。例如，三次参加技术比武获奖，两次参加技术培训，都显示了应聘者的技术水准，可以说正投招聘者所好。所以，立刻引起主考官的兴趣。当然，介绍自己的经历中的成绩时，要注意口气，要巧妙地表露出来，不显示出自我吹嘘的痕迹，给人以自信、谦逊、不卑不亢的印象。在应聘前的准备过程中，要注意把握好分寸。

（三）让事实讲话

在自我介绍中，要尽量避免对自己做过多的夸张，一般不宜用"很""第一""最"等表示极端的词来赞美自己。在面试场上，有些人为了让面试官对他留下深刻的印象，往往喜欢对自己进行过多的夸耀，如"我是很懂业务的"，"我是年级成绩最好的一个"，总是喜欢带着优越的语气说话，不断地表现自己。其实，如果对自己做过多的夸耀，反而会引起面试官的反感。

谈论自己的话题，应尽可能避免一些夸大的形容词，把话讲得客观真实，尽量用实际的事例去证明你所说的，最好用真实的事例来向面试官显露你的才华。

一家搬家公司在招聘考试时，发现一位应试者在校成绩不太好，主考者问道：

"你的成绩不大好,是不是不太用功?"应试者回答说:"说实在话,有的课我认为脱离实际,就把时间全花在运动上了,所以身体特别好,还练就一身好功夫。"主考者很感兴趣,让他表演一下,应试者脱下衣服,一口气做了100多个俯卧撑,使主考者大为吃惊,立即录用了他。

有位成功面试者这么说:"我毕业于一所没有名气的大学,但请看看我过去10年的工作成就吧!"用事实来突出他的精明和能干。

当你提到自己某方面长处时,请千万记住要用具体论据来支持。比如说,你说:"我和其他工作人员关系很好"时,别说到这里停止了,还要举一些具体事例来加以陈述,如:"我总是和我的工作伙伴和属下有着相当融洽的关系,而且我也跟从前每一位上司都成了好朋友。"

(四)愉快自信

谈自己、推销自己本来是可以谈得很好的话题,但是许多人却在推销自己上缺乏勇气,这或许是怕引起别人反感的缘故。而在平时生活中也常常听他们说:"我有什么好说的。你们天天不都看见了吗?"这就使他们养成从不自我评价、自我展示的习惯,可到了要谈论自己时,免不了有些难以启齿。如一位刚毕业的大学女生去面试,整个过程,她的声音都如蚊蝇,特别是谈到自己时,更显得羞于张口。后来她打电话给公司秘书,公司秘书非常为难地告诉她,面试官说,你那么小的声音,显得对自己不自信,缺乏活力,也缺乏必要的应酬能力。

(五)好牌留到后面出

当你有了不起的业绩时,或者你有足够的资历经验能胜任这项工作时,不要在"自我介绍"中和盘托出、暴露无遗,要给自己留一手,一开始就说出"伟大业绩"会给人自吹自擂的感觉,引起人反感。留在后面说,会给人以谦虚诚实的印象,使面试官对你格外地刮目相看。

小秦曾经得过全国发明奖。他跟面试官没有提过这件事,因为他觉得目前这份工作与他的发明没什么关系。没想到当谈话进一步深入时,面试官无意中提到这项发明。小秦笑笑说:"这是我前年搞的。去年和今年又搞了两项。"面试官问:"得奖了吗?"小秦说:"那有什么可值得提的。"小秦也许在今年和去年都没有得奖,他对得奖的淡漠,赢得了面试官的格外好感。面试官十分高兴,录用了小秦。

试想,如果小秦一开口讲话就把自己发明的成果大大宣扬一番,面试官就会说:"你更适合搞发明吧!"而且心里还会想:这人有什么了不起的,别拿什么奖来吓唬我。你越用过去的业绩来炫耀,面试官就越不买你的账。

最后要提出注意的是,我们必须学会"瞬间展示法",因为现在许多企业特别是外资企业和合资企业,都喜欢采用"一分钟录像"的办法来选择人才。所谓一分钟录像,就是只给应聘者一分钟的时间,让他们利用这短暂的时间来介绍自己,同时录像,然后拿给招聘者观看。

自我介绍应避免的问题

在作自我介绍时,有一些应聘者常犯的毛病需要特别提出来强调,希望大家注意。

1."我"字连篇
老把"我"挂在嘴边的人,易使人反感,受人轻视,被认为是强迫性的自我推销。

2.空泛无物
许多人往往急于介绍自己,推销自己,却因为讲话空泛无物,而引起面试考官的怀疑。

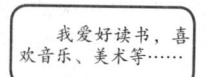

3.说话不留后路
自我介绍最忌吹嘘,夸海口。大话一旦被拆穿,面试很难再进行下去。

如果招聘单位使用"一分钟录像"的方法录用人员,那么求职者在一分钟的时间里,如何充分地表现,如何更多、更好地让对方了解自己,便成了求职成败的关键所在。因而,要求应聘者必须在短短的几十秒或某一瞬间,最有效、最充分而又最简洁地表现自己,从而获得求职成功。这种策略称为"瞬间展示"法。

第三节　面试演讲的注意事项

金无足赤,人无完人,如果你想刻意掩盖自己的缺点,尤其是那些显而易见的缺点,恐怕会招致反感。最好的办法就是在与主考官交谈时坦然地主动承认,但是,承认缺点是要讲求方法的,最好在谈缺点的时候,模糊该重点,甚至暗暗对自身优点夸赞一番。

一、扬长避短,向完人靠拢

我们都非完人,但可以扬长避短,向完人的标准靠拢。让我们再来看一段戴维与法拉第的对话。

戴维:"很抱歉,我们的谈话随时有可能被打断。不过,法拉第先生,你很幸运,此时此刻仪器还没有爆炸。你的信和笔记本我都看了,你好像在信中并没有说明你在什么地方上大学。"

法拉第:"我没有上过大学,先生。"

法拉第接着说:"我尽可能学习一切知识,并在用自己的房间建立的实验室进行试验。"

戴维:"唔,你的话使我很感动。不过科学太艰苦了,付出极大的努力只能得到微薄的报酬。"

法拉第:"但是,我认为,只要能做这项工作,本身就是一种报酬!"

这是一段精彩的传世对白,它是英国科学巨匠法拉第当年向戴维爵士求职时的对话。当戴维爵士强调法拉第没有正规学历时,法拉第毫不避讳地承认自己没有上过大学,并把话锋迅速转向他的长处——执著、勤奋。最后,法拉第被戴维破格收为自己的助手。

这就是一种典型的扬长避短式的回答。答者极力宣扬个人的长处,并把自己的长处同应聘的工作有机地结合起来,变不利为有利。

我们可能会经常遭遇这样一个问题:"你认为你自己最大的弱点是什么?"我们不得不针对这个提问做一番对策准备。

这是一个棘手的问题。如果照实回答,你可能会毁了即将得到的工作;如果回答没有什么缺点又实在不能令人信服。招聘官试图使你处于不利的境地,观察你在类似的工作困境中将做出什么反应。

二、用幽默化解紧张气氛

　　大多数人刚进入面试厅时都表现得略显紧张，有不少有能力、有才华的人为此痛失机会。对于面试官来说，紧张慌乱的应聘者，意味着不能很好地胜任工作。此时，如果你善于幽默，就可以借此美言笑语化解紧张气氛。幽默可以说是一种优美的、健康的品质；幽默也是人与人之间的润滑剂，是一个敏锐的心灵在精神饱满、神气洋溢时的自然流露。每个人都喜欢有幽默感的人。幽默在某种时刻是通向事业坦途的一盏明灯。

　　在求职面试过程中，求职者在回答问题时采用一些幽默的语言，这样不但活跃气氛，也能获得面试官的好感。达到成功彼岸的路可以说有千条万条，而幽默是一条阳光大道，是潇洒走一回的必然选择。

　　一位考官这样问一个应聘者："为什么你要选择教师这个职业？"

　　应聘者回答说："我小时候曾立志长大后要做伟人的妻子。但现在，我知道我能做伟人妻子的机会实在渺茫，所以又改变主意，决定做伟人的老师。"

　　这位应聘者的回答博得在场人员的一片掌声，结果她被录取了。

　　这位应聘者的明智之处就在于打破了常规思维和表达模式，以真实感受胜人一筹；

她用了"伟人"这个范畴来贯穿前后表达自己所立志向。

幽默的谈吐，既表达清楚了自己的中心意图，又出语惊人、新颖、不落俗套，因而这位求职者获得了成功。

幽默是自信的表现，是善于处理人际关系的反映。可以说，哪里有幽默，哪里就有活跃的气氛；哪里有幽默，哪里就有笑声和成功的喜悦。为此，在非常严肃、紧张、决定前途面试的时候，不妨来点幽默，不仅能使自己放松，也使考官记住你，可能还会使你在面试中脱颖而出。

三、两难问题折中答

折中可以说是一门艺术，是祖先智者留下的一颗智慧结晶；是为人处世，各个方面都可以适当运用的生存立世之道。

在求职面试中，主考官经常会给你出一些令你左右两难的问题。在这个时候，你可以选择缄默吗？不能，那只会使你与工作失之交臂。你只能勇敢作答，但有勇也要有谋。左不行，右也不行，那就最好采取折中术。

在一次外企面试中，双方交谈得很投机，看来希望不小。接近尾声时，考官看了一下表，问："可不可以邀请您一同吃晚饭？"

原来这也是一道考题。如果考生痛快接受，则有巴结、应酬考官的嫌疑；如干脆拒绝，又被说成不礼貌。考生动了动脑筋，他机智地回答道："如果作为同事，我愿意接受您的邀请。"

由于他预设了一个前提条件，所以他的回答十分得体到位，获得好评。

总之，对于可能设有"陷阱"的提问，一般情况不要直答，而应想一想对方的用意是什么，"机关"在哪里，然后运用预设前提的说法跳过陷阱，予以回应。所谓折中术，就是采取一个巧妙的方法将划分左右的界限模糊掉。

在这里尤其要指出一个方面是，由于女性本身所具有的一些求职方面的先天劣势，如结婚生子、照料家庭内务等，招聘单位常担心其婚姻和家庭会影响工作，所以面试时往往提出许多相关的问题。这些问题或刁钻古怪，或直击要害，总让人觉得左右两难，如何回答都不妥当；但能否回答好这些问题，又直接关系到求职是否能获得成功。比如，其中有一个问题常常被当作拦路虎时时跳出来为难求职女性：如果让你在家庭与事业之间做选择，你认为哪一个更重要？

这是一个老生常谈的问题，也是一个难题。事实上这是一个对于任何人都重要的问题，之所以更经常地出现在女性求职者面试的情景中，是由于女性往往要对家庭内务承担更多的责任，而这些责任很可能与工作相冲突。招聘单位自然非常希望你以事业为重，但也很清楚谁都希望拥有一个幸福美满的家庭，有幸福的后方保证，才能无后顾之忧地集中精力工作。显然，这道题目是个两难的选择，不管你选择家庭还是事业，无疑都是不合适的。所以，回答这个问题的时候，不妨换个角度，不和题目正面冲突，又给出了招聘单位想要的答案。

你可以参考如下的回答：

"我认为，无论在工作上还是在家庭中，女性的最大目标都是要使自己活得有价值。虽然我很想通过工作来证实自己的能力、体现活着的意义，但家庭对于我的意义也是不容小觑的，我也相信，不只是我，可能每个人都是这么认为的。家庭和生活也许是互相影响的两方面，但我相信，它们并不是站在对立的立场上，处理得当的话是完全有可能两全其美的。事实上，有很多女性都是这样做的，而且她们也做得很不错。我认为我也可以做到。"

这样的回答，既表明了你对待工作的态度，又表达了你对家庭的热爱，而这两点，正是一个心理健康、成熟的女性所应该具备的。

其实，在面试中折中回答问题，就是避开问题锋芒，不要表明你对任何一个方面的倾向，所有的回答都要为求职这个目的而服务。

四、薪水问题小心谈

在中国人的传统思想里，谈钱是一件很俗气的事，尤其是在求职面试这样的情景之

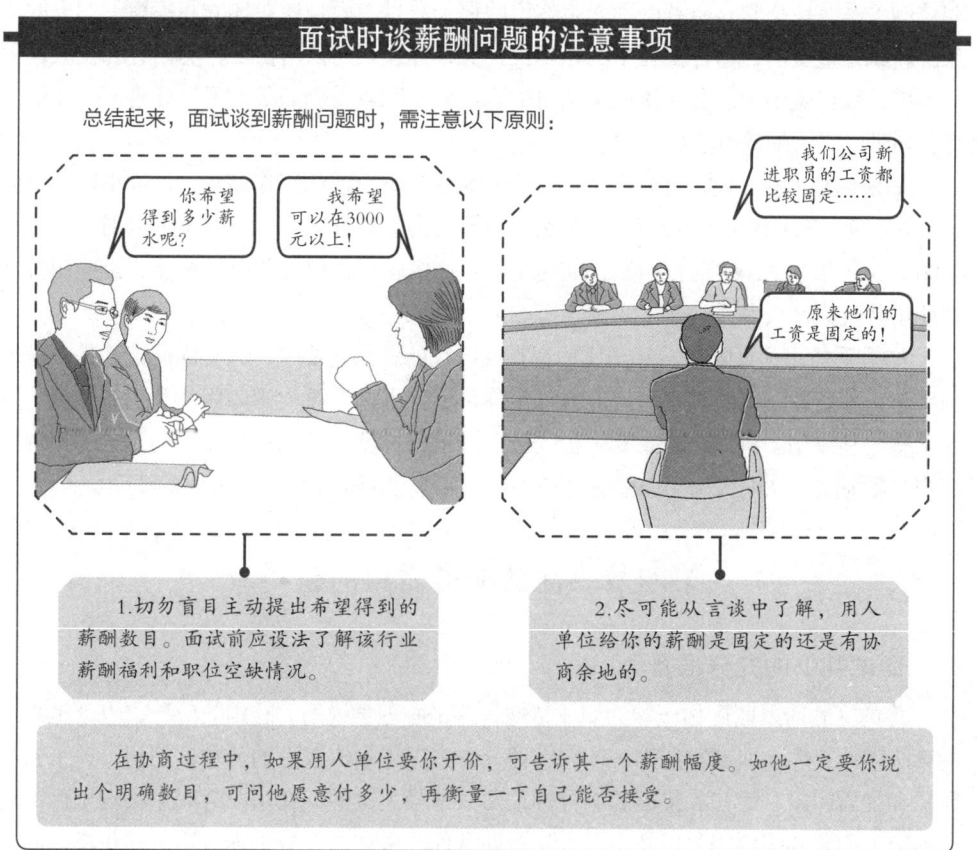

下,开口谈钱更是一件左右为难的事。主动问吧,怕被人看成是斤斤计较,只顾追求金钱利益,弄不好还要得罪招聘方;不问吧,自己心中又过不去,万一等到最后才发现薪酬低得令自己难以接受,岂不是竹篮打水一场空?很多大学生在求职面试时由于缺乏社会经验,对于用人单位提出的薪酬要求更是讳莫如深,难以启齿,通常支支吾吾半天仍是词不达意。俗话说:"谈钱很俗气,但是很实际。"工作的最终目的是为了生存、生活,薪酬问题并不是一个无关紧要的问题。

我们必须明白在求职过程中,求职者总是要面临薪水问题的,总免不了有一场讨价还价。有经验的求职者,把讨价还价同展示自己的智慧与实力有机地结合起来,通过谈判,既争取了预期的待遇,又展示了自己的能力,可谓是一举两得。

工作谈判不能像其他谈判那样,一味设法提高对方开出的条件,而对方就只顾压低你的价钱。把原来和谐的气氛弄成敌对的局面,这对你实在没有好处。

谈判一旦出现僵局,不妨把话题转移到有关工作的事情上。例如,对方有心压低你的薪酬,就可将话题转移到你上任后有何大计,如何扩大市场占有率和如何降低产品成本等,那样原来紧张敌对的状态,很快便会变成同心协力的局面。

谈薪酬的时候,不一定只拘泥于薪资本身。不妨在谈的过程中强调薪水和你应聘职位的关系。让招聘官听到的不光是你说的那个数目,而且还对你的回答留下如下的印象:薪酬是重要的,但你更在乎的是职位本身,你喜欢的是这份工作的内容和挑战;你所报出的数目是因为后顾无忧的待遇将更能让你在职业安全的条件下发挥自己的才能,为公司带来更大的效益。

如果你是个有一定工作经历的人,则不妨提一下以前的工作薪水,这样很容易给面试公司一个比较明确的参考答案。怎么说也是"人往高处走",总不至于以前一个月拿3000,到这儿才拿2000吧?当然,前提是你先让招聘官相信你所有的技能、经验契合这个职位并且值这么多钱。

如果受公司预算限制,甚至比你现有或以往的薪水还要少,只要你认定这是一份理想工作,不妨暂时不谈薪水。待对方认定你是最佳人选,再尝试以职位及工作为由,多要求些福利津贴。例如,若想要求提高公务开销,你就应说以往工作顺利,全因频频与客户交际应酬,从而提出担心公务开销不够,雇主也会乐于增加这方面的津贴。

第四节 面试演讲需用的技巧

一、面试礼仪的充分准备

你的穿着需要匹配你应聘的职业特性,这是心理学说的"首因效应",也就是常说的第一印象,往往面试官的第一印象在评分中占据了七成以上的分数,切记。关于初步印象和最后印象,最初和最后的五分钟是面试中最关键的,在这段时间里决定了你留给人的第一印象和临别印象以及主考人是否欣赏你。最初的五分钟内应当主动积极沟通,离开的时候，要表现出自己对该职位的渴望，还有期待下一次沟通的眼神。

二、留心自己的身体语言

尽量显得精力旺盛、有活力，对主考人全神贯注。

用眼神交流，在不言语之中，你要展现出对谈话的积极态度。如果是职业女性，主动和面试官握手，将有意想不到的效果。

三、完整地填妥公司的表格

很多公司面试前都会要求你填一张表格，你愿意并且有始有终地填完这张表，会传达出你做事正规、做事善始善终的信息，字体也需要端正，不要觉得满不在乎，否则用人单位也会觉得你对这份工作同样有可能满不在乎。

四、展示你勤奋工作及追求团体目标的能力

大多数主考人都希望找一位有创造力、性格良好、能够融入团体之中的人。所以，面试人员要通过强调自己给对方带来的好处来说服对方。

五、给出有针对性的回答和具体的结果

无论你何时说出你的业绩，举出具体例子来说明更有说服力。告诉对方当时的实际情况，你所用的方法，以及实施之后的结果，一定要有针对性。

六、不要害怕承认错误

雇主希望知道你犯过什么错误以及你有哪些不足，因此，不要害怕承认过去的错误，但也要主动地强调你的长处，以及你如何将自己的不足变成优势。

七、若时间允许的话，阐述过去业绩的成就

过去的成绩是对你未来成绩最好的简述。如果你在一个公司取得成功，也意味着你可以在其他公司成功。要准备好将你独有之处和特点推销出去。

八、说明你的专长和兴趣

对雇主最有利的事情之一就是你热爱自己的业务，面试之前要知道你最喜欢的工作是什么，它会给雇主带来什么利益。问到你的兴趣也从侧面来了解你对工作和生活的热爱，不可忽视。

九、清楚自己的交际用语

对大部分的雇主而言，交际的语言技巧十分有价值，是受过良好教养和有竞争力的标志。清楚你自己是如何交际的，并且配合其他人一起练习，你应从最好的方向努力去展现自己。

十、准备问题向面试者询问

准备好几个和工作、雇主以及整个机构有关的问题，比如关于企业文化、部门之

间的同事情况，企业发展的问题，他们对员工有哪些培训计划等。一方面可以发现企业的管理理念，另一方面，可以向面试者表明，你在某一领域有长期发展的打算，你有希望不断学习不断提高自己的愿望。尤其是对于大学毕业生而言，企业认为无论是工作技能还是专业知识与人际网络，他们都必须重新学习和建立，积极的学习精神可以让他们弥补工作技能上的不足。如果可能的话，求职者还应当对行业提出自己的见解。无论对现状的分析，还是对趋势的预言，都是向面试者表明你一直在关注这个行业，你是这个行业的专家。这些问题将能够帮助你获取有效的信息，同时表达出你对工作的兴趣和热情。

第四章

欢迎、答谢演讲词

第一节 欢迎词的适用范围

欢迎词,是指客人光临时,主人为表示热烈的欢迎,在座谈会、宴会、酒会等场合发表的热情友好的讲话。

在社会主义市场经济深入发展的大背景下,为了提升形象、扩大影响、招商引资、促进发展,近年来各地纷纷举办各种内容和形式、不同规格和规模的节庆活动。按照惯例和程序,在节庆活动开幕式上,常常要由一位东道主方面的要员向来宾敬致一篇热情洋溢的欢迎词。那么,撰写一篇合乎规范的节庆活动欢迎词自然就是活动筹备过程中一项不可忽视的细节工作。

我们这里所说的欢迎词实际上包括两类:一类是欢迎客人,一类是欢迎单位或组织的新成员。种类不同,写法上自然存在差异,这在欢迎词的主体上表现得尤为明显。

欢迎客人的致词,讲什么,怎么讲,主要取决于主客双方以往的关系,取决于今后双方关系发展的趋向,取决于这次相会的缘由及意义。一般说来,如果是老朋友,就要首先回顾以往的友谊,接着表述时下的友好关系,最后表达友谊长存的愿望。如果是有分歧的客人,则应首先畅谈这次会见的意义,然后提及当前和今后双方共同关心的问题,最后表达希望双方关系正常友好发展的愿望。欢迎单位或组织新成员的致词,首先要标明他们的到来正适合需要,接着客观评价欢迎对象的特长,并表示赞赏;然后简单介绍本单位或组织的情况,最后希望新来的人在新环境里施展才干或发挥作用,做出成绩。

第二节 欢迎词的写作要求

一、欢迎词的格式

欢迎词的结构由标题、称呼、开头、正文、结语、署名六部分构成。

1.标题。标题有两种形式。一是由欢迎场合或对象加文种构成,如"在校庆75周年纪念会上的欢迎词";二是用文种"欢迎词"作标题。

2.称呼。提行顶格加称呼对象。面对宾客,宜用亲切的尊称,如"亲爱的朋友""尊敬的领导"等。

欢迎词的注意事项

欢迎词是由东道主出面对宾客的到来表示欢迎的讲话文稿。在作欢迎词的时候应该注意以下几个方面:

1.看对象说话
欢迎词多用于对外交往。因此欢迎词要有针对性,看对象说话,表达不同的情谊。

2.热情而不失分寸
欢迎应出于真心实意,热情、谦逊、有礼。语言亲切,饱含真情。注意分寸,不卑不亢。

3.关于称呼
由于是用于对外交往,为表示尊重,要称呼全名。在姓名前或后面加上职衔或"先生""女士""尊敬的"等敬语表示亲切。

3.开头。用一句话表示欢迎的意思。

4.正文。说明欢迎的情由，可叙述彼此的交往、情谊，说明交往的意义。对初次来访者，可多介绍本组织的情况。

5.结语。用敬语表示祝愿。

6.署名。用于讲话的欢迎词无须署名。若需刊载，则应在题目下面或文末署名。

二、欢迎词正文

首先，表示欢迎。这是节庆活动欢迎词正文的开头部分，一般要用简洁的文字交代致词的背景，即什么活动开幕了，然后用热情的话语对来宾表示欢迎，也可以向来宾或者有关方面（人士）兼表祝愿或者感谢。

其次，阐释意义。为什么要举办节庆活动，目的何为，意义何在，这是节庆活动欢迎词中一般应当予以交代的。

再次，展示优势，也可以说树立形象。这是节庆活动欢迎词正文的重心所在。当下利益重要，长远利益更重要。

最后，表达祝愿。这是节庆活动欢迎词正文的结尾部分，一般用简洁的句子祝愿活动圆满成功，或者祝愿来宾生活愉快，并另起段落以"谢谢大家！""谢谢各位！"这样的礼仪结语结束全文。

第三节　答谢词的适用范围

自古以来，人们就提倡"礼尚往来""知恩报德""来而无往非礼也"，于是在人际交往中便有了"谢"的言行：或揖拳，或鞠躬，或以言辞道谢，或以纸笔作书（写成谢函、谢帖、感谢信），倘若在庄重的礼仪场合，那便要温文尔雅地致"答谢词"了。可以说，答谢词是一种最高级的致谢形式，它有情有声，声情并茂，能够最充分、最有效地表达谢意，在外交、社交活动日趋频繁的当代社会，发挥着越来越重要的作用。

答谢词，是指特定的公共礼仪场合，主人致欢迎词或欢送词后，客人所发表的对主人的热情接待和多关照表示谢意的讲话；也指客人在举行必要的答谢活动中所发表的感谢主人的盛情款待的讲话。

依据不同的致谢缘由和致谢内容，答谢词可划分为两个基本类型：

1."谢遇型"答谢词。"遇"，招待、款待。"谢遇型"答谢词，即用来答谢别人的招待的致词，它常用于宾主之间，既可用于欢迎仪式、会见仪式上与"欢迎词"相应，也可用于欢送仪式、告别仪式上与"欢送词"相应。

2."谢恩型"答谢词。"恩"，受到的好处，即别人的帮助。"谢恩型"答谢词，即用来答谢别人的帮助的致词。它常用于捐赠仪式或某种送别仪式上。例如，

1998年长江中下游地区的灾民在接受全国各地捐赠物品的仪式上,在洪水退后为抗洪抢险的解放军战士送行的仪式上,就使用了这种答谢词。

第四节　答谢词的写作要求

一、格式内容

1.标题。在第一行居中的位置上写上"答谢词"。

2.称谓。另起一行顶格写致辞对方的姓名、头衔,既可以是广泛对象,也可以是具体对象。称呼后加":"以示引领全文。

3.正文。首先,对主人的盛情表示感谢,并对对方的优越性予以肯定,表达出自己的荣幸与激动。这是答谢词的写作重点。

然后,要对对方的情况做较详细的介绍,以示尊重。接着,应提出希望与之进一步发展关系的强烈意欲。最后,再一次用简短的语言表示感谢。

二、写作要求

1.内容与结构要合乎规范。从前文的分析中可以看出,两类答谢词所涉及的写作内容以及所运用的结构形式,各有相对稳定的模式。在写作中,一不可混淆,二不可随心所欲地"独创",要尽可能地符合写作规范,否则将会张冠李戴、非驴非马。

2.感情要真挚、坦诚而热烈。既然要"答谢",就应该动真情、吐真言,这就是所谓"真挚、坦诚";虚情假意、言不由衷或矫揉造作,只能引来对方的反感。况且,"答谢"的本身,就是一种"言情"方式,既然要"言情",就应热烈奔放、热情洋溢,给人以如沐春风的温煦感;否则,那种薄情寡义、冷冰冰、干巴巴、硬邦邦的致词是很难获得对方认可的。

3.评价要适度,要恰如其分。一般说来,对于对方的行动,"谢遇型"致词不宜于妄加评论、说三道四。而"谢恩型"致词则可就其"精神"或"风格"做出评价,但要适度,要恰如其分,不可故意拔高、无限升华,以免造成"虚情假意"之嫌。

4.篇幅要简短,语言要精练。礼仪"仪式"毕竟不是开大会,致词一般应尽量简短些,绝不可像某些领导的会议报告那么冗长。作为"答谢词",千字文即可,连战先生的答谢词写得很美,不过,也许是由于60年来的第一次答谢,"酒逢知己千杯少",其篇幅稍显长了些,但是倒很适合当时的情境。一般"答谢"是无须这么长的。

要想篇幅简短,语言必须精练,应尽可能地将可有可无的字、句、段删掉,努力做到"文约旨丰",言简意赅。

答谢词的注意事项

要想说出高质量、较完美的答谢词,除了把握正文所述的几点"要求"之外,还须"注意"处理好以下几个方面的关系:

1. 客套与内容

虽然需要客套,但客套要为内容服务,不宜过多,以免造成对方的反感。

2. 友谊与原则

在谈论双边关系时,既要充分表达友好之情、友谊之愿,又不可丧失原则立场。

另外,答谢词是诉诸听觉的,要想让人听得顺心悦耳,就应将优美雅洁的书面语与活泼生动的口语有机融合一体,以获得雅俗共赏的美感。

第五章 祝酒词

第一节 祝酒词的适用范围

祝酒词，是人们日常生活中最常使用的重要文体之一。

通常在酒席宴会的开始，主人表示热烈欢迎，亲切问候，诚挚感谢，客人进行答谢并表示衷心的祝愿时，运用的都是祝酒词。

祝酒词其内容以叙述友谊为主，一般篇幅短小、文辞庄重、热情、得体、大方，是很流行的一种演讲文体。

第二节 祝酒词的写作方法

祝酒词的全局结构有"四宝"：

一、标题

一般由致词人、致词场合和文种三部分组成。如××在××典礼上的祝词。致词人、致词场合、文种根据情况标题可简化或改变顺序。书面型标题可以直接写为"祝词""祝酒词"等，也可以由讲话者姓名、会议名称和文种构成，如"×××在××会上的祝酒词""×××在××宴会上的讲话"等。

二、称呼

写明受祝的对象，如"××先生""××经理"或"各位领导""尊敬的总统阁下""女士们、先生们""尊敬的各位来宾、各位来宾、各位朋友""尊敬的××先生、各位亲朋好友"……

除正式的称呼外，还可以诙谐一些。如在一次老知青聚会上，有人在祝酒词中用了"贫下中农同志们、知青战友们"，引来了大家的会心大笑，整个酒会的气氛也由此变得轻松活跃起来了。

有时在宴会人际感情比较熟悉的情况下，也可直接称呼为"各位"，然后直接说祝酒词，简洁明快。

三、正文

正文是写致词人在什么情况下，向出席者表示欢迎、感谢和问候。根据宴请的对象、宴会的性质，简略地表述主人必要的想法、观点、立场和意见，既可以追述已经取得的成绩，也可以畅叙友情发展的历史，还可以展望未来。

如在公司成立周年庆典上，可以这样写："今天，我们欢聚一堂，隆重庆祝××公司成立三十周年。借此机会，我谨代表××县委、县人大、县政府、县政协和全县60万人民对各位领导和中外嘉宾的光临，表示热烈的欢迎和衷心的感谢！向××公司的创业者们以及全体员工表示热烈的祝贺和诚挚的问候！"

正文是祝酒词最主要的部分，要争取把祝酒人所要表达的情意全部表述出来。由于宴会不是演讲会，所以这一部分也需要力求简洁。

四、结尾

结尾常用"为谁、为什么而干杯"。

如在开业庆典上，可用"现在让我们共同举杯：为感谢各位来宾的光临，为我们的事业蒸蒸日上，为我们的财源广进，干杯！"

在乔迁新居的宴会上，可用"让我们共同举杯：为××先生乔迁新居世代永安，年丰人寿门有喜，莺迁乔木纳千福，干杯！"

在新婚宴会上，可用"请各位来宾共同举杯：让我们为两位新人双星渡桥渡来福禄寿喜，麒麟送子送进富贵荣华，钟情似海恩恩爱爱百年长，甘苦与共比翼双飞到白头，干杯！"

总之，要把自己的祝福倾注在"喝这杯酒的目的"上，让祝福的阳光温暖每一个人的心。

第三节 祝酒词的注意事项

一、妙用修辞

适当地采用修辞可使祝酒词形象生动，易于给人留下深刻印象。

第二次世界大战期间，美国总统罗斯福在德黑兰会议的一次晚宴上祝酒说："虹有很多颜色，各不相同，但它们混合成一条灿烂夺目的彩练。我们各个国家也是如此。我们有不同的习惯，不同的哲学和生活方式。我们每一个国家都按照本国人民的愿望和理想来拟订我们处理各种事情的计划。可是我们在德黑兰会议上已经证明，我们各国的不同理想是可以汇成一个和谐的整体，团结一致地为我们自身和全世界的利益采取行动的。所以，当我们离开这次历史性的聚会时，我们能够在天空第一次看见希望的象征——彩虹。"

罗斯福的祝酒词用彩虹来比喻不同社会制度国家的和平共处，非常形象和贴切，为宴会增添了不少温馨的气氛。

二、讲究文采

适当地引用诗词、典故，同时增加语言的幽默性，会使讲话更有感染力。

1984年，缅甸总统吴山友访问上海，上海市市长在祝酒词中引用陈毅元帅《致缅甸友人》的诗句："我住江之头，君住江之尾，彼此情无限，共饮一江水。"形象地点明了中缅两岸人民共饮一江水的深情厚谊，话语非常亲切，让外宾高兴不已。

三、妙、直、畅、真

连珠妙语烘托气氛，达到妙趣横生的效果；直点宴会主题，不要拐弯抹角；语言流畅，使人感受到祝酒人的信念和自身对所要表达的主题和情感的信心；酒宴上的祝词只有真情真意，才能用自己的真诚和着酒的助燃作用拉近主宾之间的距离，以自己的真意换来对方的真情。此外，恰到好处的幽默和调侃使酒宴的欢乐气氛达到极致。

第四节 祝酒词的不同类型

一、婚礼祝酒词

（一）证婚人祝酒词

证婚人的祝酒词是指证婚人在婚礼上对新人的结合予以"证明"，并向新人致以祝福的发言。证婚人身份很特殊，正是因为有了证婚人的"证明"，婚恋双方的结合才显得神圣而庄重。因此证婚人的希望与勉励对新人来说也是颇有分量的。

1.证婚人祝酒词的主要内容有：表达自己作为证婚人的高兴心情，对喜结连理的双方予以证婚，有时还要宣读双方的结婚证书，向新人致以祝福。

2.证婚人致祝酒词时应注意的问题：证婚人的祝酒词本身并不是婚礼程序中最重要的内容，其主要目的只是对婚恋双方的结合予以"证明"，以示郑重、正式之意。因此篇幅以简短为佳。证婚人在证婚时应保持郑重的语气和态度，以使在场的人感受到婚姻的神圣。

（二）介绍人祝酒词

介绍人是促使新郎、新娘结合的中介，因此他们所致的婚礼贺词应主要偏重于对新人从认识到结合过程的介绍。一篇好的介绍人致词不但能够活跃婚礼气氛，而且对于促进新郎与新娘的心灵契合也起到很好的作用。

1.介绍人致词的主要内容有：表达自己作为介绍人的特别心情，向新人致以由衷的祝福。讲述婚恋双方经自己介绍由相识到相恋的过程，使宾客对新郎、新娘的基本情况有更多的了解。对新人的婚后生活表达希望和勉励。

2.介绍人致祝酒词时应注意的问题

介绍人是促成新人姻缘的大功臣，新郎、新娘一般都会对介绍人怀有很强烈的尊敬与感激之情。鉴于这一特殊的身份，介绍人可以向新人婚后的生活提出更具体、更切实的要求，促使他们珍惜来之不易的幸福。

介绍人可选取两人在相知相恋过程中的一两件感人故事细致讲述，既可以激发参加婚礼者的兴致，又能够使一对新人感怀往事，增进心灵的契合。

语气应当是亲切的、关爱的，充满感触与祝福的。

（三）新人家长祝酒词

新人家长一般要作为主人向来宾的到来表示感谢，并向自己的子女表达祝福和希望。

新人家长致词应注意的问题：

新人家长的身份既是新人的父母，又是在座来宾的主人，因此，在致祝酒词时一定要用较多的篇幅向客人们的光临致以谢意。

可以适当讲一讲自己在为儿子或女儿筹备婚事这一段时间的所思所感，以浓浓的亲情感染人。但同时也要适可而止，切不可带来"眼泪效应"。

要表达一些期望，比如："希望你们从今以后，要互敬、互爱、互谅、互助，以事业为重，用自己的聪明才智和勤劳双手去创造美好的未来。同时，还要孝敬父母，爱护儿女，共同承担家庭责任，营造一个和谐美满的幸福家庭。"

二、生日祝酒词

（一）祝寿必知四大学问

一般来说，老人过生日分得比较仔细。如果是大家族中德高望重的家长过生日，还会有相应的庆祝活动。传统生日一般是按虚岁计算。

1. 整生日：指的是每逢个位数是九或者零的生日，例如五十九岁、六十岁、四十九岁、五十岁等。

2. 大庆：每逢生日个位9的生日，如39、49、59、69、79等。

3. 正庆：每逢生日个位0的生日，如40、50、60、70、80等。

4. 散生日：生日个位数是1~8的生日，如51~58岁。

庆祝诞辰，一般在六十岁以前都叫"过生日"，六十岁以后称"做寿"，逢十则做大寿。有的地方，为避讳，认为"十全为满，满则招损"，所以往往"做九不做十"。例如，在五十九岁时做六十大寿，六十九岁时做七十大寿。有些地方习惯于"男做进，女做满"，即男做九，女做十。由于有些地方民俗有"三十六岁门槛年，六十六岁是杀年"的说法，故这两个生日虽不是整数，也要举行大庆，以便化凶为吉，这只是一种民俗心理罢了。在民间流传着这样一句话："小孩生日一只蛋，大人生日一碗饭。"是说小孩非周岁生日，成人非整生日一般不必邀请亲朋庆祝，只是家庭略备些酒菜或开个家庭生日晚会庆贺一番即可。家庭给老人做寿，应由子女或亲友出面组织庆祝活动。习惯上，百岁称上寿，八十岁称中寿，六十岁称下寿，都要隆重庆祝。

（二）祝寿词要真挚热情

准备贺词，一定要加入对对方称颂、赞扬、肯定的内容。同时，也不要忘了，如果具体场合允许，应借机表示致词者对被祝贺者的敬重与谢意。准备贺词,还要认真、诚恳地表达致词者的良好祝福,祝福被祝贺者"大吉大利""心想事成"。

很多人都会在给老人祝寿时说"祝您福如东海,寿比南山",但只有这一句是不够的,还应当结合寿星的具体情况,真挚、恰当、热情洋溢地发表祝词。

(三)祝寿词不要渲染"老"字

家庭祝寿活动比较普遍,中心是祝愿长者健康、长寿、幸福、快乐。祝寿,都由晚辈出面,邀请亲朋好友参加,欢聚一堂,祝寿词随意而发,多半简短、亲切,你一言我一语,以讨老人高兴、欢欣为主,不拘形式。在致祝寿词的时候,有一点需要注意,即祝词中虽然离不开"寿"字,但不要渲染"老"字。俗话说"人老心不老",即心理不老,心理不老人就不服老。人的心理年龄和生理年龄不等同,一

般是心理年龄比生理年龄年轻，所以寿而不老是人的正常心态。如果大家都说他老，一旦他自己也感到年老了，从心理上老化了，那么就会加速他心理和生理的衰老，与祝寿的目的背道而驰。如说"人生自当50始，您还年轻着呢"就比较好，心理不老，保持年轻人的精神状态，是有益于长寿的。

三、就职祝酒词

就职祝酒词是新当选或连任的政府首脑、地方长官、部门领导以及企事业单位的领导在就职宴会上，对领导、来宾表示感谢和表达决心的讲话。

就职祝酒词的结构如下：

（一）称谓

指对现场来宾的称呼。这要根据来宾的不同身份而定，力求恰当、得体。致词人面对的来宾一般有三种情况：一是主管单位领导与本单位员工，称谓用"各位领导、全体同志（员工）"；二是面对的是全体人民代表，称谓用"各位代表"；三是主管单位领导，所属单位员工代表，称谓用"各位领导、各位代表"。

（二）正文

就职祝酒词的正文一般由开头、主体、结尾三部分组成。

1.开头。一般都要表达任职者的心情和对来宾的谢意，恳切自然，给来宾以良好的印象和感受。

2.主体。这是祝酒词的主要内容。应当着重谈就职者的工作目标、打算和措施，以获取来宾的信任和支持。

3.结尾。一般都要发出号召，展望前景，给来宾以激励和鼓舞。结尾要充满强烈的凝聚力和感召力。

第六章
纪念、悼念词

第一节　纪念词的适用范围

所谓纪念词就是人们在为了纪念有某种重要意义的事情而举办的活动上进行的演讲。这样的活动可以是纪念重大历史的事件，纪念重要人物的诞辰或逝世，学校、机构、城市、国家等建立周年活动。

纪念词存在的意义在于，回顾历史，反思现在，畅想未来，通过这样的演讲，我们可以团结群众、鼓舞士气、共同奋斗。

第二节　纪念词的写作要求

纪念词通常是以叙述形式进行的，要求演讲者语气低沉庄重。其格式也是分为标题、正文和结尾三部分的。

一、标题

纪念词的标题有几种写法或用法：一是在纪念词正文前写上"纪念词"二字；主持人在纪念会上要用"×××的纪念"；贴出、刊印时要用"在××（或者关于××）的纪念"。

二、正文

写明用什么心情纪念什么人或者什么事；写明被纪念的人或事的身份和来历，因为什么原因要纪念。按时间先后顺序介绍人或事的经历和发展；对于被纪念者要给予称颂，但不能过多地赞誉，可以简单地概括成几个方面，文字力求简洁；对于被纪念者带给我们的荣誉要给予客观公正的评价。

三、结尾

自成一段。因为纪念词的目的是为了展望未来，可以对未来做些憧憬，表示自己的决心。

第三节　纪念词的注意事项

一般来说，纪念演讲还是有很强的目的性的，虽以怀念过去为形式，但目的还是立足现在，放眼将来。因此纪念演讲就不能仅仅是叙述，还必须要借题发挥。在具体撰写时，应当注意：

1.注意公众的意识形态。纪念演讲属于公众演讲，就要注意公众的意识形态，一些关于过于偏激或者悲观消极的观点尽量不要提及。不要为了显示自己见解独到，而刻意去标新立异，甚至弄巧成拙，从而引发众怒。

2.不过过多介绍主题。通常来参加纪念活动的听众对于纪念的主题都比较熟悉，因此没有必要对事件或者人物进行过多的介绍和陈述，主要内容应放在对其精神意义的提炼上。

3.演讲者态度要中肯。既然举行纪念活动，则大多表示人们对这个事件或者人物持肯定的态度。但演讲者在对其进行评价时，应当实事求是，既不能有所贬低又不能盲目歌颂，更不能为了讨好听众而不停地吹捧某人。

4.着眼于未来。历史毕竟是"俱往矣"，昨天的"风流人物"生活在昨天，虽然伟大精神是永恒的，但其具体行为却不一定是应该效仿的。演讲者应当对两者进行区分，着意提炼挖掘出那些伟大事件和人物上所展现的能指引"今朝"的听众不断前进的光辉思想，以及如何继承并发扬这种伟大的精神和传统。

第四节　悼念词的适用范围

悼念词，是我们悼念逝去的人们的一种演讲，悼念词的目的通常是为了对去世者表示敬意、缅怀及哀思。所以在悼念词中，主要是介绍死者的生平事迹，歌颂死者生前工作中的丰功伟业。鼓励活着的人们学习死者好的思想作风，继承死者的遗志。

虽然悼念一般都是怀念死者，歌颂死者，但是赞扬死者一定要严肃客观，不能夸大和粉饰。

悼念词在措辞上要求简练、庄重、质朴自然、饱含深情。必须充分肯定死者对社会的贡献，真诚表达生者对死者的悼念和敬意，以质朴无华的语言和多种多样的形式体现化悲痛为力量的积极内容。

第五节　悼念词的写作要求

悼念词一般可以分为三种：第一种是最常见的叙述式，以叙述去世者的生平业绩为主，并适当地加以议论或抒情。第二种，是以议论为主，抒情、叙事为辅，主要是评价去世者对社会的卓越贡献及其深邃的思想，与当下的现实生活结合起来，宣传某种社会理念。第三种以抒发感情为主，文学色彩浓厚，能在情感上打动人，颇有些类似于抒情散文。前两种形式通常可以在追悼大会上宣读，而第三种往往就只能在报章杂志上发表。

悼念词的主体部分

一般来说，悼念词的主体部分主要由两方面组成：

李某，浙江人，生于……

一是介绍死者生平事迹，即对死者的籍贯、学历以及生平业绩进行集中介绍，应突出死者对人民、对社会的贡献。

他无私的奉献精神值得我们学习……

二是对死者的思想、精神、作风、品质等作出综合的评价，介绍其对他人和社会产生的积极影响。

演讲的最后，还可以写上"永垂不朽""精神长存"或"安息吧"之类的语句。

悼念词的写作格式：

一、标题

悼词的标题有几种写法或用法：在悼词正文前写上"悼词"二字；主持人在追悼会上要用"×××同志致悼词"；贴出、刊印时要用"在追悼×××同志大会上×××同志致悼词"。

二、正文

写明用什么心情悼念什么人；写明去世者生前的身份或担任的各种职务名称，何种原因在何年何月何日几时几分不幸去世的，终年岁数；按时间先后顺序介绍去世者的简单生平；对去世者的称颂，可概括成几个方面，文字力求简洁；对评价因去世者去世带来的损失，应实事求是；向去世者学习什么，可分成几点写明，用什么实际行动化悲痛为力量。

三、结尾

自成一段。一般有两种写法：一句式："×××同志安息吧！"概括式："×××同志和我们永别了，我们要化悲痛为力量……×××同志永远是我们学习的榜样。"一定要注意简短。

下部

口才

理论篇

第一章

口才的重要性

第一节 社交场合，善言者胜

语言作为信息传播的工具，对于我们社交之重要，正如骏马对于骑士的重要。

有了正确的目标，端正的态度，要想取得社交的成功，还要讲究一些方法，良好的方法是达到目标的保证。当然，社交的方法是多种多样的，其中很重要的一点，是取决于一个人的口才。

所谓口才，就是口语表达的才能，即善于用口语准确、贴切、生动地表达自己思想感情的一种能力。随着社会交往逐渐频繁，人们越来越重视"舌头"的功夫了。有的人讲话闪烁着真知灼见，给人以深邃、精辟、睿智、风趣之感，他们理所当然成了社交场上的佼佼者。

凡是善于谈话，并能够利用其美妙的言辞引起他人的注意，使他人倾倒、使他人乐于亲近的人，在社交中，将会受益无穷。

善于谈话的人，不但能使不相识的人见了他产生良好的印象，并且能多识与多交朋友。他能广结人缘，到处受人欢迎；他可以得到最上流的交际，即便他自己的地位也许很低下。

平日的聊天是没有明确目的的即兴式交谈，因此有人认为，聊天不存在交际方面的东西。但是，聪明的人往往会利用聊天的机会，认识朋友，拉近关系，增进友谊，获得许多新的信息，扩大接触面。

聊天还可以调节心理、愉悦情怀，使你郁闷不堪的心情在聊天中烟消云散；你也可以在聊天中去安慰别人，鼓励朋友，解决矛盾，加深了解。

因此，聊天也是一种交际，其深刻的交际内涵在聪明人眼里是宝藏，在不识货的人眼里是稻草。对于如何利用聊天聊出名堂来，从而达到交际的目的，善于言谈的人有他们自己独到的方式方法。

聊天从本质上说是没有什么目的的，可以海阔天空地瞎扯。但从微观来说，闲聊未必就"闲"，口才好的人能从"闲"聊中聊出感情来，使之达到一定的目的。在这个过程中，他们可以掌握闲聊的方式和话题，把它变作具有目的的语言交流。

会说话的人总是有目的地选择话题。尽管聊天的范围不受限制，但是庸俗低级、格调低下、无意义与价值的话题他们一般都不谈，搬弄是非、贬抑他人的话题更是回避，对方的忌讳和缺点从不提及。

他们从不选择挑战性的话题。因为他们知道挑战性的话题容易引起争论，弄得大家都不欢而散。他们也不会自以为是，以教训的口吻与人说话，不随便炫耀，导致别人的反感。与别人在一起聊天，他们绝不会独占鳌头，而总是使大家都有发言机会。

可见，并不一定是在正式场合才算社交，像聊天这种轻松随意的交流也算作是社交，一个善于言谈的人总是能在这看似平平的聊天中获得很多的人际关系。

社交成功的人往往离不开他的一张社交好嘴，而要说到社交口才，风趣的谈吐不得不提。幽默的语言能帮助我们与他人进行沟通和交往，还能帮助我们处理人际关系问题，顺利渡过困难的处境。

幽默能够帮助我们在社会交往中与人建立一种和谐关系。当我们希望成为能克服障碍、具有乐观态度、赢得别人喜爱和信任的人时，它就能帮助我们达到目标。

在社交场合，当你看穿他人的想法时，不妨神色自若，然后轻松地使用幽默力量。例如，西方著名喜剧女演员卡洛柏妮，有一次坐在某餐厅里用午餐，这时有一位老妇走向她的餐桌，举起手来摸摸卡洛的脸庞。这位老妇的手指滑过她的五官，带着歉意说："我看不出有多好。""省省你的祝福吧！"卡洛说，"我看起来也没有多好看。"卡洛这一妙语，打破了双方的尴尬局面。

如果我们想要在社交生活中给人一个良好的印象，就得运用幽默力量。不论做客或是待客，我们都要尽力以此待人。当我们进入室内，就要把幽默力量反映出来。一个面带怒容或神情抑郁的人，不会比一个面露微笑、看来健康快乐的人更受欢迎。纽约一家著名的时装公司董事长史度兹曾经说："客人所能发出的最美妙的声音，就是笑声。"

无论在何时何地，幽默都会帮你打开人与人沟通的大门，假如你要去赴朋友乔迁新居的宴会，主人也许会有点紧张，这时正是你运用幽默力量向他开开玩笑，松弛他的心情的大好机会。例如可向主人说："王小姐邀请我来的时候，告诉我说：'你只用手肘按门铃就得了。'我问他，为什么非用手肘去按不可，她说：'你总不至于空手来吧，会吗？'"

由于社交原因、政治兴趣、业余爱好等，我们的生活中存在着许多社会团体。而这些团体则是社会上的人所聚集的小社会。在这些社会团体中，不论你只是其中的普通一员，或者担任委员、干事、总干事、主席等，你都运用幽默力量在其中，你就会获益匪浅。

总之，从友好的态度发出的幽默，就相当于好的仪态举止，能使我们的社交活动游刃有余，不断成功。

在生活中提升自己的幽默感

1.用喜剧片好好地款待自己

去租喜剧片来看，让自己"无厘头"地大笑一场。

2.与朋友家人分享趣/糗事

和朋友聊天的时候或者和家人聚餐的时候，可以分享一下白天发生的趣事或尴尬事。

3.回忆生命中的尴尬时刻，从中找到笑点

练习一下，用讲故事的方式，把曾经让你尴尬不已的情境述说出来。

说话风趣，还可以使许多尴尬、难堪的交际场面变得轻松和缓，使人立即消失拘谨或不安，使气氛得到活跃，使谈话者之间关系融洽，沟通人们的思想感情。比如，前美国总统里根就任总统后，第一次访问加拿大期间，他向群众发表演说，正在这时，许多举行反美示威的人群不时地打断这位总统的话语。陪同他的加拿大总统埃尔·特鲁多显得很尴尬，里根却面带笑容地对他说："这种事情在美国时有发生。我想这些人一定是特意从美国来到贵国的。他们使人有一种宾至如归的感觉。"里根幽默、风趣的言谈，使紧皱眉的特鲁多顿时眉开眼笑了。

幽默是人的思想、学识、智慧和灵感在语言运用上的结晶，是瞬间闪现的光彩夺目的火花。幽默初看起来似乎是一种表面的滑稽，形式的逗笑，而实际上它是以严肃的态度，来对待对象、现象和整个世界。它能使听者对你的说话感兴趣。

幽默只是说话艺术中的一个部分。社交中处处都有口才发挥的空间，好口才能使社交得心应手，使你充分展现自己的魅力，从而获得更多的人脉资源。

第二节 求职面试，三分人才、七分口才

美国成功学大师戴尔·卡耐基曾说："当今社会，一个人求职的成功，仅仅有15%取决于技术知识，而其余的85%则取决于口才艺术。"由此可见好口才的重要性。拥有好口才，已经成为现代人谋职成功的必备条件之一。

1860年冬季的一天，整个伦敦被笼罩在纷飞的大雪之中，街头行人稀少。然而，却有一名衣冠不整、神情忧郁的青年徘徊在一家豪宅门口。那是当时英国巨富克尔顿爵士的宅院，据说那座宅院是当时伦敦最华丽的豪宅之一。青年要求晋见克尔顿爵士，说让爵士给他一份工作，已经在那里同门房软磨硬泡了两天，可势利的门房就是不替他通报。在门房的讥嘲恐吓中，青年却丝毫没有离去的意思，而是一边跺着脚祛除寒冷，一边继续等待机会。

第三天的早晨，克尔顿爵士出现了，他要去赴一个约会。青年突然出现在他的面前，诚挚地请求和他说一句话。克尔顿爵士打量了一下这位陌生的怪客，心里感到有点惊奇，这显然是个饱受穷困折磨的青年。或许是出于好奇，也或许是出于怜悯，沉默片刻，克尔顿爵士微微地点了点头。

克尔顿爵士原本准备最多和青年谈两句话，谁知一讲就是几十句，接着一分钟过去了，一刻钟过去了，他还没有打断青年的谈话。终于在半小时之后，克尔顿爵士宣布取消赴约之行，而用隆重的待客之礼将青年请进自己的豪宅里。在克尔顿爵士的书房里，两人又亲密地交谈了一个下午。等到傍晚时分，克尔顿爵士打电话叫来了替自己执掌生意的几位高级经理，一起为青年举行了一次小型宴会，并当即为他安排了一个重要职务。

自然，那位青年后来也不负克尔顿爵士所望，在进入克氏企业的几年后，他接

替克尔顿爵士的重任，坐上了董事长的位子，并且在以后的20多年里，将克氏企业发展成为举世闻名的大财团之一。

那位青年就是英国纺织业的巨头霍格。

一名穷困潦倒的青年，在半天之内，竟然获得如此令人羡慕的发展机遇，他成功的秘诀是什么呢？

不正是他那流利动人的好口才吗？

有两位司机给领导开车，由于单位裁员，必须让一个人离开。于是，两人竞争上岗。第一个司机大概讲了十来分钟，说："我将来要还能开车，一定把车收拾得干净利索，遵守交通规则，要保证领导的安全，一定要做到省油……"第二个司机没用三分钟就结束了。他说："我过去遵守了三条原则，现在我还遵守着三条原则，如果今后用我，我还将遵守三条原则：第一，听得，说不得；第二，吃得，喝不得；第三，开得，使不得。我过去这样做，现在这样做，今后还这样做。"

在领导心目中，这个司机说得非常好。为什么呢？"听得，说不得"是指，领导坐在车上研究一些工作，往往在没讲之前都是保密的，司机只能听不能说，说了就是泄密。"吃得，喝不得"意思是，司机要经常陪领导到这儿开会，到那儿参观，最后总得吃饭，但是千万不能喝酒，这叫保护领导的生命安全。而"开得，使不得"就是，只要领导不用的时候，我也绝不为了己利私自开车，公私分明。这样的司机谁会不用呢？这不是会说话的效力吗？相反，不会说话很容易在竞争岗位时被淘汰掉。

在当今社会整体文化水平升高的环境下，才华横溢的人层出不穷，要想为自己谋求一份理想的职业已不是一件容易的事，到处都充满着激烈的竞争和挑战。要想在面试中脱颖而出，需要多种才能和"资本"，而良好的口才，是所有这些才能和资本中最有效的一种。

我国著名高校中山大学就业指导中心曾经就举办过一场"全球500强企业—精英学子见面会"热身公开辅导讲座。讲座主要针对从广东及泛珠三角地区万份简历中挑选出来的参加这次见面会的500名精英学子，以及部分应届毕业生。来自广州卡耐基素质培训学校两位资深顾问及讲师就"面试口才、形象礼仪"对求职的重要性为大学生作了形象生动的解说。

吴云川说，当众说话时，得体的形象与礼仪是一种自信的表现。说话看似小菜一碟，人人都会，但当众演讲时落落大方、言简意赅，却并非每个人都能办到。在面对各家单位的招聘人员时，有的大学生反应敏捷、措辞准确、侃侃而谈、娴熟地进行自我推销；而有的大学生则对答迟钝、怯于开口。在每一个应聘者都同样优秀的情况下——同样的学历、同样的专业，企业能对比的恐怕只有学子们的形象外表、自信程度以及对应聘企业与主考官的尊重程度了。

中山大学职业发展协会有关人士说明了他们的调查结果，越来越多的在校大学生也开始有意识地注重通过各种途径努力提高自己的说话水平。广州所有高校几乎都成立了口才协会。他们通过正规的社团组织为每一个有意提高说话能力的学生提供学习和锻炼的平台,并请有丰富演讲经验的教授和校外的当众讲话培训机构为会员上课。这种协会和口才培训班也得到了广大学生的欢迎。

从广州卡耐基学校的学员比例来看,报名参加当众演讲、形象礼仪、心理素质

类课程的大学生比例一直在上升,比学校开设初期提高60%,这说明随着就业形势的日益严峻,越来越多的大学生意识到了口才的重要性。

不得不承认,好口才是一种立足社会的能力,一种成就卓越人生的资本。拥有好口才,就能够使你迅速说服他人,赢得考官的重视,获得一个理想的职位,使你的事业开门见喜,一帆风顺。

第三节　推销业绩倍增全凭一张嘴

在当今信息化的社会里,一个商品再好,假如不广为宣传,就会在浩瀚的商海里销声匿迹;而在当今泛滥成灾的广告汪洋里,一个做了宣传的商品如果不被销售人员销售给客户进行切实的使用,不久也会被人们遗弃在记忆的角落里,再也不会捡起来重新审视。由此可见,一个商品能够为人们所接受和使用,销售人员起着至关重要的作用。而在日趋激烈的销售战场上,一个销售员如果没有巧舌如簧的口才,是很难拨动客户购买的心弦,从而在残酷的商战中立于不败之地的。交易的成功往往是口才的产物。

美国女作家巴巴拉写过一本书——《一个真正的女人》,主角埃玛出身贫寒而历尽艰辛,最终发迹成为经济舞台上的女强人。埃玛除了有绝对的自信之外,还有一副惊人的口才,这使她不断取得成功。文中写到一个圣诞节的前夕,埃玛正在自己开的小铺子里,这时,一个富人家的管家太太杰克逊进店采购来了。

埃玛迅速地看了一眼采购单,"好,很清楚,杰克逊太太。可是,也许您应该……"埃玛停下来,若有所思地看了一眼女管家,说,"我想是否应该增加一些肉制品。您知道的,孩子们很爱吃,今年假期又特别长。说实话,已经有不少人来订购。到周末是否还有剩余真难说。"

"噢!这我真没想到!那好吧,请把我要的数量增加一些。"这时,她的眼光落在进口食品上,"天哪,瞧这么多好东西!"女管家仔细看着土耳其蜜饯盒子和埃玛做的精致的标签:进口专卖,数量有限。

埃玛低着头,假装在看那张单子,对杰克逊太太的惊叫似乎没有听见。实际上她一直在注意这位主顾,暗暗琢磨着她的购货心理。那张标签是她昨晚故意加上去的,而且知道这样更能引起主顾的注意、好奇。

杰克逊太太好像被进口甜食迷住了,终于开口道:"这些食品我都不认识,样子挺喜人的。可对我家主人来说,也许太奇特了。"

"您这么认为吗,杰克逊太太?所以我认为,凡是上层人家都对这类精致食品挺喜欢。"埃玛巧妙地话题一转,"说起来,我还真后悔货订得太少了。这点东西一抢而空。昨天塔楼区的一个厨娘,一下子就让我给她每样留两份。"她抛出诱饵后,故意又加了一句:"当然了,价格是贵了一些。"

杰克逊太太回眸瞪了埃玛一眼,说:"我家女主人从不担心价格贵,给我每样留3份。"

埃玛微微一笑。最近,她学会了利用阔人家厨娘和女管家之间互相攀比的心理,刺激她们的消费,增加了销售。"好极了,杰克逊太太。我立刻给您留出来。您知道,我对您历来乐意尽力效劳的,杰克逊太太。"

女管家有点飘飘然了。"真高兴您对我另眼相待,哈特太太。现在,您再看我的单子是否全了?"

埃玛装作认真思考过的样子:"如果我是您的话,我就再加两听猪肉罐头,3听苹果汁。有备无患。"杰克逊太太看着埃玛,好像她帮了她多大忙似的。"谢谢,哈特太太。您替我想得真周到,自从您在中心街开店后,我省事多了。好了,我该走了。祝您圣诞节好,宝贝儿。"

"您简直可以把戈壁滩的沙子也卖掉,埃玛,我从没见过谁这么会推销的。好家伙,你把她的订货增加了一倍。"一位顾客即席发表评论说。

"3倍。"埃玛说,并狡黠地笑了笑。

销售的本质是说服

事实上,推销工作往往是从遭到客户第一次拒绝时才开始的。

既然他不需要,我还是再去别的地方看看吧。

当然,这次我们如果合作成功,相信您一定不会后悔这个决定!

真的有你说得这么好?

如果一听对方对商品不感兴趣自己扭头便走,那么交易永远不会成功。

在对方拒绝之后,要想办法和对方接触,然后运用自己的口才说服对方,改变对方原来的意图,这才是推销员真正的本事。

可以说,推销的实质就是说服。鉴于说服的宗旨是要改变对方的意图,所以,高明的推销者可以斗胆说一句:"世界上没有推销不出去的商品。"

在这儿，埃玛如此自然而然地向顾客推销了比原来预定多得多的货物，使人不能不称道口才在推销过程中举足轻重的作用。

说服的艺术就是通过说情况讲道理，获得对方理解信服的艺术。说服的艺术是一种十分重要的语言艺术，在销售过程中起着非常重要的作用。虽然仅凭出色的口才和语言天赋还不足以使一名销售人员在销售领域脱颖而出，成为销售界精英式的人物，但是不可否认的是，如果没有这项能力，销售人员想要获取销售的成功，无疑是很难的一件事。能言善辩是一个合格的销售人员应当具备的优良素质之一。几乎每一个成功的销售人员都有卓越的语言表达能力，他们在介绍产品时用词简洁准确、讲述明了适度、方式入情入理、话语亲切优美，能感染对方，激起客户的购买欲，以达到销售的目的。

有一家公司新生产了一种空调，让两个推销员去推销。一个推销员一天卖了两台，另一个推销员一天卖了30多台。差别在哪里呢？在于是否会说话。

通常，会说话的推销员能比其他人多卖更多的东西！

卖了两台的推销员见到准顾客时会说："先生您买空调吗？我们这新造的空调可好了，您买吧！"人家说："我不买。"他便扭身就走。他这样说话一天能卖出几台呢？

卖了30多台的推销员是这样说的："先生，您忙不忙？您要不忙的话，我向您介绍一下我们最新生产的空调。这个空调的整个功能，与过去所有的空调都不一样，它不仅能够杀菌，而且还能过滤空气，能自动定时关闭，能自动调温。这个空调在整个现有的空调当中，质量是最好的，功能也最齐全，而且价钱还比所有的空调都便宜。别人承诺可以保修2年、保3年，我们则能保修5年。先生您可以试一试，先使用它几天都可以。"听了这样的话，只要确实有需要，又有谁会不买呢？

对于推销员和搞营销的人来说，是否会说话，往往直接决定了其交易的成败。

原一平说："我之所以被人称为推销之神，可以归功于我的谈话技巧。我觉得谈话技巧非常重要。"他认为在约见客户的过程中，设法打开沉闷的局面，创造一个融洽和谐的气氛是十分重要的。只有在这样的气氛下生意才可能成交。而要达到这一点要求，推销员必须注意谈话的技巧，发挥自己幽默、亲切的特点。

原一平曾以"切腹"来逗准客户笑，拉近两人的关系。

有一天，原一平拜访一位准客户。

"你好，我是明治保险公司的原一平。"

对方端详着名片，过了一会儿，才慢条斯理地抬头说：

"几天前曾来过某保险公司的业务员，他还没讲完，我就打发他走了。我是不会投保的，为了不浪费你的时间，我看你还是找其他人吧。"

"真谢谢你的关心，你听完后，如果不满意的话，我当场切腹。无论如何，请你拨点时间给我吧！"原一平一脸正气地说。对方听了忍不住哈哈大笑起来，说：

"你真的要切腹吗？"

"不错，就这样一刀刺下去……"他边回答，边用手比划着。

"你等着瞧，我非要你切腹不可。"

"来啊，我也害怕切腹，看来我非要用心介绍不可啦。"

讲到这里，原一平故意让表情突然由"正经"变为"鬼脸"，于是，准客户也忍不住和他一起大笑起来。

无论如何，总要想办法逗准客户笑，这样，也可提升自己的工作热情。当两个人同时开怀大笑时，陌生感消失了，成交的机会就会来临。

"你好，我是明治保险公司的原一平。"

"噢，明治保险公司，你们公司的业务员昨天才来过，我最讨厌保险，所以他昨天被我拒绝了。"

"是吗？不过，我总比昨天那位同事英俊潇洒吧？"

"什么，昨天那个业务员比你好看多了。"

"哈哈……"

善于创造拜访的气氛，是优秀的推销员必备的。只有在一个和平欢愉的气氛中，准客户才会好好地听你说保险。而这种气氛完全就靠推销员高超的谈话技术。

不过，在现实中有不少人对此存在一个认识上的误区，在他们看来，好的语言表达能力就是讲话如长江之水，滔滔不绝，事实上并非如此。判断一名销售人员是否具有好的语言表达能力，要从他所谈论的话语是否具有说服力上来分析。销售的主要目的是说服，说服力的强弱是衡量销售员销售能力强弱的标准之一。有的销售员滔滔不绝，不但不能说服客户，还有可能引起客户的反感。而有的销售员看似木讷、呆板甚至说话结巴，却能一语中的，使客户买得开心。因此，真正的说服是需要技巧和艺术的。

作为一名销售人员，想要客户心甘情愿地从腰包里掏钱购买你的产品，必须掌握说服的技巧和艺术。用出色的口才将自己产品的独特卖点以及其他足以让客户欣赏的优越性展现给客户，让客户对你及你所销售的产品心服口服，这就需要专业销售人员不仅对自己产品的优越性、客户的心态等了如指掌，更要有外交家一般的好口才。

为了拥有外交家般的好口才，很多优秀的销售人员都会有这样几个方面的建议：

1.广闻博识

他们认为只有懂得多了，脑子里才有内容，才不至于理屈词穷。一个优秀的销售人员不但要对自己的产品了如指掌，在向客户介绍产品时口若悬河，还要了解除此之外的各方面的知识，这样才能在谈判陷入僵局时有其他话题，以缓和紧张局面。

2.自觉训练

只做到广闻博识还是达不到拥有一个好口才的目的，常见到有些学富五车的人虽然懂得不少，却整个一个茶壶里煮饺子——肚里有货倒不出。一个杰出的销售人员还要经常有意识地多说话，说好听的话，说让人开心的话，说让人心悦诚服的话。只有经常自觉训练了，才会在面对客户时，临场发挥得好。

3.以理服人

懂得多了，会说了，便要做到以理服人，而不是强词夺理。否则，人家虽然说不过你，也只会口服心不服，达不到营销的目的。要做到以理服人，首先要求你自己要明理，要在说服别人前做好充分的准备，收集与此话题有关的各种材料。

4.以情感人

对客户说话时，在自己的动作表情中要竭力避免焦躁、着急的不良形象，要显得谦逊、谨慎，宜用谦和协商的语气，要充满情感，让客户感到你不仅仅是向他卖产品，更是为了让他的生活更丰富、更幸福，你可以向客户问些有关他生活的方方面面，问他对产品还有什么意见，有什么想要改进的要求。这不仅仅是为了增进与客户之间情感的互动交流，更可以让你明白客户的内心需求，从而在下一次拜访客户时，可以更好地拿捏分寸，更好地去掌控洽谈的局面，从而做到销售的成功。一个成功的销售人员还会以对自己产品的骄傲与自豪的情感来感染客户对产品产生喜爱之情，进而产生购买欲。

5.注意维护对方的利益

在介绍产品的适用性时，要从维护消费者的利益出发，比如产品价格、质量、特色、良好的售后服务等各方面，来向客户说明这种产品是同类产品中最适合他使用、最能维护他作为消费者的权益的产品。在这个时候，尤其是客户已经在很注意地听你讲述的时候，千万不要只略述一二，而要很详细地按照主次先后将适合于客户的优点耐心细致地向客户一一说明。为了让客户对你的产品产生深刻印象，不妨拿同类产品和自己的作个对比，以将自己产品的优良性能凸显出来。即便自己的产品在某些方面有不如其他产品的地方，也不要避而不谈，甚至可以主动向客户说明，然后将各方面特征综合起来加以比较，让客户明白你的产品虽然在某些方面具有一定劣势，但总的来说还是最适合他使用的。

从销售人员对口才的重视态度就可以知道口才的好坏决定着推销业绩的高低，口才就是推销行业的敲门砖、垫脚石。

第四节　好口才把你送上没有天花板的职场舞台

美国人类行为科学研究者汤姆士指出："说话的能力是成名的捷径。它能使人显赫，令人鹤立鸡群。能言善辩的人，往往使人尊敬，受人爱戴，得人拥护。它使一个人的才学充分拓展，熠熠生辉，事半功倍，业绩卓著。"他甚至断言："发生在成功人物身上的奇迹，一半是由口才创造的。"美国资产阶级革命时期著名政治家、外交家富兰克林也说过："说话和事业的进步有很大的关系。"无数事实证明，说话水平是事业成功的重要因素之一，口语表达的好坏直接关系到事业的成败。

我们在办公室这个有限的空间中，做得最多的事情就是与人交流，要是能掌握一些谈话技巧，就可以使自己在芸芸众生中脱颖而出，可以得到老板的赏识，同时和同事的相处也会变得融洽。

腰杆子一向颇直的刘罗锅就不仅能力强、有原则，更重要的是沟通起来很机灵，让乾隆皇帝不宠爱他都不行。

有一回宰相刘墉陪乾隆皇帝聊天，乾隆很感慨地说："唉！时光过得真快，就快成了老人家喽！"

刘墉看看皇帝一脸的感伤，于是说："皇上您还年轻哩！"

"我今年45岁，属马的，不年轻啦！"乾隆摇摇头，接着看了一眼刘墉问："你今年多大岁数啦？"

刘墉毕恭毕敬地回答："回皇上，我今年45岁，是属驴的。"

乾隆听了觉得很奇怪，于是就问："我45岁属马，你45岁怎么会属驴呢？"

"回皇上，皇上属了马，为臣怎敢也属马呢？只好属驴喽！"刘墉似笑非笑地回答。

"好个伶牙俐齿的刘罗锅！"皇上抚掌大笑，一脸的阴霾尽失。

很多人都有这种经验，在一个公司待上一段时间，就会发现公司里升迁很快的往往不是那些只懂得埋头苦干而一言不发的人，相反，那种技术能力稍差但是说话能力很强的人通常会受到老板的特别优待，有的甚至连升三级。

职场中有这样一种说法，"人在职场必备五个'C'"。所谓的五个"C"是指Communication（沟通）、Confidence（信心）、Competence（能力）、Creation（创造）、Cooperation（合作），而毫无疑问的是Communication（沟通）名列其首。在工作中掌握交流与交谈的技巧是至关重要的。我们不仅仅要确定对方是否了解我们的意图，更重要的是让彼此在同一个观点、同一件事情上，可以取得共识。这其中的沟通，仰赖的就是个人沟通的技巧。因此，如何有效沟通、表达自己的理想与见解是一个很大的学问，是决定我们在职场中是否能够成功的重点。

有的人很会向上司提意见，不仅不会使上司讨厌他，而且提好建议更让上司喜欢他。

在德国某电子公司的一次会议上，公司经理拿出一个他设计的商标征求大家意见。

经理说："这个商标的主题是旭日，这个旭日很像日本的国徽，日本人民见了一定乐于购买我们的产品。"

营业部主任和广告部主任都极力恭维经理的构想，但年轻的销售部主任说："我不同意这个商标。"经理听了感到很吃惊，全室的人都瞪大眼睛盯住他。

年轻的销售部主任没有同经理争论那个带红圈圈的设计是否雅观，而是说：

"我恐怕它太好了。"

经理感到纳闷,脸上却带着笑说:"你的话叫我难以理解,解释来听听。"

"这个设计与日本国徽很相似,日本人喜欢。然而,我们另一个重要市场是中国的人民,他们也会想到这是日本国徽,就不会引起好感,应当不会买我们的产品,这不同本公司要扩展对华贸易营业计划相抵触吗?这显然是顾此失彼了。"

"天啊!你的话高明极了!"经理叫了起来。

面对权威人士提出自己的想法,这位年轻主任不仅有充分的理由,而且还注意了技巧。年轻主任先用一句"我恐怕它太好了"先抚平了经理的不快,使他不失体面。后来他以充分的理由,提出反对经理的意见,经理也就不会感到下不了台了。同时他的真知灼见也引起了经理对他的注意。

聪明人在处理同领导的关系时,能够投其所好,拣领导爱听的话说,又能让领导心里舒服,这就是拍马屁艺术。

《北梦琐事》中说王光远是个急功近利的人,巴结上司,出入达官显贵的家。

如果某某是他巴结奉承的对象,即使这个人的诗写得一般,他也会这么说:"实在了不起!这样的好诗哪怕是李白、杜甫也写不出来。"

对方喝醉酒,无论怎样责骂他,他不仅不会生气,而且还赔笑脸。有一次,上司喝酒喝醉了,拿着鞭子说:"想要打你,怎么样?"

王光远却说:"只要是阁下的鞭子,自当乐意接受。"说着他转过身子,把背部向着上司。

醉汉真的打了起来,可是王光远一点也不生气,依旧和颜悦色,还始终说着客套话。

同席的朋友们对王光远实在看不过去,就问他:"你不懂得耻辱吗?"

王光远毫不隐讳地说:"我只懂结交他有益无害。"

世人称他是"面皮厚如铁",这便是"铁面皮"一词的由来。

所以,拍马屁要讲究艺术,只图效果,搞得太露,让人感到肉麻,最后弄不好适得其反,连被拍的人也接受不了,产生反感。如果是这样,还不如不拍的好。

总之,如果你以为单靠熟练的技能和辛勤的工作就能在职场上出人头地、扶摇直上,那你就有点太幼稚了。当然,才干加上超时加班固然很重要,但懂得在关键时刻说适当的话,那也是成功与否的重要因素。卓越的说话技巧,不仅能让你的工作生涯加倍轻松,更能让你名利双收。多加强自己口才的训练,并在适当时刻派上用场,加薪与升职必然离你不远。

办公室中常用的说话技巧

虽然工作能力是职场上不容忽视的工具，但适当的说话技巧却能让人更有可能在职场里出类拔萃。下面是一些办公室中常用的说话技巧：

面对上司传唤时的回答："我马上处理。"冷静、迅速地做出这样的回答，会令上司认为你是有效率、听话的好部属。

向同事求助时的说话技巧。当你无法独立完成任务时，可以使用"这个工作没有你不行啦！"的句型，让同事助你一臂之力。

闪避你不知道的事时的回答："让我再认真地想一想，3点以前给你答复好吗？"不过事后可得做足功课，按时交出你的答复。

第五节　无硝烟的商业战场，口才是必备武器

如果我们将目光仅仅集中在商场上，情形也一样。商场是一个展示口才的好地方！商家为了自身的生存和发展，就不可能不用最好的产品来赢得市场；需要招聘人才，就得到人才市场上去招聘；需要筹措资金，就得同银行等金融机构谈判；需要采购原材料或成品，就得同供应商谈判；需要推销产品，就得同用户或消费者谈判；需要扩大产品知名度，提高企业的声誉，就得同广告公司谈判；需要引进投资，需要引进技术，都得通过谈判；即便是生产往来中出现了问题，向对方提出索赔，也必须通过谈判解决。如此看来，这一切都离不开嘴。一个精明的商家说过这样一句话：一个成功的谈判者首先必须是一个出色的口才高手！

商场之上，风起云涌，商战轰轰烈烈。欲在竞争激烈的商场上辟出并发展一块立足之地，商家不能不重视商务谈判。"纵横舌上鼓风雷"，商务谈判比日常生活中的谈判更富有竞争性，更富有技巧，它关系到企业的生死存亡。

有一位企业家在与外商做生意时，因意见不同，双方僵持不下，彼此互不相让，一时间，工作气氛相当紧张。这时，企业家像是灵机一动，说道："我提个建议，我们放假一天，由我方公司做东，我们参观一下当地的名胜，晚上再到最有名的舞厅去轻松一下，怎么样？"主人提出邀请，客人自然不好回绝。于是，企业家带着双方人员游览了当地的名胜古迹。双方离开了枯燥、烦闷的会议室，玩得都很尽兴，尤其是双方的年轻人，已经成了朋友。当晚，企业家又带领大家来到该市最好的舞厅，并主动请对方女代表跳舞。接着，双方其他代表也相继走下舞池，翩翩起舞。由于近距离接触，彼此熟悉得很快。

第二天，双方的敌对情绪已经缓和了许多，由于已经成了朋友，都希望尽快达成协议。达成协议后，对方代表说："其实，我注意的不是游览、娱乐，而是通过你们对这两项活动的组织，让我看到你的属下口才能力好，办事都井井有条，进出、站立、举止与礼貌都非常规范，从中我也看到了您的管理能力、气度与精神面貌。所以，我才下定决心与您合作，我觉得这是最好的选择。"那位企业家只淡淡一笑。其实，这两项活动是他早就安排好了的。在活动中，大家应该如何说话，如何组织，怎样表现，甚至领导班子成员的舞姿都经过了训练。

优秀的口才，不仅可以展现你的风度与诚意，还可以使你多一个生意上的朋友，或一个潜在的客户。

商场谈判是一个过程，也是一种较量，是谋略的较量，也是口才的较量，不具备一流的口才是无法进入实际的谈判过程的。

在一场中日贸易谈判中，一开始，中方公司的一位领导一本正经地对日方代表说："非常抱歉，今天我方的另一位负责人王先生不能亲自来参加谈判了。因为不巧得很，你们的竞争对手今天也来到了，我们不得不将谈判团的人员一分为二，王先生

去接待他们了。我代表本公司向诸位表示歉意……"

其实，根本就没有竞争对手到来这回事，这只不过是中方故意布下的疑阵。结果，日方谈判代表一听，十分紧张，他们担心竞争对手会将这笔生意抢走，回去不好向上司交代。中方代表抓住了他们的这种心理，步步紧逼；日方步步退让。最后，这笔生意以中方感到十分满意的价格成交了。

中方为了让对方产生一种立刻购买的欲望，在推销产品的谈判过程中，恰当地给对方造成一点悬念，让他有点紧迫感，产生"现在是购买的最佳时机，否则将会错过很好的机会"的感觉，最终促使他立即与中方成交。而这种虚张声势的策略没有口才的配合和展示，就是一纸空谈。

事业的成功与失败，往往决定于你的口才，决定于你在商战中所说的话，这是千真万确的，一个人在商业上的成败，常会在一次谈话中获得效果。如果你想谈判成功，必须具备应付自如的口才能力。口才，为你的经商成功鸣锣开道。

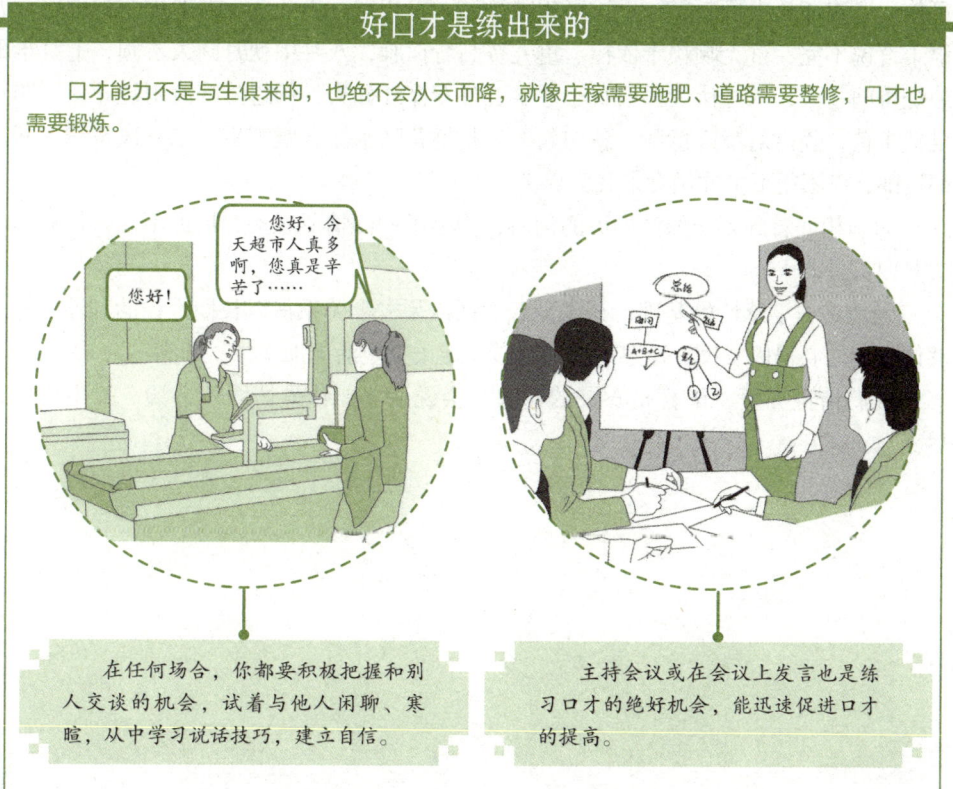

第六节　巧说话让感情峰回路转

生活是复杂而又深邃的,是一个浓缩了酸、甜、苦、辣、咸的"五味瓶"。千姿百态的生活场景摆在我们面前,我们如何对待呢?不但要在态度上迎合,在思想上关注,更重要的是在语言上尽力美化,用话语传承美好的生活。

西汉才女卓文君巧用数字劝郎君的故事堪称佳话。

卓文君是西汉的著名才女,为了神圣的爱情,她不顾众人非议,和司马相如私订终身。开始时,小两口相敬如宾,恩恩爱爱,小日子过得和和美美。

但后来,司马相如出仕做官后,对卓文君的情分就逐渐淡化了。卓文君从司马相如写给自己的一封竟然只有"一二三四五六七八九十百千万"13个字的信件中看出司马相如对自己变了心,她担心司马相如移情别恋,于是将司马相如写给自己的13个数字融进感情,写了一封情真意切、充满哀怨的劝郎信:

"一别之后,两地相思。虽说三四月,谁知是五六年,七弦琴无心弹,八行书无可传,九连环从中折断,十里长亭望眼欲穿。百相思,千关念,万般无奈把郎怨。万语千言说不完,百无聊赖十依栏。重九登高看孤雁,八月中秋月圆人不圆,七月半秉烛烧香问苍天,六月伏天摇扇我心寒。五月石榴红如火,偏遇阵阵冷雨浇花瓣。四月枇杷未黄,我欲对镜心意乱。急匆匆,三月桃花随水流,飘零零,二月风筝线儿断,郎啊郎,巴不得下世你做女来我为男。"

司马相如看到妻子如泣如诉的信后,为妻子的深情所感动,后悔不已,最后与卓文君白头偕老。

爱情是夫妻感情的基础,充满爱意的话语是夫妻关系得以长期维护的利器,它能够使真爱之心得以发挥,让感情峰回路转,使夫妻生活更加幸福、圆满。

在感情世界里,语言是心灵的钥匙,会说话才能让爱情固若金汤,让生活尽善尽美。

第二章

拥有好口才的八个规则

第一节 克服人性中的弱点

在潜意识里拒绝与人交流或者害怕当众说话,并不是某一个人独自具有的心理,大多数人都是这样,只不过程度不同而已。除了训练班的成员,对大学生进行的调查也表明,80%~90%的学生都产生过不敢当众说话的恐惧感和与人交流的畏难情绪。

这好像是在说"恐惧交流"是人天生就具备的。的确如此,它是人与生俱来的一个弱点,并且和人的性格有很大的关系。心理学家认为性格是一个人的行为表现较为稳定的基本特征。性格具有稳定性,也就是说,一个人的性格在一定的教育和环境的影响之下形成后,是难以改变的,所以才会有"江山易改,本性难移"的说法。

有关专家曾对亚利桑那州的一对大学生孪生姐妹进行过观察研究。这对双胞胎姐妹外貌相似,先天遗传素质完全相同,家庭生活和所受教育的情况也相同。虽然这姐妹俩一直在同一个小学、中学和大学接受教育,然而在遗传、教育和环境如此相同的情况下,姐妹俩的性格却很不相同:姐姐善于说话与交际,自信主动,果断勇敢;而妹妹却相反,缺乏独立自主意识,说话办事总是随同姐姐。有关专家找她们交谈时,总是姐姐先回答,妹妹只是表示赞同,不爱说话,或稍作点补充。总之,姐妹俩的性格完全不同。这是为什么呢?原来父母在她俩中认定一个是姐姐,另一个是妹妹,从小就责成姐姐照管妹妹,对妹妹负责,做妹妹的榜样,带头执行长辈委派的任务。这样一来,姐姐从小就形成了独立、自主、善交际、较果断的性格,而妹妹却养成了遵从姐姐的习惯。

这说明人的性格是长期受所接受的教育和环境的影响而形成的。但这并不适用于成年人,因为对于成年人来说,性格实际上是由心理状态决定的。也就是说,如果一个成年人能改变自己的心态,他就能改变自己的性格。

20世纪初,心理学家和哲学家断言:普通人只用了全部潜力的极小一部分,与我们应该成为的人相比,我们只苏醒了一半;我们的热情受到打击,我们的蓝图没有展开,我们只运用了我们头脑和身体资源中的极小一部分。这是什么原因造成的?其实就是人的恐惧心理。

其实，某种程度的恐惧感对人的交流是有益的，因为人类天生就具有一种应付环境中不寻常挑战的能力。当你注意到自己的脉搏和呼吸加快时，千万不要过于紧张，而要保持冷静。因为你的身体一向对外来的刺激保持着警觉，这种警觉表明它已准备采取行动，以应付环境的挑战。假使这种心理上的准备是在某种限度之下进行的，当事者会因此而想得更快、说得更流畅，并且一般来说，还会比在普通状况下说得更为精辟有力。

即使是职业演讲者,也从来不会完全克服登台的恐惧,他们在开始演讲时也几乎总是会或多或少地有些怯意,并且这种怯意在开头的几句话里就会表现出来;只不过他们能很快地克服这种怯意,进入镇静的状态。

有几点有必要重复一下:

(1)你害怕当众说话、拒绝与人交流并不是特例;

(2)某种程度的交流恐惧感反而有用,我们天生就有能力应付环境中不寻常的挑战;

(3)许多职业的演讲家从来都没有完全祛除登台的恐惧感。

所以,你大可不必胆小地躲在自己给自己设定的框框里,你应该采取热诚主动的态度去与人交往。否则,恐惧将一发不可收拾,它不但会造成你心灵的滞塞、言辞的不畅、肌肉的过度痉挛而无法控制,还会严重减低你说话的效力。

第二节　明确并记住自己的目标

顾立区先生说,是卡耐基训练班使他说话不再感到恐惧,使他能够在3000人面前侃侃而谈,使他成为"这个世界上最快乐的人"——让说话成为一种快乐,这正是卡耐基训练班的目的。这个目的远较其他目的更为重要。顾立区先生之所以参加卡耐基训练班,之所以能够努力地做卡耐基训练班分派的功课,正是因为他已经预见到了说话的成功会给他带来乐趣。顾立区先生将自己投入未来的理想中,然后努力使自己梦想成真。

有一个卡耐基训练班的毕业生说:"开始说话的时候,我宁愿挨鞭子也不愿开口;但是临结束时,我却宁愿挨枪子儿也不愿停下来了。"几乎每一个人都渴望获得进行成功交谈的能力,想要体验这种"不愿停下来"的美妙感觉。

卡耐基死后,人们在他的遗物中发现了他32岁时所拟的计划。他当时准备退休后到牛津大学接受完全的教育,并"特别注意于公开演说的学习"。而西方有位哲人说过:"世间只有令人喜悦的说话能力,可以使人很快地完成一种伟大的事业并获得世人的认识。"

许多来上口才训练班的学员,大都是因为在社交中感到胆怯和拘束,其中有政界要员、明星,也有普通人。他们以前多半是这样一种情形:当站起来说话的时候,他们会感到手足无措;需要在数量很多的人——即使是熟识的人——面前说话时,他们会连一句完整的话都说不出来。在这样的情形下,他们感觉自己好像不再是自己了,因为他们完全控制不了自己。

可是在完成训练班的课程之后,他们的改变连他们自己都刮目相看。他们发现,让自己说话再也不那么为难了。他们都觉得自己以前的害羞和拘束其实很幼稚、很可笑。当然,他们在训练过程中培养出来的那种自然洒脱的气度,也让他们的朋友、家人或顾客另眼相看。他们开始在建立自己的信心的同时，游刃有余地处理和他人的关系，从而影响到他们的整个人生。

另外，这种训练也会不同程度地影响到人的性格，即使不一定很快地显现出来。大卫·奥门博士是大西洋城的一位外科医生兼美国医药学会的会长，卡耐基曾问他："就心理健康而言，接受当众演讲训练有什么好处？"他回答说："回答这个问题，最好是开一个处方；这个处方必须每个人自己给自己配药。如果他认为自己不行，那他就错了。"以下便是奥门博士给我们开的处方：

"努力培养一种能力，让别人能够走进你的脑海和心灵。试着面对单独的人，或在大众面前清晰地表达你的思想和理念。当你通过这种努力不断地获得进步时，你便会发现：你——你的真正自我——正在真正塑造一个崭新的形象，使你身边的人产生一种前所未有的惊讶。

"当你试着和别人说话时，你的自信心会随之增强，你的性格也会跟着变得越来越温和和美好，而这就表示你的情绪已经渐入佳境；随之，你的情绪会使你的身体好起来。这个世界的男女老少都需要讲话。即使我并不清楚在工商业社会中，讲

提高说话能力的意义

并不是所有人都要演讲，那么人们为什么要致力于提高自己的说话能力呢？也就是说，究竟说话的成功对人们有什么重要的意义呢？

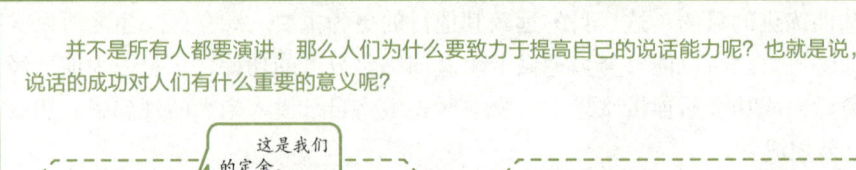
这是我们的定金。

可以依靠你的口才，通过与对方机智地谈判，赢得一笔数额巨大的业务。

可以依靠幽默和富有气质的口才魅力，赢得心爱的女孩的欢心，并且与她共同迈进婚姻的殿堂。

上述都是提高说话能力的具体而实际的意义，因此，为了工作和生活，我们有必要提高自己的说话能力。

话会带来别的什么利益，我也依然相信它有无穷的好处。不过，我的确了解它对于健康的益处。只要你一有机会，就对几个人或许多人说话——而你将越说越好；我自己就是这样。同时，你还会感到神清气爽，觉得自己完美无缺，这都是你以前所感受不到的。

"这是一种舒畅而美妙的感觉，没有任何药物能给你这种感觉。"

想象你自己正在成功地做着你目前所害怕做的事情，想象你已经能够在各种工作和社交场合侃侃而谈，你的观点被大家所接受，并给你带来了许多好处。这对实现你的目标大有好处。因此，时刻铭记自己的目标是十分重要的。

哈佛大学最杰出的心理学教授威廉·詹姆斯的话正好能解释这一点，他说："几乎不论哪种课程，只要你对它充满了热情，你就能够顺利完成；如果你对结果足够关心的话，你就能够实现它；如果你希望做好一件事，你就能够做好；如果你期望致富，你就能够致富；如果你想博学，你就会博学。只有那样，你才会真正地期盼这些事情，心无旁骛地一心期盼，而不会白费心思、胡思乱想许多不相干的杂事。"

"不要抱着投机的心态来学习，"沃特斯告诫我们说，"这种态度只会使我们一无所获。你应该首先给自己订立一个计划、确定一个目标，然后踏踏实实地为这个目标奋斗。当你把自己的精力和才能都用在这上面时，那么你离成功就不会很远了。而我所说的投机的学习态度，是指那种认为自己所学的东西在将来某个时候可能会带来好处而毫无方向的学习。"

集中你的全部精力、时刻不忘记自信和侃侃而谈的说话能力，对你而言是十分重要的。只要想想由此结交的朋友在社交方面对你的重要性，想想自己为大众、为社会服务的能力将大大增强，想想它对你的人生和事业将产生的深远的影响……总而言之，想想它将为你在将来实现自己的价值铺平道路，你就能实现你的目标。

第三节　树立成功的信念

威廉·詹姆斯说过："如果你对结果足够关心的话，你就能够实现它。"在这里，你可以把它理解为一种必胜的信念。因为当你的目标对你的吸引力足够大时，你就会树立起一种必定要成功的信念。

在任何时候，告诉自己：我一定要，而且能够成功。这样，你就能够成功。

当恺撒率领他的军队从高卢渡海而来，登陆现在的英格兰的时候，他是怎样取得胜利的呢？他把军队带到了多佛海峡的白岩石悬崖上，让士兵们望着位于自己脚底两百英尺的海面上燃烧的船只。士兵们知道，他们与大陆的最后联系已经断绝，退却的工具已经被焚毁，唯一可做的事情就是前进、征服、胜利。恺撒和他的军队就这样成功了。

恺撒成功的秘诀在于他使他的士兵们知道,他们必须取得成功,没有退路。当你想战胜面对听众所产生的恐惧,以及克服提高自己的说话能力必然要面对的困难时,为何不让自己拥有这种精神呢?把消极的思想全部扔到火里焚烧,并把身后通往犹豫退缩的大门紧紧关上,你就必将取得成功。

耶鲁大学的乔治·戴维森教授就是依靠这种强大的信念取得成功的。年轻时候的乔治有一个梦想,他希望能够改变世界、服务全人类。为了达到这个理想,他需要接受最好的教育,而美国是他最理想的去处。

当时的乔治身无分文,要到1万千米外的美国去,简直就是天方夜谭。不过,他还是出发了。他徒步从他的家乡尼亚萨兰的村庄出发,穿过东非荒原到达开罗,在那儿他可以乘船抵达美国。他一心想的是到达那个可以帮助他改变自己命运的国家,其他的一切他都可以置之度外。

他一开始就遇到了极大的困难。在崎岖的非洲大陆上,他用了5天才艰难地跋涉了25英里(约40千米)。他的食物已经吃完,水也已经喝完,而且,他身无分文。他还需要继续前进几千英里。

回头吗?还是拿自己的生命赌一把?乔治知道,回头就是放弃,就是回到贫穷和无知。而他不想这样。他相信自己能够克服这些困难,达到自己的目的地。于是,他对自己说:"继续前进,除非我死了。"

他继续孤独地前行。他常常席地而睡,以野果和其他植物维持自己的生命。旅途使他变得瘦弱不堪。由于极度的疲惫和近乎绝望的灰心,几次他都想放弃。但是每当这时,他就自己给自己鼓气。终于,他战胜了自己的怯懦,充满信心地继续前进。

经过种种磨难和痛苦,1950年10月,乔治终于用两年的时间来到了美国,骄傲地跨进了斯卡济特峡谷学院的大门。

凭着对目标的专注和近乎神圣的成功的信念,乔治战胜了常人难以战胜的困难。还有什么比这件事情更加难以办到的呢?

在一次广播节目中,主持人要卡耐基用三句话来说明他学到的最重要的一课。卡耐基当时是这么说的:"我所学到的最重要的一课,是我们的思想对我们非常重要。如果我能了解一个人的思想,我就能了解他这个人,因为正是思想造就了我们。而如果我们能够改变自己的思想,也就能改变自己的一生。"

在卡耐基训练班里有一个叫乔·哈弗斯第的学员。有一天,他站起来信心十足地对大家说,他不满足于做一名房屋建造商,他希望自己成为"全国房屋建筑协会"的发言人;他最想做的事是在全国各地奔走,把他在房屋建筑业中遇到的问题和获得的成就告诉人们。

难能可贵的是,他不但对理想有一种狂热的追求,而且真的说到做到。他想讲的，不仅仅包括地方性的问题，还包括全国性的问题。对于这样的想法，他并没有三心二意，而是用心地准备自己的演讲，并且用心地进行练习。在上课期间，他从没有耽误一次课；即使再忙，他也仍然一丝不苟地按照训练班的要求去做。结果他的进步十分迅速，令大家都十分惊讶。两个月之后，他成了班上的佼佼者，被选为班长。

大约一年以后，乔·哈弗斯第的老师这样写道："我几乎已经忘记了来自俄亥俄州的乔·哈弗斯第了。一天早上，我正在吃早餐。当我不经意间打开《弗吉尼亚向导》的时候，书中醒目的位置上赫然有一幅乔的照片和一篇称赞他的报道。报道中说：前天晚上，他在一次地区建筑商的盛大聚会中发表了精彩无比的演讲。这时的乔已经不是'全国房屋建筑协会'的发言人了，简直就像是会长了。"

乔·哈弗斯第为什么能够成功呢？因为他有强烈的欲望，保持了高度的热忱，具备了克服困难的坚强毅力；更加重要的是，他相信自己一定能够成功。

一个成功者不一定具有不同于一般人的本领和才智，但他坚信自己一定能够成

坚定的信念有助于成功

为了达到目标，你需要建立足够强大的自信和目标必将实现的信念，你必须对自己说话能力训练的努力成果保持轻松而乐观的态度。

你应该想到，你努力的结果必然是，当需要在众人面前说话时，你能够从容不迫地、清晰明白地表达你的观点。

你一定要把你的决心和信念烙在每个词句、每项行动上，并且竭力培养这种能力。

从现在开始，你就要积极地设想自己的努力最终会使你成功。

功,并且,他会把全部精力用于追逐成功的行动当中。这样,成功的概率就会大大提高。

因为,人——无论是谁——本身都有无穷的潜在能力,但能否开发出来,往往取决于每个人自己的态度。如果你相信自己能够成功,那么你就必定能够成功。

第四节　积极的心理暗示

一个人上楼梯,分别以六层和十二层为目标,其疲劳状态出现的早晚是不一样的。我发现,如果把目标定在十二层,疲劳状态会出现得晚一些。因为当你爬到六层的时候,你的潜意识便会暗示自己:还有一半呢,现在可不能累啊!于是你就会继续鼓气往上爬。

也就是说,目标高低带来的自我暗示直接决定了我们行为能力的大小。进而我们可以得出这样的结论:意识不但会影响到你的心理状态,而且会直接影响到你的生理状态。这就是心理暗示的重要性。

自我暗示真的管用吗?是的。现代实验心理学家都同意这样一种观点:由自我暗示而产生的动机,即使是假装的,也会成为人们快速学习的最有力的诱因之一。因此,请对自己进行积极的自我暗示。

威廉·詹姆斯曾说过这样的话:"人们通常认为行动总是跟随在感觉之后,但实际上,这两者是并存的关系。行动为人们的意志所制约。借着制约行动,意志可以间接地制约感觉,而感觉并不受意志的直接控制。

"因此,当我们不再感到快乐时,唯一的改变办法就是:愉快地睡觉、吃饭、谈话,尽量从行动上表现出你很快乐。如果这样都不能改善你的心情的话,那么就再没有别的办法了。

"让自己勇敢起来,即使只是从行动上表现出来,因为人们总是习惯于自我催眠。行动可以间接影响你的感觉,然后调动你所有的意志来达到这个目的。这样,勇气也就会取代恐惧了。"

这就是一种心理暗示。

接下来将举一个例子以证明这种心理暗示理论的正确性。这个人被视为勇气的象征。他也有过胆怯的时候,但他决心只依靠自己。于是,在不懈的努力之后,他终于成了受人敬仰的勇士。他就是反对托拉斯、以言论左右听众、手里挥舞着总统权杖的西奥多·罗斯福。

在他的自传里,他这样写道:"我曾是一个体弱多病而且笨拙的孩子。年轻的时候,我常常处于一种紧张的状态中,对自己也没有信心,因此不得不艰苦地训练自己。这种训练并不只是身体上的,也包括灵魂和精神上的。"

一个这样的孩子,是怎么变成勇士的呢?他在自传里解释了让他得以转变的原因："我在马里埃的书中看到过一段话，印象极为深刻，并把它时时记在心里。这是一个小型英国军舰的舰长向主角解释如何才能顶天立地、无所畏惧地生活的一段话。他说，最初要行动的时候，每个人都会紧张、不安，重要的是，不应让这种恐惧感延续下去。你应该采取的方法是：控制自己，表面上装作若无其事的样子。这样持之以恒，假装的就会变为现实。他只不过是想练习坚强的意志，但这种练习让他变成了真正的勇者。

"这就是我训练自己的方法。一开始，从大灰熊到野马、猎枪，我什么都

怕,可我尽量装出不怕的样子来;慢慢地,我不再恐惧。人们要是愿意,也可以像我一样。"

在第二次世界大战期间,有一个犹太人想要活着走出纳粹集中营。人们都说这是不可能的——丧心病狂的纳粹分子随时可能把他们成批地拉出去枪毙;另外,恶劣的生存环境让人们生病、相互传染以至相继死亡。总之,人们都已经失去了生存的信心。但是,这位犹太人暗暗地告诉自己说:"某月某日,联军一定会来拯救我们的。在此之前,我一定要好好地活下去。"结果,在他预定的那个日子来临之前,他的同伴一个个死去,但是他却坚强地活了下来;然而,当他预定的那个日子来到以后,他却像他的同伴一样,急速地衰弱并且死亡了。

从上述事例我们可以看出,心理暗示确实能够给我们带来勇气。积极的心理暗示可以使我们克服恐惧、战胜困难,对我们做任何事情都十分有利。那些敢于接受这项挑战的人将发现自己正脱胎换骨,享受更丰富、更美好的人生。

说话当然也是如此。卡耐基训练班的一个学员说:"最初,我很害怕和顾客说话,每次都是心惊胆颤的。后来我告诉自己,其实顾客是很好说话的。几次之后,我不再害怕了,觉得自己有信心了,和顾客说话也一点不紧张了。现在,我甚至开始理直气壮地说出自己的不同意见。上训练班后的第一个月,我的销售业绩提高了将近一半。"

另一位家庭主妇学员也说:"原来我不敢邀请邻居到我家里来做客,我怕自己不能跟他们融洽地谈话。上了卡耐基训练班之后,我觉得自己不再那么害怕了。最近我开了一次家庭宴会,举办得非常成功;我往来于客人之间,尽情地与他们交谈。"

他们都成功地运用了心理暗示,从而克服了自己的恐惧。

第五节 拥有坚强的意志力

这一节里专门来讲关于意志力的问题。坚强的意志力要求我们在努力的过程中专心致志,拥有不达目的不罢休的韧劲以及克服困难的顽强精神。

如果我们想要成功,那么我们在做任何事情的时候都需要有坚强的意志力。英国政治活动家、小说家爱德华·立顿是一个成功者。他一生中走访了很多地方,所见甚广,也积极参与政界活动和各种社会事务;另外,他还出版了60本著作,而这些课题都是需要深入研究的。人们很奇怪整日忙碌的他竟然还有时间来做学问,于是问他:

"你在百忙之中居然还完成了那么多著述,难道你有可以同时完成这么多工作的分身术吗?"

爱德华当然没有分身术,他拥有的是坚强的意志力。他通常每天只花3个小时甚至更少的时间来研究、阅读和写作，但是他却充分地利用了这3个小时。在这些时间里，他全神贯注地投入他的学习和研究中，用心极为专一。正是这种坚强的意志力，使他只用了少量的时间就取得了巨大的成就。

在致力于提高自己口才的过程中，我们也需要像爱德华·立顿一样心无旁骛地进行训练。因为只有充分利用了自己有限的时间，专心致志地致力于提高自己的口才，才能最终取得成功。

在进行初始训练的时候，你不可避免地会遇到挫折、困难。这些困难会给你带来不同程度的创伤，会使你的信心动摇。在你遇到困难的时候，不用去想为什么会有这些问题，因为本来就有这些问题。要知道，世上没有任何东西可以代替毅力和决心。许多人有才能但却失败了，就是因为缺少毅力和决心。我们要相信，最困难的时候，就是离成功不远的时候。成功的秘诀其实很简单，那就是无论何时，我们都不能允许自己有一点点的灰心。

前面举了乔·哈弗斯第成功的例子。乔·哈弗斯第成功的原因一方面在于他坚信自己能够成功；另一方面在于他有着坚强的意志力，在通往成功的道路上，他就是靠这个优秀的品质把困难赶跑的。

下面这个故事会证明这一点。这个故事的主人公叫作克劳伦斯·B.蓝道尔，他后来登上了企业的最高层，成为了商界的传奇人物。

蓝道尔先生在大学里第一次站起来说话时，像很多人一样，因为不善言辞而失败了。当时，老师规定每个人有5分钟的说话时间，但是他却讲了不到一半就脸色发白，不得不十分困窘地走下讲台。

可是，他虽然有这样的经历，却并不甘心失败。他下定决心要成为一个说话高手，并且一直坚持不懈地努力，最后终于成为政府的经济顾问，受到了世人的仰慕。他写过许多富有启迪的书。在其中一本叫作《自由的信念》的书里，他提到了他当众演讲的情形：

"我的演讲安排得十分紧凑，因为我要参加各种聚会，其中包括厂商协会、商务部、扶轮社基金筹募会、校友会以及其他团体举办的聚会。我曾经在密歇根州得艾斯肯那巴发表爱国演讲，慷慨激昂地投身于第一次世界大战；我还和米基·龙尼下乡进行慈善演讲，与哈佛大学校长詹姆斯·布朗特·柯南、芝加哥大学校长罗伯·M.胡钦斯下乡进行教育宣传；我的法语很糟糕，但是我却用法语发表过一次餐后演讲。

"我认为我了解听众们想要听什么以及他们希望这些内容如何被讲出来。对于演讲的人来说，这里面的窍门就是：只要你愿意学，没有什么是学不会的。"

蓝道尔先生的故事告诉我们：成功的决心和信念，是决定你能不能成为一个说话高手的关键因素。

任何人，只要他希望迎接语言的挑战，希望自己能够简单明白地表达自己的观点并让别人了解自己的才华，就一定要具备坚毅的决心。

在那些成功地获得了说话技巧的人当中，只有极少数是真正的天才，大部分都是跟你我一样的普通人。但是，由于他们肯坚持，他们也同样获得了成功。至于较特殊的人，则有时会气馁，没有坚持下来，结果反倒庸庸碌碌。只要有胆量、有目标，走到路的尽头时，往往也就爬到了顶端。

这是合乎人性与自然的。在商业领域以及其他行业中，相似的事情随时都在发生。著名的石油大王洛克菲勒曾说：耐心与相信收获终将到来是商业成功的第一要诀。它也是说话能够成功的重要条件之一。坚定地相信自己会成功，你就会去做走向成功所必须做的一切，因而也必定能成功。

你要注意的是，坚强的意志力并不是一朝一夕就可以具有的，也并非是生来就有或者是不可能改变的特性，它是一种能够培养和发展的技能。你在平时就应该培养自己坚强的意志力。

第六节　借别人的经验鼓起自己的勇气

你也许会说："我也知道自己需要鼓起勇气，但是当我想要开口说话的时候，这好像并不容易做到。"你说的问题是大部分人在说话时都会碰到的问题。那么，让我们谈一谈关于如何鼓起勇气的话题。

顾立区公司董事长顾立区先生有一天来到卡耐基的办公室。他对卡耐基说道："我这一生每逢要说话时，没有一次不是非常恐惧的。但是身为董事长，我不能不主持会议。虽然与董事们都相识多年，但是一旦要站起来说话，我就一个字都讲不出来。这种情形已经有好多年了，我的毛病太严重了。卡耐基先生，我不相信你能帮忙。"

"既然如此，你为什么还来找我呢？"卡耐基问他。

"这是因为发生了一件这样的事情。"顾立区先生回答道，"我的一个会计师，原来是个害羞的家伙。他走进自己的办公室之前，必须要穿过我的办公室。以前他都是看着地板，一个字也不说，蹑手蹑脚地走过我的办公室。不过最近，这种情况发生了改变。现在他总是下颚抬起，眼里闪着光亮，而且还主动和我打招呼，这令我十分惊讶。我问他：'是谁使你改变的？'他告诉我说：'卡耐基先生。'因为这件事情让我难以置信，所以我还是来找你了。"

"如果你希望跟这位会计师一样有所改变，"卡耐基对他说，"你可以定期上课。"

"你要是真能使我开口说话而不再恐惧，"顾立区先生说，"那我可就要成为最快乐的人了。"

顾立区先生果然来参加训练了。事实上，他进步神速。三个月之后的一天，卡耐基请他参加阿斯特饭店舞厅里的3000人聚会，并邀请他向客人们谈谈参加卡耐基口才训练班的感受。他很抱歉地说他不能来，因为他已经安排了一个重要的约会。但是，第二天，他又打电话给卡耐基说："卡耐基先生，我把约会取消了。我一定要来参加这个聚会，因为这是我欠你的。我要告诉人们卡耐基口才训练班给我带来的好处，它真的使我变成了这个世界上最快乐的人。我希望以自己的故事来激励人们，让他们彻底消除损害他们生命的恐惧。"

在聚会上，顾立区先生对着3000人侃侃而谈，足足说了10多分钟，而卡耐基本来只要求他说两分钟。当听众们被他的精彩演说所打动的时候，有谁会想到他原来一说话就会极为恐惧呢？

如果你希望像顾立区先生那样，你也可以在短期内掌握这门艺术。事实上，正如顾立区先生在讲话中想要告诉人们的那样，你完全可以从他的经历中认识到：说话并不是一件很难的事情。也就是说，你可以借用他的经历来鼓起自己的勇气。在你因为恐惧而无法开口说话的时候，你都可以想到：既然顾立区先生可以做到，我也一定能够做到。

在我们与那些重要人物进行交谈、进行商业谈判时，甚至只是在平常与人的交谈中，如果感到很害羞，你都可以借用别人的经验来鼓起自己的勇气。在不同的时候，你可以想到相应的故事，以达到鼓起自己勇气的目的。

曾经对那些说话高手进行的调查发现，几乎所有的人都存在过害羞的心理，当他们发表意见、进行谈判或说服别人的时候，也还是没有完全祛除紧张的心理。在交际场上游刃有余地活动的钢铁大王安德鲁·卡内基常常对人说："虽然我天性很害羞，但是我却努力让自己成为一个说话高手。"

戴尔·卡耐基先生曾收到来自世界各地的感谢信。写信的人有的是企业界的领袖，有的是州长、国会议员、大学校长和娱乐圈的明星，更多的则是企业中的主管人员、工人、工会成员、大学生、家庭主妇、牧师等，他们都是一些默默无闻的普通人。他们的共同点是：都觉得自己需要表达自己的观点、与人沟通，以让别人了解和接纳自己，但是却缺乏足够的勇气、足够的自信心——也就是说，他们一开始都不善言辞。正是因为取得了一定的成绩并实现了自己的目标，所以他们才心怀感激，特意给卡耐基写信表示感谢。

因此，当你需要鼓起勇气在酒会上讲话或跟你的客户谈判的时候——实际上，在一切需要你展现口才的时候——你都可以借别人的经验来激励自己。在你感到胆怯的时候，问一问自己："既然他们都取得了成功，我为什么不能呢？"

第七节　不放过每一个练习的机会

我们都知道，一个人如果不下水，便永远也学不会游泳。说话能力也是如此。如果你不开口说话，即使学到了再多的关于口才或关于发音的知识，也不可能学会它。在前面举的所有说话高手的例子中，如果他们不经常说话并且不思考怎么更好地说话，他们也是不可能取得成功的。

第一次世界大战以后，卡耐基在125街青年基督协会所教授的课程已经改变，不再像当年一样。卡耐基每年都有新的观念加入课程，而有些旧思想则会被淘汰。但是有一点一直没有变化，那就是训练班的每个学员都被要求至少当众说一次话，更多的时候是至少两次。卡耐基认为，如果不经常练习的话，就算你读遍了所有关于口才的著作，你也仍然学不会如何说话。所以，书本对你只是指引，你得有自己的实践才行。

每个人都会有理想的自我形象，希望别人以赞许的目光来看待自己。当他跟某个陌生人接触、与异性交往、与权威人士交谈或是当众说话的时候，他就会不由自主地意识到自我形象面临着某种威胁，担心自己一说话就错误百出、当众出丑，害怕别人说自己"笨蛋""没水平"或者"爱出风头""好表现"等。很多人由于对说话可能产生的结果的不确定性感到担心，因此不愿意开口。这种担心是完全没有必要的。你要知道，即使你没有说好，天也塌不下来，没有人会责怪你的。

萧伯纳向别人介绍自己提高口才的经验时说："我借鉴了自己学溜冰的方法——我让自己一个劲地出丑，直到学会为止。"无论你是想成为一个像萧伯纳那样出色的演讲家，还是只想在人们面前从容不迫地讲话，你都应该抓住每一个可以练习的机会，尽量让自己"出丑"。

说话的机会到处都是。看看自己的周围，你会发现没有一个地方是不需要说话的。你可以有意识地参加一些组织，从事一些需要讲话的工作；你也可以在聚会上站起来说上几句，哪怕只是附和别人的几句话；开会的时候，不要让自己躲在角落里，而是要命令自己勇敢地站起来说话。只有这样，你才会知道自己有怎样的进步，才会学会说话的本领。

当你开口说话的时候，一开始你可能连自己都不知道自己想要表达什么观点，更谈不上什么文采和修饰了，但这不是什么大事。最重要的是你已经成功地开口说话了，如果你能坚持下去，接下来你要关心的问题才是这些。不论你有多么渊博的知识、多么睿智的大脑，你都不要期望一开始就能清晰明白地向别人表达出来。任何成功的说话高手都是从这一步走过来的。

第八节　培养自信心

卡耐基和他的朋友曾来到阿尔卑斯山的维尔德·凯塞山面前，想要征服这座据说很危险的山。《贝德克旅行指南》上说，业余登山员应该有一个向导带路，因为攀登这座山峰很困难。他们俩都不是专业登山员，但是他们并没有请向导。后来，他们取得了成功。

在他们登山之前，一位朋友问他们是不是能够成功，卡耐基口气坚定地告诉他："一定能！"

"为什么这么肯定呢？"那位朋友继续问道。

卡耐基说："也有人像我们一样没有向导而取得了成功。而且，我做任何事情都不会想到失败的。"

在卡耐基的班上，有很多学员在学习完了之后坐在一起谈自己的心得。有相当多的人都认为他们所学到的最重要的东西是对自己的信心，也就是说，对自己成功多了一分信心。在某种程度上，没有什么比自信更加能够将一个人引向成功。

要自信，这是你做任何一件事情都必须要有的正确心态。不论是攀登珠穆朗玛峰，还是和别人说话，自信都是你成功的基本前提。

所以，在你开始说话之前，首先树立你的自信心。

针对不足进行训练

如果的确存在一些不足，你可以进行针对性的训练，克服这些困难和不足，从而树立自信。名列古希腊"十大演讲家"之首的德摩悉尼从小就有口吃的毛病，而且他在说话的时候总是一个肩膀高一个肩膀低，还不停地抖动。在那样一个崇尚口才的时代，这样的人理所当然地会受到歧视。他十分苦恼，并且有很深的自卑感。不过，他并没有被自卑打倒，而是以超常的毅力和吃苦精神进行刻苦的训练。每天清晨他都站在海边，口里含着石子进行练习；针对爱抖动的毛病，他对着镜子练习，并且在两个肩膀上挂两把剑，这样就不会抖动了。经过刻苦的训练，正如我们所知道的那样，他最终成为了一个十分出色的、受人尊敬的演讲家。

充分准备，树立信心

一个人说话成功的程度，跟说话之前所做的准备有很大关系。林肯说："即使是再有实力的人，如果没有精心的准备，也无法说出有系统、高水平的话来。"所以，你需要在说话之前广泛地收集素材，并对你的主题进行深入细致的思考。当你确认自己准备充分之后，不妨设想自己正在以完全的控制力对他人说话。这是你很容易就能做到的。只有相信自己能够成功，并且坚定不移地相信自己，你才会成功。

进行积极的自我暗示

真正的困难不在上面所提到的两点。我们绝大多数人都不像德摩悉尼那么不幸，并没有口吃的毛病，也没有其他的先天不足。

从心理学上说，自卑或者羞怯感总是会不同程度地在我们身上存在着。美国的一个调查表明：在宴会上与陌生人接触时，大约有3/4的人会感到局促不安；同样，由于羞怯或者自卑感造成的演讲或其他说话失败的例子更是屡见不鲜。可以看出，

培养自信的方法

在说话的时候，很多人之所以感到紧张不安，是因为缺乏信心，那么，怎么样培养自己的自信呢？

1. 激励自己的语言。语言的作用有时会超乎自己的想象，多用具有激励作用的语言，会增强自己的信心。

2. 多与自信的人交往。正所谓"近朱者赤"，情绪也是会传染的。

3. 制订恰当的目标，并在达成之后，制订更高的目标。通过这种成功经验的积累，逐渐增强自信心。

一个人没有自信，并不是因为他自己真的天生不如人，而是他自以为如此。因此，只有完全克服这种感觉，你才能正常甚至超常发挥。

你所有的准备，都是为了说话的那几分钟。不管你准备得如何，在一般情况下，说话的时候都可能会有不自信的感觉袭来。产生它的原因，可能是你担心自己还没有完全准备好——实际上你已经准备得相当充分了，但是你认为自己可能疏漏了什么；也有可能是因为你担心听众比你的水平高，而你所讲的东西对他们来说过于简单；或者你担心可能会出现什么突发事件，比如在你的说话过程中有人打断你等。这些想法最致命的危害就是给你消极的自我暗示。你必须想办法把它们从你的心里赶出去。

有位英国青年律师要和一群知名的律师在法庭上辩论。他做了充分的准备，但是仍然感到不放心，担心自己会把辩论搞砸。于是，他去请教法拉第先生。他问法拉第："我的对手比我知道的多得多，我必败无疑吗？"

法拉第先生简单明白地告诉他说："如果你想成功，告诉自己，他们一无所知！"

当你说话的时候，看着对方的眼睛，然后信心十足地说话，就好像他欠了你的钱，而他听你说话，只是为了请求你宽限还债的期限一样。这种心理暗示作用，对你树立自信也有很大的帮助。

第三章

说话高手的六项训练

第一节　让对方多说话

很多人急于让对方（为了写作的方便，除非特别提及，否则本书中"对方"一词指的是包括两人谈话中的"对方"、演讲中的"听众"等在内的所有场合的说话对象，即泛指的对象）明白自己的意见，话说得太多了。要知道，有时候话说得太多跟不说话的效果差不多。

尽量让对方多说话吧！他们对自己的事情和问题一定比对你了解得要多。所以，在必要的时候，向他们提一些问题，让他们告诉你一些事情。这样做将会使你们的交流更加有效果。

如果你并不同意对方的观点，你可能想去反驳他。可是你千万不要这么做，因为这将是非常危险的。当一个人急于把自己的观点表达出来的时候，他绝对不会注意别人的观点。在这个时候，你要做的事情就是听听他有什么观点，鼓励对方充分地发表自己的意见。

首先，让我们来看看这种策略的运用在商业上的价值。

若干年前，美国最大的汽车制造公司之一正在和三家重要的厂商洽谈订购下一年度的汽车坐垫布。这三家厂商都已经做好了坐垫布的样品，并且已经得到汽车制造公司的检验。汽车制造公司告诉他们，他们可以以同等条件参加竞争，以便公司做出最后的决定。

其中一个厂商的业务代表R先生——他后来成为卡耐基口才训练班的学员——在班上叙述他的经历时说："不幸的是，我在抵达的时候，正患有严重的喉炎。当我参加高级职员会议时，我已经几乎说不出话来了。他们领我到一个房间，该公司的纺织工程师、采购经理、推销经理以及总经理跟我晤面。我站起来，想尽力说话，但是却只能发出沙哑的声音。最后，我只能在纸上写道：各位，对不起，我的嗓子哑了，不能说话。

"'那么，就让我替你说吧！'该公司的总经理看到后说。他帮我展示了我的样品，并且对着大家称赞了它的优点。在他的提议下，大家围绕着样品的优点展开了热烈的讨论。由于那位总经理在替我说话，因此在这场讨论中，我只是微笑、点头以及做了几个简单的手势。

"这个特殊的会议讨论的结果是我赢得了这份订单,和该公司签订了50万码的坐垫布。这是我获得的最大的订单——它的总价值为160万美元。我很幸运。我知道,假如我的嗓子没有哑,那么,我可能得不到这个订单,因为我对整个情况的看法是错误的。这个经历让我发现,让别人说话是多么的有益。"

交易成功的关键在于,如果你希望别人买你的商品,最好的办法莫过于让他们自己说服自己。在很多情况下,你不能直接向顾客推销你的商品,而要让他们在心底里觉得你的商品确实很有优势,从而主动来买你的商品。

让对方说话,并不只是在商业领域起到了它的作用,也有助于别的方面。比如,它可以帮助你处理家庭中的一些矛盾。

芭芭拉·威尔逊是卡耐基训练班的学员,她和她的女儿罗瑞的关系近段时间迅速恶化。罗瑞以前是个十分乖巧和听话的孩子,但是当她十几岁的时候,却与母亲产生了许多矛盾,拒绝与母亲合作。威尔逊夫人曾试图用各种方法威吓、教训她,但是都无济于事。

"她根本不听我的话,我几乎放弃了所有的努力。有一天,她家务活还没做完,就去找她的朋友玩。当她回来的时候,我照旧骂了她。我已经没有耐心了,我伤心地对她说:'罗瑞,你为什么会这样呢?'

"罗瑞似乎看出了我的痛苦。她问我:'你真想知道吗?'我点头。于是她开始告诉我以前从未跟我说过的事情:我总是命令她做这做那,从来没有想过要听她的意见;当她想跟我谈心的时候,我却总是打断她。我认识到,罗瑞其实很需要我,但她希望我不是一个爱发命令、武断的母亲,而是一个亲密的朋友,这样她才能倾诉烦恼。而以前,我从未注意到这些。从那以后,我开始让她畅所欲言,而我总是认真地听。现在,我们的关系大大改善,我们成了好朋友。"

同样地,让别人说话,可能对你求职也有很大的用处。

纽约《先锋导报》曾刊登了一则招聘广告,他们需要聘请一位有特殊能力和经验的人。查尔斯·克伯利斯看到广告后,把他的资料寄了出去。几天之后,他收到了约他面谈的回信。

"如果能在你们这家有着如此不凡经历的公司做事,我将会十分自豪。听说在28年前,当你开始创建这家公司的时候,除了一张桌子、一间办公室、一个速记员之外什么都没有,简直难以置信。这是真的吗?"在面谈的时候,克伯利斯对与他面谈的老板这样说。实际上,每个成功的人都喜欢回忆自己早年的创业经历,并且十分高兴别人能听他讲下去。这个老板也不例外。他跟克伯利斯谈了很久,谈了他如何依靠450美元现金开始创业,每天工作12到16个小时,在星期日及节假日照常工作,以及他最后终于战胜了所有的困难。最后,这位老板简单地问了克伯利斯的经历,然后对他的副经理说:"我想他就是我们正在寻找的人。"

如何让别人多说话

想要与人交谈融洽，就必须要做到让对方多说话，如何才能让对方多说话呢？

首先，要对对方提问。一个恰当的问题可以开启对方说话的兴趣。

然后，要表现出对他所说的话十分感兴趣。任何人都有一定的虚荣心，如果倾听者感兴趣，说话的人会说出更多内容。

当然，还要及时地附和。这样才能表示出你在认真听，并且会让对方有继续说下去的欲望。

克伯利斯成功的原因可能没有这么简单，但是有一点十分重要：他聪明地提出了一个对方十分感兴趣的问题，并且鼓励对方多说话，因此给了老板很好的印象。

法国哲学家罗司法考说过："如果你想结仇，你就要比你的朋友表现得更加出色；但如果你想要得到朋友，那就要让你的朋友表现得更出色。"他的意思是，当你的朋友胜过你时，他们就会产生一种自重感；但是如果相反，他们就会产生一种自卑感，并且开始对你猜疑和忌妒。

亨丽塔女士是纽约市中区人事局里与别人关系最融洽的工作介绍顾问。但是一开始有好几个月，亨丽塔在同事中连一个朋友也没有。

"我的工作干得确实很不错，我一直很骄傲。"亨丽塔在卡耐基训练班上说，"奇怪的是，同事们不但不愿意跟我分享我的成绩，而且似乎很不高兴。而我渴望和他们做朋友。在上了这种辅导课之后，我开始按照它去做了，我开始少谈自己，多听同事们说话。我发现，其实他们也有许多值得夸耀的事。对他们而言，把他们的事情告诉我，比听我的自吹更能让他们高兴。现在，每次我们在一起聊天的时候，我都会让他们告诉我他们的故事，共同分享他们的故事。只有当他们问及，我才略微地谈论一下我自己。"

有时候，弱化我们自己的成就会使人喜欢你。德国人有句俗语，大意是：最大的快乐，便是从我们所羡慕的强者那里发现弱点，从而让我们得到满足。是的，你要相信，也许你的一些朋友会从你的挫折或弱点中得到更大的满足。

有一次，一位律师在证人席上对埃文·考伯说："考伯先生，我听说你是美国最著名的作家，是这样吗？"考伯回答说："我不过是徒有虚名罢了。"

考伯的回答方法是正确的。你或许不知道是什么使我们不至于成为白痴，那并不是什么了不起的东西，只是你甲状腺中值5美分镍币的碘而已。而如果没有那点东西，我们就会成为白痴。我们都没有什么了不起的。人终有一死，百年之后，我们中的绝大多数都会被人忘记。生命如此短暂，我们不应该对自己小小的成就念念不忘，这样会使人厌烦的。因此，如果你希望别人的看法跟你一致，使你们的谈话进入佳境，就要鼓励别人多说话——这是你必须要做的事情。

第二节　不要和别人争论

第二次世界大战后不久，卡耐基在伦敦得到了一个极为重要的教训。那时，他是澳大利亚飞行家詹姆斯的经理人。在大战期间和结束后不久，詹姆斯成了世界瞩目的人物。一天晚上，卡耐基参加了欢迎詹姆斯的宴会。那时，坐在卡耐基右边的一位来宾给大家讲了一段诙谐的故事，并在讲话中引用了一句话。

他指出这句话出自《圣经》，而卡耐基恰好知道这句话出自莎士比亚的作品。那时候，为了显得自己有多么突出，卡耐基毫无顾忌地纠正了他的错误。然而那人却说:"什么?那句话出自莎士比亚?不可能,绝对不可能。"他坚持认为自己是对的。

当时,坐在卡耐基左边的是卡耐基的老朋友加蒙,他是一个研究莎士比亚的专家。"我们让加蒙来决定我们谁是正确的"。加蒙在桌子底下踢了卡耐基一脚,然后说:"卡耐基,你是错的,这句话的确出自《圣经》。"

宴会之后我们一起回家。卡耐基责怪加蒙说:"你明明知道那句话是出自莎士比亚之口,为什么还要说我不对呢?"

"是的,一点都不错。"加蒙说,"那是莎士比亚的《哈姆雷特》第五幕第二场中的台词。可是卡耐基,我们都是这个宴会上的客人,为什么我们一定要找出一个证据,去指责别人的错误呢?你这样做会让别人对你产生好感吗?你为什么不能给他留一点点面子呢?他并不想征求你的意见,也不想知道你有什么看法,你又何必去跟他争辩呢?记住这一点,卡耐基:永远不要跟他人发生正面冲突。这是一个真理。"

"永远不要和他人发生正面冲突。"说这句话的人现在已经不在这个世界上了,可是我们要永远记住这句话。

这个教训给了卡耐基极大的震动。卡耐基原来是一个固执己见的人,从小就喜欢跟人辩论。读大学的时候,卡耐基对逻辑和辩论十分感兴趣,经常参加各种辩论比赛。后来,卡耐基在纽约教授辩论课,甚至还计划着手写一本关于辩论的书。

那天之后,卡耐基又聆听了数千次辩论,并且十分注意每次辩论会之后产生的影响。他得出一个结论,它也是一个真理:天下只有一种方法能得到辩论的最大胜利,那就是像避开毒蛇和地震一样,尽量去避免辩论。

卡耐基还发现,在辩论之后,十有八九,各人还是会坚持自己的观点,相信自己是绝对正确的。

你应该知道,当人们被迫放弃自己的意见而同意他人的观点的时候,就算他看起来是被说服了,实际上他反而会更加固执地坚持自己的意见。

巴恩互助人寿保险公司为他们的职员定下了这么一条规定:不要争辩。他们认为,一个好的推销员是不会跟顾客争辩的,即使是最平常的意见不合,也应该尽量避免。因为人的思想是不容易改变的。

老富兰克林的话正好可以说明这一点:"如果你辩论、反驳,或许你会得到胜利,可是那胜利是短暂、空虚的,而你将永远也得不到对方对你的好感。"空虚的胜利和人们对你的好感,你希望得到哪一样呢?

在威尔逊总统任职期间担任财政部长的玛度,以他多年的从政经验告诉人们一个教训:"我们绝不可能用争论使一个无知的人心服口服。"卡耐基认为:你别想用辩论改变任何人的意见,而不只是无知的人。

下面再举一个例子。所得税顾问派逊先生,曾经为了一笔9000美元的账目问题和一位政府税收稽查员争论了一个小时。派逊的意见是：不应该征收人家的所得税，因为这是一笔永远无法收回的呆账。而那位稽查员却认为必须要缴税。

派逊在卡耐基讲习班上讲了后来的情形：

"他冷漠、傲慢、固执，跟这种人讲理，就如同在讲废话。越跟他争辩，他越是固执己见。后来我决定不再继续跟他争论下去，于是就换了个话题，还赞赏了他几句。

"'由于你处理过许多类似的问题，'我这样对他说，'所以这个问题对你来说肯定是小菜一碟。而我虽然也研究过税务，但不过是纸上谈兵。你当然知道，这些是需要实践经验的。说实在话，我非常羡慕你有这样的一个职务，这段时间让我受益匪浅。'

"当然，我跟他讲的，也都是实在话。那位稽查员挺了挺腰，就开始谈他的工

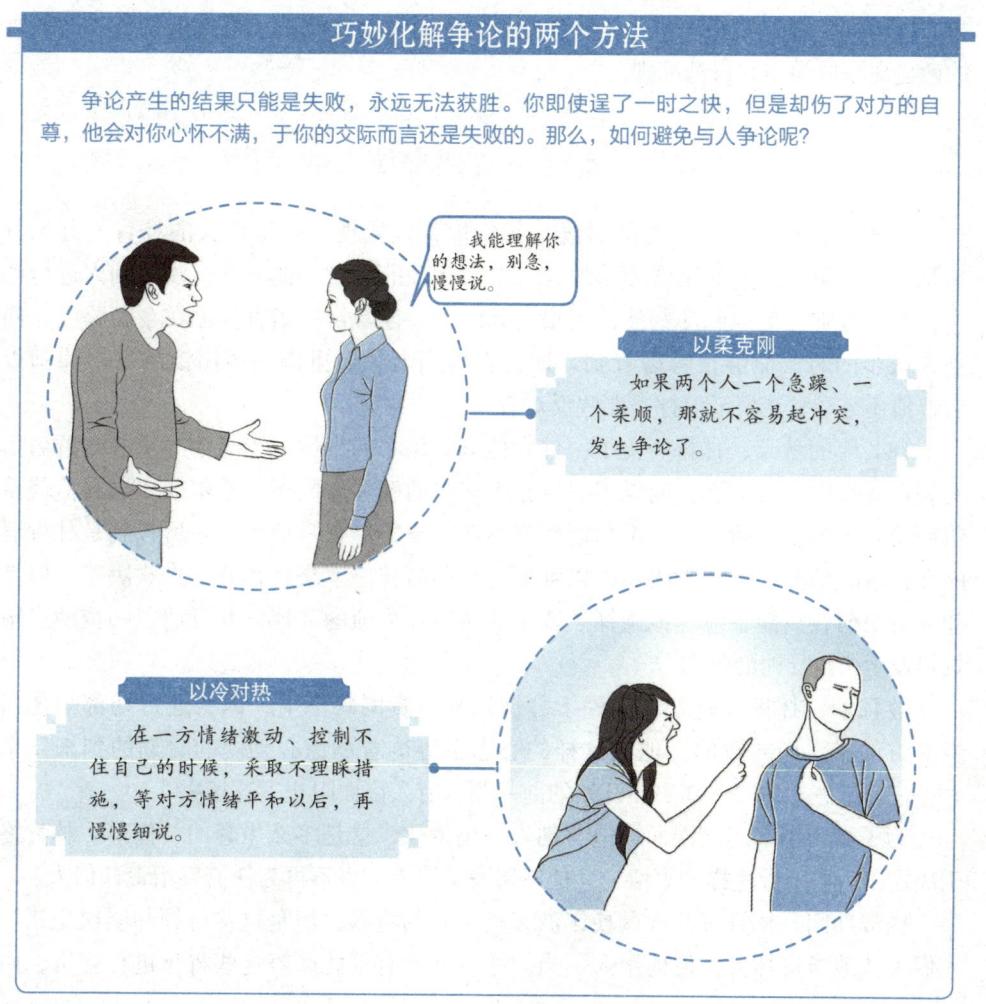

巧妙化解争论的两个方法

争论产生的结果只能是失败，永远无法获胜。你即使逞了一时之快，但是却伤了对方的自尊，他会对你心怀不满，于你的交际而言还是失败的。那么，如何避免与人争论呢？

我能理解你的想法，别急，慢慢说。

以柔克刚
如果两个人一个急躁、一个柔顺，那就不容易起冲突，发生争论了。

以冷对热
在一方情绪激动、控制不住自己的时候，采取不理睬措施，等对方情绪平和以后，再慢慢细说。

作，讲了许多他所处理的舞弊案件。他的语气渐渐平和下来，接着又说到自己的家庭和孩子。临走的时候，他对我说他打算回去再把这个问题考虑一下。

"三天后，他来见我，说那笔税按照税目条款办理，不再多征收。"

这位稽查员的身上，显露出了人性的一个常见的弱点，即希望得到别人的认同。当派逊跟他争辩的时候，他显得十分有权威，希望以此来建立自尊；而当派逊认同他的时候，他就随即变成了一个和善的、有同情心的人，从而自然而然地停止了争论。

释迦牟尼说过："恨永远无法止恨，只有爱才可以止恨。"因此，误会不能用争论来解决，而必须运用一定的外交手腕和给予别人的认同来解决。

林肯曾经这样斥责一位与同事争吵的军官："一个成大事的人，不应处处与人计较，也不应花大量的时间去和他人争论。无谓的争论不仅会有损你的教养，而且会让你失去自控力。尽可能对别人谦让一些。与其挡着一只狗，不如让它先走一步。因为如果被狗咬了一口，就算你把这只狗打死，也不能治好你的伤口。"林肯的话也应该成为你的行动准则。

第三节　永远不要指责他人的错误

在研究青年时代的林肯的时候，我们惊奇地发现：胸襟博大的林肯一开始竟然是一个以指出别人的错误为乐的人。在他年轻的时候，他非常喜欢对别人进行评论，并且经常写信讽刺那些他认为很差劲的人。他常常把信直接丢在乡间路上，使别人散步的时候能够很容易看到。即使在他当上了伊里诺州春田镇的见习律师以后，他还是经常在报纸上抨击那些反对者。

1842年的秋天，林肯经历了一件令他刻骨铭心的事情。当时他写了一封匿名信发表在《春田日报》上，嘲弄了一位自视甚高的政客詹姆斯·希尔斯。这封信使希尔斯受到了全镇人的讥笑。希尔斯愤怒不已，全力追查写信人，最后查到是林肯写的那封信。他要求和林肯决斗，以维护自己的名誉。本来林肯并不喜欢决斗，但是却无可奈何，只能答应。他选择了骑士的腰刀作为他的武器，并且请了一位西点军校毕业生来指导他的剑术。

数日来，林肯一直处在一种十分愧疚和自责的状态下，因为这一切都是他指责对方的错误而导致的。他在这样的心态下等待着那惊心动魄的时刻的到来。幸好——非常意外地——在决斗开始的前一刻，有人出面阻止了这场决斗。

为了指责别人的错误而被迫与别人一决生死，这是多么愚蠢的一件事。林肯终于决定以后再不做这样的事情了。他不再写信骂人，也不再为任何事指责任何人。

内战期间，林肯好几次调换了波多马克军的将领，但是这些将领却屡次犯错。人们无情地指责林肯，说他用人不当。林肯并没有因此而对这些将领进行指责，而是保持了沉默。他说："如果你指责和评论别人，别人也会这样对你。"他还说："不要责怪他们，换作是我们，大概也会这样的。"

1863年7月3日开始的葛底斯堡战役是内战期间最重要的一次战役。7月4日，李将军率领他的军队开始向南方撤离。他带着败兵逃到了波多马克河边，他的前面是波涛汹涌的大河，身后是乘胜追击的政府军。对北方军队而言，这简直是天赐良机，完全可以一举歼灭李将军的部队，从而很快地结束内战。林肯命令米地将军果断出击，告诉他不用召开紧急军事会议。为了确保命令的下达，他不仅用了电报下令，另外还派了专门人员传达口信给米地将军。

结果呢？米地将军并没有遵照林肯的命令行事，而是召开了紧急军事会议。他借故拖延时间，甚至拒绝攻打李将军。最后，李将军和他的军队顺利地渡过了波多马克河，保存了实力。

当听到这个消息后，林肯勃然大怒——他从来没有这么愤怒过。失望之余，他写了一封信给米地将军。信的内容是这样的：

"亲爱的米地将军：

我不相信，你会对李将军逃走一事感到不幸。那时候，他就在我们眼前，胜利也就在我们眼前。而现在，战争势必继续进行。既然在那时候你不能擒住李将军，如今，他已经到了波多马克河的南边，你怎么取得胜利？我已经不期待你会成功，而且也不期待你会做得多好。机不可失，时不再来，我对此深感遗憾。"

你可以猜测一下米地将军读到这封信的时候会有什么表情。但是，你可能会感到意外的是，他根本没有收到过这封信，因为这封信林肯并没有寄出去——人们是在一堆文件里发现它的。

林肯忘记把这封信寄出去了吗？这是不可想象的。众所周知，这是一封十分重要的信件。有人回忆了当时的情景：

"这仅仅是我的猜测……"林肯在写完这封信时，心里想道，"当然，也许是我性急了。坐在白宫，我当然能够看得更加清楚，也更加能够指挥若定。但是，如果我在葛底斯堡的话，我成天看见的是因为伤痛而号哭的士兵，或者成千上万的尸骨，也许那样，我就不会急着去攻打李将军了吧！我一定也会像米地将军一样畏缩的。现在，既然事情已经发生了，唯一能做的就是承认它。至于这封信，如果我把它寄出去的话，我想除了让自己感到愉快之外，将不会有任何其他的好处。相反，它会使米地将军跟我反目，迫使他离开军队，或者断送他的前途。这是大家都不愿意看到的。"

于是，林肯把那封已经装好的信搁在了一边。因为他相信，批评和指责所得的效果等于零。

林肯总统从以前总爱指出别人的错误到后来如此宽容的巨大转变，给我们树立了一个榜样。他以自己的切身经验告诉我们：永远不要指责他人的错误。

当年，西奥多·罗斯福入主白宫的时候说，如果他在执政期间能有75%的时候不犯错，那就达到了他的预期目的了。这位20世纪最杰出的人物尚且如此，那么作为普通人的你我呢？假如你确定自己能够做到55%的正确率，你就可以去华尔街，在那里你可以日进100万美元，丝毫没有问题。如果你没有这样的把握，那么你也不要去说别人哪里对哪里错了。

事实上，大多数人都不会进行逻辑性的思考，他们都犯有主观的、偏见的错误。多数人都有成见、忌妒、猜疑、恐惧以及傲慢的心理，而这些缺点将给他们的判断带来影响。如果你习惯于指出别人的错误的话，请你认真阅读下面的这段文字。它摘自著名心理学家卡尔·罗吉斯的《怎样做人》一书。

"当我尝试了解他人的时候，我发现这实在很有意义。对此，你可能会感到奇

怪,你可能会想:我们真的有必要这样去做吗?我认为,这是绝对必要的。我们在听到他人说话的时候,第一反应往往是进行判断或进行评价,而不是尽力去理解这些话。当别人说出某种意见、态度或想法的时候,我们总是会说'不错'、'太可笑了'、'正常吗'、'这太离谱了'等等评论性的话。而我们却很少去了解这些话对说话人有什么意义。"

另外,詹姆斯·哈维·鲁宾逊教授在《决策的过程》中写了下面一段话,对我们也很有启迪意义。

"……我们会在无意识中改变自己的观念。这种改变完全是潜移默化而不被我们自己注意的。但是,一旦有人来指正这种观念,我们一般会极力地维护它。很明显,这并不是因为观念本身的可贵,而是因为我们的自尊心受到了伤害……在为人处世时,'我的'这个词既简单又重要。妥善地处理好这个词,是我们的智慧之源。无论是'我的'饭、'我的'狗、'我的'屋子、'我的'父亲,还是'我的'国家、'我的'上帝,都拥有同样巨大的力量。我们不仅不喜欢别人说'我的'手表不准或'我的'汽车太旧,也不喜欢别人纠正我们对于火星上水道的模糊概念,以及对于水杨素药效的认识,或对于亚述王沙冈一世生卒年月的错误……我们总是愿意相信我们所习惯的东西。当我们所相信的事物被怀疑时,我们就会产生反感,并努力寻找各种理由为之辩护。结果怎样呢?我们所谓的理智、所谓的推理等等,就变成了维系我们所习惯的事物的借口了。"

在这样的情况下,我们得出的判断可靠吗?当然不可靠。既然自己都不能确信自己就是对的,我们还有资格对别人指手画脚吗?

当然,如果一个人说了一句你认为肯定错误的话,而且指出来对你们的交流会有好处的话,你当然可以指出来。但是,你应该这么说:"噢,原来是这样的。不过我还有另外一种想法,当然,我可能不对——我总是出错。如果我错了,请你务必毫不客气地指出来。让我们看看问题所在。"

用这类话,比如"我也许不对""我有另外的想法"等,确实会收到神奇的效果。无论何时,无论何地,不会有人反对你说"我也许不对,让我们看看问题所在"。

柏拉图曾经告诉人们这样一个方法:"当你在教导他人时,不要使他发现自己在被教导;指出人们所不知的事情时,要使他感到那只是提醒他一时忽略了的事情。你不可能教会他所有的东西,而只能告诉他怎么处理这种事情。"英国19世纪的著名政治家查斯特费尔德对他的儿子这样说:"如果可能,你应该比别人聪明;但绝不能对别人说你更加聪明。"

永远不要这么说:"我要给你证明这样……"这对事情无益,因为你等于在说:"我比你聪明,我要告诉你这样去做才是对的。"你以为他会同意你吗?绝对不会,因为你直接打击了他的智慧、他的判断力以及他的自尊。这永远不会改变他的看法，他甚至有可能起来反对你。即使你用严谨如柏拉图或康德的逻辑来和他辩论，你也不能改变他的看法。因为，你已经伤害了他的感情。

如果你确定某人错了，你就直截了当地告诉了他，那么结果会怎么样呢？让我们来看看具体的事例，因为事例可能更有说服力。

F先生是纽约的一位青年律师，曾参加过一个重要案件的辩论。这个案件由美国最高法院审理。在辩论中，一位法官问F先生："《海事法》的追诉期限是6年，是吗？"

F先生有些吃惊，他看了法官一会儿，然后直率地说："审判长，《海事法》里没有关于追诉期限的条文。"

人们顿时安静了下来，法庭中的温度似乎降到了零度。F先生是对的，法官是错的，F先生如实地告诉了法官。但是结果如何呢？尽管法律可以作为F先生的后盾，而且他的辩论也很精彩，可是他并没有说服法官。

F先生犯了一个大错，他当众指出了一位学识渊博、极有声望的人的错误，所以他失败了。他这样做有益于事情的解决吗？事实证明，一点也没有。

即使在温和的情况下，也不容易改变一个人的主意，更何况在其他情况下呢？当你想要证明什么时，你大可不必大声声张。你需要讲究一些策略，使对方在不知不觉中接受你的观点。

如果你想要在这方面找一个范例的话，我建议你读一读本杰明·富兰克林的自传。在这本书里，富兰克林讲述了他是如何改变争强好胜、尖酸刻薄的个性的。

富兰克林年轻的时候总是冒冒失失。有一天，教友会的一位老教友教训了他一顿："你可真的是无可救药。你总是喜欢嘲笑、攻击每一个跟你意见不同的人，而你自己的意见又太不切实际了，没人接受得了。你的朋友一致认为，如果没有你，他们会更加自在。你知道的东西太多了，没有什么人能够再教你什么，而且也没有人愿意去做这种事情，因为那是吃力不讨好的。可是呢，你现在所知又十分有限，却已经学不到什么东西了。"

富兰克林决定接受这尖刻的责备，实际上他那时候已经很成熟和明智了，但是他知道这是事实，而且对他的前途有害无益。富兰克林回忆说：

"我订下了一条规矩：不许武断、不允许伤害别人的感情，甚至不说'绝对'之类的肯定的话。我甚至不容许自己在自己的语言文字中使用过于肯定的字眼，比如'当然'、'无疑'等等，而代之以'我想'、'我猜测'、'我想象'或者'似乎'。当我肯定别人说了一些我明明知道是错误的话，我也不再冒冒失失地反驳他，不再立即指出他的错误来。回答时，我会说'在某种情况下，你的意见确实不错；但是现在，我认为事情也许会……'等等。很快地，我就发现了我的改变所带来的效果。每次我参与谈话，气氛都变得融洽和愉快得多。我谦逊地表达自己的意见，不但让别人能够容易接受，而且还会减少一些冲突。而当我犯了错误的时候，我也不再难堪；当我正确的时候，更加容易使对方改变自己的看法而赞同我。

"一开始，采取这种方法的确跟我的本性相冲突，但是时间一长，也就越来越习惯了。在过去的50年里，我没有再说过一句过于武断的话。当我提议建立新法案或修改旧法律条文能得到民众的重视，当我成为议员后能具有相当大的影响力，都要归功于这一习惯。虽然我并不善辞令，没有什么口才，谈吐也比较迟缓，甚至有时还会说错话，但一般而言，我的意见还是会得到广泛的支持。"

你要知道，在将近2000年前，耶稣就已经说过："尽快跟你的敌人握手言和吧！"而在耶稣诞生之前的2000多年前，古埃及国王阿克图告诫他的儿子说："谦虚而有策略，你将无往不胜。"我们似乎也可以这么理解：不要同你的顾客或你的丈夫争论，不要指责他错了，不要刺激他，你需要讲究一些策略，这样你才会成功。

第四节 勇敢地承认自己的错误

乔治·华盛顿总统在很小的时候就显示出了许多优秀的品格。他家的种植园中种有许多果树。有一次，乔治的父亲华盛顿先生从大洋对岸买了一棵品种上佳的樱桃树。华盛顿先生非常喜爱这棵樱桃树，他把树种在果园边上，并告诉农场上的所有人要对它严加看护，不能让任何人碰它。

一天，华盛顿先生交给乔治一把锋利的小斧子，让他去清理杂树，然后自己就出去了。乔治十分高兴自己拥有一把锋利的小斧子，所以拿着它在种植园中乱砍杂树。可能是因为太高兴了，他一不小心就砍倒了那棵樱桃树。

那天傍晚，华盛顿先生忙完农事，把马牵回马棚，然后来果园看他的樱桃树。没想到，自己心爱的树居然被砍倒在地。他问了所有人，但谁都说不知道。就在这时，乔治恰巧从旁边经过。

"乔治，"父亲用生气的口吻高声喊道，"你知道是谁把我的樱桃树砍死了吗？"

乔治看到父亲如此愤怒，他意识到是自己的一时冲动闯了祸。他哼哼叽叽了一会儿，但很快恢复了神志。"我不能说谎，"他说，"爸爸，是我用斧子砍的。"

华盛顿先生这时候已经冷静了下来，他问乔治：

"告诉我，乔治，你为什么要砍死那棵树？"

"当时我正在玩，没想到……"乔治回答道。

华盛顿先生把手放在孩子肩上。"看着我，"他说道，"失去了一棵树，我当然很难过，但我同时也很高兴，因为你鼓足勇气向我说了实话。我宁愿要一个勇敢诚实的孩子，也不愿拥有一个种满枝叶繁茂的樱桃树的果园。一定要记住这一点，儿子。"

乔治·华盛顿从未忘记这一点。他一直像小时候那样勇敢、受人尊敬,直至生命结束。

在纽约的一家汽车维修店里,曾经发生过一件勇敢地承认自己错误的事情。

布鲁士新进这家维修店不久,就因为热情的工作态度得到了老板和同事们的一致好评。

但是一天,由于一时大意,布鲁士把一台价值5000美元的汽车发动机以2500美元的价格卖给了一位顾客。同事们给他出主意,让他立即追回那位顾客;如果追不回,还可以私下里垫上这2500美元。可是布鲁士觉得这些方法都不好,他决定向老板承认错误。那些同事阻止他,认为他这么做简直太蠢了,因为这会导致他失去这份工作。但是布鲁士却坚持自己的主意。

布鲁士拿着一个装了钱的信封来到了老板的办公室。"对不起,布朗先生,"布鲁士说道,"今天,由于个人的原因,我犯了一个很大的错误,使维修店损失了2500美元。我为我犯了这样的错误而感到羞耻,并打算辞去这份工作。在走之前,我打算把这笔损失补上。这是我的2500美元赔款,请您收下。"

老板听后,沉默了一会儿,然后对布鲁士说:"你真的打算这么做吗?"

"是的,布朗先生,"布鲁士回答道,"我把发动机的价格搞错了,确实是我犯下了这个错误,因此只有我自己来承担这个责任。我本来可以去找那位顾客,但是这样会损害维修店的声誉。而我,对这件事情负有全部的责任。因此,我只能这么做。"

布鲁士这种勇敢承认自己错误的行为打动了老板。他知道,任何人都会犯错误,关键是要有承认和改正自己的错误的勇气。所以,老板并没有批准布鲁士辞职,而是给了他更大的发展空间,也更加器重他,而布鲁士则因为勇敢地承认自己的错误而获得了比2500美元多得多的东西。

史狄芬是一家裁缝店的老板,由于他经营有道,裁缝店的生意很好。一天,一位叫哈里斯的贵妇人来到店里,要求赶做一套晚礼服。史狄芬做完礼服之后,却发现礼服的袖子比要求的长了半寸。不幸的是,他已经没有时间再进行修改了,因为哈里斯太太规定的时间已经到了。

当哈里斯太太来到店里取她的晚礼服的时候,她并没有发现有什么问题。她试穿上晚礼服,发现它为自己平添了许多气质,于是连连称赞史狄芬的高超手艺。不料,等她试完之后打算按照原定的价格付钱时,史狄芬却拒绝接受。于是,哈里斯太太问他为什么。

"太太,"史狄芬说,"我之所以不能收你的钱,是因为我犯了一个很大的错误——我把你的晚礼服的袖子做长了半寸。我很抱歉,我希望你能够原谅我。如果你能够给我一点时间的话,我将免费为你把它做成你需要的尺寸。"哈里斯太太听完话后，一再强调她对这件礼服很满意，而且并不在乎袖子长那么半寸。

但是，她并不能说服史狄芬接受这套礼服的钱，最后，她只得让步。

哈里斯太太回去对她的丈夫说："史狄芬以后一定会出名的，他认真的工作、精湛的技术、诚恳的态度使我坚信这一点。"

事实果然如此，史狄芬后来成为世界有名的服装设计师。

我们可以举出上千个这样的例子来。这个道理人人都懂，只是实行起来有一些困难罢了。要强调的是，如果你确实想要成功，就一定要勇敢地承认自己的错误。

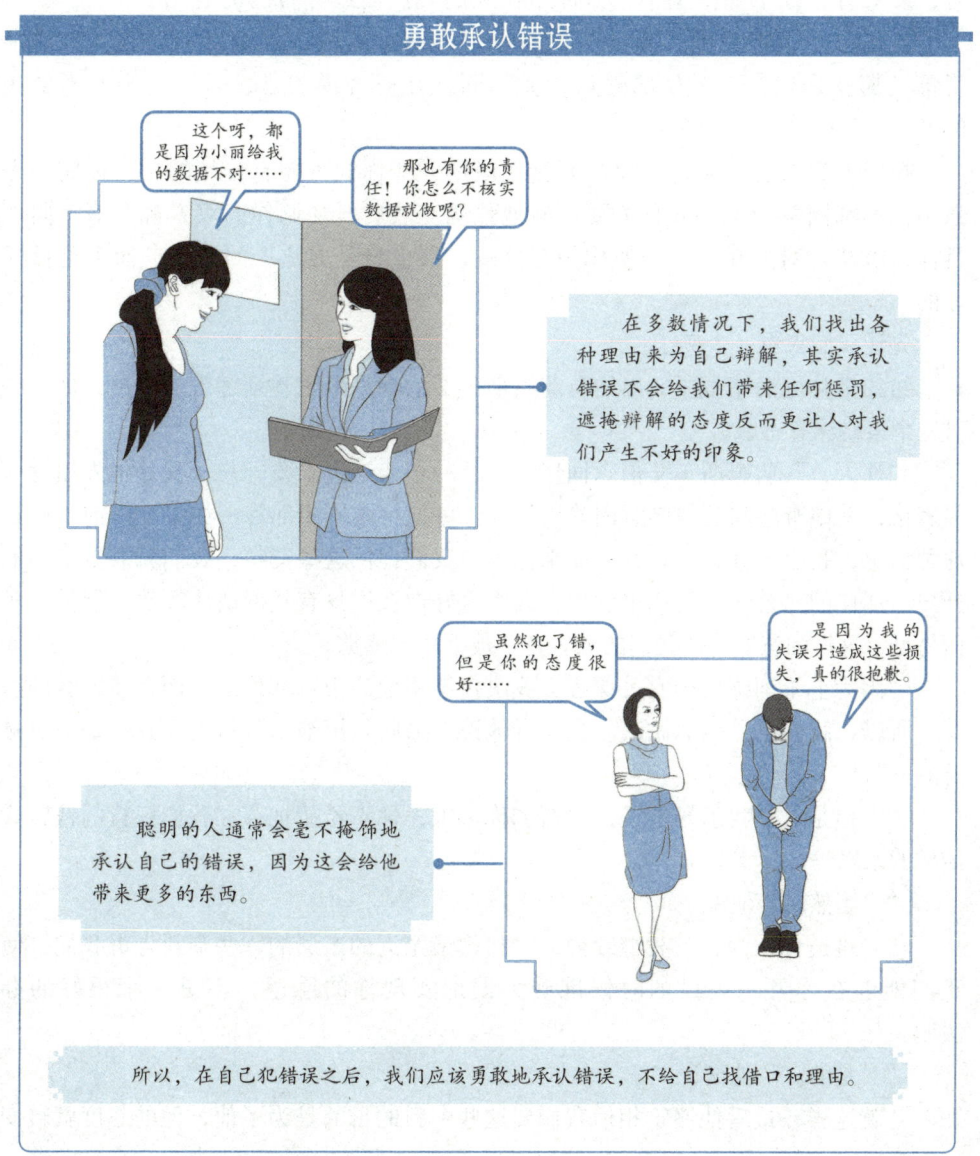

第五节　使对方一开始就说"是"

伟大的苏格拉底是历史上赫赫有名的思想家。他所做的事情没有几个人能够做到。他彻底改变了人类的思想进程，同时也是最影响这个世界的劝导者之一。

他的方法是告诉别人他们是错误的吗？当然不是。他的方法被称为"苏格拉底辩论法"，就是以对方肯定的答复作为这种方法的辩论基础。他提出的每一个问题，都会得到别人的赞同；然后，他连续不断地获得肯定的答复；最后，反对者会在不知不觉中承认苏格拉底的观点而放弃自己的观点。

这是不是很神奇呢？是的，但是如果你愿意的话，你也可以做到。方法很简单，那就是记住一开始的时候，要不断地让对方说"是，是"，千万不要让他说"不"。

在跟人交谈的时候，不要一开始就谈论一些你们可能有分歧的事，你应该先强调你们都同意的事，并且需要不断地强调。然后，强调你们双方都在追求同一目标，试着让对方知道，即使你们有分歧，那也只是方法上的分歧，而不是目标上的。

先让我们来看一个例子。

纽约格林尼治储蓄所的出纳员詹姆斯·艾伯森是卡耐基训练班的学员，他曾经对这个策略深有感触。

"那天，"詹姆斯·艾伯森回忆说，"一个人走进来要开户，我让他先填写一些表格，其中有些问题他愿意回答，另外一些他根本不想回答。如果在以前，遇到这种情况，我会告诉这位顾客，如果他不向我们提供这些资料，我们就会拒绝为他开户。那样的'警告'使我很愉快，因为这好像在说只有我说话才算数。但是，显而易见，这样的态度将使我们的顾客有不被重视的感觉。

"因为上了训练班的有关课程，我决定不跟他谈银行的规定，而是谈顾客的需要。所以，我同意了他的做法。我告诉他说，那些他拒绝填写的内容并不是绝对必要的。"

"'但是，'我引导他说，'假如你去世，你不希望把存在我们银行的钱转移给你的亲属吗？'

"'当然。'他说。

"'难道你认为，'我继续说，'将你最亲近的亲属的一些资料告诉我们，使我们能够在你万一去世的时候准确无误地实现你的愿望，不是一个很好的办法吗？'

"'是的。'他又说。

"就这样，最后他终于相信我们要这些资料的目的是为了他，他的态度就转变了。他不仅把他自己的全部资料告诉了我，还根据我的建议，开了一个信托账户，指定他的母亲为受益人，并爽快地填写了关于他母亲的详细资料。"

詹姆斯·艾伯森发现，一旦让那个顾客开始就说"是，是"，顾客便忘了他们之间的争执，并且愿意做詹姆斯所建议的事。

如果让人一开始说"不"，会有什么后果呢？我们来看看阿弗斯特教授在他的《影响人类的行为》一书中所说的一段话：

"一个'不'的反应，是最难克服的障碍。人只要一说出'不'，他的自尊心就会促使他固执己见。当然，也许以后他会觉得'不'是不恰当的，然而一旦他考虑到宝贵的自尊，他就会坚持到底。所以，一开始就让人对你采取肯定的态度极为重要。"

他接着说，人的这种心理模式显而易见。当一个人说了"不"以后，如果他的内心也加以否定，他全身的各个组织都会协调起来，一起进入一种抗拒状态；而反过来，如果他说了"是"，情况就会恰好相反——他的身体就会随之处于前进、接受和开放的状态，这将有利于改变他的看法或意志，使谈话朝积极的方向发展。

如果一开始的时候就使一位学生、顾客或你的孩子、妻子说"不"，那么，即使你有神仙般的智慧和耐心，也无法使那种否定的态度变为肯定。

而想得到对方的肯定其实并不难，人们只是忽略了如何去做。人们总是希望一开始对方就同意自己的看法，如果别人不同意的话，就急切地想驳倒对方，以获得对方的认同。他们或许认为这样做能够显示出自己的高明和突出。然而不幸的是，这种态度往往会适得其反。所以，最好的办法就是，一开始就让对方说"是，是"。

西屋公司的推销员雷蒙负责推销的区域内有一位富翁。雷蒙的前任和他花了13年的时间对这位富翁进行推销，但是直到最近，才使这位富翁答应购买了几部发动机。而当雷蒙再次去拜访他的时候，他却声称以后不会再订购西屋公司的发动机了，原因是他认为这些产品太热，不能把手放在上面。

雷蒙知道如果与他争辩的话，无疑会是徒劳。于是雷蒙打算找出让对方说"是"的方法来。

雷蒙对那位富翁说："史密斯先生，我完全同意你的看法。如果我公司的发动机确实过热的话，你不应该再买。你花了钱，当然不希望买到热量超过标准的发动机，是不是？"

"是的。"史密斯说。

"你知道，"雷蒙接着说，"电工行会的规定是，一架标准的发动机的温度不能比室内温度高72华氏度，是这样吗？"

"是的。可是你的发动机却高出了这一温度。"史密斯说。

"你工厂的温度是多少?"雷蒙问他。

"75华氏度。"史密斯想了一会儿然后说。

"这就对了,"雷蒙笑着说,"75华氏度加上72华氏度等于147华氏度。如果你将手放在147华氏度的水里,你会不会被烫伤呢?"

史密斯不得不说:"会的。"

"那么,"雷蒙继续说,"我建议你最好不要把手放在147华氏度的发动机上面。"

"我想你是对的。"史密斯说。接着他们又谈了一会儿,最后,史密斯答应在下个月订购西屋公司35000美元的产品。

雷蒙总结说:"我最后才知道,争辩不是聪明的办法。我们要站在对方的立场上去看问题,要设法让对方说'是,是',这才是真正的迈向成功的方法。"

第六节　牢记他人的名字

　　有钱人常常出钱资助那些穷困的作家、艺术家和音乐家。他们希望这些文艺家能够把作品献给他们，使他们的名字随着这些作品得以流传。在我们的图书馆和博物馆里，最有价值的艺术品往往由那些希望人们记住他们名字的有钱人捐赠。比如，纽约图书馆里有埃斯德家族与里洛克家族的藏书，大都会博物馆则保存着本杰明·埃特曼与J.P.摩根德的签名书信；而几乎每一个教堂里都镶嵌上了彩色玻璃，用来纪念那些捐赠者。

　　这说明人们总是非常重视自己的名字，并希望别人能够记住。

　　在记住别人的名字方面，富兰克林·罗斯福总统是一个典范。众所周知，罗斯福总统是这个世界上最忙的人之一。但是他知道记住别人名字的重要性，所以舍得花时间去记住那些人。

　　一次，克莱斯勒公司特意为罗斯福总统制造了一辆汽车，总经理张伯伦和一位机械师将这辆汽车开到了白宫。在张伯伦的信里，他记述了当时的情形：

　　"我教罗斯福总统如何驾驶一辆配置了许多特殊部件的汽车，而罗斯福总统也教给了我许多为人处世的道理。

　　"总统非常高兴我被召入白宫，他立刻就叫出了我的名字，这使我非常高兴。令我印象尤为深刻的是，他确实很注意我为他所作的说明。这辆汽车进行了特殊设计，非常完美，可以完全用手进行操作。

　　"总统说：'这辆汽车真是太完美了。只要按下这个按钮就可以开动它，而且可以毫不费力地进行驾驶。我不知道它是怎么工作的。我希望自己能有时间对它进行研究，看看它是如何工作的。'

　　"当总统的许多朋友和同事都围在四周称赞这辆汽车时，他又当着大家的面对我说：'张伯伦先生，你设计这辆车花了大量的时间和精力，非常感谢你。这辆车简直太棒了！'

　　"然后，他又对车内的散热器、特制反光镜、时钟、特制的照明灯、椅垫的款式、驾驶座位、刻有他姓名缩写字母的特制衣箱等加以赞赏——他注意到了每个细节，对于我所付出的心血给予了极大的褒奖。他还特意让罗斯福夫人、秘书波金女士、劳工部长等人注意这些部件。他甚至嘱咐他的黑人司机，对他说：'乔治，你可要好好照顾这些衣箱。'

　　"上完驾驶课程之后，总统对我说：'好了，张伯伦先生，我已经让联邦储备委员会的委员们等我30分钟了。我想我应该回去工作了。'

　　"我当时带了一位机械师。这位机械师是一个很害羞的人，在我们说话的时候，他总是站在后面。尽管他自始至终没有和总统说过一句话，而且总统也只听我介绍过一次他的名字，但出乎意料的是，当我们离开的时候，总统特意找到这位机械师,并与他握手,还叫出了他的名字,对他来到华盛顿表示感谢。我能感觉出来,他的感谢一点都不做作,而是真心诚意的。

"几天之后,我收到了一张罗斯福总统亲笔签名的照片,照片后面还附有简短的对我的帮助表示感谢的言辞。作为一位国家元首,罗斯福总统怎么会有时间来做这样的事情呢?这真的让我难以置信。"

罗斯福总统何以给张伯伦先生如此深刻而美好的印象呢?当然不是因为他是国家元首,而是因为他给了人一种被重视的感觉。为什么他能给人这种感觉?原因很简单:他非常尊重他们,并且记住了他们的名字。

作为一个政治家,记住选民的名字,往往是他的第一堂课;而如果忘记了他们的名字,你将会很失败。在每个人的事业和商业交往中,记住别人的名字也很重要。

得克萨斯州商业股份有限公司董事长班顿拉夫有这样的感触:公司越大,人们之间的关系就会越冷漠。他认为,记住别人的名字,是唯一能使公司氛围变得融洽的办法。

洛克帕罗是加利福尼亚州一家航空公司的服务员,她经常训练自己记住旅客的名字,并注意在服务时叫他们的名字。这使得旅客感到很亲切。有的旅客会当面表扬她,而有的则会写信到公司表扬她。有一封表扬信这样写道:"我很久没有坐你们公司的飞机了。但是从现在开始,我决定以后只坐你们公司的飞机。你们亲切的服务让我觉得你们公司似乎是属于我个人的,这一点十分重要。"

大多数人常常不记得别人的名字,原因多数是他们没有注意到这件事情的重要性。现在,你既然已经知道记住别人的名字有多么重要,为什么还不花点时间和精力去做这件事情呢?拿破仑的侄子——拿破仑三世曾经说:"虽然我很忙,但是我不会忘记所听过的每个人的姓名。"

这不是因为他的记忆力很强,而是因为他的方法非常好。其实,他的方法十分简单。如果他没有听清楚对方的名字,他就会请求对方再说一遍;如果这个名字不常见的话,他会请求对方把这个名字拼写出来。而在谈话的过程中,他会将对方的名字反复记忆,并把它跟其长相、外表和其他特征结合起来。会见完的时候,他通常会把那个名字写下来,然后盯着它看很久,直到确认自己已经牢牢地记住了它才肯罢休。这样一来,当然记得很牢了。

这样看来,记住别人的名字的确需要花一些工夫,但是这显然是值得的。爱默生说过:"礼貌,是由小小的牺牲换来的。"如果你打算融入这个社会,成为交际场上成功的人,这点牺牲又算得了什么呢?

记住别人的名字可以增强好感

如果想要给人好感,最简单、最明显而又最重要的方式,莫过于能够随口喊出对方的名字。

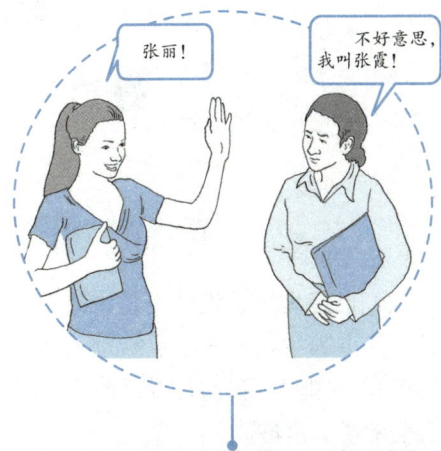

记住别人的名字。对他人来说,这是所有语言中最甜蜜、最重要的声音。

在大家彼此不是很熟悉的情况下,需要辨认、确定后再喊出其名字。当然了,若是没有把握就不要贸然叫对方名字,免得喊错了都尴尬。

记住别人的名字会让对方有受重视的感觉,每个人都希望拥有这种感觉。所以说,从现在开始记住别人的名字吧。

第四章

好口才的基本原则

第一节 根据对方决定说话策略

我们已经讲过,说话不是说话人一个人的事情,而必须考虑听众。我们讲话的目的,是要表达自己的观点给别人听。那么,能否达到这个目的,最终的决定因素还是听众。因此,我们在说话时,要尽量使用适合对方的表达方式,即根据对方决定我们的说话策略。

遗憾的是,我们没有一种放之四海而皆准的说话艺术来使你轻易地掌握说话技巧。在说话之前,你有必要对下列问题仔细地进行考虑:你要对谁讲、将要讲什么、为什么要讲这些内容以及怎么讲等。

同样的一种说话策略,对不同的人为什么不一定都适合呢?这是因为人的心理素质、性格、受教育程度、成长环境等都不相同。比如,可以对害羞的A小姐进行鼓励,以建立她的自信,从而使她能够站起来当众说话;对好辩的B先生则进行容忍训练,让他给别人说话的机会,使得他不会因为自己的冲动而失去顾客。之所以采取不同的策略,就是因为A小姐和B先生的性格不相同。

不同的人接受他人意见的方式和敏感度是不一样的。一般来说,文化水平较高的人不屑于听肤浅、通俗的话,对他们应该多用抽象的推理;文化层次较低的人则正好相反,他们听不懂高深的理论,对他们应该多举明显的例子。对于那些刚愎自用的人,不必循循善诱,你可以用激将法;而对于喜欢夸张的人,不必表里如一,可以进行诱导;对于生性沉默内敛的人,不妨循循善诱、语重心长;而对于脾气暴躁的人,用语要简明快捷;对于思想顽固的人,要看准他感兴趣的东西,然后通过这些兴趣点改变其思想,如此等等。只有知己知彼,你才能取得说话的最好效果。

罗素·康维尔前后发表过以"发现自我"为题的著名演说近6000次。你或许会感到不可思议,或许认为重复这么多次的演讲,其内容应该已经根深蒂固地刻在演讲者的脑海中了,所以每次演讲时连字句音调都不会作任何改变了。

但事实并非如此。康维尔博士知道,听众的知识水平与背景各不相同,只有让听众感到他的演讲是有针对性的、活生生的东西,是特意为他们准备的,这个演讲才会引起他们的兴趣。他是怎么做到这一点的呢?他是怎么在一场又一场的演讲中成功地维系着自己和听众之间轻松愉快的关系的呢？请看他自己的回忆：

"在到了某一个城市或镇上准备发表演讲之前，我总是先去拜访当地的经理、学校校长、牧师等有知识或有名望的人，然后走进商店同那里的人们谈话，这样我就可以了解他们的历史和他们个人的发展机遇。之后，我才发表演讲，并在演讲中和他们谈论他们感兴趣的话题。"

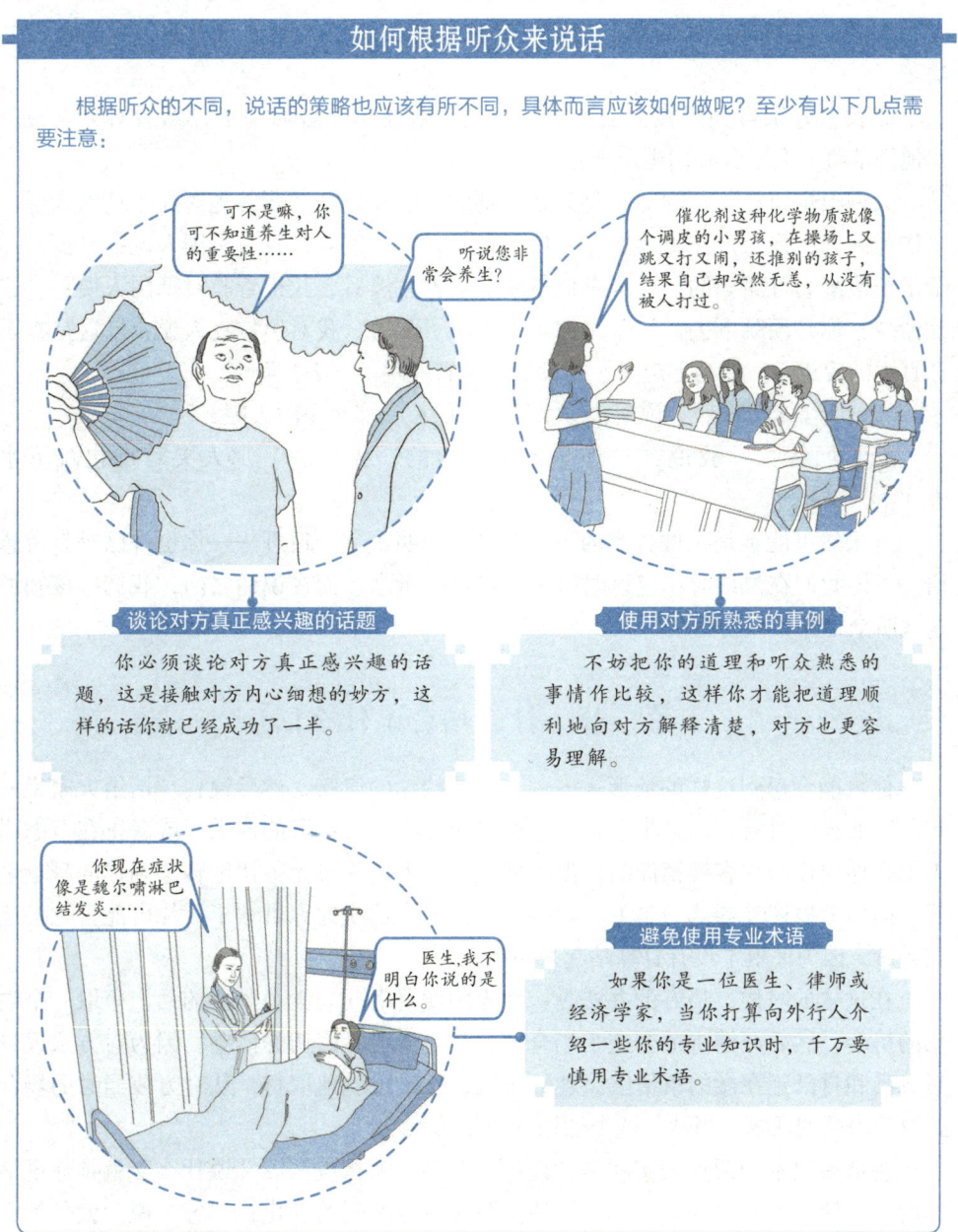

康维尔博士非常清楚地知道，成功的沟通必须依靠演讲者使他成为听众的一部分，同时也使听众成为演讲的一部分。尽管这篇重复了近6000次的演讲成为人们最欢迎的演讲，但我们却找不到演说词的副本。由于康维尔博士的睿智和勤奋，所以虽然这一相同的主题他已经给数不清的人们讲过，但同样的演讲不会说两次，因为他面对的是不同的人。

有一条船航行至海上时，突然发生了意外。船长命令大副去叫乘客弃船。大副去了半天，结果却悻悻而回。他说："他们都不愿意弃船，对不起，我实在没办法了。"

船长只好亲自到甲板上去。不一会儿，他便微笑着回来了，然后对大副说："他们都跳下去了，我们也走吧！"

大副很惊讶，于是问船长是怎么做到的。船长说："我首先对那个英国人说：'作为绅士，你应该作出表率。'他就跳下去了。接着，我对法国人说：'那种样子是很浪漫而且潇洒的。'于是他也跳了下去。然后，我板着脸对德国人说：'这是命令，你必须跳下去。'于是德国人也跳了下去。我对伊拉克人说：'这是将军和真主的旨意。'他马上起身，还没穿救生衣就跳了下去。"

大副听了十分佩服，说道："太妙了，船长，那么美国人呢？"

船长回答："我说：'您是被保了险的，先生。'那人夹着皮包跳下水去了。"

这虽然可能不是一件真实的事，但是却说明了一个道理——你也许已经有所感悟——即我们在说话时，应该时时记着特定的听众。而在说话之前，我们应该知道这些听众是什么样的听众。

第二节　什么场合说什么话

你可能会遇到这样的情形——一个人拍拍你的肩膀，然后说："请给大家说两句。"而这个时候，你多半正在津津有味地倾听别人精彩的谈话，或者正在考虑明天怎么样向你的顾客推销商品。但是你发现，人们的目光很快地转移到你的身上来了。而你大概还没弄清楚是怎么回事，大家就一致欢迎你讲话了。你可能会觉得比较尴尬，因为你根本没有打算站起来说话。

在这样的时候，最好的办法是：你先随便说上几句无关紧要的话，争取一个喘息的机会；然后开始讲适合这个场合的、与对方关系密切的话题。因为对方永远只对自己和自己正在做的事情感兴趣，所以，你可以就地取材，从对方或当时的场合抓取你说话的话题。当然，这个话题你必须熟悉。

讲话最根本的两点其实就是"说什么"和"怎么说"。"说什么"就是你说话的内容，针对不同的场合，你的说话主题应该有不同的变化；"怎么说"就是怎把这些话表达出来，针对不同的场合，你需要采取有针对性的说话技巧。交际场合经常会出现这样的一种情况：有的人侃侃而谈、口若悬河；有的人却呆坐半天、一声不响，即使有时候想说话，也会因为找不到合适的话题和方法而无从谈起。

不管是即兴说话，还是准备充分的说话，你都必须设法针对特定的场合。你必须关心的有两点，即当时的人和当时的场合。你可以谈论跟对方有关的话题，说说他们是谁、正在做什么，特别是他们为社会和人类做了什么贡献等。

而关于场合的问题，确实十分复杂。你可以讲这次聚会的缘由，比如它是周年纪念日，还是表扬大会，或是年度聚会，或者是政治性或商业聚会。由于前来参加聚会的人与聚会主题都有一定的联系，因此，如果你就此发表你的谈话，你当然能够吸引对方的注意力。

最成功的讲话，都是对对方和场合的真实的感想，并且做到了因地制宜。尽管这种说话是针对一定的场合的，它们就像昙花一现一样，一般都只在特殊的场合、特殊的时刻展现，但是人们的愉悦却远远不止于此。在你还没有想到之前，他们已经把你当作说话高手了。你在说话的时候总是会以一定的社会角色——可能是一个医药学专家，也可能是一个律师——出现在人们面前，所以当你出现的时候，人们总是容易把你的社会角色和你联系起来。

中国的语言十分有特色。有一次，某地举行修辞学年会。会长在开场的时候这么说："先让我这老猴耍一耍，然后你们中猴、小猴接着耍。我老猴肯定耍不过你们中猴、小猴，但是总是要开个头的。"代表们听了都觉得很有意思，都笑着鼓掌，大家的情绪都被带动起来了。会长是与会者中的权威，又年近古稀，他把自己比作老猴，把其他与会者比做中猴、小猴，不但形象地描述出了老、中、青三代学者共聚一堂，而且显得非常幽默。并且，在修辞学的研讨会上，会长故意用这种修辞表示自谦，与主体身份、客观对象以及具体场合都十分协调，因而取得了非常好的效果。但是，假如一个中年学者说"我是中猴，先让我来耍一耍，然后你们老猴、小猴接着耍"，即使他是会长，他么说也很不得体。这会使听的人产生反感，而且把年纪大的学者比做老猴是不尊重他们的表现，因为按照他的身份是不能这样打比方的。所以，我们一定要把握好当时场合下自己的身份是什么，之后再开口说话。

我们在不同场合说话，还必须符合当时的语境，也就是说，我们所选择的材料、语言内容、表达方法和说话结构都要切合特定的场合，符合特定的时间、地点和人物等因素。

如果参加一个喜礼，人们会期望我们在仪式中说："这个孩子真漂亮。"但是如果你说："这孩子我可不大喜欢，他长得太奇怪了。"你就会引来无数责备的眼光。在婚礼上，我们应该祝福新婚夫妇幸福、白头偕老，而且不要忘记称赞新娘很漂亮。

不同场合会有不同的角色

在不同的场合，我们的角色会发生改变，因此我们需要说不同的话。

> 能认识各位非常荣幸。

1. 普通的社交场合
比如，作为医药学专家的你出现在一个朋友的聚会中时，这时候你的身份只是一个普通的朋友，而不是你的专业角色。

> 我认为现代医学的发展应该……

2. 和工作相关的专业会议
但是当你出现在学术座谈会上时，你需要展现的当然应该是你渊博和专业的医药学知识。

> 爸爸和你一起踢球玩好不好？

3. 家庭
回到家中面对孩子，你又变成一个父亲的角色，面对孩子说话又是另一种场景。

每一种身份角色都确定了你应该怎么说话，因此，我们在不同的场合说话时，一定要注意自己的身份。

如果你在非洲东部的农村，遇到了一个非常熟悉的人却只是简单地说了一声"你好"，你可能会被认为很无礼，而且你也无法跟他们处好关系；你应该停下来，耐心细致地询问对方的家庭、家畜和健康状况。有些地方，在婚礼上对新婚夫妇说希望他们会有很多儿子是适合的；但是在美国，如果你还这么说的话，就会被认为是十分突兀和无礼的。

但是，很多人偏偏做不到这一点。水管工人可能会告诉你，你家的厕所需要一个新的套筒垫圈，而通常不会告诉你这是个什么东西——这会使你很茫然——因为他根本没有意识到他面对的是一个对水管修理一窍不通的人。显然，对他而言，这是一次失败的沟通。他应该告诉你套筒垫圈是什么东西，应该买多大的，最好还告诉你到哪里去买最实惠。

一位在夏威夷悠闲度假的文艺家接受了电视节目的采访。女记者这么问他："您这些天感觉好吗？"她本来可能是想问"您是否每天都如此悠闲地享受生活"，殊不知，她问的那句话是在询问别人的身体时才用的。结果，那位文艺家也只好平静地回答："是的，托你的福。"

而如果你在董事会上大大咧咧的，像平时对待同事一样，一点儿都不注意说话策略的话，你很有可能会给他人留下不好的印象，从而面临失业的危险。

第三节　说话要注意方法

一次，一位政府高级官员把美国参议院调查委员会的委员们搞得坐立不安、如坠雾里。这位官员不停地比画，却含混不清、毫无重点，根本没有把他的意思表达清楚。结果委员们的困惑也逐渐增加。

后来，一位来自北卡罗来那州的参议员小萨姆尔·詹姆士·阿尔文抓住机会，打了一个精彩的比方。他说："这位官员让我想起了我认识的一个男人。这个男人通知律师，他将与老婆离婚。不过他却向律师承认，他的老婆很漂亮，饭菜做得好吃，是个贤妻良母。

"律师问他：'既然她这么好，你为什么还要离婚呢？'

"'她总是在我的耳边说个不停，让我受不了。'这个男人说。

"'她都说了些什么呢？'律师问。

"'我最讨厌的正是她这一点，'男人回答，'她从来就没有把话说清楚过。'"

这个高级官员正是这样的。遗憾的是，很多说话的人都是这样，大家根本不知道他们在说些什么，他们也从来没有说清楚，从未把自己的意思讲明白过。

"任何题材，说得好还是不好，完全取决于讲那件事的人怎么样去讲，而不在于所讲的是什么。"这句话出自英国著名政治家昆特莱，一度流传甚广。

说话真的有这么难吗？不是的，只是我们需要掌握一定的方法而已。罗德威·威根斯坦说："凡是可以想到的事情，都是可以清楚地思考的；凡是可以说出来的东西，都是可以清楚地表达的。"

如果你想要把自己的意思表达清楚，让对方毫不困难地了解你，你可以学着使用下面的方法：

限定你的要点

我曾经听过一个人在3分钟之内谈了11个要点。这就是说，他用平均16.5秒来说明一个要点。我想，即使他是一个天才，也做不到这一点。结果果然如我所料，他说得的确很失败。他就像一个导游带着一群游客，想要在一天之内匆匆地看完伦敦所有的风光——这是有可能的，但是，这样的游览有什么意义呢？看完之后，人们根本记不得自己看到了什么。他也是这样，说话时像一只羚羊飞快地从这一点跳到另外一点，弄得对方最终什么印象也没有。

有时，一些经验丰富的说话高手也会犯这样低级的错误。不过，由于他们具备多方面的才华，所以错误并没有一般人那么严重。但是你千万不要向他们学习，你应该紧扣你的主题。把你的主要观点讲好之后，对方也会被你深深吸引住的。

逻辑顺序要清晰

所有的说话内容都可以用一定的时间和空间顺序或者事物的内在逻辑顺序进行组织。像时间，我们既可以按照"过去、现在、未来"的顺序来组织、展开说话内容，也可以采取完全相反的顺序。而在空间顺序的说话方式上，则可以以某一点为出发点，然后向外拓展；当然，也可以按照方位的顺序来处理。另外，还有一些题材，其本身就有自己的内在逻辑顺序，你只要依照它去说就行了。

逐条说明重点

在你说话的过程中，要明白地表达你的重点，并且告诉别人，你将怎样讲、接下来会讲什么，这样的话对方会很容易对你的说话有一个条理清晰的好印象。你可以这么说："我要讲的第一点是……"接下来谈论你的第二点、第三点，这样就显得简单而清晰。当然，你也可以使用其他的关联词语。

让对方熟悉你的题材

这个问题我们之前已经谈论过了，那就是慎用专业术语，用人们熟悉的语言和题材来跟他们说话。

借助工具

你可以借助工具来说明你的问题。它可以是一些你讲述到的东西，也可以是图片资料或者幻灯片。在这个科学技术日益发达的社会里，这些东西往往使人们觉得比较亲切，它们更能吸引人们的注意力，更能激发人们的兴趣，而且可以更清楚地表达我们的观点和思想。

第四节　别光顾自己说

这个题目的意思是：我们在讲话的时候，必须顾及到听话的人。

有很多人有这样的毛病：他们一开始讲话，就以为自己是这个世界的主宰了，从不考虑对方的反应和感受；他们不知道根据对方的感受来调整自己的讲话策略。

许多人在说话时只谈论自己感兴趣的事情，而对方对这些事情却感到无聊之极，他们不知道应该根据对方的兴趣来改变话题。

也有这么一些人，他们在讲话的时候，完全依靠自己的思考方式来表达，就好像是在自言自语一样。

为了解决上面的问题，你必须和听众进行沟通，而不是自己说自己的。你可以依照以下的方法来做到这一点：

谈论对方感兴趣的东西

对方之所以会对你的说话感兴趣，是因为你的谈话内容和他们有关系、与他们的兴趣有关系，或者与他们的问题有关系。正是这种与对方相关联的内在联系，才使讲话者能够抓住听话者的注意力，从而保证听和说之间的沟通顺利进行。而这种沟通，正是你说话成功与否的重要评断因素。

注意，我在这里说的不仅是你整个说话的主题，而且包括你说的每一个字句，你必须保证它们是与对方有关的。艾黎克·琼斯顿是美国前商会会长，他时刻注意到要针对说话对象的兴趣讲话。他的每一次演讲都不会让听众觉得他是在念油印出来的一份拷贝文件，而像是特意为他们准备的。演讲者根据听众所关心的事情和兴趣来演讲，听众绝对会更加注意。

如果面对听众时你从不顾及听众心中自认我为中心的天然倾向，你就会发现自己面对的是一群烦躁不安的人。他们会表现出对你的演讲很不耐烦，会不时地看时间，并且渴望离开。为避免这样一种情况，你应该随时注意你所说的是不是听众所感兴趣的。如果不是，就请换点他们感兴趣的东西。

让对方进入场景

如果你确实很想和对方沟通，你就必须了解他们，并且让他们知道这一点。

一位交流学家给一家废物处理公司的执行董事们做了一次培训。在培训之前，他特意在一辆垃圾车上工作了三天。他一开始就告诉他们，自己已经拖运了三天的垃圾。"他们完全被我吸引住了，"这位交流学家回忆道，"我的观点很好地被接受了。"显然，这是因为他和对方很好地联系在了一起，因为他了解到了他们的感受。

强调优点

要确保对方清楚他们可以从你的说话中得到需要的东西。因此，你需要在讲话的开始就强调对方所能获得的好处，并且要不断地强调。

一位说话高手会在他讲话的时候,一开始就提出一个对方可能会问自己的问题,然后告诉对方可以从他的讲话中找到答案。这是个非常好的技巧。

让对方也说话

当你在说话的时候,可能对方也有要说的东西。这个时候,你必须给他这样的机会。这么做的最大好处是,如果你想说服一个人,最好的办法莫过于借助于他自己的嘴巴。

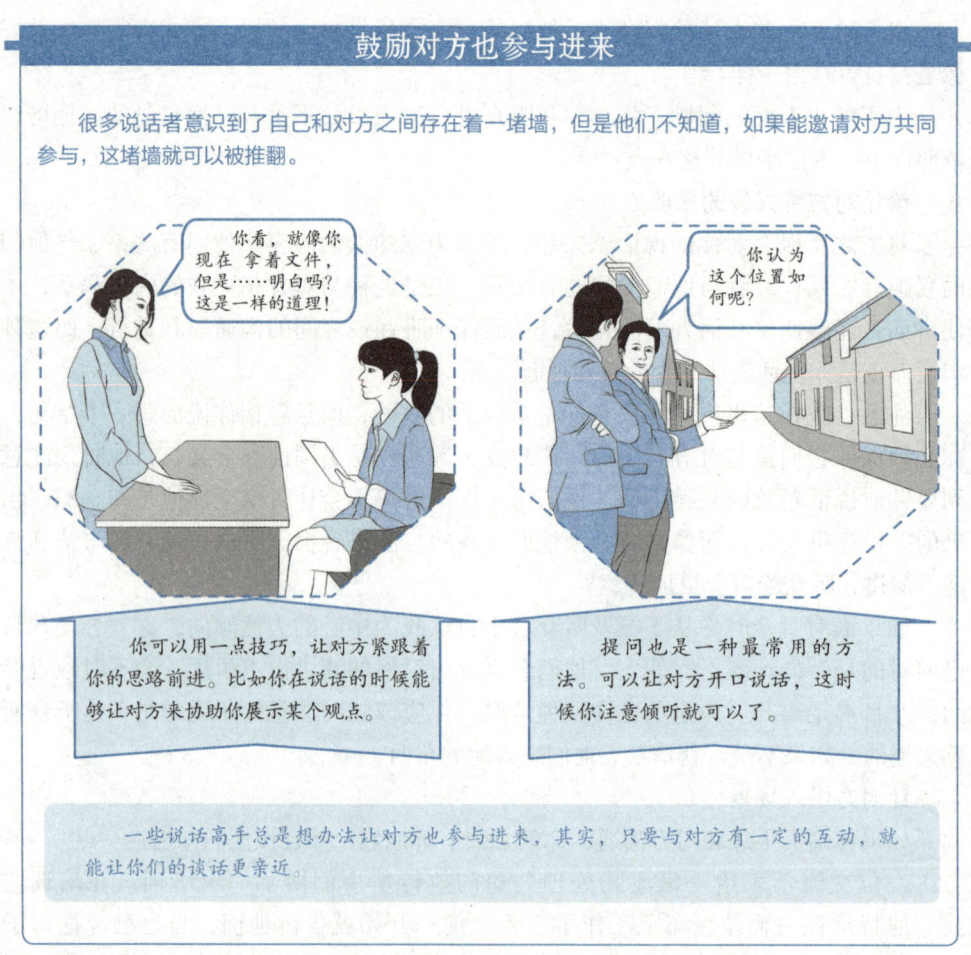

第五节　说的话要引人入胜

一般而言,人的注意力很不容易集中,除非你的谈话有足够的吸引力。当你以单调低沉的语气在某一个主题上平淡而谈时,对方容易感到乏味,从而导致注意力不集中。

在一次不甚精彩的演讲中，听众中间有一个人站起来离开了。他的妻子站起来对大家解释说："请原谅我的先生，他有梦游的毛病。"连演讲的人都笑了。

如果你不想在你讲话的时候出现这样的情况，你就必须学会抓住对方的注意力。如果发现对方根本没有注意到你在讲什么，你就必须改变你的话题（当然，是暂时的），或者改变你讲话的方式。

林肯是能够抓住对方注意力的，他非常清楚怎么样才能做到这一点。在做律师的时候，一天，一位老态龙钟的妇人找到他，哭诉自己被欺侮的事。这位老妇是独立战争时一位烈士的遗孀，每月靠抚恤金维持生计。不久前，出纳员居然要她交一笔手续费再领取抚恤金，而这笔手续费差不多相当于抚恤金的一半，这分明就是勒索。

老妇在林肯的帮助下把出纳员告上了法庭，但是被告在法庭上矢口否认他向这位老妇要过手续费的事情。由于这个狡猾的出纳员是口头对老妇进行勒索的，在没有凭据的情况下，形势显然对老妇不利。

轮到林肯发言的时候，无数双眼睛盯着他，想看他有没有办法扭转乾坤。

林肯用自己抑扬顿挫的声音开始了辩护。他首先把听众引入对美国独立战争的回忆。林肯两眼闪着泪光，述说爱国志士是怎么忍饥挨冻地在冰天雪地里战斗，为浇灌"自由之树"而洒尽最后一滴鲜血的。最后，他以巧妙的设问，得出令人怦然心动的结论：

"现在历史已经成为遗迹。1776年的英雄们，早已经长眠于九泉之下。可是他们那衰老而可怜的遗孀还在我们面前，要求替她申诉。不用说，这位老妇人以前也是位美丽的女子，也曾经有过幸福美好的家庭生活。不过，战争和岁月使她失去了这一切。她变得贫穷无依，不得不向享受着革命先烈用鲜血和生命争取来的自由的我们请求援助和保护。试问，我们能熟视无睹吗？"

发言戛然而止。人们被感动了，他们中有的捶胸顿足，扑过去要揍被告；有的眼圈泛红，流下了同情的眼泪；还有的当场解囊相助。在人们的一致要求下，法庭通过了保证烈士遗孀不受勒索的判决。

光是善良，并不一定能使林肯赢得这场官司。但是林肯巧妙地把人们——包括法官——的思维引到有利于他的一面，从而赢得了这场官司。

这就是引人入胜的好处——它能使对方被你的话吸引住，从而被你说服。你必须使自己的讲话引人入胜，这样才能吸引对方。

一位政治家跟一群农民闲谈关于政治的话题。他发现当自己讲了一大段话之后，农民们还是心不在焉，没有认真听他说的是什么。于是他给他们讲了一个幽默故事：

"三个年轻人救起一个不慎落水的政客。为了报答他们，政客说可以尽量帮他们实现愿望。第一个年轻人说：'我希望进入西点军校，但是我的成绩不理想。'

说话要善于迎合他人的心理

要想与人交谈的时候引人入胜，就要在说话时善于迎合他人的心理，只有这样对方才能被吸引。

1.倾听

要想自己说出的话是迎合对方心理的，就必须知道对方的心理上愿意听到的是什么，倾听可以了解对方。

2.找出切入点

在倾听中会得到一些关于对方的信息，从这些信息中找到让对方感兴趣的话题。

3.迎合

知道对方想听什么之后就可以迎合着对方的心理进行交流了。

政客回答说:'没问题,你能进了。'第二个年轻人说:'我申请进入安娜波利大学,但是遭到了拒绝。'政客回答说:'不用担心,你可以进去了。'第三个年轻人说:'我希望被埋在阿灵顿国家公墓。'政客很吃惊,问他:'公墓?为什么?'那个年轻人回答道:'如果我父亲知道我救了你,我会被他杀掉的!'"

农民们大笑起来。政治家接着说:"看来,一般人对政治家很有偏见,可那是因为对政治不够了解……"农民们很快就认真地听政治家讲话了。

这位政治家说了一个幽默故事以吸引对方来听他讲话,他的方法十分巧妙。幽默可以营造气氛、松弛紧张情绪,并建立你和对方之间的友好关系。如果办得到的话,在你的谈话中插入适当的幽默故事,会使对方对你的谈话更加感兴趣。

一般而言,我们在做到引人入胜这一点上,需要注意以下一些问题:

风格

你必须要具有自己的风格,这样才能展示属于你的东西。比如,大多数人喜欢讲话者风格明快,也不排除有人喜欢晦暗的讲话。但是,如果可能的话,尽量使自己的讲话属于明快型的。

声音

人们听到的是你的声音,而不是其他的东西。如果你的声音很动听,而且自己也把握好了怎么去说每一个词句,你必定能吸引更多的注意力。

说话时要注意你的语气,不要太轻,也不要太重。

思路

你需要表达得更有条理,这就是你的思路。在讲话的时候,你要想清楚自己要讲什么、怎么讲、讲到什么程度,你应该把话说得清楚、果断而且有条理。

当然,以上所说的这些并不是吸引对方注意力的全部方法。我们在实际的讲话过程中,需要自己去积累、总结这样的方法,然后用到讲话中去。

第六节　与异性交谈要大大方方

你可能一辈子都不跟一个日本人签订合同,也可能一辈子不跟一个意大利人谈生意,但是你却必须经常跟异性打交道。事实上,最能体现你的交往艺术的就是游刃有余地和异性进行交谈。

有这样一件事情:一位未婚女子被一位男士邀去一起吃饭。这位女性在餐桌上十分担心自己会给对方留下不好的印象,为了表明自己的优秀,她很自然地搬出在大学里所学到的那些渊博的知识来跟男士谈论。结果,她以后就是单独一个人用餐了,很少有男士再邀请她吃饭。

也有与此相反的另外一件事:一个没有进过高等学府的女服务员被一位男士邀请吃饭。她热情地注视着她的男伴,在听完这位男士的谈话后,带着仰慕的神情说:

"真的，我太喜欢你刚才所说的了。你再说一些关于你自己的事情吧！"结果这位男士告诉别人说："她虽然不是十分漂亮，但却是我遇到过的最会说话的女人了。"

知道如何与异性进行交谈，确实是十分重要的。有些人一跟异性交谈就心跳加快，从而出现交流困难；还有些人根本说不上话，即使说出了话也含糊不清、意思不明。这些都是对异性交谈感到恐惧产生的结果。

真正成功的说话者，不论面对的对象是谁，都能够侃侃而谈，并逻辑清晰、表达明确。

开始交谈的唯一办法是开口说话。不妨假定对方也跟你一样，希望并喜欢和别人交往。只有当两个人都对对方真正表示出兴趣时，人们所需要的那种兴奋才会出现。比如你们都想要同样的东西，可能你们也都害怕类似的东西，如困窘、遭拒绝或被迫干某种你们不喜欢干的事情等。

为了使交谈顺利开始，可以说些无关紧要的话，但要紧的是你的话必须引起对方的兴趣。有个女人在火车上坐在一个迷人的男人旁边，她十分想跟他谈谈话。她想了很久，终于想到了一个话题。原来，她正乘车去一个新的城市，准备谋一份新的工作，并且想到了自己与人交往总是困难重重。于是她对那个男人说：

"我要搬到一个谁都不认识我的城市去。我想我最好先考虑一下如何跟你相识。你好，我叫吉尔。"

眼睛正瞅着窗外的男人不由地笑道：

"我十分乐意跟你认识，并且想和你说说话。不知道你注意到没有，我现在确实很无聊。"

当你和异性交谈的时候，应该大方一点，而不应该扭捏。如果你是一个男人，在任何场合你都应该主动向女性打招呼，这对女性是一种必要的礼貌。女性天生比较害羞、含蓄，而男性则显得外向和主动。你应该积极、主动、热情地和女士讲话，把你的绅士风度拿出来。你可以尽量显得你很有学问、很有主见，同时也不乏幽默和对对方的关心。而如果你是一个女人，你就应该积极鼓励对方说话，同时也体现出你的温柔、礼貌和涵养。

了解两性之间的一些不同，对你和异性交谈可能会很有好处。

一般而言，男人自信、坦率，更善于解决问题；而女人敏感、善于表达感情，更会克制自己的冲动。据说一个男人平均每天说1.5万个单词，而一个女人平均说3万个单词。这可能有一定的道理，但是你千万不要以为，在任何场合女性都比男性爱说话。据男女交往专家研究：男性在正式场合，比如会议或演讲时，说话会多于女性，部分原因是女性在这些场合往往等着别人"让她发言"，而男性却经常主动发言；女性在私人场合，比如就餐或居家时，比男性要健谈。

两性之间交谈的另一个差别是：男性通常谈论非个人方面的事情，而女性却正好相反。男性可能会对《泰晤士报》上某篇有关高校学生行为的文章感兴趣，而女性则更喜欢跟你讨论送什么礼物给她的侄子。

两性之间交流还有一个不同点是：男性在表达的时候一般比较直截了当，女性却更多地使用暗示方法。如果有人说："我希望在会议上能得到足够的帮助。"女性容易将其解读为求助的信号，而男性却不会这么认为。

很多男人谈话都以必要性为前提，如果他们觉得某件事没有必要知道，他们就不会去谈论它。

当你在述说某一件事的时候，你的男同事可能总是沉默不语，即使你又重复了一遍，结果也可能不会有什么大的变化。实际上，你所说的他都听到了，只是他觉得没什么好说的。当然，他也许也会说一些话，以此来表示他听到你说的话了，如"对的""真有意思"之类。男性更容易理解这种沉默的反应；而女性则对此表示难以理解，虽然她们自己喜欢沉默，但是对男性的沉默却认为是在反对对方说的话。她们在听到一件事情后，总喜欢讨论事情的各个方面。

男士们应该赞美女人面部的修饰和她们漂亮的穿着，可是他们往往忘记了这一点。实际上，她们对这个十分在乎。

男女不同的语言表达

男女在语言表达的时候是不一样的，如果不了解就可能会造成一些误会。

当男人们聚在一起看足球比赛的时候常说"好球"，可如果你让他们说出究竟好在哪里，他们又不知该从何说起。

当女人们聚在一起观看文艺演出的时候，她们一直都会在下面窃窃私语，总能把自己的感受用语言表达出来。

这是因为男女的语言表达方式不同，这也就是为什么男女在交流的时候往往女人喋喋不休，男人却寡言少语。

第五章

打造说话风格的基础训练

第一节 声音：一开口就与众不同

声音是你讲话内容的载体。你的声音反映出你的感觉、你的心情和现在的状态，是你说话中强有力的、必不可少的工具。当我们与听众交流思想的时候，要使用许多发音组织和身体的各个部分。我们会做出这样的动作：耸肩、挥动手臂、皱眉、增大音量、改变高低调门和音调，并且依据场合与题材变换语速，以发出不同的声音来。

需要注意的是，这里所强调的是声音的效果而不是声音的原因，即物理品质。那些东西已经无法改变，而声音的效果则受到说话者的情绪、状态的影响，这就是强调说话者必须要热情的原因之一。因此，你需要一开口就与众不同。

遗憾的是，随着年龄的增长，我们中的大多数人都会失去幼时的纯真和自然，在不知不觉中落入一定的、为我们所习惯的沟通模式中去。这使得我们的说话越来越没有生气，我们也越来越不会使用手势，并且不再抑扬顿挫地提高或放低声音。总之，我们正在逐渐失去我们真正交谈时的那种鲜活和自然。

我们也许已经养成了说话太快或太慢的习惯。同时，我们的用词一不小心就会非常散乱。一再强调你在说话的时候要自然，也许你会误以为可以胡乱地遣词造句，或以单调无聊的方式表达——只要你做到了自然。其实不然。要求大家讲话自然，是要你把自己的意念完整地用词语表达出来。从另一个角度来说，说话高手绝不会认为自己无法再增加词汇，无法再运用想象和措辞，无法变化表达的形式和增强表达的效果。这些都是追求精益求精的人们所乐于去做的。

那么，如果你也想塑造自己的讲话风格，你最好注意一下自己的音量及音调的变化和说话速度。你可以把你说的话录下来，也可以请朋友给你指出来，当然，如果能让专家来给你指导的话则会更好。不过，这些都是没有说话对象的练习，跟实际说话完全不同。一旦站在人们面前，你就要将自己的全部精力投入讲话之中，以引起对方的共鸣。

选择什么样的说话声音，完全取决于你的个性、场合以及你所要表达的感情。在一般情况下，你的发音要做到清脆而洪亮。说话清晰，才显得有自信心、目的性明确和善于表达，这会给对方泰然自若的感觉。在公众场合，如果别人的谈话正处在争论不休的阶段，你站起来说一句话，语句简短、声音洪亮，则会产生震撼人心的作用。

讲话时你的声音能够让大家都听到吗？我指的是你的声音足够大而且清晰。你所处的场合也许是三两个人的促膝而谈，在这种谈话中你可能比较容易做到这一点。事实上，这时你如果音量过大的话，反而会使人以为你在跟人争吵。但是，如果你面对的是成百上千个听众，比如站在广场上发表演讲时，你则应该尽量让更多的人听到。因为如果他们没有听到的话，他们就会忽略你所说的内容，而不是提醒你大声讲或者重新讲述。因此，你要根据情况的不同调整你的音量。

当你需要强调某一个重点的时候，你可以适当地提高音量。在某个重要的地方提高音量，可以引起大家的注意。当然，有的时候适当地降低音量也能使你达到这个目的。在任何情况下，音量的变化都可以使你突出重点。

这里有一个运用重音的例子。

一天，林肯正低着头擦靴子，有位外国外交官看见了，嘲讽林肯说：

"总统先生，你经常给自己擦靴子吗？"

"是的，"林肯答道，"你经常给谁擦靴子？"

林肯的这句话巧妙地转移了对方的重音，使自己脱离了被嘲讽的境地，并置对方于尴尬的处境。

另外，你需要使你的声音有变化。变音涉及音高程度。如果你一直采用高音来说话，有谁愿意听这样尖锐的声音呢？而且，当你普遍地使用高音的时候，你的声音会显得过于单调。因此，你必须在音高上有所变化，这样能够使你的声音悦耳而且更有活力。与调节音量一样，当你要阐明某个观点时，变音也会使你更加积极地传达信息。你可以采取略高或略低的声音来表示你对某个观点的重视程度。

我们平时与人交谈时，声音会高低起伏不断变化，就像大海不断起伏一样。为什么会这样呢？没有人知道，也没有人关心这个问题。但是，这种方式显然能使人感到愉快，而且它也是一种很自然的方式。然而，当我们开始某种正式的讲话时，我们的声音却变得枯燥、平淡而单调，就像一片沙漠一样。当你发现自己出现以上的状况时，就要停下来反省了。

一般来说，你需要使你的声音避免出现以下这些情况：

发音含糊

如果你的牙齿紧紧靠合，或者更加糟糕些，你的双唇像腹语者一样紧闭不动，那么毫无疑问，你正在用鼻音说话。用鼻音说话导致的最大问题就是发音含糊不清。这样对方会以为你在抱怨，而你则会显得怏怏而无生气，非常消极。

听起来不确定

你必须使对方感觉到,你对你所讲的内容是非常自信的。当你的声音颤抖或者犹豫的时候,对方会以为你对所说的没有把握。如果连你自己都对你所说的没有把握的话,怎么要求让对方对它产生兴趣呢?

咕哝

不要使你的话听起来像是在自言自语。声音过低或者不清晰,听起来同样让人觉得你不确定。你可能本来就不打算让对方听到你的这些话,但是他们模糊地听到了,却不知道你讲的是什么,他们就会产生怀疑,猜测你正在说一些对他们不利的东西。

不同的场合采用不同的音量

声音过高

如果你的声音像飞机降落时候的制动声,对方会感到你十分可厌,因此不去听你讲话。过高的声音会使你的讲话具有攻击性,他们会以为你正处在一种压倒、胁迫他们的立场,而这不是他们所愿意的。所以当你喊着要大家听你的话的时候,没有人会愿意听从你的意见。

尾音过低

你可能会造成这样的情况:当到了一句话的结尾或者关键的地方,你的声音慢慢地低下去,最后就没有了。这样会使句子听起来不完整。你要相信,对方不会愿意去猜测你后面到底讲了什么东西。

令人不适的语调

无论你的意图如何,它最终都是通过声音来表达的。因此,如果你的声音里含有傲慢、蔑视或者其他消极的情感因素的话,你就会伤害听你讲话的人,或给别人不受尊重的感觉。

当你处于一种消极状态的时候,如果你将它掺杂到你的声音中,人们会把它想象得比真实情况要糟糕得多,转而分散自己的注意力。比如,你稍微的挫折感可能被理解为歇斯底里,而你的失望可能被理解为绝望。因此,你必须在你的语调中显示出你真挚的感情来,这样才能以积极的方式去吸引对方的注意力。

夹杂乡土口音

要想声音娓娓动听,最好不要夹杂地方口音。当然,如果你确实要用的话,你必须运用某种方法进行强调,而不要让人们以为你的发音不标准。

第二节 节奏:说话不能拖泥带水

你肯定希望自己给人干练、明快的印象,那么,你必须掌握好说话的节奏。影响说话节奏的主要有两个因素:讲话的快慢和说话内容的简繁。

在语言交流中,讲话的快慢程度会影响你向对方传达信息。速度太快就如同音调过高一样,会给人以紧张和焦虑的感觉。如果你说话太快,以致某些词语模糊不清,他人就会听不懂你所说的东西;而节奏太慢又会表明你过于拖沓、过于迟钝。

华特·史狄文思在《记者眼中的林肯》一书中说道:

"他(指林肯)会以很快的速度说出几个字,但是遇到他希望强调的词句时,就会拖长声音,一字一句说得很重。然后,他会像闪电一样迅速地把整个句子都说完……他会尽量拖长所需要强调的字句,差不多与说其他五六句不重要的句子所使用的时间一样长。"

比如,"今天我们要向大家介绍的就是我们公司的这款商品。"当你在说这句话的时候,你可以先用平缓略低的声音说到"公司的"这三个字为止,然后稍作停顿,热情地大声说出"这款商品!"利用这种技巧你一定能够收到意想不到的效果。

社交语言要简洁、精练,并尽可能地承载更多和更有用的信息,这样才能使你的说话节奏明快,使听众觉得你果断、直接和对说话内容肯定。如果空话连篇、言之无物,你的说话节奏必然拖沓,并且似乎很犹豫,好像在回避什么东西似的。

有的说话者在表达自己观点的时候讲得太多,而且持续的时间太长。前面举过一个例子,即林肯的葛底斯堡讲话。当时林肯只讲了两分钟,全篇讲话才不过226个字,但是爱德华·伊韦瑞特却讲述了两个小时。结果是,林肯获得了成功。

为了使你的说话不拖泥带水,你的信息最好简短直接。你需要注意的是:

直接

你需要直接地向对方表达你的意思。你需要尽快抵达主题,让你的主要意思清晰明了。有的人总喜欢旁敲侧击,但是这容易分散对方的注意力。

简单明了

当你在说明你的重要观点的时候,词汇或句子越少越好。一句老话这么说:"我问你几点钟,你不用告诉我表的工作原理。"

可是现实情况是,明明可以用少数词句就可以表达清楚的观点,人们总是喜欢用过多的词句,甚至堆砌故事、人物、数字来说明他的主题。你需要避免过多的修饰,它只会损害你的表达。

你应该知道下面这位父亲在说话时的错误:

一个十几岁的孩子第一次参加正式的舞会,他的父亲这样教导他说:

"你也许不应该在今晚的舞会之前、之中或之后喝酒。"

像"也许"这样缺乏说服力的限制词或关联词,听起来叫人不那么肯定你要表达的究竟是什么意思,对方可能不明白你所肯定的是什么。你不仅不能给对方以果断、直接和坚决的印象,还会使你的表达不够简洁。

集中一点

你可能会让你的主题有多个,这将使你和对方的精力都被分散。实际上,你要把一个主题讲得很透彻都十分困难,所以更不可能把每个主题都讲透。如果非得这样,那么每个主题你都只会浅尝辄止,因此跟对方讨论各种话题会影响你主要观点的表达。

另外,许多人总喜欢注重细节的描述。你可以描述细节,但是必须注意一个前提,即不能影响你的主题的表达。如果你过于重视这些细节,你的信息重点就会不清晰。千万不要让对方以为,在理解你的观点时需要付出多么艰难的努力。大多数人都不愿意这么去做。通过你的表达,使对方得到重要的信息,这才是最重要的。

第三节 体态：无声语言是有声语言的辅助

体态语指的是通过表情、身体姿势和手势传达信息的一种肢体语言。据说，在讲话者所要表达的所有信息中，通过非语言渠道传递的信息占了93%，其中38%来源于声音、语调等因素，而另外的55%来源于表情、身体姿势和手势等体态语。

因此，如果你不想对方对你产生"他懒吗""病了吗""累了吗"之类的猜测的话，那么，你最好不要显得那样。当然，如果你想发挥出色的话，这样还远远不够。

为林肯作传记的柯恩登这样写道：

"林肯更加喜欢用脑袋来做姿势，他会经常甩动头部。当他想要强调某个观点的时候，这种动作特别明显。有时，这种动作会戛然而止……随着演讲的进行，他的动作会越来越随意，最后趋于完美。他有完全属于自己的自然感和特点，这使得他变得很高贵。他瞧不起虚荣、炫耀和做作……有时为了表示喜悦，他会高举双手大约成50度，手掌向上，看起来好像要拥抱那种情绪。当他想表现厌恶时——比如对黑奴制度——他就会举高双臂、握紧拳头，在空中挥舞，表现出强烈的厌恶感。这是他最有效的手势，表现了他最坚定的决心，看起来他好像要把这些东西扯下来烧了一样。他总是站得很规矩，双脚并齐，绝不会一脚前一脚后，也绝不会扶在什么东西上面。在整个演讲中，他的姿态和神态只有稍微的变化。他也绝不乱喊乱叫，不会在台上走动。为了使双臂轻松，他有时也会用左手抓住衣领、拇指向上，而只用右手来做手势。"

圣·高等斯根据林肯演讲时的一种姿态为林肯雕了一座雕像，立在林肯公园内。你没有必要一定要模仿林肯的姿势，但是需要注意你的姿势却是一定的。

面部表情

你首先要注意你的面部表情。如果说眼睛是心灵的窗户的话，那么脸就是心灵的外观。你的所有情绪都写在你的脸上——如果你不是一个善于控制情绪的人的话。无论如何，你可以而且往往会通过表情传达更多的信息。表情有喜怒哀乐，但是对说话的人来说，一般情况下最重要的表情是微笑，它是拉近你和对方距离的最简单有效的方法。

当然，还有更多，这要看你的说话内容而定了。

手势

这里将重点讲述手势语，主要讲当你站着讲话时的手势。这个时候，手势是最自由和最强有力的体态语，也正是这个原因，人们往往也最容易犯错误。

在你开始讲话的时候，最好忘记自己的手，你不用担心会失去它。它们会很自然地下垂在身体两侧，那是最好的一种姿势。当然，在需要的时候，你会记得用它们来做出恰当的手势的。

说话时的身体姿势

在与人讲话或演讲的时候,身体的主要姿势无非是站着或者坐着,无论是站着还是坐着,都应该时刻注意自己的身体姿势。

在你讲话之前、听话的过程中,如果你必须面对对方坐下,就要把注意力专注于对方的话语,而不要四处张望,不管是演讲还是对话都应如此。

在你坐下来的时候,不要玩弄衣服或其他东西,这会分散对方的注意力,还会使人觉得你不够稳重、没有自制力。

当你准备讲话的时候——不论你是站着还是坐着——挺起你的胸膛,显出你很有自信的样子。

第四节　形象：让别人更容易接受

东方有句话叫作"人不可貌相"，说的是我们不能以貌取人。但是，我们不难发现，人们虽然知道这个道理，但在与人交往的时候，往往还是最先从一个人的外貌去作判断，揣测这个人是什么样的。尽管这种方法十分片面、很不科学，但是却形成了一种社会现象。因为我们在与人交往时，给我们直接的、真实的感觉的就是一个人的形象。至于他的内在，比如涵养和性格，都只能经过较长时间的观察才能得出。

具体说来，形象是说话者文化素养和情趣的反映，它微妙地作用于人的脑海，完成了语言难以完成的效果。如果你注意你的形象，争取在第一时间给人好的印象，那么这将有助于你得到别人的认同。比如说，你给人一种诚恳的感觉的话，别人可能对你产生一种信赖感，从而也相信你所说的话。

你可能非常相信你的老师所说的话，也更加容易被一个你仰慕已久的专家所打动。如果对方是一位总统的话，你可能毫不犹豫地认为他所说的话是对的，这在很大程度上是因为对方在你心目中的形象十分可信。假设你在街上邂逅一个陌生人向你推销商品，如果对方衣冠不整、口齿不清，你多半会认为他卖的是伪劣产品；而如果对方衣冠楚楚、谈吐不凡，你很有可能相信他介绍的产品的优点是真的，从而把它买下。

另外，社会学家发现，我们往往在7～20秒内就对别人进行了判断，这就是对方在我们心目中留下的印象。而这种在极短时间内形成的印象，日后也很难改变，甚至可以延续一辈子。这就是我们为什么本能地喜欢或讨厌一些人的原因。

我们可能会有这样的感觉：如果一个人给你的第一印象很好的话——假如他看起来很自信、对人真诚——那么你可能对他产生相当的好感，转而更加相信他所说的话。事实上，这是所有人都有的感受。

面对说话者，我们的第一印象确实十分重要，这几乎可以影响到自己对对方的所有判断。比如，面对同一个演讲者，如果他给你的第一印象好的话，那么不论他讲得好不好，你都会认为他讲得好；而如果他给你的第一印象坏的话，他即使讲得再好，在你的心里仍然要大打折扣。这个印象对判断他以后的演讲仍然有一定的影响。

既然事实如此，你如果想给人好的印象，使他对你的话更加相信的话，就只有更加注意自己的形象，尤其是给人的第一印象。良好的第一印象是成功交往、创建融洽的人际关系的良好开端。关于形象的建立，具体说起来非常复杂，因为它包含了许多内容。而前面所讲的很多内容仍然有效，比如，有艺术的说话，就能够使你看起来比较可信，因此也有利于在别人的心目中建立你的良好形象。现在着重补充以下的内容：

衣着形象

衣着是信息的一部分，人们对衣着会有自己各种各样的判断。我们应该知道为什么在店铺里穿着好的人会比穿着简陋的人得到更好的服务。一个娱乐节目的主持人，如果他穿着一套笔挺的西装的话，可能会显得比较尴尬；而一个政府发言人，

修饰即人，形象具有重大的意义

修饰即人，是说修饰美能反映一个人的追求及情趣，因此，在修饰上，要注意以下几点：

老师今天怎么穿成这样啊？

首先，美的修饰要考虑被修饰者的年龄、身份、职业等。

其次，服装与环境要和谐。服装要与所处环境的色彩和整体氛围相和谐。还要注意把握色彩的民族性、地域性特征。

最后，服装与人要和谐。这种和谐表现在服装与人的体型、肤色等外在条件的和谐以及与人的气质、性格等内在条件的和谐。

如果他穿着一套休闲服装的话，人们可能不大相信他所说的话，甚至可能以为他是冒牌的。至少你也应该做到让人看起来顺眼，而不是相反。

如果需要更高一点的要求，那就是：衣着应该支持你的观点，而不是转移它。对说话人而言，更重要的一点就是看起来可信——如果你穿着合适的话。

一个人的穿着打扮，包括服饰的颜色、式样、档次和搭配，以及饰物的裁剪，都与他的性格爱好、文化修养、生活习惯有关系。心理学家发现：一个注重穿着打扮的人，他的责任心和可信度会比较高。

你在穿着方面应该注意以下的问题：

装束要适度。你要让对方注意的是你的讲话，而不是你吸引人的衣服。

要擦亮你的皮鞋。你在台上的时候应该更加注意这一点。

穿着要舒适。不要让领带勒紧你的脖子，这会让你看起来很费劲。

不要把你的衣服口袋塞满。这会让你看起来像是刚从杂货店出来。

不要让你的铅笔等物品从衬衫口袋或西服口袋里面露出来。这会让你看起来很令人讨厌。

礼貌待人，主动热情

不要让自己看起来冷冰冰的，这会让人觉得你很高傲，从而打消跟你交往的念头。你要举止得体、彬彬有礼，而不要看起来很莽撞、没有一点涵养。主动热情则要求你在交往的过程中表现为喜欢、赞美和关注他人。如果你做到了这一点，对方会认为你说的话确实是从他们的角度进行考虑的，从而更加愿意相信你所说的话。

求同存异，缩小差距

平等是交往的首要原则。如果你看起来高人一等的样子，你会使人产生反感情绪；相反，如果你随时都附和别人的观点，那么人们也会认为你没有自己的主见。

相似是交往的另一个原则。你如果和他人在兴趣爱好、观点态度，甚至年龄、服饰等方面差距较小，就会较容易和他拉近距离，从而消除陌生感，尽快地从心理上靠近对方。

了解对方，记住特征

每个人最关心的都是自己。如果你对他的个人问题表示出一定的关心的话，你会给他一种被尊重的感觉。在了解了他人之后，如果你打算更进一步地交往的话，你需要把你们的话题转换到他感兴趣的事情上来。

比如，如果对方喜欢养花的话，你可以跟他谈谈养花的逸闻和趣事，或者表示你对玫瑰的历史有相当的兴趣。不过，千万不要请教太高深的问题，如果对方回答不出来的话，他容易迁怒于你。

第五节　修辞：让话语更有分量

耶稣在解释"天国"时，采用了一种非常好的方法，那就是运用人们熟悉的东西来说明他们不熟悉的东西。比如，他说：

"天国就像酵母，人们把它放到玉米粉里面，它就会全部发酵完毕……"

"天国就像寻找珍珠的商人……"

"天国就像撒入大海中的网……"

在这里，"天国"可能不是人们所熟悉的，而酵母、商人、网则是为大家所熟悉的东西。耶稣采用了这样一种巧妙的方式，运用两者类似的地方进行比较，就更加容易让人明白。

你是不是有时候也会这么去做？当你想要对方快一点的时候，你可能会对他说："希望你弄完的时候，我还不至于变成'木乃伊'！"你和对方都知道，你至少在这么短的时间里变不成"木乃伊"，但是你却很明显地夸大了事实。实际上，在说话的时候，如果你想要强调某一点，适当地运用一些夸张将是一个非常好的办法。而如果你想说明某人的做法可能会产生严重后果的话，你也许会说："你这样做，就好像是打开了潘多拉的盒子。"而他肯定也知道你说这话的意思。

如果你现在正在跟一个古希腊人辩论，你的好处将是，在这里没有你讨厌的律师；而坏处是，你必须自己为自己辩护。正是因为这样，如果想要在辩论中取胜，你必须采用各种各样类似上面所举的例子那样的方法来改善自己的话语，以使它更有分量，使人们更加相信你。而这种方法就是通常所说的修辞。如果你注意了的话你就会发现，律师之所以能言善辩，正是因为经常用到它。

上面所举的两个例子是两种十分常见的修辞方法，耶稣用的那种是比喻，而你在说自己变成"木乃伊"时所用的是夸张。修辞方法除了上面两种外，还有许多种。你不用因为需要掌握这么多修辞方法而烦恼，实际上，正是因为它多，才使你的说话变得更有说服力。这里将就几种主要的、对你来说可能容易掌握的修辞方法进行简略的说明。

引用

实际上，这种修辞方法是我们最常用到的。卡耐基就经常在本书里大量地引用著名演讲家和学员的故事来说明他的观点，事实证明，这样的确收到了很好的效果。

反复

也就是以相同的节奏重复同一个意思。这样做的好处是，你不仅能够把听众的注意力吸引住，从而让他们知道你的主要观点是什么，而且能够将你的主要思想与整个演讲融为一体。比如，一个演讲家在谈论某个部门的时候说：

"这个系统，它有着糟糕的公众服务，政府雇员的数量却远远超过了工厂。

"这个系统，它有着一个好管闲事的政府，每时每刻都准备插手你的商业事务和私人生活。

"这个系统，它吞噬了整个国家将近一半的财政预算。"

通过反复，他让听众相信，这个部门确实存在很多问题而急需改革了。

对比

对比是指同时列出两个相反或者相对的事物。我们先看查尔·狄更斯在《双城记》里是如何巧妙地运用对比这种修辞手法的：

"那是最美好的年代，也是最糟糕的年代；那是智慧的时代，也是愚蠢的时代；那是信仰的时期，也是怀疑的时期；那是光明的季节，也是黑暗的季节；那是希望的春天，也是绝望的冬天；在我们前面，堆积如山，也一无所有；我们全都奔向天堂，也全都走向地狱……"

对比确实能够使原本平淡无奇的话变得精彩，使你变得很雄辩。不用去管为什么会这样，这些问题可以留给语言学家或心理学家去解答，你只要知道它有用并尽量去用就行了。

反问

当你在表达一个观点的时候，你可能会说："难道不是这样吗？"一方面，你认为事实明明就是这样的；另一方面，你可能并不需要听众回答这个问题。这时候，反问只是为了吸引听众对你的问题的注意，它常常被用在结论和过渡中。

但是有时候，它可以表达更多的意思。如果你想说服一个人，最好的方法就是举出例证反问之，这样比正面辩论要有更大的说服力。

有一次，伟大的拿破仑骄傲地对他的秘书说："布里昂，你知道吗？你将永垂不朽了。"布里昂并没有明白他的意思，问拿破仑为什么这么说。

拿破仑说道："你不是我的秘书吗？"

布里昂明白后，不甘示弱地对拿破仑说："请问，亚历山大的秘书是谁？"

拿破仑没有答上来，他赞扬布里昂说："问得好！"

你明白这段对话的奥妙吗？拿破仑的意思是，因为布里昂是他的秘书，所以会扬名。但是，布里昂却表示自己不愿意靠别人出名，所以反问了拿破仑这么一句话。他问拿破仑那句话的意思是，伟大人物的秘书不一定就会出名。但是，因为拿破仑是他的主帅，他不能直接反驳拿破仑的观点，所以用反问巧妙地表达了自己的看法。

排比

排比就是将三个或三个以上同样的句式放在一起，而不是表达同一种意思。你可能也曾经看到过这样的例子，只是没有注意而已。

排比的独特优点还在于它对任何话题都适用。无论你要讲的是什么，你总能用上这种修辞方法。

关于更多的修辞方法，你可以找相关的著作来看。

第六章

日常说话的误区

第一节 沉默不见得永远是金

我们常常说:"沉默是金。"大部分人都认为,有些事情只要你心里知道就行了,没有必要把它们说出来。说出来有什么好处呢?人们可能说你爱表现自己,没有谦虚、谨慎的优秀品德。

沉默是金吗?这个问题不好回答,因为说话是一门大学问——有时候你想说却不能说;有时候你想说却不该说;有时候你想说却不会说;有时候你想说却不用说;还有些时候,你需要说却不愿说。古代希腊有人把寓言比作怪物,它可以用美好的词语来赞美你,也可以用最恶毒的方式攻击你;它能把蚂蚁说成大象,也可以把大象说成蚂蚁。

一个新员工陪同一位公司的经理去参加一次业务谈判。在谈判的过程中,这位新员工为了表示对经理的尊重,自始至终不发一言。谈判结束后,新员工马上就被辞退了。这位新员工可能到最后都不明白自己为什么会被辞退。

还有一个类似的例子,也是一个员工和他的上司一起去参加一次谈判。这位员工发现了一个很重要的问题,他不知道这个问题是上司还没来得及讲,还是上司觉得没必要说出来。他很想问上司到底是怎么回事,因为这个问题可能会使公司损失上百万。最后,当他发现谈判可能快要结束的时候,他终于决定提醒上司。但是很遗憾,因为种种原因,直到上司和对方签订了合同,他还是没有把这个问题提出来。这次的"沉默"使公司损失了上百万。

沉默往往是那些自以为别人已经了解自己内心想法的人做的事情。他们以为,自己已经做了种种暗示,也看到了对方似乎明白他们的意思,因此不必把话说出来。但事实是,每个人最关心的都是自己,如果不是特别敏感或者对对方特别熟悉的人,别人不会对他人进行深入细致的观察,从而从他人的表情或别的细微动作中判断出他的心理。况且,即使他们猜到了,他们也会对此抱有疑问,因为他们的猜测并没有得到证实。

说话有那么麻烦吗?说话比其他事情更让人们犯难吗?

实际上,懂得说话是一个现代人必须要具备的本领。在今天这样的时代,探讨学问、接洽业务、传授技艺，还有交际应酬、传递信息等等都离不开说话。一个人如果会说话，不仅能把自己的意见完整地表达出来，还能在某种程度上直接体现自身的能力。而你如果不说话，会达到这样的效果吗？

沉默往往导致你没有办法得到这种认可，从而也阻止了你成功的步伐。有些人不喜欢说话，完全是出于自卑心理，或者因为某种原因而不屑开口说话。把话说出来是很重要的一步，无论你表达了什么样的观点。而与人的交流是人进步的阶梯，为了不做"沉默的智者"，你甚至可以做"说话的矮子"，以后，你会变成一个会说话的智者的。

沉默也要分场合

很多人不愿意说话，就选择沉默，认为只要不说话就不会犯错，也不会带来不利的影响。其实，沉默也要分场合。

咱认识这么多年了，你还是这么不爱说话。

当你和熟悉你的朋友在一起的时候，你可以选择不说话，因为即使你不说话，对方也有可能知道你在想什么。

但是如果你和不太熟悉你的人在一起的话，你不说出你的意见和观点，有谁知道你心里是怎么想的呢？

很高兴认识你们，我想说说我的一些想法……

所以，需要表达自己的时候就不应该再沉默，而是勇敢说出自己的想法，学会表达自己。

马雅可夫斯基说过:"语言是人的力量的统帅。"语言表达在社会生活和人际交往中都有十分重要的地位。美国诗人佛罗斯特从说话的角度,把一般人分成两类:一类是满腹经纶却说不出话来的人,而另一类是胸无点墨却滔滔不绝的人。他的认识十分深刻,我们在生活中可以看到知识丰富却不善言辞的人,也经常有不学无术的人废话连篇。

可能还有另外一种情况,那就是你应该说"不"的时候却选择了沉默。玛丽和约翰以及他们的很多同事被邀请参加一个由著名演讲者参加的宴会。玛丽高高兴兴地参加了。在宴会上,公司的人一起买了许多食物,但是玛丽一点都不饿,她只吃了一个烤土豆,而别的同事一般都吃了好几道菜。葡萄酒和香槟可以随便喝,她也没有喝一口。宴会结束后,大家决定平摊费用。于是,玛丽为了一个烤土豆花了70美元。

第二天,玛丽抱怨这件事情太不公平了。但是她没有想这种不公平是谁造成的。是她的同事们吗?不是。真正的原因在于她自己附和了他们的决定,保持了沉默。

同样参加宴会的约翰,在面对这样的情况时,对同事们说:

"我不想跟大家平摊,因为我总共才喝了一杯饮料。我愿意为这杯饮料买单,即使稍微高一点也可以。我愿意付20美元。"

一开始,大家都觉得十分尴尬,因为这好像有点抠门。但是过了一会儿之后人们发现,对约翰来说,只有这样才是公平的。他并没有受到同事的指责。

你是不是也遇到过这样的情况呢?当你被邀请参加一个聚会,虽然你事先已经决定去图书馆,可还是不得不停止读书的计划,只因为你保持了沉默。而另外某天,同事让你第二天帮她买一张车票,因为她听说你住得离车站比较近——而实际情况并非如此——她以为你只要花几分钟就能买到,于是你答应了,但后来你发现必须为此请一天假。这样的时候,你为什么还要保持沉默呢?

所以,需要你讲话的时候,千万不要保持沉默。

第二节 随声附和最没特点

随声附和在多数情况下可以被看作是一种善意的成全。你有可能为了顾及到对方的面子,有时候的确为了表示自己没有任何看法,从而显示出你没有独立的个人意识。在很多情况下,随声附和是一种没有独立思想的表达方式,它容易让人觉得你比较虚伪。

从不盲从的爱默生说:"要想成为真正的'人',必须是一个不盲从的人。你心灵的完整性是不容许被侵犯的……当你放弃自己的立场,而用别人的观点去看问题的时候,错误便产生了。"这段精彩的话,对那些企图通过遵从别人的观点而赢得人际交往成功的人而言，无疑是一个很大的震撼。

一些涉世未深的人常常会害怕自己与众不同，因此，他们从穿着、行为、语言，甚至是思维方式上模仿别人，以便能够得到对方的认同。她们经常会说"别的女孩像我这么大，都已经开始谈恋爱了""玛丽的爸爸并不反对她搽口红"等。

很多时候，我们思考和判断的结果可能确实跟很多人一样，比如，我们会发现诚实是最好的行动指南。这不是因为人们这么说了，而是我们根据自己的观察、思考和判断得出了这个结论，我们的确认为犯罪是不应该的和理应受到惩罚的。这自然不能算作盲从和因袭，正好相反，这才是真正的独立人格和独立意识。幸运的是，正是因为我们大多数人都会相信诸如诚实这样的原则是很重要的和正确的，我们的社会才不至于失去正义和美。否则，我们的社会就要陷于一片混乱了。

但是，世事都不是绝对的。一些重要的基本原则，因为时代的变迁和地点的变化，都有可能发生具体的改变，甚至有可能发展到与原来意义截然相反的地步。比如，刑讯逼供在原来是人们所公认为合理的，但是现在变成了可以质疑的制度。正是那些不因袭前世的改革推动了社会的进步，这才是文明进步的动力。

我们有时候随声附和他人的观点，可能并不是因为自己没有独立的思想，而是出于某种考虑。比如，我们都知道，反对别人的意见是一件不那么容易或者至少会给我们带来不愉快的事情，因此也就不那么急于反驳别人了。大部分人都宁愿对政府的政策保持赞同的态度——即使有不满意的地方——因为他们不愿意失去自己所拥有的那些东西；而反对政府的话，则可能会有某种危险存在。一般的人，容易摇摆在各种意见之间，因为我们可能这么认为：既然有那么多人同意，那么它想必是对的，而我所想的可能是错的。我们的信念可能就在这样的摇摆之间动摇、改变以至于松垮。我们对自己的判断失去信心导致了这一点。但是，那些能够说出自己不同意见的人却截然相反。在一次聚会上，在场的人都赞成某一个观点，除了一位男士。他毫无顾忌地表示自己对此表示反对。后来有人非常尖锐地问他的观点是什么，他微笑着说："我本来不打算发表自己的意见，因为这是一个愉快的社交聚会。本来我希望你们不要问我。但是，既然如此，我还是把自己的观点表达出来吧！"于是他说了自己的看法，并且对之前的那个意见进行了批驳。可以想象，他立即遭到了许多人的诘难。但是，他却始终面带微笑，坚定不移地固守着自己的观点，毫不让步。虽然最后彼此都没有说服对方，但是他却赢得了大家的尊重，因为他有着自己独立的判断。

在这方面，爱默生所采取的立场值得我们敬重。他认为，每个人对自己和社会、神都有一种责任，那就是好好地利用自己所具备的能力，以增进全人类的福祉。他在世的时候，那些反对奴隶制度的人都希望得到他的支持。虽然他也同情他们，希望他们的运动能够获得成功，但是他知道自己不是适合做这种事情的人——

而众所周知的是，一个人只有做最适合自己的事情，才可能发挥最大的作用——所以，他拒绝了做这件事情，而选择了做其他的有利于人类福祉的工作。为此，他曾经遭到巨大的误解，但是他却毫不动摇。坚持不迁就他人的原则，或者坚持一种不被大多数人支持的观点，都不是一件容易的事情。

我们的生活如今到处都充满了专家，我们已经开始对他们产生依赖，因此丧失了对自己的判断的信心，于是，我们对许多事情都不能提出自己的意见和看法。我们现在的教育，也是针对一种既定的性格模式来设计的，因此这样的教育模式不能

不要一味地随声附和

您说得对，我刚来，以后您多多关照。

当我们处于一种陌生的环境，没有过往的经验为自己作参考的时候，最好的办法莫过于借鉴他人的标准。

我认为刚才小李说的还有不足，这样会更好一点……

但是当自己的经验和知识足以指明方向的时候，就应该开始转变，不再模仿和附和别人。你就可以对他人的意见作出判断。

我们应该相信，无论如何，时间和努力能够形成这样一种经验和能力，使自己拥有个人的判断能力，因此，我们要适时地发出自己的声音，不要一味附和。

培育出各种各样有用的人才。大部分人都是追随者，而不是领导者。在一般的公立学校，那些胆敢对子女的教育方式产生怀疑的父母实在是很不容易的，因为这项工作通常是由专家们来做的。那些父母是能够独立思考的人，并对自己的信念极有信心。他们不断地提出自己的观点，与那些专家论战。一年之后，他们被选出来当社区教育委员会的委员。有数百名孩子因为他们而得到更多更好的教育。

澳大利亚驻美国大使波希·史班德爵士曾经发表过一篇演讲，他说："生命对于我们的意义，是要我们把自己所具有的各种才能充分发挥出来。我们对国家、社会、家庭都有无可推卸的责任，这是我们来到世上的唯一的理由，也使我们活得更加有意义。如果我们不去履行这些义务，我们的社会便不会有秩序，我们的天赋和独立性也不能够发挥——我们有权利也应有机会去培养自己的独特性，并借以追求自己、家人、朋友，甚至全人类的福祉。"

而爱德加·莫勒在《周末文艺评论》中的一段话也值得我们深思："虽然人类还无法达到天使的境界，但这也并不构成我们必须变成蚂蚁的理由。"

第三节　说话不能太直接

柯立芝总统执政的时候，一个朋友应邀到白宫做客。他听见柯立芝总统对他的女秘书说："你今天穿的衣服很漂亮，你真是一位漂亮的女孩子。"平时沉默寡言的柯立芝总统，一生很少称赞别人，但是却对他的女秘书说出这样的话来，这使得那位女秘书听了之后，脸上顿时泛起一片红晕。柯立芝总统接着说："别不好意思，我所说的话，都是发自内心的。不过，从现在起，我希望你注意文件上的标点符号，不要再出现类似的错误了。"

理发师在替人刮胡子时，通常会先敷上一层肥皂水，使顾客的脸不至于受伤。这跟柯立芝总统的方法有异曲同工之妙。柯立芝总统运用的方法，也是不直接说出对方的缺点，而是先赞美对方。在这样的情况下，我们提出的意见才不至于引起别人的反感，因此也更加容易达到让别人改正错误的目的。

我们在一般情况下是一看到对方有什么问题，就直截了当地指出来。但是，在更多的时候，我们只有含蓄一点、委婉一点，才能达到自己的目的。另外有些时候，因为环境、气氛、心理等因素，有些东西不方便直接说出来，也必须要用比较委婉的语言来表达，即通常所说的"转着弯儿说"。只有这样，才不会给对方和自己带来不良的影响，从而不会破坏谈话的情绪，甚至阻碍谈话的进行。

委婉和含蓄往往是联系在一起的。它并不是含混其词，其结果也是说出了自己的观点，只是比较隐蔽而已。它是一种比直接说话更加富有智慧、更加具有魅力的表达技巧。其根本目的是通过另外一种更加合适的方式表达自己的观点，或者使别人被自己说服。培根说过："含蓄和得体比口若悬河更加难能可贵。"

确实，在某些场合，委婉、含蓄地说话比直接说出来效果要好得多。一次，年轻的莫泊桑向著名作家布耶和福楼拜请教诗歌创作。两位大师一边听莫泊桑的诗歌朗读，一边喝香槟酒。听完之后，布耶说："你这首诗，句子虽然有些小疙瘩，像块牛蹄筋，但是我读过更坏的诗。你这首诗就像这杯香槟酒一样，勉强还能吞下。"这个批评虽然很严厉，但是却因为比喻的运用而减少了它的分量，给了对方一些安慰。

一个人在禁止捕鱼的地方网鱼，这时候，来了一个警察。捕鱼的人心想这下肯定糟了，不料，那位警察却出乎意料地用非常友好的口气对他说："先生，你在此洗网，下游的河水岂不是要被你污染了吗？"这句话使捕鱼者十分感动，他立即诚恳地道歉，并且把渔网收了起来。而在此之前，他本来想跟警察讨论一下这里为什

话到嘴边绕一绕

做人直接诚实是一种好的品质，但是有时候太直接会给人际关系带来不利影响，所以，有些话不能直接说出口，而是需要绕一绕。

> 哎呀，你的白头发这么多了啊，咱出去见客户给人印象多不好啊。

> 既然这样你自己去吧。

> 这次见客户是在户外，太阳太晒，咱戴着太阳帽去吧。

> 她可真细心，一定是怕我觉得有白头发会不好意思。

直接说出对方的缺点容易让人感到尴尬和厌烦，换一种表达，可能会让对方更容易接受，甚至会感激你。

这就是直接说与委婉地说出来的区别，哪一个让你觉得更好一点呢？

么要禁止捕鱼呢!

在一家高级餐馆里,一位顾客坐在桌旁,却把餐巾系在了脖子上。这种不文雅的行为很快引起了其他顾客的不满。餐厅经理叫来了一位服务生,对他说:"你必须想办法使这位先生不再做这种不文雅的举动,你要让他知道,在我们这样的高级餐厅,这种行为是不被允许的。但是你必须尽量给他保留尊严。"这可是个十分棘手的问题。那位侍者想了想,然后走到那位顾客旁边,礼貌地对他说:"先生,请问你是要理发呢,还是打算刮胡子?"刚说完,顾客就意识到了他的不文雅的行为,并且赶紧取下了餐巾。

这位侍者并没有直接指出那位顾客的不当行为,而是拐弯抹角地问了一件与餐馆毫不相干的事情。表面上看来,这位侍者好像是问错了,但是正是这种问话,才起到了既顾及顾客的面子,又提醒了他的不当行为的作用。

一般的人对陌生人似乎很委婉,看起来的确很客气,但是他们认为对熟悉的人就不必如此了。这种想法当然是错误的。要知道,不论是陌生人还是熟悉的人——即使是你的亲人,他们都希望自己被别人尊重。他们与陌生人只有一个差别,那就是陌生人可能会暂时接受你的看法,但是却并不会在心底里赞同你。

本拉说服他儿子的做法,有值得我们借鉴的地方。

一天晚上,本拉的太太拿电话账单给他看:"你看看,我们的儿子在我们去欧洲旅游的时候,打了多少长途电话。"接着她指着某一天的记录说,"单这一天,就打了1小时40分钟!"

"什么?!"本拉意识到这样的行为再发展下去,可能会耽误儿子的学习,于是就准备上楼去教训他。但是,本拉站起来又坐了下去,因为他想到自己现在正在气头上,还是不要说的好,而且他需要找点技巧去说服他已经16岁的儿子。

本拉把话忍到了吃午饭的时候。他在饭桌上装作毫不经意地说:"约翰,暑假快结束了,你马上要回学校了,你抽时间查查看哪家电话公司打长途电话便宜。"然后他又来了个急转弯,"咳,你这学期应该挺忙的,也没多少时间打电话,我是多操心了。"

儿子马上领会了父亲的意思,他不好意思地说:"是啊是啊,我因为要回学校,跟同学联络,上个月打了很多电话。以后不会这样了。"

就这样简单!本拉先生把省钱、少打长途电话、用功读书这些意思都表达清楚了,他换了一个方法,因此也没有产生什么不快。

听起来是不是很简单?确实这样。但是你必须能想到这么去做,才能做得很好。

第四节　不懂装懂只能显得更无知

一般人会认为如果在某件事情上承认自己的无知，就会被别人看不起，因此，他们极容易产生一种唯恐落后于他人的压迫感，从而拒绝承认自己无知。被好胜心驱使的人们因而就会对自己一知半解甚至一窍不通的东西装作很懂的样子，以此来保全自己的面子。

事实上，你经常能看到这样的人。他们会在一件小事情上大做文章，以此显示自己懂得很多大道理，好像什么都懂。别人一谈到某个问题，他们就立即想要发表自己的观点——不管他们有没有想过这个问题——以显示自己有多么高明。他们希望给人们这样一个印象：他们无所不知，而且对他们所知道的东西都达到了专家的水平。

你觉得这样的事情有没有可能？当然是不可能的。在现代社会，信息量极大丰富，知识爆炸性地增长，专业门类极多，而每个专业也都研究到了很深的地步。任何一个人——即使他是天才，也不可能对所有的东西都通晓。

关键问题还在于，那些不承认自己有所不懂的人，他们没有办法对某一件事情精通。我们可以设想：他们什么都想知道一点，而现在知识又这么多，他们怎么会有精力进行深入的研究呢？不过，可能他们本来就不打算精通某一个专业。他们的目的，只是为了表现自己而已。而实际上，这样的人才是真正一无所知的。

而工作中那种不懂装懂的人喜欢说："这样的工作真无聊。"其实，他们内心的真正感觉是："我做不好任何工作。"他们希望年纪轻轻就功成名就，但是他们又不喜欢学习、求助或征询他人意见，因为这样会被人认为他们"不胜任"，所以他们只好装懂。而且，他们要求完美却又严重拖延，导致工作一点都不出色。

在现实生活中，我们喜欢交往的往往是那些看起来很平凡，但是当你跟他交谈之后，就会被他的内在思想所倾倒和折服的人。这种人的真诚、坦率感染了我们，他们所使用的词汇也简单明了，一点儿也不故作高深。

有一位小杂志社的社长，不管在什么场合都喜欢装腔作势，并且他常常使用那种听起来很不舒服的音调来表明自己很高明。他经常在别人面前表现得无所不知，这种姿态也使许多人觉得他在做自我宣传。然而，不论他再怎么装，他还是得不到别人的认同。他所出版的杂志，销量也不好。

他的杂志总是被人们认为是现学现卖的东西，甚至十分肤浅。这是因为他喜欢对所有的事情都加以批判，并似乎以此为乐。当他一开口，旁边的人就会说："我的天啊！他又要开始说话了。"然后便万分痛苦地听他自我吹嘘。这种人本来就没有多少智慧，他越是显摆就越显示出自己的无知。

承认自己有不知道的东西，这并不丢人。倘若为了抬高身价而自我吹嘘，一旦被人家看穿，人们就会认为你是一个虚伪的人，甚至认为你一无所知。在人际交往中，一定要保持一个良好的心态，不要不懂装懂。

如果对方指出了你犯的一个错误，你千万不要下意识地为自己找借口。你不用想象自己是一个全能的人，因为那永远是不真实的。

几乎所有企业都希望招聘到具有诚实精神和美好品德的职员。因此，在接受面试时千万不要试图对"明察秋毫"的经理说谎。不少人在接受面试时，由于迫切希望得到眼前的这份工作，通常很容易犯下"不懂装懂""故意隐瞒自己的缺点"或"夸大自身优点"的错误。如一些毕业生可能会在求职简历中描述自己的能力时夸夸其谈，或违背事实地强调自己在某项社会实践活动中处于"主导地位"。

汤姆到纽约一家公司的大卖场应聘一个管理职位，并按要求填了登记表。回家等通知期间，汤姆并未花力气了解这家公司。他自信满满，因为他形象、气质、学历俱佳。面试时，主考官问汤姆对公司了解多少，汤姆凭印象说这家公司是一家非常大的企业，还十分肯定地说公司注册资金为10亿元。事实上，该公司只是一家中型企业，注册资金也不是汤姆说的那个数字。最后，汤姆落聘了。主考官说，管理人员必须具有一定的原则性。汤姆的问题在于他不懂装懂，而且不够诚实，"这样的人很难坚持原则，如果在工作中也这样信口开河，说不定会闯出什么乱子"。

我们很容易知道，那些喜欢不懂装懂的人可以随时找出一个理由来为自己进行辩护——好像他们是不得不这样做的。我们应该如何评价这样的做法呢？我们是否应该放弃自己应该有的诚实和虚心，而去获得这种暂时的利益呢？答案当然是否定的。

第五节　喋喋不休不等于口才好

如果你口才好，可以使人家喜欢你，可以结交好的朋友，可以开辟前程，使你获得满意的结果。假如你是一个律师，你的口才便会吸引一切准备诉讼的当事人；而如果你是一位店长，那么你的口才将帮助你吸引更多的顾客。有太多的人因为善于辞令而得到提拔，也有许多人因此而获得了荣誉和厚利。你一生的成败，有一大半是由于说话这种艺术的影响。

你或许承认这一点，但是你却并不一定知道什么才是好的口才。好的口才意味着能够对着墙壁一个人说上三个小时吗？意味着可以无视已经昏昏欲睡的听众，发表冗长的演讲吗？意味着可以就某一件小小的事情，比如系鞋带，翻来覆去地说上半个钟头吗？

你的这些错觉来源于现实。许多人就是能够做到这些的人，他们就可以不管对方的反应如何、不管话题多么无趣，而能够滔滔不绝、侃侃而谈。但是我们不得不遗憾地说，他们所掌握的并不是真正的好口才。他们所谓的口才大概相当于家庭主妇吃完晚饭后的闲聊，她们甚至可以扯上一天一夜，但是我们都知道，这并不是好的口才。

喋喋不休实际是一种一直重复自己意思的说话，但是却并没有说清楚这个问题；或者他一开始已经说清楚了，只是为了强调，又一遍一遍地重复。而且，说话人根本不顾及对方有何反应，似乎他是对着墙壁在自言自语。这完全是一种下意识的行为。他的目的只在于"说话"本身，即维持说话这个动作，而口才好是因为有一个说话的目的，而不是为了说话而说话。

有一位公司的助理，工作的时候，她走进上司的办公室说：

"去年那次派对，我们的蜡烛没有用完，所以我把它们都带了回来，留在这里用。其实，这些蜡烛用了这么久，还是没有用完。因为剩了不少，我送了一半给市场营销部的安狄和流通部的耐洁尔。我是说这些剩下的蜡烛只用了一半而已，当然，也可能用了一半都不到。确实，我们今年用来配置到聚会上的预算不够，我是说，我本想让参加聚会的人带点水果回家的，可是因为预算不足，所以只好先不这样。我们的预算只够买些冰茶和饮用水。所以，我决定这次聚会上用上次派对没有用完的蜡烛，这样就可以省一些预算开支。你认为这样行吗？"

她的上司怎么可能听她这番长篇大论？我想，大多数人都做不到，他们只会对她的长谈充耳不闻。你应该留下那些重要的信息，去掉那些无关紧要的细枝末节。助理的上面的话只说最后两句，就完全可以表达她的意思了。

当你在向别人推销商品的时候——考验你的口才的时候到了——你以为你一个人喋喋不休就能解决问题吗？

专门从事将新设计的草图卖给服装设计师和生产商工作的维森先生，最近遇到了一个麻烦。他想要推销商品的对象似乎是一个软硬不吃的服装设计师，名字叫作华尔。他之前从没有遇到过这么难缠的顾客，但是，为了证明自己的实力，而且这笔业务确实能够带来不菲的收入，维森先生决定不达目的绝不善罢甘休。他一次又一次地出现在那位服装设计师面前，向他谈及这份草图的设计多么的出色，而且款式新颖、典雅大方。他希望用自己的诚心来证明这份草图的设计确实是出色的，但是，却收效甚微。一天，当他再次出现在华尔面前的时候，华尔终于忍不住说：

"亲爱的维森，我还是不能赞同你的观点，所以，我仍然决定不买你的草图。还有，恕我直言，我觉得你这种喋喋不休的推销方式实在是很失败，而且我一直以来就很反感。"

怎么办？放弃吗？维森告诉自己，不能放弃。但是，打击未免太大了一些。因为他一直以来就是这么推销的，而且以前从未体验过这么大的失败——算起来他已经来过150次了。于是，他决定改变一下他的策略。

第二天，他夹着几张还没设计完的草图，对华尔说：

喋喋不休不是好口才

好的口才,是说话者能够根据一定的目的,根据具体的环境和对象,采取不同的说话艺术,准确、生动地表达自己的意思,并且达到交际目的的一种能力。比如,在谈判桌上利用好口才谈成一笔生意,或者利用好口才获得一份工作。

而喋喋不休是在不断重复自己的话,甚至不在意对方是否有反应,或许说了一大堆,对方却不知道你在说什么。

不好意思,你说了那么多,我还是不清楚你到底要说什么!

千万不要和他多说话,他可是跟唐僧一样喋喋不休!

而且,相信更多的人是无法忍受喋喋不休的,这只会让人十分反感。

所以说,喋喋不休并不是好口才,在日常说话的时候,要时刻注意自己的语言,切忌让自己说话成为喋喋不休的饭后闲聊。

"华尔，我想请您帮个忙。我这里有几张草图，您能不能修改一下，以使它们符合要求？"

华尔狐疑地看了维森一眼，说："你放在这里吧，有时间我会看的。"

三天后，华尔打电话叫维森过去，他已经完成了修改。结果可以预料，通过这个方法，维森已经成功地使华尔购买了这些草图，因为这些东西里有华尔自己的心血。

并不是说维森的方法有多么高超——尽管事实如此——只是说，他以前推销的方法是错误的。我们从维森身上学到的经验是：喋喋不休确实不是好的方法。

第六节　无谓的争论只会大伤和气

有一次，卡耐基在某个电台发表了演讲，其中讲到《小妇人》的作者路易莎·梅·奥尔科特曾经到新罕布什州的康柯特去凭吊过她的故居。卡耐基的粗枝大叶使他犯了一个错误，而且竟然犯了两次同样的错误。

这种错误使他受到了无数的攻击和诘难。听众们发过来无数的邮件，这些信函的内容多半是责怪卡耐基的，有的甚至是侮辱他的。其中让卡耐基印象最深刻的是一封名叫卡罗尼亚·达姆的听众的来信，她从小就生长在马萨诸塞州的康柯特。她来信向卡耐基表达了她极为愤怒的心情。卡耐基认为，即使他在地理上确实犯了一个很大的错误，但是她在礼貌问题上也犯了一个更大的错误。

卡耐基决定试着把她的仇视当成友善。他乐意这么做。后来，卡耐基找时间给那位老太太打了一个电话，通话内容如下：

卡耐基：夫人，你在几个星期之前给我写了一封信，我要感谢你。

卡罗尼亚·达姆：请问你是谁？我很荣幸和你说话。（她用的是清晰、文雅和有教养的声音）

卡耐基：对你来说，我是一个陌生人。我是戴尔·卡耐基。几个星期以前，你听了我有关奥尔科特的演讲。那次演讲使我自己深为懊悔，因为我犯了一个很大的错误：我说奥尔科特生长在新罕布什州的康柯特。那实在是一个很不应该犯的错误，我为此向你道歉。你花时间给我写信，我很感谢你。

卡洛尼亚·达姆：很抱歉，卡耐基先生。我写那封信，发了很大的火，我得向你道歉。

卡耐基：哦，不，不！不是你，而应该是我向你道歉。任何上了学的人都不会犯我这样的错误。实际上，我已经在发表演讲的第二个星期日的广播里向听众道了歉。现在，我向你个人道歉。

卡洛尼亚·达姆：我出生在马萨诸塞州的康柯特。两个世纪以前直到现在，我的家庭在那里都很有声望，我因我的家乡而自豪。奥尔科特女士生在新罕布什州，这个说法让我难过极了。不过，我得为那封信向你道歉。

卡耐基：我敢说，我比你还要难过十倍。我的错误即使对马萨诸塞州没有任何损害，也深深地伤害了我自己。像你这样有地位、有教养的人，难得花工夫给无线电台的人写信。如果你以后发现我演讲中还有错误，我将非常感谢你给我指正。

卡洛尼亚·达姆：你知道吗？我真的很高兴你接受我的批评。你一定是个很好的人，我很愿意和你交朋友。

就这样，卡耐基不但轻易地避免了争论，还使她向他道了歉，并且同意了他的观点。

有的人为了一件小事的对错而争论不休、面红耳赤，严重的甚至发展到打起架来。无谓的争论没有给双方带来好处，他们只是为了自己的自尊而争辩，互不服气，但是他们达到了自己的目的了吗？即使是表面上达到了维护自尊的目的，但他们难道一定要靠这种方式来赢得自尊吗？

事实上，这样的争论无益于任何事情。我们在前面已经讲过，大部分人都不会因为争论而改变自己的意见。如果你想要别人同意你的意见，首先要做的事情就是避免和他人争论。因为争论实际上是不成熟的表现，为了自尊，每个人都会变得不可理喻，甚至抛弃他平时的所有习惯和看法。

拿破仑的管家常常与拿破仑的妻子约瑟芬打台球。这位管家后来回忆道："我虽然在技术上胜过她，但是为了使她高兴，我必须想办法让她取胜。"从这个故事中，我们可以寻找到一个基本的道理，那就是：为了使别人同意你的观点，或至少不因为争吵而使你和他人的关系破裂，最基本的要求是不要跟他人争辩。我们要使我们的顾客、妻子、朋友在细小的讨论上看起来胜过我们。

那么，当我们确实有不同意见的时候，我们该怎么处理呢？在卡耐基训练班上，他绝对不会只是一个人讲。这样不但显得漫长，而且学员们也得不到提高。但是，当他们被卡耐基叫起来回答问题以后，如果卡耐基说："你错了。"这样多半会引起一番争论，而且他以后再也不会得到别人的参与。所以，卡耐基决定不这么做。他开始设想他们的回答中有合理的成分，于是试着去寻找这样的合理的东西。事实是，他们的回答确实有合理的地方。于是，当他们发表意见之后，卡耐基会对他们说：

"我了解你这么做一定是有原因的，但是我同样发现这样做有一些不合理的地方。让我们一起来看一看吧！"

这就是一种委婉的表达方法。这样做的话，既可以避免无谓争论的发生，又可以表达出自己不同的意见。

另一方面，由于人们有时候仅仅是为了顾及自尊而和别人争论，所以他们并不打算遵照自己的理性来思考问题，即使是一个明明知道自己错了的问题，他也可能会与别人争论不休。这种情况并不少见。也许你认为并非如此，至少这种事情没有发生在你的身上，但是这是因为你在看这本书的时候是心平气和的，而并非处于一种非理智的状态。因此，可以说，为了避免争论，我们最需要做的事情就是维持自己的理性。在你打算和别人争论之前，最好先想一想争辩是不是有用处——你会发

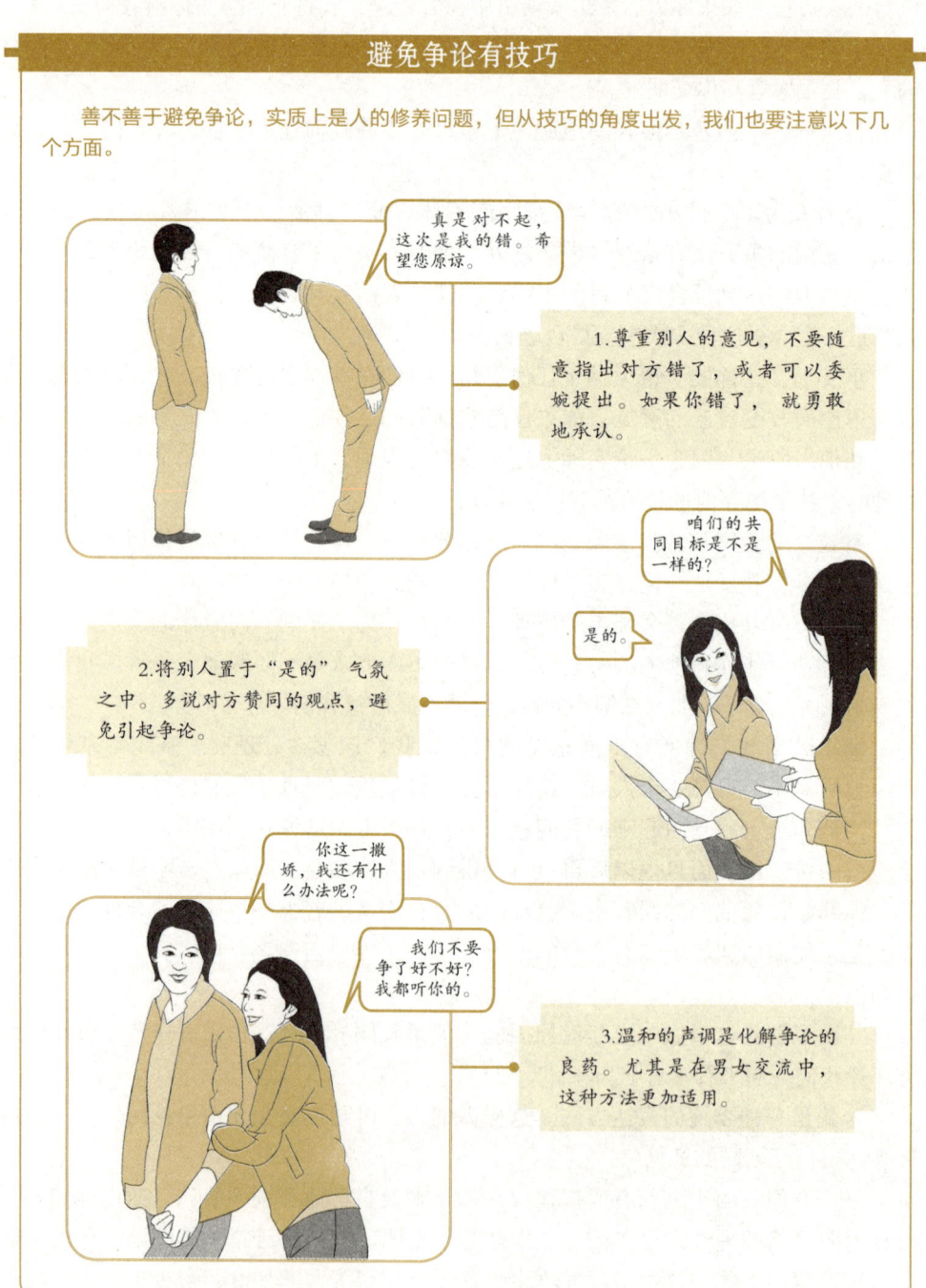

现，争辩基本上没有作用。

让我们来看一个看起来有些极端的例子：

詹姆斯和约翰从前是一对关系不错的朋友，可是有一次，他们俩为某种名字像毒品的药物而争吵不休。詹姆斯认为，这种药物他从前看到过，它不但没有毒性，反而可以拿来医病；而约翰的意见刚好相反，他认为这种药物是有毒的。詹姆斯想起一个故事来，他说有一天，乞丐露宿街头，无法抵御寒冷，就是靠吃这种药品而挺了过来。

约翰不同意詹姆斯的观点，他认为詹姆斯说的是道听途说的事情，并没有确切的根据。他们俩吵得越来越激烈。后来，詹姆斯说：

"如果你坚决不信，我们可以当场来试试，你看看我吃了这种药物后会不会死。"于是，詹姆斯为了维护自己的自尊，不顾约翰的苦苦相劝，吞下了许多这种药品，结果一命呜呼了。

约翰十分懊悔，他认为自己对詹姆斯的死负有责任，于是精神恍惚，胡思乱想，最后终于疯了。

你也许会说，詹姆斯确实够傻的，他怎么能拿自己的生命来打赌呢？而且约翰做的也确实不对，他为什么就不能让一步呢？但实际上，我们经常在做这种傻事，只不过后果没有这么严重罢了。

因此，不管在什么情况下，你都没有必要和他人争论，因为这样做不但不能使你们分出谁正确，而且会深深地伤害你们之间的和气——和气可是我们在交往过程中最需要的。

技巧篇

第一章

说服对方的艺术

第一节 说服从"心"开始

日本有一个这样的故事。真田广之替已过世的父亲守灵。他的老家离东京很远,即使坐电车也要花3个钟头时间。而且那时的电车还不像现在这样每一小时发一班车,所以可以说交通很不方便。当时他心里想:"外地的亲戚朋友是不可能前来凭吊的了。"但出乎意料的是,在整个晚上都没有任何一个亲属到来的情况下,一个女子突然出现在他的面前。

"田中小姐,你怎么来了……"当时真田简直感动得难以言表,因为她不过是他的一名同事而已,真难以想象她会在下班之后,搭乘电车赶到他的老家来。况且当时天色已经很晚,她又不太认得路,肯定是挨家挨户询问才找到他家的。"你经常来这里?"

"不,今天是第一次,我只是想来凭吊一番……"

"太谢谢你了,太谢谢你了!"真田简直感动得不知道该说什么才好,心里只是觉得她是个多么好的同事啊!这位同事的确拥有很好的人际关系,在公司里,不论男女都是这么认为的。她得到了大家的信任,只要是她说的话,大家都认为不会错,而且也愿意按照她说的去做。这同时也表示,她是个说服力极强的人。

经过那晚的谈话,真田明白了她之所以说服力极强的秘密。也就是她总是能以情动人,而说服别人按照自己的意图去办事的秘诀就在于攻心。平时别人遇到什么麻烦,田中小姐总是会伸出援助之手,这令所有人都为之感动。先得了人心,别人自然会心甘情愿听她的话。

可能平时我们没有太多时间和精力去助人为乐,但该事例告诉了我们一个关键信息,就是说服他人的核心点在于征服他人的内心,使对方在情感上有所共鸣。

文学家李密，曾在蜀汉时担任过尚书郎的官职，蜀汉灭亡后，居家不出。晋武帝知道他有才干，便下诏命他进朝为太子洗马，但李密拒绝了。为此，晋武帝大怒。在这种情况下，李密写了一封信给晋武帝。

"……我想圣明的晋朝是以孝来治理天下的，凡是老年之人，都得到朝廷的怜恤和照顾，何况我祖孙孤零困苦情况特别严重。

"我年轻的时候在蜀汉朝做官，任职郎中，本来就希望仕途显达，并不矜持名声节操。现在我是败亡之国的低贱俘虏，身份卑微的人，受到过分的提拔，宠幸的委命，已经非常优厚，哪里还敢迟疑徘徊，有更高的渴求呢？

"只是因为我祖母刘氏如西山落日，已经是气息短促，生命不长。我如没有祖母的抚育，就难以有今日。祖母如失去了我的奉养，也就无法多度余日。祖孙二人，相依为命，因此我实在不能抛开祖母离家远行。

"微臣李密今年44岁，祖母刘氏今年96岁。这样，我为陛下尽忠效力的日子还长，而报答祖母的养育之恩的日子短呀！故此我以这种乌鸦反哺的私衷，乞求陛下准允我为祖母养老送终。

"恳请陛下怜恤我的一片愚诚，慨允我微小的志愿，使祖母刘氏可以侥幸保其晚年，我活着也将以生命奉献陛下，死后也要结草图报。臣内心怀着难以承受的惶恐，特地作此书，奏闻圣上。"

这就是流传百世的《陈情表》。将心比心，以情说理，李密在柔言细语中陈述自己的处境。武帝颇为感动，心头怒火也自然平息了，赐给李密奴婢二人，并令郡县供养其祖母。

杰克·凯维是加利福尼亚州一家电气公司的一位科长，他一向知人善任，并且每当推行一件计划时，总是不遗余力地率先做榜样，将最困难的工作承揽在自己的身上，等到一切都上了轨道之后，他才将工作交给下属，而自己退身幕后。虽然，他这种处理事情的方法是很好的，但他太喜欢为他人表率，所以常常让人觉得他似乎太骄傲了。

最近不知怎么回事，一向精神奕奕的凯维却显得无精打采。原来最近的经济极不景气，资金方面周转不灵，再加上预算又被削减，使得科里的运转差点停顿。凯维看这种情形若继续下去，后果一定不可收拾。于是他实施了一套新方案，并且鼓励职工："好好干吧！成功之后一定不会亏待你们的。"但没想到眼看就要达到目标，结果还是功亏一篑，也难怪他会意志消沉了。平日对凯维就极为照顾的经理看了这些情形后，便对他说："你最近看起来总是无精打采的，失败的挫折感我当然能够理解，但是我觉得你之所以会失败，乃是因为你只是一味地注意该如何实现目标，却忽略了人际关系这种软体的工程，如果你能多方考虑，并多为他人着想，这种问题一定能够迎刃而解。"经理停顿了一下，又接着说："大丈夫要能屈能伸，才是一个好的管理人员。我觉得你就是进取心太急切了，又总喜欢为职工做表率，而完全不考虑他们的立场，认为他们一定能如你所愿地完成工作，结果倒给了职工极大的心理压力。大概也就是因为这个缘故，所以大家都说你虽能

动人心者莫先于情

唐代大诗人白居易说："动人心者莫先于情。"意思是说，要说服人、打动人，必须动之以情，言语必须是发自内心，让人听后觉得你是真心为他好，为他着想，而不是在应付他。

唯有真挚的感情才能打动人、说服人。

相反，冰冷的态度、程式化的言辞，都会引起对方的逆反心理，增加说服的难度。

说话要讲究攻心。说服不是一项硬件工程，它需要先让人心动，然后才能把人说动，一切从"心"出发吧！

干,但你的部属却很为难。每个人当然都知道工作的重要性,所以你实在大可不必再给他们施加压力。你好好休息几天,让精神恢复过来,至于工作方面,我会帮助你的。"

杰克·凯维的一段亲身经历让我们知道,必须站在别人的立场,将心比心才能真正达到说服对方的目的,否则,再多的自信和能力也无法让别人服从你。会打棒球的人都知道,当我们要接球时,应顺着球势慢慢后退,这样的话球劲便会减弱,与此相似,我们在说服他人的时候,如果能将接棒球的那一套运用过来,相信说服会变得更容易。

第二节 软硬兼施,恩威并重

暴力与怀柔,两者分开来用,人人都可以将其发挥到极致,然而这样效果往往不好,如果将两者结合起来,双管齐下,则会取得极佳的效果。

张嘉言驻守广州时,沿海一带设有总兵、参将、游击等官职。总兵、参将部下各有数千名士兵,每天的军粮都要平均分为两份。

参将的士兵每年汛期都要出海巡逻,而总兵所管辖的士兵都借口驻守海防,从来不远行。等到每过三五年要修船不出海时,参将部下的士兵只发给军粮的一半,如果没有船修而不出海,就要每天减去军粮的三分之一,以贮存起来待修船时再用。只有总兵的部下军粮一点也不减,当修船时另外再从民间筹集经费。这种做法已沿袭很久,彼此都视为理所当然。

不料,有一天,巡按将此事报告了军门,请求以后将总兵部下的军粮减少一些,留待以后准备修船时再用。恰巧,这位军门和总兵之间有矛盾,于是就仓促同意削减军粮。

总兵各部官兵听到消息后,立即哄然哗变,他们知道张嘉言在朝廷中很有威信,就径直围逼到张嘉言的大堂之下。

张嘉言神色安然自若,命令手下人传五六个知情者到场,说明事情真相。士兵们蜂拥而上,张嘉言当即将他们喝下堂去,说:

"人多嘴杂,一片吵闹声,我怎么能听清你们说些什么。"

士兵们这才退下。当时正下大雨,士兵们的衣服都淋湿了,张嘉言也不顾惜,只是叫这几个人将情况详细说明。这几个人你一言我一语,都说过去从来没有扣减总兵官兵军粮的先例。

张嘉言说:"这件事我也听说了。你们全都不出海巡逻,这也难怪上司削减你们的军粮了。你们要想不减也可以,不过那对你们并没有什么好处。上司从今以后会让你们和参将的士兵一样每年轮换出海巡逻,你们难道能不去吗?如果去了,那么你们也会同他们一样,军粮会被减掉一半。你们费尽心机争取到的东西还是拿不到的，肯定要发给那些来替换你们的士兵。如果是这样，你们为什么不听从上司，将军粮稍微减少一点呢？而你们照样还可以做你们大将军的士兵，你们再认真考虑一下吧！"

这几个人低着头，一时无法对答，只是一个劲地说："求老爷转告上司，多多宽大体恤。"

张嘉言问："你们叫什么名字？"

他们都面面相觑不敢回答。

张嘉言顿时骂道："你们不说姓名，如果上司问我，'谁禀告你的？'让我怎么回答！"

这几个人只好报了自己的姓名，张嘉言一一记下，然后，对他们说：

"你们回去转告各位士兵，这件事我自有处置，劝他们不要闹了。否则，你们几个人的姓名都在我这儿，上司一定会将你们全部斩首。"

这几个人顿时吓得面容失色，连连点头称是，退了出去。

后来，总兵部下的士兵每日被扣军粮银一钱，士兵们竟然再也没有闹事。张嘉言的这招恩威并施堪称经典。

在说服他人的过程中，采用刚柔相济的劝诫之术，一方面能使别人能体面地"退"，另一方面又坚持自己的原则，使自己的主张得到采纳，这种方法使许多事情的处理尚有余地。

太史公司马迁在《史记·滑稽列传》记载：战国时期，齐威王荒淫无度，不理国政，好为长夜之饮。由于上行下效，僚属们也全不干正事了，眼看国家就要灭亡，可是就在这种节骨眼上却没有谁敢去进谏。最后只好由"长不满四尺"的淳于髡出面了。但是淳于髡并没有气势汹汹、单刀直入地向齐威王提出规谏，而是先和他搭讪聊天。

他对齐威王说："咱们齐国有一只大鸟，落在大王的屋顶上，已经3年了，可是它既不飞，又不叫，大王您知道是什么原因吗？"

齐威王虽然荒淫好酒，但是他本人却不是一个笨伯，和夏桀、商纣一样的坏进骨子里去的人物有着巨大的不同，所以当听到淳于髡的隐语之后，他就被刺痛并醒悟了，于是很快回答说："我知道。这只大鸟它不鸣则已，一鸣就要惊人；不飞则已，一飞即将冲天。你就等着看吧！"

说毕立即停歌罢舞，戒酒上朝，切实清理政务，严肃吏治，接见县令共72人，赏有功1人，杀有罪1人。随后领兵出征，打退要来侵犯齐国的各路诸侯，夺回被别国侵占去的所有国土，齐国很快又强盛起来。

淳于髡并没有以尖锐的语言来进行劝谏，而是避开话锋，柔语细说中又带有一丝强硬与责备，这样对方很容易主动接受建议。

审讯中的软硬兼施

软硬兼施实际上就是我们平常所说的"一个唱红脸一个唱白脸",这种说服方法在审讯中常常用到。

这种手法是一种心理法,又称"缓解交代法"。由温和型和攻击型的两个人合作,一方首先把对方逼到心理的死胡同里去,令他一筹莫展;这时另一个人出来指点给他一条逃避的暗道。

第三节 以谬制谬，巧劝服

在说辩中抓住对方命题中隐蔽的荒谬点，加以推衍，或由此及彼，或由小到大，或由隐到显，最后得出荒谬可笑的结论，从而证明对方的论点是错误的。这种顺言逆意的说辩谋略，在逻辑上属于引申归谬。虽带有某种讽刺意味，但多属善意的。

优孟是楚国的艺人，身高八尺，喜欢辩论，常常用诙谐的语言婉转地进行劝谏。楚庄王有一匹心爱的马，每天给它穿上锦绣做的衣服，让它住在华丽的房子里，用挂着帷帐的床给它做卧席，用蜜渍的枣干喂养它。结果马得肥胖病死了，于是庄王让臣子们给马治丧，要求用棺椁殡殓，按照安葬大夫的礼仪安葬它。群臣纷纷劝阻，认为不能这样做。庄王急了，下令说："有谁敢因葬马的事谏诤的，立即处死。"

优孟听到这件事，走进宫门，仰天大哭。庄王吃了一惊，问他哭的原因。优孟说："这马是大王所心爱的，堂堂的楚国，只按照大夫的礼仪安葬它，太寒碜了，请用安葬国君的礼仪安葬它吧。"庄王问："怎么葬法？"优孟回答说："我建议用雕花的美玉做棺材，用漂亮的梓木做外椁，用枫树、豫樟各色上等木材做护棺，发动士兵给它挖掘墓穴，让年老体弱的人背土筑坟，请齐国、赵国的代表在前面陪祭，请韩国、魏国的代表在后头守卫，要盖一所庙宇用牛羊猪祭供它，还要拨个万户的大县长年管祭祀之事。我想各国听到这件事，就都知道大王轻视人而重视马了。"庄王说："我的过错竟然到了这个地步吗？现在该怎么办呢？"优孟说："让我替大王用对待六畜的办法来安葬它：堆个土灶做外椁，用口铜锅当棺材，调配好姜枣，再加点木兰，用稻米做祭品，用火光做衣服，把它安葬在人们的肚肠里吧！"庄王当即就派人把死马交给太官，以免天下人张扬这件事。

用归谬方式使说服对象认识原来观点的错误，还可采用这样一套方式，即先提出一些问题让对方谈自己的见解，即便对方说错了，也不要急于直接指出，而要不断地提出补充的问题，诱导对方由错误的前提推到显然荒谬的结论上，使之不得不承认其错误，然后再设法引导他随着你的正确的思维逻辑，一步一步通向你所主张的观点，达到劝导说服的目的。

鲁迅的文章尖锐犀利，讽刺国民党的封建文化常采用这一手法，最经典的便是笑斥"男女大防"。

有一次，国民党政府的一个地方官僚禁止男女同学、男女同泳，闹得满城风雨。鲁迅先生幽默地说："同学同泳，皮肉偶尔相碰，有碍男女大防。不过禁止以后，男女还是一同生活在天地中间，一同呼吸着天地间的空气。空气从这个男人的鼻孔呼出来，被那个女人的鼻孔吸进去，又从那个女人的鼻孔呼出来，被另一个男人的鼻孔吸进去，淆乱乾坤，实在比皮肉相碰还要坏。要彻底划清界限，不如再下一道命令，规定男女老幼，诸色人等一律戴上防毒面具，既禁空气流通，又防抛头露面。这样，每个人都是……喏!喏!"鲁迅先生一面站起来，模拟戴着防毒面具走路的样子。当时逗得大家笑得前俯后仰，事后又引起大家深深的思索。这固然是由于他采取了讽刺和幽默的形式，更重要的，还因为他揭开了矛盾，把大家的思想引导到事物内蕴的深度。

还有一次是鲁迅任厦门大学教授时，校长常常克扣教学经费。这钱不能花，那钱没有预算，再一笔钱又可以不花。老是这样刁难师生，弄得大家意见很大。

这天，校长又决定把经费削减一半。他把各研究院的负责人和教授们召集起来。一说出削减方案，马上遭到教授们的反对。大家说："研究经费本来就少得

以谬制谬，令人口服心服的幽默技巧

归谬说服就是当你面对强势的人，不妨先赞同他的观点，据此引申出一个连对方也不得不承认的荒谬结论。

运用"以谬治谬法"时，应注意发现对方的谬误，并对它进行全面的透视，然后寻找适当的角度，进行有力的反击。

我家的狗会说话。

我家的驴更厉害，它会唱歌。

驴怎么会唱歌呢？我不信。

那狗怎么会讲话呢？

以谬制谬实际上是攻守易位，是将对方的观点为我所用，再用对方观点攻对方，即攻和守的角色转换。

可怜，好多科研项目不能上马，正进行的一些研究工作也日子难熬，不能往纵深发展。再说，许多研究成果、论著因没钱不能印刷，再削减经费怎么得了？不行，不行!"校长根本不认真倾听教授们的意见，他强词夺理，说："对于经费问题，你们没有发言权。学校是有钱人掏钱办的，只有有钱人才可以发言，在这个问题上应充分重视有钱人的意见。"

校长话音刚落，鲁迅霍地起身，从长衫里摸出两个银币："啪"的一声放在桌上，说："我有钱!我有发言权!"接着，他力陈经费只能增加不能减少的道理。论据充分，思路严密，无懈可击，驳得校长哑口无言，只得收回主张。教授们胜利了。

鲁迅先生在这里巧妙地将校长所说的"钱"（即财富，广义的钱）偷换成一分二分的零花钱的狭义的"钱"，从而以两个银币的"钱"为引子提出了自己的理由，使校长无话可说。巧以对方的谬论"只有有钱人才有发言权"，将自己的"小钱"掏出来拿到发言权，既诙谐，又讽刺，又能把意见表达出来，鲁迅不愧为一代大文豪。

第四节　正话反说，指桑骂槐

指桑骂槐（漂亮的别名叫"春秋笔法"），即明知对某人某事不满，但并不直接进行攻击，而是采用迂回的方式表露自己的想法。

有个人在朋友家做客，天天喝酒，住了很久还没有启程之意，主人实在感到讨厌，但又不好当面驱逐。

一次两人面对面坐着喝酒，主人讲了这么一个故事："在偏僻的路上，常有老虎出来伤人。有个商人贩卖瓷器，忽然遇见一只猛虎，张着血盆大口，扑了过来。说时迟，那时快，商人慌忙拿起一个瓷瓶投了过去，老虎不离开，又拿一瓶投了过去。老虎依然不动。一担瓷瓶快投完了，只留下一只，于是他手指老虎高声骂道：'畜生畜生!你走也只有这一瓶，你不走也只有这一瓶!'"

客人一听，拔腿就走了。

指桑骂槐的另一个妙用在这里得到了体现——逐客令。主人明说虎暗指客，达到了逐客的目的。对于那些不自觉的客人，我们不妨使用这样的逐客法，避免正面交锋。

对于一些顽固不化的人来说，循规蹈矩的劝说口舌，根本达不到效果，还不如以反话切入。

台湾南部某企业待遇苛刻，下级职员苦不堪言。

在经济紧缩、差事难谋的情况下，又不好"一怒之下，摔冠而出"，只好多次向老板进言，但均无功而返。

一天，某部门经理灵机一动，想了一个计策，决定在老板面前试一试。

他对老板说："公司员工都表示待遇太低，生活太艰苦，别的花费暂且不说，每月上班的交通车马费，也不胜负荷，教他们如何解决呢？"

老板说："叫他们安步当车，一文不费，而且借此还锻炼了身体，不是一个好办法吗？"

此君摇摇头表示不行："走破了鞋袜，搞不好还没钱换新鞋呢？我倒有个建议，希望老板出一布告，提倡赤足运动，要求大家赤足上下班，问题不就解决了吗？谁教他们命运太差，偏偏生活在这个时代！谁教他们不去想发财的门路，偏偏来我们公司上这样辛苦的班！他们坐不起公车客运，也不能鞋袜整齐地到公司来，都是活该！"

部门经理一面说，一面笑，弄得老板也不好意思起来，只好答应调整一下待遇。

老板不能骂，那就"骂"下属，拿他们的委屈作为谈资，老板不会听不出下级对他的抱怨。使用这种方法跟上司交流时要注意辅以微笑，这样可以一面间接说出自己的意见，一面缓解双方的压力。

当一个上司要责备属下时，也必须使用这种技巧。譬如，虽然你明明是要责备乙的不是，但你并不正面指责，而以指桑骂槐的方式来责备甲，因为此时你若是责备乙，乙的心里必感到难受，对日后的改进不见得就会有效，何况你们二人之间尚有一段距离。

但是为何又要责备甲呢？因平时你与甲之间已不存有隔阂，即使甲也犯了同样过错而受到上司的指责，也不会感到十分在意。但是，因为当时乙也在场，他听后心里会在想"原来这样的过错我也犯过"，于是乎你的目的便可望达到。

而此时的乙也绝不会认为反正这是别人的错，不关己事，反而会因为原来上司是在说我，但他并不责骂我，反而责骂他人来顾全我的脸面而感激不尽。

指桑骂槐的指责方式，对下属们是很能奏效的。

指桑骂槐，应从两个方面理解。一是要运用各种谋略，"指桑"而"骂槐"，施加压力配合行动。对于弱小的对手，可以用警告和利诱的方法，不战而胜。对于比较强大的对手，也可以旁敲侧击威慑他。

指桑骂槐的好处，在于不直接针对具体对象，然而通过故事的情境性，又能转换出受众对强调之物的感受性——说的是那里的闲话，指的其实是这里的事情。

我们要特别注意，指桑骂槐术不是一种常用的方法，只能用在某些特殊的、偶然的场合，如果滥用此术去攻击同志和朋友，这只能导致众叛亲离的恶劣后果。

第二章
提问的艺术

第一节　问话热身，消除冷状态

　　第一次见面，不管出于怎样的目的，总希望尽可能多地了解对方，一个又一个的问题就这样问了出来。殊不知，这样的问话方式会给对方造成不适之感，对你本就不熟悉的另一方，戒心会更重。最开始问话的一方往往觉察不到这种迹象，直到对方表现出明显的回避与提防的情形时，问话方才不得不就自己的问话作一番解释。于是疑云消散，双方的交谈才逐渐融洽。但是，如果在对话的最开始就先讲明自己询问某些事的原因，交流的效果是不是会更好呢？

　　小超是动漫爱好者，最近又迷上飞机模型的制作，经人介绍认识了一个叫赵彦的模型高手，两人一见面就谈了起来。

　　小超："听说你是这方面的行家？"

　　赵彦："也不算吧，只是喜欢玩而已。"

　　小超："你做这个多少年了？听说这行里的有些人很神秘，之前都是专门做飞机的？飞机的原理是不是很复杂？有没有什么有意思的事透露一下？"

　　听了小超的这几句话，赵彦的面部表情突然严峻了起来。

　　"你问这些干什么？我不知道。"

　　感到对方有明显的抵触心理，小超连忙说道：

　　"不好意思，我解释一下，我之所以问你飞机原理的事，是因为我最近在学着做飞机模型，我朋友没跟你说？"

　　赵彦摇摇头："他只说你想认识我一下，没说具体是什么原因。"

　　"噢，那就是我的不对了，我应该提前告诉你我那么问的原因的。除了飞机原理，我还想知道咱们国内制作飞机模型的整个状况，经费啊、材料源啊等，毕竟我刚接触这个，这方面的知识还非常缺乏，可以吗？"

　　"当然啊。你一解释我就明白了，不然一见面就问我飞机原理什么的，我以为你是间谍呢。"

　　"哈哈，我的错，我的错。"

小超就犯了只顾问而没有解释的错误。他的问题让对方疑虑重重，甚至因为问题的敏感怀疑他是间谍。因为有这样的想法，对方的心就会关闭得更严，而交流自然无法畅通。在这个过程中，对方还是一副戒备心，没有把小超当真正的朋友，而小超那样问，也是没读懂对方的表现。

不熟悉的人相见，认知总需要一个过程，切不可因为想急切了解某些问题而忽视了思想"互通有无"的过程。简而言之，就是让对方对你跟他对话的目的有个大概的了解，让他心中有数，他才会对你的问题予以解答。

小超从一开始就问，到后来对问话予以解释，就是感觉到了对方内心的变化：由陌生到抵触，不解释可能更加防备，这样发展下去的后果很可能是不欢而散。小超热情四溢，对方却一直是冷状态。

所以，生活中，当我们与某人第一次见面时，不管有多想了解对方，一定不能忽视问话禁语的问题，要耐下心来慢慢诉说。尤其要注意的是，在一些需要解释的问题之前做出必要的解释，跟对方说明自己这样问的意图。这样才能让他最大限度地敞开心扉说出自己的想法，你也会更加了解这个人。

一个严冬的夜晚，两个人初次见面。

对话一：

"今天好冷啊。"

"是啊。"

"……"

"……"

对话二：

"今晚好冷！像我这种南方人，尽管在这里住了几年，但对这种天气还是难以适应，你感觉怎么样？"

"是啊，我父母虽然是北方人，但我也是从小在南方长大的，在这里还是也不适应。"

"你也是南方的？你是南方哪儿的？"

"我是南方……"

以上两段对话均来自两个陌生人初次见面的情景。在第一段对话里，两人见面说的第一段话非常普通："天很冷啊""是啊"。从字面上就能判断出双方的聊天能力一般。

第二段对话则不同。第一个人见面就说自己是在南方长大的，对北方这种寒冷的天气很不适应，然后又问对方感觉怎么样。对方虽不是纯正的南方人，但也是在南方长大的，因此，两个人有共同话题，你来我往间，彼此就会越来越融洽。

从第二段的话中可以分析到，尽管见面的两人一个是纯正的南方人，另一个只是从小在南方成长，父母是北方的。两者虽有差异，但主动问话者故意忽略了这种差异，只强调双方的相似性：都在南方有一段成长经历，对北方寒冷的冬季极不适应。因为有了相似的经历，话题才会越来越多。

心理学上讲，人往往会因为彼此间相似的秉性或者经历走到一起，在认同和被认同的过程中，慢慢由陌生变得熟悉。没有人希望与自己对话的那个人是个和自己没有丝毫相同点的人，那样的话，两人很难有聊得来的话题。甚至，有可能爆发矛盾冲突，这也就是第二段的问话人求同存异的原因。

消除陌生感的方式

因为有了相同的地方，求同存异，能让第一次见面的两个人产生亲切感，慢慢放下戒备的心。此外，消除陌生感的方式还有以下几种：

1. 攀认式

任何两个人，只要彼此留意，就不难发现双方有着这样或那样的"亲""友"关系。

听说你是东北人，我妻子也是东北的。

真的吗？那我们还是半个老乡呢！

能与您见面真是太好了，我一直很想向您请教呢。

2. 敬慕式

对初次见面者表示敬重、仰慕，这是热情有礼的表现。但要掌握分寸，恰到好处，不能胡乱吹捧。

只要消除了陌生感，之后的谈话自然会顺畅起来，所以在谈话开始的时候就要注意给人亲切的感觉。

第二节 锲而不舍，由浅及深问到底

在某些沉闷的环境里，没有人愿意开口跟陌生人说一句话，那是出于一种防备心理，在这种时候，该怎么办呢？你也要一直沉闷下去吗？

假如你正坐在火车上，已经坐了很久，而前面还有很长很长的路程。你想与他人讲讲话，这是人类的群体性在作祟，而你要尽力使你的谈话显得有趣和富有刺激性。

坐在你旁边的像是一个有趣的家伙，而你颇想知道他的底细，于是你便搭讪道：

"对不起，你有火柴吗？"

可是他一句话也不讲，只是点点头，从口袋里掏出一盒火柴递给你。你点了一支烟，在还给他火柴时说了声"谢谢"。他又点了点头，然后把火柴放进了口袋里。

你继续说："真是一段又长又讨厌的旅程，你是否也有这种感觉？"

"是的，真讨厌。"他回答着，而且语调中包含着不耐烦。

"若看看一路上的稻田，倒会使人高兴起来。在稻谷收获之前的一两个月，那一定更有趣吧？"

"唔，唔！"他含糊地答应着。

这时，如果你再也没有勇气问下去，你们的谈话就会到此为止，沉默就会继续。但如果你不再只是问一些表面问题，而是换一个稍微深入的，能引起他兴趣的话题，对方可能就不再沉默了。

"今天天气真好啊，真是适合踢球。今年秋天有好几个大学的球队都很出色，你对这件事有关注吗？"

这时，那位坐在你身旁的乘客直起身来。

"你看理工大学球队怎么样？"他问。

"理工大学球队很好，虽然有几个老将已经离队，但那几位新人都很不错，对这个球队你也关注？"

"嗯，是的，你曾听到过一个叫李小宁的队员吗？"他急着问。

或许李小宁这个人你听说过，或许没听说过。这都不是关键，关键是李小宁这个人能引发对方的谈话兴趣。你就可以顺着他的话说："他是一个强壮有力、有技巧，而且品行很好的青年。理工大学球队如果少了这位球员，恐怕实力将会大减。但是李小宁毕业了，以后这个队如何还很难说。怎么，你认识他？"

这位乘客听了这话便兴高采烈、滔滔不绝地谈了起来。

可见，人与人相遇，并不是无话可聊，而是没有找到适合双方的话题。这样的话题常常需要一个试探的过程，而要想经历这个过程，就要有锲而不舍的精神，不

与陌生人开始聊天的方法

面对陌生人的时候，为了迅速打开话匣子，可熟练掌握以下几种方法：

1.从对方的口音找话题
　　对方的口音可以告诉我们他大概的出生地，就可询问相关的风土人情等问题，激发对方的谈话欲望。

2.从与对方相关的物品找话题
　　对方携带的东西通常跟他的兴趣和爱好有关，从此处入手，更容易打开对方的话匣子。

3.从对方的衣着打扮找话题
　　一个人的穿着常常反映他的品位，如果从他衣服的品牌开始交谈，沟通或许会更加融洽。

能因为一两次的受阻就不再问下去。问得越深、越广、范围越大，就可能找到尽可能多的谈资。挖掘到对方最感兴趣的话题，让原本陌生的两个人逐渐熟悉起来，谈话气氛也会变得融洽。

第三节　请求式问话：温和开头好办事

老板总是老板，希望什么事情都由自己决定。作为下属，向老板提要求的时候，应该用商量的口吻去寻求他的意见，这里面的问话技巧就更有学问。

小侯是一家化工公司的财务人员，整天坐在办公室与数字打交道，这与他所学的专业不合。小侯觉得挺没意思，也不是他的兴趣所在，因此，想换个环境，发挥自己的特长。于是在一天上午，他瞄准老板一人在办公室没事干，敲门走了进去。

老板见他进来，知道他肯定有事情，示意他坐下后，问道："小侯，有什么事吗？"

"经理，我有个小小的要求，不知您是否会答应？"他微笑着看着经理。

"什么要求？说说看！"

"我……我想换个环境，想到外面跑跑，可以吗？"

"可你对业务不熟，你想跑什么呢？"经理面有难色。

"业务不熟我可以慢慢熟悉。如果经理能给我这个机会的话，我会好好珍惜，一定不会让您失望。"

听小侯这么一说，经理脸色缓和了许多，问道："你具体想去哪个部门呢？"

"您认为我去公关部合不合适？"经理皱了一下眉，"你原来做财务工作，现在去跑公关……"

"经理，是这样的，我有些朋友在媒体工作，我通过他们的关系，可以为公司的宣传出一份力，这样，对公司不是更好吗？"

经理想了想说："那你先试试吧，小侯，我可是要见你的成绩啊。"

"谢谢经理给我这次机会，我一定好好干！"

于是，小侯成功地调到了公关部，而且工作成绩还相当不错。

当新人和老板提要求时，怎样的问话才能打动他的心？

小侯是个聪明人，当他想调动部门的时候，没有蛮横地向老板提出自己的需求，而是用慢条斯理的语言，用请求和商量的口吻对其说出自己的诉求。

这样的问话让对方备受尊敬，也能让他感受到对方的谦和与恭敬，更重要的是，这样的话让他觉得：对方是在和我商量一件事，而不是命令或要求什么。有了这种心理，上司就更能够接受下属提出的建议。

当经理对小侯调换部门的想法提出质疑的时候，他说出自己有些朋友在媒体工作的事情，对公司工作有利。知道这样的情况，老板的内心就起了变化：最开始被询问能否调动工作的时候是一副不情愿的状态,也不信任对方能够干好。当听说对方的朋友在媒体,对公司日后的宣传有利无弊后,就爽快地答应了对方的请求。

　　试想一下,如果小侯没有说出有朋友在媒体工作这一有利条件,纵使问得再迫切,老板可能也无法答应他的要求。可见,向老板询问相关情况的时候,要知道对方需要什么,适时地提供出来,才能打动他。当然,这一过程中的态度非常重要。

　　平时的工作中,如想向上层提意见或要求,还可以运用这样的问话:

　　"老板,我有个想法,能跟您汇报一下吗?"

　　"经理,有时间吗?有件事想跟您商量一下可以吗?"

　　以温和的方式开头,接下来的事情会好办很多。

第四节　他人之口问出的真言

　　小张是刚上班不久的新人,这一天因为工作需要,他得向另一个部门的王主任询问某个项目的进展情况。小张想了半天也不知道该怎么开口,自己毕竟是新人,直接问领导某事显得不恭敬,但是项目的事今天必须得问清楚,小张就只好硬着头皮问了起来。

　　"王主任,有件事想问您一下,您现在手头上的这个项目进展得怎么样了?"

　　一看是小张,王主任就一副爱答不理的样子,敷衍道:"快了,快了,急什么!"

　　"不是我急,是公司急,所以能不能把项目的进度跟我说一下?"

　　小张一直在小心翼翼地催,而王主任就是一副急慢的样子。就在不知如何是好的时候,小张想起了赵经理,又跟王主任说道:"王主任,可能我刚才没说清楚,是赵经理让我来问项目的事,他很急,您看能不能跟我说一下?"

　　一听是赵经理让问的,王主任马上就不一样了。

　　"噢,赵经理啊,好,好,我跟你说一下。其实也不是急慢你,只是我也很忙,你知道的。"

　　"行,那就麻烦王主任了。"

　　"不麻烦,不麻烦。"

　　刚刚进入职场,每个人都会有一种新鲜感和陌生感,这个时期说话就要注意分寸。面对领导,尤其是求领导为自己办事时更要注意。

　　例子中的小张就是个工作不久的新人,他尚未打通各种关系的时候就遇到了一个有些棘手的问题:向一位领导询问项目的进展情况,即让他向自己"汇报"工作。按常理来说,项目进展得如何,是由领导问下属的,这次颠倒就给小张带来了麻烦。一五一十地问,有可能得罪领导,不翔实地问,又完不成任务。这就难倒他了。

最开始，小张只能硬着头皮去问，效果不佳，王主任根本不怎么理他。原因只有一个，他资历太浅，根本引不起对方的注意。当他假说是赵经理让他来问的时候，王主任就变了模样。突然变得积极、配合了起来。赵经理是自己的上司，他哪敢怠慢呢？

在这个过程中，王主任有一个由极不配合到极配合的心理变化，变化的诱因就是小张搬出了赵经理这张王牌，"一物降一物"，如果不提赵经理，小张可能不会很快得到对方的答复。

这里面有一个逻辑：当遇到一些确实难办的事的时候，不如借他人之口，行自己之事。小张问王主任工作，是"颠倒"级别。赵经理问，则是顺理成章。王主任最后心理的变化也是因为这个原因。他可以对新人不重视，却不能对领导不尊重，一级压一级就是王主任的心思。明白了这点，新人小张将问话策略用在赵经理身上也就不难让人理解了。

假借他人之名，虽然是假的，却不是欺骗，是为了让产生于工作和生活中的问题尽快解决。有时，求人办事不方便直说，就让第三方替自己说。借帆远航，学会这点，求人之时就会省去许多麻烦。

第五节　销售提问的诀窍

问什么，怎么问，会不会问，都是大有学问的。当你张口发问时，应根据你提问的目的及所问事物的性质，选用巧妙的提问方式。一般应注意：

1.用词准确、贴切

提问时，用词贴切，抠准字眼，方能取得最佳的交际效果。

某售货员与前来的顾客打招呼，开始这样提问："同志，您要什么？"不礼貌的顾客则回答："我要的东西多啦，你给吗？"售货员如鲠在喉。后改问："同志，您想买什么？"青年顾客则笑答："不买还不能看看吗？"售货员啼笑皆非。后又改问："同志，您想看点什么？"终于获得了顾客的理解。

比较以上三个问句，由于选用了不同的动词谓语也就产生了不同的交际效果：第一句中的"要"表意含混且兼有乞讨味；第二句中的"买"将售货员与顾客置于买卖关系之中，并会有迫人购物之嫌；第三句中的"看"则表达了对顾客的尊重并暗示了顾客有自由选择商品的权利，即使不买，也不觉得尴尬。三个不同的动词导致三种不同的局面，由此可见，用词贴切的重要性。

2.选择恰当句式

问句按句式的结构划分，可分为是非问、特指问、选择问、正反问、猜度问等不同类型。在提问时，应根据不同的内容需要，恰当地加以选择。

有家咖啡店卖的可可里面可以加鸡蛋。售货员原来这样问顾客："要加鸡蛋吗？"后在一位人际关系专家的建议下将是非问改为选择问："要加一个鸡蛋，还是两个鸡蛋？"从此，销售额大增。

又如，你到一家餐馆去就餐，点菜时你问："这鱼新鲜吗？"通常情况下，店主出于营利的需要，即使鱼不新鲜，他也会作肯定的回答，所以你等于是白问了。而如果换一种句式，将是非问改成特指问："今天有什么好菜吗？"老板为了给本店树招牌、扬声誉，他必然会将该店独具特色的拿手好菜介绍给你。显然，特指问句帮你达到了目的。

3.巧换提问语序

提问时，根据情况来巧妙地改变、调整词语的顺序，可以收到满意的效果。

有两名烟瘾很重的教士，其中一名问他的上司："我在祈祷时可以抽烟吗？"这个请求遭到了上司的斥责。另一名教士也向上司提出了同样的请求，只是变换了一个词语的顺序："我在抽烟的时候，可以祈祷吗？"上司莞尔一笑，竟然答应了他的请求。第二个教士的机智表现在他将原问句的状语与谓语的中心词调换了位置，用以表现自己时时处处都在为上帝祈祷的忠诚，因而取得了成功。

第三章

高效沟通的策略和技巧

第一节　善于倾听别人说话

我们每个人都最关心自己，这是人的本性。我们都非常喜欢讲述自己的故事，也喜欢听到与自己有关的东西。在这种心理影响之下，我们总喜欢独自滔滔不绝，完全不顾对方的感受；或者当别人说话的时候心不在焉，根本不去关心对方讲的是什么。即使是看起来沉默寡言的人，他们也很喜欢谈论自己。这种做法是跟别人交谈时最大的忌讳。

如果你想要成为一个受欢迎的人，那么就要学会倾听，要鼓励别人多谈自己；当别人要告诉你一些东西的时候，要认真地倾听。这样，他会认为你是一个明智、领悟力强，并且很有同情心的人。

在古老的东方，充满智慧的中国人用下面这个故事告诉了我们倾听的价值：

一个小国给中国的皇帝供奉了三个一模一样的金人，皇帝非常高兴。但是使者也给皇帝和大臣们出了一道难题，那就是：判断出这三个金人哪个最有价值。这让皇帝和大臣们十分为难。他们想了很多办法，请来珠宝匠称重量、看做工，用尽了各种办法，但是却发现三个金人是一模一样的。

皇帝和大臣们束手无策，于是把这个难题公布到全国各地。皇帝答应，答出来的人将得到重赏。终于，有一位隐居的智者说，如果能让他见到三个金人的话，他就有办法解决这个难题。

皇帝将信将疑地把智者和使者请到宫殿。智者仔细地看了看三个金人，发现每个金人的耳朵里都有一个小孔。于是他拿出三根纤细的铜丝，从金人的耳朵里穿了进去。

结果，插入第一个金人耳朵的铜丝从另外一个耳朵出来了；插入第二个金人耳朵的铜丝从它的嘴巴出来了；只有插入第三个金人耳朵的铜丝掉进了肚子里。于是，智者告诉皇帝说："第三个金人最有价值。"那位使者连连点头称是。

这则故事告诉我们，最有价值的人，既不是听到什么就左耳朵进右耳朵出的人，也不是听到什么就从嘴巴里说出来的人，而是那个把话放在自己心里的人。心理学家也告诉我们，倾听的价值就是了解对方的心理，使人和人之间形成一种良好的互动关系。有人说："上帝给了我们一个嘴巴，却给了我们两个耳朵，那就是用来听别人说话的。"这种说法虽然过于夸张，但是的确很有道理。

多年前，从荷兰来到美国的巴克家非常贫穷。在13岁的时候，巴克就不得不离开学校去当童工。他的工作十分繁重，工作时间很长，并且每周只能得到6.5美元。但是巴克从未放弃学习，而是用省吃俭用节省下来的钱买了一本《美国名人传全书》。他抓紧时间读完这本书后，写信给这本书上的名人，请他们说说童年生活中的一些事情。

14岁的巴克是一个善于倾听的人。他鼓励名人讲述自己的童年，并把它们记了下来。他请过爱默生讲述自己的童年；格雷将军给了巴克一张地图，并且邀请他一起吃饭，和他谈了一整夜；他还询问过当时正在参选总统的加菲大将，问他是否在运河上做过童工。他把这些资料整理起来，并且成为这些名人的座上宾客。同时，他吸取了这些名人成功的经验，最后终于也走向了成功。

面对那些激烈的批评者，我们最需要做的就是忍耐和沉默——这并不是一件容易做到的事情，但这也正是成功者和失败者的区别。

纽约电话公司最近遇到了一个麻烦，一位顾客毫无理智地大骂公司的接线员，并且拒绝缴纳电话费。他向媒体写信，恶毒地攻击电话公司，最后还向公众服务会投诉。电话公司不想惹这样的麻烦，于是派了一个说客拜访这位顾客。那位说客后来说：

"我第一次去的时候，那位老先生说了三个小时。以后每次去，我都只带耳朵不带嘴巴。我先后去了四次。第四次去的时候，我圆满地解决了这个问题。他向我们道了歉，答应撤销诉讼，并且缴纳了电话费。"

这说明了什么？那位顾客可能并非真的愿意跟电话公司作对，而是想要得到一种被尊重的感觉。当那位高明的说客满足了他这个要求后，他就立刻不再为难公司了。

享有"世界第一保险推销员"美誉的哈默里，是做保险生意获得成功的第一人。他成功的秘诀就是真诚地倾听客户的谈话。一般情况下，他同客户谈话的时候，往往主要是做一个善于倾听的人；而当客户沉默寡言的时候，他就会想办法提出各种各样的问题，鼓励对方说话。哈默里就是用这样的方法，使自己在一年之内做成了几千万美元的保险业务。

摄影记者伊斯阿克·麦克逊采访过世界各地的许多名人，他成功的方法也是善于倾听。他说："人们之所以不能给别人留下很好的印象，就是因为不善于倾听。我们只关心自己要说些什么，而从来不会等对方把话讲完。许多名人都曾告诉我，他们喜欢的是那些善于倾听别人说话的人。倾听别人谈话的习惯，跟优秀的品格一样重要。"

你在认真倾听的时候，最好能让对方知道这一点。这不但能够鼓励对方继续说下去，而且也能够使自己更容易集中精力。你可以通过以下这些方法来做到这一点：

进行目光交流

在倾听别人说话的时候，你的眼睛最好能够注视他。无论你的地位和身份如何，你都必须这么做，因为只有那些傲慢、轻浮、缺乏勇气的人才不去正视别人。

用语言配合对方

你可以简单地说"是""太好了""真的吗"这样的表示你的态度的话,你也可以问一些问题,以鼓励对方继续往下说。这些都表明你对对方的谈话很用心。但是,千万不要把别人说话的机会抢过来,除非对方已经说完了。

不要随便纠正别人的错误,因为你不能保证对方说的一定是错的;即使他错了,你的纠正也可能会使他难堪,从而失去谈话的兴致。如果过激的话,你们还可能会争执起来。这样的话,谈话就更没有办法继续下去了。

用肢体语言示意

在和对方说话的过程中,不要让对方以为你已经睡着了。微微地点一下头,或者欠一下身子,好像你要更加仔细地听他说话一样。但是千万不要动作过大,这会使对方认为你在故意捣乱,或者至少分散了对方的注意力。

重复重点词句

比如,对方在说"尼加拉瓜大瀑布很美"的时候,你可以说"确实很美"之类的话。这样,不仅让对方知道你在听,而且也说明你知道他要表达的是什么意思。

对要点进行解释

很多说话者担心对方没有听懂他的意思。因此,你要对要点进行适当的解释,借此来说明说话者已经把话说得很清楚,你已经明白他说话的意思了。

第二节 恰当地提问

在社会交往中,我们需要向别人提问题。当你向对方提出一个问题之后,他会觉得你对他的事情很感兴趣,因此很乐意跟你分享他的经验。

实际上,提问对于促进交流、获取信息、了解对方都有着十分重要的作用。善于提问,你就能够掌握谈话的进程、控制会话的方向、开启对方的心扉。

提问的目的就是要达到一种和谐的氛围。我们从讲话者的角度去提问题,往往能获得良好的沟通效果。因此提问时,要把握好时机,摸清对方的心理脉络,使谈话变成一种互动,使问答能够顺利地进行。不要提对方难以回答或者不愿回答的问题,也不要限制对方的回答。

一位顾客想要买一种适合自己汽车的轮胎,售货员需要先了解一些基本的情况,让我们比较一下以下两种不同的提问方式:

方式一:

服务员:你的车在什么级别的公路上行驶?

顾客:在柏油路上。

方式二:

服务员:你的车一般是在什么级别的公路上行驶?

顾客:一般是在柏油路上,周末可能去一些道路条件不太好的地方。

服务员：也就是说，通常情况下道路条件较好。

顾客：是的，但是我每天都需要翻过一座小山。

服务员：这样的话，车的轮胎会磨损很快的，而且拐弯驾驶对你来说一定非常重要。

顾客：的确如此。

很明显，方式二的服务员得到的信息大大超过了方式一，因此根据方式二提供的信息，服务员为顾客提供的参考一定会更加适合顾客的需要。两句提问，仅仅差了一个词，其结果却出现了这样巨大的差别，可见我们在提问的时候一定要注意技巧和方法。

为了方便起见，我们将提问的方式分为以下几种类别：

正面提问。开门见山地问问题，直接提出你想要了解的问题。

反向提问。从相反的方向提问题。

旁敲侧击地问。从侧面入手，迂回到主题上来。

设问。假设一个前提，启发对方思索，使对方回答。

追问。循着对方的谈话发问。

而根据提问的内容，可以将问题分为开放式的问题和封闭式的问题。如果你提的问题是一个封闭式的问题，比如"你喜欢什么动物？"，你得到的信息将会非常少，因为这样的问题通常得到的是"是""否"或者另外一些简单的答案。封闭式的问题对于那些打算结束别人啰唆的说话的人是非常有效的。

另外，当你在帮别人迅速地做出决定，在你想要使别人说得更加简洁一些的时候，它也很有效果。但是如果你希望对方继续把话说下去，维持正常的、热烈的谈话，你最好不要提这种问题。

像上段那个问题，如果换成开放式的问题的话，就可以是"告诉我一些关于你的宠物的信息好吗？"这样，对方的回答肯定是十分丰富的，你得到的信息也比较多，你甚至可以在他的回答中找到可以进一步发问的信息。封闭式问题和开放式问题的一个明显的区别是，前者有诸如"何时""何地""谁""何事""为什么""是否"等词汇在里面。很明显，开放式问题比封闭式问题应用得更加广泛。

你可能曾经碰到过一些问题，让你不知道该怎么回答。有可能这并不是你的错，而是这样的问题根本就提错了。我们称这些问题为无用的问题——请注意，这些无用的问题都只是说，作为一个问题来说它是"无用"的或者对谈话继续进行是无效的。以下简单介绍几种无用的问题。

导向性问题

如果你问"你认为我们是不是应该……"，这种问题有明显的导向性。实际上，你要得到的答案已经设置在你的问话里了。类似这种问题，我们都称之为导向性问题。作为一个问题而言，它没有任何意义——当然，你可能本来就没把它当作

问题。类似的问题还有：

"你不是真的……吧？"

"……，是吧？"

"难道你不认为……吗？"

假设性问题

假设性问题实际上是假设一种没有出现过的、实际上没有可能出现的情况，以此来达到自己的目的。这种问题实际上已经包含问话者肯定的、间接的断言了。类似的问题有：

"如果你处在我的位置上，你会不会这么做？"

"如果你像他一样得了第一名，你会想要……吗？"

设定性问题

设定性问题就是先设定某人的状况，然后向他问问题。在多数情况下，这种问题是为了达到压制、强迫甚至打击的目的。这种问题只会引起人们的不适和警惕，因为他们很明显地会感到提问者另有深意。类似的问题有：

"你不是……吗？现在为什么却……"

比如，某人问道："你不是认为我们应该抵制日货吗，因为日本人对我国人民不友好？"

"哦，是啊！"

"可是我发现你现在开的是日本车。"

多重问题

多重问题指的是将几个问题合成一个问题提问。这种问题往往导致人们不知道该先回答哪个问题，从而造成了尴尬。更加重要的是，当提问者附加了一些细节时，被问者往往找不到问题的重点。类似的问题有：

"你们是如何相处的？你们在一起有困难吗？你愿意告诉我这些吗？"

提问者提出了一连串的问题，这样无形中造成了紧张的气氛，让被问者不知道该先回答哪个问题，甚至不愿回答。

第三节　掌握应对抱怨的技巧

沃顿在新泽西州近海的一个百货商店买了一套衣服。几天后，他发现这套衣服已经褪色，并且把他的衬衫染黑了。于是，他决定去百货商店问明原因。

百货商店的一个店员接待了他。当沃顿把事情的原委告诉这个店员的时候，这个店员不耐烦地对他说："我们已经卖出了上千套这样的衣服，为什么你是第一个来挑剔的人呢？"这个店员的声音很大，好像在对沃顿说："你在说谎！你以为我们是好欺负的吗？"

讲话被打断的沃顿时十分愤怒，他与这个店员争执了起来。这时候另一个店员插话说："所有黑色的衣服，一开始总是会褪一点色，而且这种价钱的衣服都是这样。"

　　第一个店员怀疑他的诚信，而第二个店员却暗示他买的是次等货，这对他而言是莫大的侮辱。沃顿时火冒三丈。他正要大发脾气，这时候，公司的负责人走了过来。

　　这个负责人诚恳地对沃顿说："先生，我首先为我的店员的粗鲁向你道歉。但是请告诉我，这究竟是怎么回事？"

　　沃顿大略地说了事情的经过，并且着重强调了这两个店员十分不友好的态度是使他非常生气的原因。在这一过程中，负责人一直微笑地看着他，一句话也不说，并且仔细地倾听他的谈话。可是那两个店员听了后，又要向负责人辩解什么。

　　那位负责人站在了沃顿的一边，对她们说："这位先生的衬衫领子的确是被我们的衣服染黑的。这种不能令人满意的商品，我们怎么能卖出去呢？"然后他又对沃顿说："先生，我得承认，我起先并不知道这套衣服的质量是如此之差。你认为我们应该怎么做才能使你满意呢？"

　　本来沃顿打算退衣服的，但是听负责人这么说，就立即打消了退衣服的念头。他对负责人说："我只是想知道，这套衣服以后还会不会褪色？还有，有没有办法可以补救呢？"

　　负责人建议沃顿把衣服拿回去再穿一个星期试试，看看情形如何。如果他到时还不满意的话，那么百货公司可以给他换货。于是沃顿这么做了。果然，穿了一个星期之后，他的衣服再也没有褪色。他又恢复了对百货公司的信任。

　　我们发现，在处理沃顿的这件事情上，百货公司的员工主要采取了两种方法，而取得成功的是第二种方法。那位负责人是这么做的：他耐心地倾听了顾客的抱怨，并且从顾客的角度出发，采取了顾客可以接受的处理办法。

　　我们希望可以找到一个处理抱怨的普遍的方法，以便能够像那位负责人一样从容地应对抱怨。在现实生活中，我们总会遇到各种各样的抱怨：可能来自一个顾客，他投诉我们的商品有问题；可能来自一个朋友，他抱怨自己的事业遭遇了挫折；也有可能来自一个精力旺盛的人，他没什么别的目的，就是想发泄多余的精力。

　　我们该怎么处理抱怨？实际上，一个人表现出来的抱怨基本上都与要求被尊重有关。即使是火冒三丈的抱怨者，他们也并不在乎你处理抱怨的结果，而只是希望得到被尊重的感觉。基于此，可以按照如下的顺序来处理抱怨：

了解抱怨

　　卡恩乘坐了比原定班机早一班的飞机，当她到达机场的时候，她发现到处都找不到自己的行李。她猜测自己的行李在后一班的飞机上——后来证明事实果然如此。第二天，她打电话给机场中心，想提醒一下他们管理系统出了问题。

"你应该把你的抱怨写出来。"机场的工作人员回答道。

"我是想提醒你们可以改进你们的管理系统。"卡恩解释说。

"我们这里并不处理抱怨，你应该把它写出来。"工作人员继续彬彬有礼地说。

"我没有时间，而且我并不是在抱怨。行李我已经取回来了。我只是想让你们知道，如果班机调整的话，你们的行李系统应该作相应的调整。"卡恩说。

"哦，原来是这么回事。但是我还是帮不了你，你得打电话给机场的管理者。"工作人员回答道。

你同意像这位机场的工作人员一样处理抱怨吗？他看起来好像很礼貌地在处理问题，实际上自始至终都没有弄懂对方想要表达的是什么意思，更加重要的是，他似乎对对方说什么毫不在意。

因此，如果你想妥善地处理抱怨，一定要弄清楚对方在抱怨什么。不管对方态度如何，你都需要了解他所抱怨的究竟是什么。

了解抱怨的前提自然是倾听，也就是听他究竟是怎么说的。然后，在你听到的信息中，分辨出哪些是真实的，哪些是虚假的，以及哪些是感觉。

你需要做其他一些事情配合你的倾听。为了鼓励对方说下去，你最好在对方说的过程中，用真诚的目光注视对方，同时点头表示他说的东西有道理（或者你听到了）。如果对方是通过电话与你进行交流的，你需要说一些肯定性的词语如"我明白"之类，来表示你确实已经知道了。你可以问一些你不了解的问题，但是你不要问那些细枝末节的问题，而要问非常重要的问题，因为这类问题是解决纠纷的关键。

给予信息

在听完对方的陈述之后，要负责任地、积极地解决抱怨，或者委托别人解决。千万不要用"请把它写下来""我很忙""这不是我的工作"之类的借口把对方打发走。你应该给人一种十分诚恳的印象。

而对那些必须立即解决的问题，必须马上行动起来，以表示你对抱怨者的意见很重视。

询问对方

一旦确定要处理，你最好询问一下对方再去做。你应当问一问对方，你的解决办法是否令他满意。如果不满意的话，你必须回到第一个步骤，或者听一听他的解决办法。

如何应对抱怨

很多人都受不了别人的抱怨,但是想要避免抱怨带来的坏情绪,还是应该积极面对别人的抱怨。

首先,认真倾听别人的抱怨,只有倾听才能了解事情的始末。

我从你们这里买的,才用了几天就坏了,你们必须给我个说法。

您好,首先非常感谢您向我们提出的这个问题……

然后你应该向抱怨者表示诚挚的感谢。感谢别人对你的信任,这种感谢十分有利于关系的拉近。

你看看我写的这些,我觉得这样做可以帮到你。

最后,告诉对方你打算怎么处理这件事。千万不要说"我一定会慎重处理的"这样的话,这样听起来像是在敷衍对方。

第四节　恰到好处地做出回答

如果说提问是人们沟通中必不可少的一个组成部分的话，回答提问也一样重要。我们经常冷不防地被提问，并且要求做出令提问者满意的回答。有问必有答，一问一答构成了语言交流的重要部分。

我们发现，同样一个问题，人们的回答可能各不相同。这说明回答问题有各种可能性，但是我们似乎应该确认一点：在这众多的可能性中，只有一种是使提问者最满意的；另一方面，在某些场合，比如辩论，回答者往往并没有给提问者想要的答案。

也许他们因为某种原因，不能或者不想告诉听众答案；也许在回答者看来，从自己的立场出发回答问题才是正确的答案。因此，我们一般认为，问题没有正确的答案，而只有恰到好处的答案——这明显是对回答问题者而言的。

中国人的语言内涵十分丰富，同时也意味着解读语言的多种可能性。有一位中国老人满99岁了，一位政府官员去祝贺她，并对她说："我希望明年能够来给你庆贺100岁生日。"那位老人回答道："怎么不能呢？你的身体不是很好吗？"

其实，那位政府官员的意思是，希望老人能够活到100岁。但是那位老人却理解成了政府官员对他自己的身体的担心。我们在回答对方问题的时候，也通常犯那位老人一样的错误：答非所问。因此，我们在回答问题的时候，首先应该仔细地听清楚对方要表达的意思。

没有一种问话会要求你在听到问题后一秒钟之内马上给出答案，除非你自己想要表现出你反应很迅速。你完全有时间想一想对方问话的意思，了解他的意图，然后再确定回答的方式和范围，从容地组织答案。

有些人似乎习惯于一边说话一边思考，但是这并不是大部分人能够做到的。一般的人在脱口而出之后，马上就会后悔说出了那样的话，因为那样的话本来不应该说，或者完全可以说得更好。

不要急于回答。你可以试着对提问者的意思进行解释，并且夸赞提问者几句。这会让你真正了解提问者的意思，并且得到他的好感，你还可以利用这些时间好好整理一下你的答案。

对问题做出判断，揭示其隐藏的意图。如果你怀疑对方另有意图的话——不管对你有利还是不利——在没有弄清楚之前，不要直接给出答案，而要问一下对方真正的意图是什么。你可以问他："告诉我你真正感兴趣的是什么？你想让我说的是什么？"

你可以建造一座桥梁，由此进入你的回答阶段。这可以算作解释对方问题的一部分。一位议员被问及："你反对加税吗？"那位议员回答道："这位先生想要知道我是否反对加税。实际上，你真正想问的是，我们是怎样使美国人民更加富裕的。让我告诉你我们对于复苏经济的计划……"这个议员十分巧妙地把对方的问题过渡到自己想要回答的问题上。

这样,你首先要对你的答案进行设计,也就是我们前面所说过的"思维"过程——相对于你把它陈述出来而言。当然,对待一般的问题,你必须用你的知识做出符合客观实际情况的回答。不然的话,就会犯狡辩的错误,从而给人不真诚的感觉。

如何回答不想回答的问题

让人为难的是那些你不想或者不能做出正面、直接回答的问题,这时候你还可以用以下这些方法来回答:

今晚你要到哪里去?有什么秘密的事情吗?

没什么大不了的事。

无效回答

当你不想回答对方的问题的时候,你可以用一些没有实际意义的话回答他。

反转问题

有些问题是比较刁钻的,它可能是一个含沙射影的问题,也可能是一个陷阱。在这种情况下,你可以换一个角度反问一下对方。

你觉得你已经完全听懂了吗?

这个问题你已经讲过很多遍了,你觉得还有继续说下去的必要吗?

在有些场合里,对方可能会提出一些十分敏感的问题,或者想刺探你的真实意图,或者就是想刁难你,使你不便直接给出回答。这时候,你可以间接地做出回答。

上面介绍了回答问题时应该注意的一些基本问题。接下来，将就如何具体回答常见的问题给出一些意见：

关于是非型问题。提问者想要你回答简单的几个字，这当然是很容易的事情，但是这类问题往往埋有陷阱，因为简单往往容易导致误解。除非在法庭上，你不需要具体回答是非型的问题，你应该直接回答"是"或"不是"。

关于选择型问题。有人问："你们公司的目标是增加投入还是减少人员？"这样的问题不好回答，因为答案可能不在他给出的选择项内。不要被提问者提出的问题所干扰，按照事实说吧！对上面问题的回答可以是："我们的目标是提供最优质的产品。"

关于不能回答的问题。当你被问及那些关于个人秘密等不便回答的问题的时候，你应该直接告诉他为什么不能说出来。你必须给出你的理由，否则将会被认为是不真诚的。

关于倾向性问题。比如，"你不再打你的老婆了吗？"而事实上你并没有打过她；或者"此次调价对你们公司造成了多大损失？"事实上你们公司一点儿损失都没有。

回答这类问题时可以直接跳过对方的假设，用事实说话。

关于问题太多。对方提出一系列的问题的时候，你没有必要一一回答。你应该说："慢一点，我的朋友。"然后再一次回答一个问题。

当你在回答问题的时候，态度一定要恳切，要让提问者感到你正在努力、真诚地回答他的问题，而不是在敷衍了事。如果有人在寻求信息，则要表现得很专业，让对方觉得你的答案很可信。

不要把注意力局限在提问者身上。提问者提出了问题，但是这不是你跟他之间的私聊，你需要注意的是，有更多的人在你面前，等待你做出解答，提问者只是为你们提供了一个话题而已。当然，相对于其他听众而言，你还是应该相对多地注意这位提问者。

当你回答了某个问题之后，要保持你一贯的作风，千万不要因此而得意起来。否则，你的听众就会努力在你的回答上找漏洞。

对那些有敌意的提问者，你最好保持你的优雅的风度。不要因为对方提出了一个让人尴尬的问题，你就非常不客气地对待他。你应该冷静地处理这个问题，以便使局势朝对你有利的方向发展。

第五节　冷静地处理冲突

我们常常会因为某一件事与对方争吵起来，有时候吵得面红耳赤，甚至最后靠决斗来解决问题。但是只要稍加注意你就可以看到，其实这些争论到最后也没有解决什么问题。事后，只要我们冷静地想一想，就会发现本来没有争吵的必要。因为这些问题本来也不是什么大问题，犯不着这样争吵。

冲突在我们的交谈中是难免会出现的，但是这仅仅是表面现象。实际上，冲突是两个人或者更多的人在看法、方法、目标、方式甚至价值方面的不同所引起的，并不仅仅表现在言语的争论上。我们知道，人与人都是不同的。

哲学家说"这个世界上没有完全相同的两片树叶"，人类则更是如此。在大多数情况下，出现分歧是十分正常的，也是可以解决的。但是人们却往往把这些分歧变为争吵，试图向对方说明对方是错误的、自己是正确的，以至于看起来似乎不可调和，有什么深仇大恨一样。

古希腊哲学家苏格拉底的妻子是一个十分彪悍的妇女。一次，她对着苏格拉底大发雷霆，后来居然把一盆脏水对着苏格拉底迎头泼去。但是苏格拉底并不生气，反而说："我知道，雷鸣之后总会有一场暴风雨的。"

别人劝他把这个悍妇休掉，苏格拉底说："善于驯马的人都会选择悍马作为自己训练的对象。因为如果连悍马都驯好了的话，那么其他马自然也不在话下。如果我连她都能忍受的话，还有什么不能忍受的呢？"

我们平常的冲突自然没有这么激烈，而且我们一般人也没有苏格拉底这么好的涵养。为了圆满地解决问题，树立良好的社交形象，追求更高的境界，我们需要学会处理冲突。诚然，有些问题不能改变，或者说不能轻易地改变，比如个人的价值观等，但是只要我们愿意，我们的确能够运用适当的方法处理冲突，以达到我们的目的。

纽约市一个电话公司的策划部经理保罗十分赞同这个观点，他甚至乐观地认为，他的员工的冲突是因为对工作热情而产生的，他十分喜欢这些冲突。他不喜欢那种死气沉沉的工作氛围，而喜欢冲突所带来的新的思想、角度，以及解决问题的新的方法。他说，问题的关键在于如何"有建设性地"处理这些冲突。

一个和那位改良蒸汽机的伟大发明家同名的员工，以保罗和策划部其他职员的名义，给他的同事玛丽发了一封电子邮件，指责她的某一个策划方案存在许多致命的错误。"你应该改正它，"瓦特在信的末尾说，"或者干脆让更加适合的人来做。"

保罗看到这封电子邮件后，直接找到了瓦特，并指出他指责对方错误的方法是不当的，并且，他更加不应该擅用他人的名义。这不是解决冲突的正确办法，如果他需要跟玛丽讨论策划方案，应该用另外一种方式去解决这个问题——保罗并没有告诉他应该采用哪种方式。

一天后，瓦特找到保罗，说他已经跟玛丽当面协商了策划方案存在问题的解决办法，玛丽也已经原谅了他的鲁莽。

我们在解决冲突的时候，需要注意以下一些问题：

弄清楚对方的立场

你可以假设对方的用意是好的，从而更多地从对方的立场去考虑问题，这样你或许能够心平气和地和对方谈论。

你希望别人理解你的决定，同样你也应该理解对方的决定。在没有弄清楚对方的真实用意之前，不要假设对方是意气用事，是为了维护自己的利益。

这些假设往往会把我们引入误解的歧途。把你的眼光更多地放在对方的言语、行动上，不要依靠猜测来评判对方。

在别人说话的时候，冷静下来仔细倾听，这样你才能理解对方想要表达的是什么意思。然后，告诉对方，你完全理解他。不要打断别人的谈话，更不要气势汹汹地指责对方。

寻找共同点

我们可以轻易地了解到，我们与别人产生冲突，都是为了事情的解决。我们和他人的关系是伙伴而不是对手，更不是敌人。

所以，当我们和别人发生冲突的时候，应该积极地找出问题的解决方案，而不是使冲突升级。我们和对方的争吵或者其他的行动，都有可能使我们的注意力从问题本身转移到其他方面。

在讨论中，不管我们冲突的核心问题是什么，在问题上产生了什么不同的观点、方式，关键是要注意问题本身，而不是其他方面。

实际上，冲突在大多数情况下都是在寻找"最佳答案"。事实是，因为人是各不相同的，因此给出的答案也各不相同。我们的争论实际上是在讨论哪一种答案最适合当前的我们。在这一点上，我们并没有什么根本的分歧。告诉对方这一点，并且让他相信事实确实如此。

忘掉一输一赢的思维模式，那只是竞技比赛的特点，并不适合冲突的解决，冲突完全可以实现双赢。

你还可以从其他方面来寻找你们的共同点。比如，经过思考后你会发现，其实你们都是主张用同一种方法来解决问题的，只是你们在某些方面出现了偏差，而这一点本来是可以忽略不计的。

解决问题而不是责备他人

你应该诚恳地表达你的观点。如果你确认自己的方案是最优的，就尽量说服对方，让他也这么认为。光提高嗓门是没有办法说服对方的，更不用说责备对方了，那样只会给你们带来不快和不信任。你的目标是解决问题，而不是为了比较你们谁更加高明。

当你配合他人解决问题的时候，你会发现自己正处在一个十分友好的氛围之中，这种氛围会更加有利于问题的解决。如果一次两次的意气用事是你没有办法克制的话，那么千万不要使它成为你的习惯。

冲突的表现形式

想要冷静处理好冲突，就要了解冲突的表现形式，然后尽量避免冲突的出现。

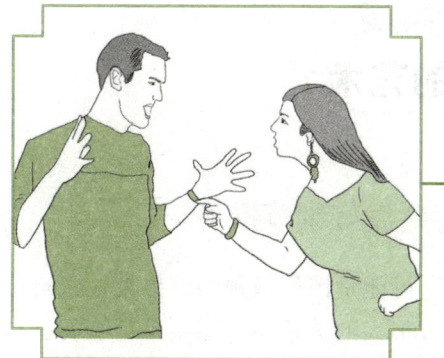

争吵是冲突最常见的形式，双方因为意见、想法等不同而发生争吵。

另一种形式是把问题的所有责任都推到对方身上，并且开始攻击对方的能力、性格甚至人格，得到自我满足的快感。

还有就是以自我为中心，以为每个人都应该按照自己的想法去做，同时，又对别人的想法不满。这是冲突的本质之所在。

第四章

谈判的艺术

第一节　谈判前要做好细节准备

谈判总是会让参加者感到很紧张，这可能是因为谈判的结果直接跟自己的目标，或者更加直接地说，跟自己的利益有很大的关系——那些为自己的公司或者国家谈判的人也同样如此。谈判的成功与否跟谈判者的表现有很大的关系，因此谈判总是充满着悬念。正是这种悬念给了那些出色的谈判者展现自己才能和智慧的机会。

谈判一般分为几个阶段：准备阶段、商谈阶段、建议阶段和决策阶段。这几个阶段毋庸置疑都是十分重要的。但是，在正式谈判之前的准备阶段既是影响到后面几个阶段的重要阶段，也是谈判者完全能够把握的阶段。虽然不能说谈判前的几天甚至几个月的准备工作可以完全决定谈判能否成功，但是有一点可以确定的：一般而言，不经准备就开始谈判是很难获得有利于自己的谈判结果的——这一点在下面关于谈判前的细节准备的一些说明中也可以得到证明。

在谈判前的准备阶段中，我们需要从以下一些方面去考虑其细节：

提高谈判者的能力

谈判的成功与否在很大程度上取决于谈判者的能力和素质。谈判作为一种说话艺术和说服艺术，对谈判者的表达能力、判断能力、应变能力以及学识等有很高的要求。谈判是一种即时性与尖锐性相结合的说话，能够较好地处理谈判的只有那些有很高素质和能力的谈判者。

谈判者的表达能力当然十分重要。一般而言，谈判双方必须在相对较短的时间内达成一致；并且，如果谈判人数过多的话，那么每个人发表意见的时间一定不是很多，这就更需要谈判者在有限的时间内把自己的观点简洁有力地表达出来。

为了实现谈判目标，谈判者所发表的任何言论都应该有利于自己的目标的达成。另外，谈判需要鼓动对手以及打动对方，所以要求言辞具有强大的感染力。这些都需要谈判者具有十分高明的说话艺术。

谈判者的判断能力十分重要。结合你得到的关于对手的信息，判断出哪些是有用的和重要的，哪些是没有参考价值的和次要的，并从这些信息中判断出对手的实力、要求和可能运用的谈判方法等，这些都需要你具有较高的判断能力。在谈判的过程中，需要通过对手的表现、言语对谈判局势进行整体的判断，进而采取有针对性的应对办法。要根据自己的目标和对方的目标以及双方的共同利益，提供最适当的备选方案，达成最终的谈判协议。这些都跟谈判者的判断力息息相关。

应变能力对谈判者来说也很重要。应变能力是建立在谈判者的判断能力基础上的另一种能力，它使谈判者能够基于自己的判断得出一定的应变办法。在谈判的不同阶段，谈判者需要采取不同的应变措施，使谈判朝自己的目标发展。针对对方不同的反应，适时调整应变措施，甚至适时调整自己的谈判"底线"。这些都需要谈判者具有相当强的应变能力。

除了以上这些能力之外，学识、经验等对谈判者来说也都很重要。遗憾的是，一些谈判者以为只要在谈判之前的几天甚至是几个小时之内做好准备，就能够取得谈判的成功。这种想法太天真了。从某个角度来说，即使在谈判之前没有做好准备，那些综合能力较强的谈判者也能游刃有余地和对手进行谈判，因为这种能力更加基础，也更加重要。

因此，谈判者应该努力提高自己的各种能力。也许对你来说这不是一个好的建议，因为谈判马上就要开始了，现在做这种准备已经太迟了。那么你只能在现有能力的基础上，尽可能出色地发挥，但是并不能保证你一定成功。当然，如果你打算选择一位谈判者去和别人谈判，拥有这些能力的人选是最合适的。

尽可能地了解对方更多的情况

在谈判之前，通过详细的调查尽可能多地了解对手，对谈判者来说也很重要。既了解自己，也了解别人，这一点可以帮助你使谈判走向成功。

了解对方的情况有助于你做好充分的思想准备，提前研究对策，进而使你在将要进行的谈判中掌握主动权。如果是商业谈判的话，你要了解的信息包括对方公司的业绩、经营状况、资金等，还包括对方谈判者的一些基本信息，如相关经历、性格特征。你可以通过你了解的信息判断出对方可能采取的对策以及可能设置的底线。当然，这些东西都需要在接下来的谈判中加以修正或补充。

一些谈判者认为没有必要这么麻烦。他们相信，对对手一无所知的不足，可以通过试探和了解对方来弥补。这么做的缺点显而易见，不仅表现在时间有限、机会有限，更加重要的是，你的试探可能会给你带来不利的影响。如果你能够在谈判开始之前就了解对方，显然是更加适当的。当然，在谈判的过程中你也的确需要去更深一步地了解对方。

确立自己的目标

实际上，对一个谈判而言，你要做的就是两件事情：确立自己的目标和达成自己已经确立的目标。确立目标是一件十分复杂的事情，因为你要考虑的东西太多，并且目标不一定是确定不变的。

最好的方法是，设定你的底线。实际达成的结果只会在你的底线和对方的底线之间浮动，因此应该把你的目标确定在这两个底线之间。剩下的事情就是不断地使你的目标朝对方的底线方向移动。

为了更加有效地在谈判中达成你的目标，你需要分解你的目标。在多数的谈判之中，整体目标并不是一次就得以实现，而是通过一个个分解的目标来实现的。这些分解的目标会更有可操作性。

第二节　必要的时候可以妥协退让

电器设备供应商泰茨公司生产的电机产品在国际上处于先进水平，而且型号齐全、服务完善。当公司打算进军波士顿的时候，那里的市场已经被另一家电机生产公司——肯德公司占领了。泰茨公司一直在努力争取，却没有能够占领一席之地。后来，他们了解到伍德公司正打算引进电机设备，于是就派了业务员和对方进行谈判。为了能够打破肯德公司的垄断地位，泰茨公司在价格上做出了很大的让步，最终和对方达成了协议。这种让步虽然让他们开始进入波士顿市场，但是在波士顿的产品价格却比在其他地方的价格低了很多，而且提价也变得十分困难。

这个案例给了谈判者一个印象，那就是在谈判中不能让步，否则对自己会很不利。他们认为，泰茨公司完全可以依靠自己性能先进的产品和完善的服务跟肯德公司竞争，最后也一定会取得胜利。

的确，在谈判中，泰茨公司在价格方面的大幅让步，使得他们以后的经营陷入了不利的局面。但是，他们公司的做法的错误，不在于在谈判中作出了让步，而应该在于他们在价钱方面作出了让步。因此，不能因为这个案例否认让步在谈判中所起的作用。我们完全可以想象，如果泰茨公司咬紧牙关一点儿都不让步，他们肯定就无法进入波士顿市场。

实际上，在谈判的过程中，谈判的双方不可能都没有让步，否则就无法达成一致。既然是谈判，那么就必然存在可以沟通的空间。正如我们前面所说的那样，谈判者只是在尽量争取使达成的协议朝着对方的底线运动，而并非一成不变地进行交谈。可以说，正是让步使谈判变得有意义。

在谈判的过程中，有些时候应该坚持自己的观点，有些时候则应该做出一定的让步。把握好这个分寸是十分困难的。因此，我们在谈判中必须讲究一定的策略，即在必要的时候让步。谈判者在谈判中让步，一般都是希望对方也同样能够做出让步。这样做有两种作用：一是用自己的让步来满足对方的需求，对方才会满足自己的需求；二是表达自己的诚意，表示自己希望协议达成。

在谈判的过程中，应该把让步当成是谈判整体策略的一部分，当成是为了达到自己的最终目标作出的一点儿牺牲。因此，应该有计划、有步骤地进行让步。在谈判开始之前的准备过程中，谈判者应该对自己可以做出的让步和对方可以做出的让步有清醒的认识，而不应该毫无头绪。正如前面所说过的那样，要考虑对方的底线和自己的底线，因为这两条底线是让步的最终参考对象。

是否让步、如何让步，这是关于让步的两个基本因素。下面简单地介绍一些在让步时必须掌握的原则：

最好不要首先让步

在谈判的初始阶段，不要因为急于达成协议而匆忙让步。在大多数情况下，首先让步的人会处于被动的局面，因为这似乎说明他更加希望达成协议，这个谈判对他来说更加重要。在这种情况下，对方一定会更进一步提出自己的要求，在谈判的心理上也会占有优势。

因此，尽量不要首先对对方让步。你必须保持对自己产品或服务的信心，让对方感到自己的实力。当然，在适当的时候，你应该通过让步来表示自己的谈判诚意。但是，你必须让对方明白，自己是不得已才做出让步的——只有这种让步才是积极的让步。

只能在次要问题上让步

因为让步是无关于原则问题的，是为了达到自己的整体目标的，是谈判整体策略的一部分，所以，可以在一些次要的问题上进行让步。这样的让步不会使你做出太大的牺牲，而只会赢得最后的胜利。

与此相对应的是，不能做出原则性的让步。这种让步会使你失去自己的目标，最后无法达成有利于自己的协议。这就好像你跟对手谈了一个小时，结果达成的协议却对自己完全没有好处。这种无原则的让步当然是不可取的。

在损失很小的时候让步

如果那些在次要问题上的让步会导致你损失很大，那你也一定不要让步。在特定的情况下，次要问题的让步可能会带来比原则性问题的让步更加严重的后果。不能简单地用主要还是次要的标准来分析。在很多情况下，次要问题也可能会给你带来无法承受的损失。

每次让步小一点

如果你让步过大，对方可能会错误地估计你的底线，因此你会更加难以取得效果。比如，作为卖方，你如果作了较大幅度的降价，这必然会让对方怀疑你的产品并没有想象中的那么好；而如果你每次都只是采取很小的让步，对方会认为他差不多已经使你达到了底线。因此，你们更加可能较快地达成协议。

估计自己的让步的价值

自己每做出一定的让步，就要判断自己的让步在对方心目中的价值。在此之前，你已经掌握了对方的一些信息，了解到了对方的策略和底线等一些重要的问题，因此，你可以准确地预测到自己的让步所产生的影响。有时候，对你来说是很小的让步，而对方却很在意，这种让步是理所当然应该选择的，而那些连对方看来都并不重要的让步，你也就没有必要让步。

拒绝对方让步的要求

当对方提出让步的要求时，你应该对要求进行仔细的考虑，务必做到慎重地做决定。有时候对方所提的要求对你而言并不是什么大问题，但是有时候却与你的原则相冲突。在后一种情况下，你应该拒绝对方的要求。

谈判要避免两个极端

1. 避免顽固不退让。有的谈判者在谈判的过程中，不打算作出让步。坚持不退让，让对方觉得你没有诚意，只能选择放弃合作。

2. 避免一味求成的无原则让步。有的谈判者为了达到某个目标，进行了毫无原则的妥协退让。

合作不成，自然使谈判者失去了和对方达成协议的机会。

无原则的让步，尽管更加可能和对方达成协议，但是这种协议对己方来说是不利的。

以上两种极端的做法导致了不同的结果，但是对谈判者来说却都不是好事。因此要坚决避免。由此可见，谈判需要一定的让步，但是却要有原则地让步，要利大于弊地让步。

不要因为你需要达成协议就轻易答应对方的要求，因为对方也有同样的需求，否则你们就不会坐到一起来谈判了。

第三节　在谈判中应该适当地提问

在一次谈判中，卖方和买方进行了如下的对话：

卖方：看起来你好像对我们公司的洗衣机不大满意，我可以知道是什么原因吗？

买方：好的，我不大喜欢你们洗衣机的外形，它看上去好像不是很结实。

卖方：的确如此。如果我们在生产下一批产品时，改变它们的造型，使之能够防腐，你是否会满意呢？

买方：这很好。不过，这样一来，交货时间一定会延迟很多了。

卖方：那么，如果我们能够尽量缩短交货时间，按照你要求的时间交货，你能够马上签字吗？

买方：完全可以。

我们看到，在这次成功的谈判中，由于卖方恰当地提问，最终谈判双方达成了协议。这说明提问在谈判中的确十分重要。可以说，提问在严肃而紧张的整个谈判过程中，自始至终都发挥着重要作用。正如这个案例中的卖方一样，那些谈判高手对提问这一方式的运用有着十分娴熟的技巧。正是这样的提问，使他们始终有力地控制着谈判的方向，牢牢地掌握着谈判的主导权，从而使谈判达成了对他们有利的协议。

那么，提问在谈判中究竟有什么作用？具体地说，有以下一些作用：

开场时投石问路。许多谈判高手在已经做了充分的准备、非常了解对方的情况下，为了获取更加具体、可靠的信息，在谈判开始时都会使用提问这一方式。谈判该采取什么样的策略、对方可能会有什么想法，谈判者都能够在开场的提问中获得一定的信息，然后再利用这些信息去制订或改变自己的谈话策略。

获得信息。提问是谈判者获得对方信息的最直接、最有效的手段。对方的真实情况是什么、需求是什么、想法是什么，都可以通过提问来得到。虽然你也可以通过其他的方式去了解这些信息，但是都不如提问这种方式来得直接和有效（那些谈判前毫无准备的谈判者想必也是这么认为的，他们认为这种方式更好，因此事先并不准备）。不过，我们需要注意对方提供的信息是否真实。

提请对方注意。为了吸引对方对我们提供的信息的注意，你也可以使用提问。提问可以建立自己的观点和对方意见之间的联系，从而使对方认真思考你所表达的观点。比如"我认为……你觉得是不是这样？"这种方式很自然地会把对方的注意力吸引过来，使对方不得不给你一个答案。因此，即使你的本意并不是想询问对方的意见，而只是表达你的观点，也可以使用提问。

传情达意。当对方谈了一个看法的时候，提问可以传递你对这个看法表示关注的信息，而对方一定会非常热情地回答你的提问，这样就营造了一种和谐的谈判气氛。比如，"我对你所说的很感兴趣，不过我有一个问题……"这表示你对对方所说的东西十分关心，而对方一定也会用同样的关心回报你。

引发对方思考。提问当然能够引起对方的思考。你不能直接地对对方说："关于我刚才说的，你好好地想想吧！"因为这样说似乎是一个命令；你可以说："关于我的意见，你有什么看法呢？"这样自然更加容易让对方接受。

谈判结束时作结论。在谈判快要结束的时候，结论可以以提问的形式出现。比如，"现在是不是该到下结论的时候了？"这种问话很明显比说"让我们赶快下结论吧"更加容易得到对方同意。对于后者，对方的回答很可能是"不急，还有些问题没有解决"。

上面提到的是谈判中提问的重要作用。正因为它有这么重要的作用，所以，如果谈判者想要取得谈判的成功，就有必要学习恰当地提问的技巧。总的来说，提问应该使谈判朝对你有利的方向发展。具体来说，在运用提问这一方法的时候，应该注意以下一些问题：

把握恰当的提问时机

不要认为随时都可以提问。在提问之前，最好能够仔细考虑提问可能会带来的影响，比如是否会打断对方的思路、影响对方的情绪等等。不要在别人谈兴正浓的时候打断别人的谈话，这样显得很没有礼貌，也会使谈判受到影响。

提恰当的问题

谈判者提的问题一定要有针对性，也就是要提恰当的问题。提问应该把谈判引到某一个方向上去，而不能随意发问。在谈判中，如果你了解到对方可能对某个问题产生了怀疑，你可以用提问的方式去引导他把自己的疑惑说出来，然后找到合适的说辞进行有针对性的说服。

用恰当的方式提问

我们知道，提问的内容一样，得到的回答却可能不一样。这是提问方式的不同所引起的。提问的方式十分重要，因此，在提问的时候，应该注意用合适的方式提问题，用更加有技巧的方式表达你的问题。一位信徒问牧师："我可在祈祷的时候吸烟吗？"牧师答道："当然不行！"另一个信徒问同一位牧师："我可以在吸烟的时候祈祷吗？"牧师答道："当然可以！"两个相同的问题，却得到了完全不同的回答，这是因为提问的方式发生了变化。

谈判中避免提问的问题

提问十分重要,这也恰好说明不能滥用提问这一方法。有些问题在谈判中并不适合提问,具体来说有以下几种:

与谈判无关的问题避免提问。不要因为那些跟谈判没有关系的疑惑去提问题,这于谈判无益,还会让人觉得你不专业。

有歧义或者让对方不知道怎么回答的问题避免提问。

因此,在提出一个问题之前,你最好能够对自己的问题进行思考。如果你的问题属于上面其中的一种,那就不应该提问。

第四节　掌握谈判中的应答技巧

有问必有答。如果说提问已经成为贯穿在整个谈判过程中的重要组成部分的话，那么跟它相匹配的应答也有着同样的地位。关于应答的重要性，我们已经在前面说过。而由于谈判在某种程度上具有强烈的针对性，因此应答在谈判中也显得更加重要。

在《新约》里有这样一个故事：犹太人和法利赛人带来了一个通奸的女人，他们当众问耶稣："按照摩西的法律，应该用石头打死这个女人。你说应该怎么办？"这是一个圈套，如果同意的话，耶稣身为一个"救世主"就要为这个女人的死负责任；但是如果不同意，那么他就违反了摩西的法律。于是耶稣说："你们中如果谁没有犯过错的话，谁就用石头打死她吧！"众人扪心自问，都觉得自己并不干净，于是就走开了。而那个女人也就得救了。

在谈判的时候，有些问题可能不见得比耶稣面对的问题更难回答。耶稣凭借自己的聪明机智巧妙地回答了问题，而有些谈判者却倒在了那些问题面前。

那么，在谈判中该如何回答问题呢？这里将一些应答技巧告诉你们，并且希望你们从此能够从容地应答所有问题。

留下充分的时间进行思考

在回答问题之前，你应该给自己留下充分的时间对对方的问题进行思考。不过，一般来说，在谈判的过程中，对方不会给你充裕的时间让你从容地思考。因为他知道，时间越长，你越能给出对你自己有利的回答。在这种情况下，即使他催促你立即回答，你也可以礼貌地告诉他，你必须对这个问题进行思考，并且需要一些时间。

转移话题

在有些谈判中，对方可能会直接问你底线问题。如果你回答了这样一个问题，那么你会很明显地陷入被动。对于底线这样的问题，你自然不想这么直接地告诉他，因为在一般情况下，无论哪一个谈判者都不希望谈判结果只是底线。而你一旦告诉了对方你的底线，就已经失去了继续谈判的意义。

对于这样的问题你必须想办法进行转移。比如，对方问你，产品的价格最低是多少。你可以跟他说，你提供的价格绝对不会过高，在你告诉他之前，你打算先介绍一下你们产品的一些优越的性能。这样，你就把话题转移了，从而也为自己赢得了主动权。

模糊回答

对那些不得不回答，但是却难以立即做出回答的问题，你可以使用模糊语言。模糊语言即那种给对方不确定的答案的语言。比如，对方问你价钱最低多少的时候，你可以说："不会高于你能承受的价格。"这种模糊语言显得十分巧妙，既回答了问题，又没有使你陷入被动。

谈判中三类问题的回答技巧

谈判中，在回答对方的问题之前，首先要分清问题的性质，即这个问题是友善的还是不好回答的，甚至是带有敌意的，然后采取不同的应答方法。

1. 一些基本的信息等问题，如果对方没有敌意，说出来对自己也没有什么影响。这或许是对方拿已经掌握的信息对你进行的试探。你应该直接回答，以显示你的真诚。

2. 问题虽然没有敌意，但却是你不想回答、不便回答的问题。可以采取文中提到的转移法、模糊回答法或者延迟回答法等方法进行回答。

3. 对你有敌意而提出的问题。回答时应该礼貌，避免采取针锋相对的态度，把握好回答的分寸。

模糊语言能够为自己留有足够的余地。比如在应聘的时候，面试人员问你："你的期望工资是多少？"你不能给对方一个确定的答案，但可以说："2500到3500之间。"这样，显然有可能与对方能给你的工资相符。

延迟回答时间

当对方要求你立即回答某个你不想回答的问题的时候，你可以拖延回答的时间。比如，你可以对对方说："我想，现在还不是谈论这个问题的时候吧！"或者"我现在没有第一手的资料，我想等我查阅完第一手资料的时候再给你一个详尽而准确的答复，这样可能会更好些。"这些理由都具有不可辩驳的说服力，因此你将不会再遇到同样的问题。

不过，延缓时间只能是暂时的。如果你这一次拖延了回答对方问题的时间的话，下一次你就不能再借故拖延了。因此，你最好找一个更好的办法来解决这个问题。

适当地处理对方的错误

在谈判的过程中，由于沟通上的问题，对方可能并没有完整地理解你说的话，因而产生了误解。这是谈判中经常会出现的情况。

一些谈判者在对方误解了自己的情况下采取了观望的态度——如果这种误解有利于自己，他们就视而不见、将错就错；而如果对自己不利，则马上指出对方的错误。这是一种只看眼前而不顾长远的做法。他们害怕自己会受到损失，于是忽视了谈判实际上是以坦诚为基础的，而绝不应该相互欺骗和隐瞒——即使这是被动的。

在这种情况下，正确的做法是，不管对方的误解对自己有利还是不利，都应该委婉地向对方提出来。你不用担心你会因此而遭受损失，那些东西可能并不是你应该得到的。而如果你隐瞒了真实信息，那么等对方发现的时候，你会得不偿失的。

第五节　谈判中如何拒绝

谈判就是为了满足双方的要求而彼此参与的过程。每个人的需求不同，因而会展现出不同的行为和表现。虽然我们希望谈判双方能够配合默契，顺利地完成谈判，但是大多数情况下，利益冲突导致的问题还是会不断地发生。鉴于要营造一个平和、融洽的谈判氛围，以使谈判能够成功，我们不能直接拒绝或否定对方，而是必须进行有策略的拒绝。

在下面这个十分经典的案例中，谈判的一方使用了一种极高的拒绝策略，使原本对对方有利的局面变成了对自己有利的。

美国有名的电器生产商海锐公司和另一家不怎么有名的公司进行商业谈判，希望能够把电器设备卖给那家公司。那家公司的三个采购代表看起来像他们的公司一样不起眼，而海锐公司的谈判代表则准备得十分充分，并且似乎十分精于谈判。

海锐公司的谈判代表约翰和他的同伴们的表现是压倒性的。他们在一开始的时候拿出准备好的一大堆图表、图像和数字，无可辩驳地说明了他们公司的电器产品是最合适不过的。等他们介绍完自己的产品之后，两个小时已经过去了。而对方在整个过程中一直安静地坐在沙发上，一句反驳的话也没有，只是默默地听着。

约翰说完之后，吐了一口气，轻蔑地对反应迟钝的对方说："你们觉得怎么样？"

其中一位采购代表彬彬有礼地说道："的确，你讲得十分精彩，但是我们却不大明白。"

约翰惊诧地问道："你们不明白？我们讲了这么久，你们居然说不明白？——那好，你们不明白什么？"

采购代表说道："所有事情。"

锐气十足的约翰感到不可思议，因为他们的介绍是十分详尽而且颇具说服力的，但是他只得问道："你们从什么时候开始不明白的？"

"一开始，"采购代表说，"我们从一开始就不明白。"

约翰又能怎么样呢？于是他问道："你们想要我们怎么样呢？"

"你最好重复一遍吧！"

约翰像泄了气的皮球一样，刚才的那股信心和气势一下子都不见了。对方并没有针对某一点提出反对，他们的沉默就是对所有意见的否决。但是约翰和他的同事们难道会继续用两个小时来重复介绍他们的产品吗？当然不会。采购代表们正是运用这一点巧妙地拒绝了对方，同时也为自己赢得了谈判的主动权。果然，海锐公司的价钱开始下跌，而且形势对他们越来越不利。

这就是拒绝策略的奇妙用处。在谈判中知道何时拒绝、如何拒绝，你会收到很好的效果。有些谈判者担心自己的拒绝会给自己带来不利的影响，因而即使不同意对方的意见，也从不表现出来。他们担心的其实不是拒绝本身所带来的影响，而是拒绝的方法不当带来的。

另外，我们鼓励谈判者进行拒绝，并不意味着他可以随时拒绝对方。谈判者如果不是对对方表示不满，或者想和对方进行争论，就不要轻易地使用拒绝。你必须在恰当的时机进行拒绝，比如，当对方的确非常想要买下你的产品，却因为价钱的问题迟迟做不了决定的时候，你可以对他说："先生，我决定不卖这件产品了。"一般情况下，对方都会提高价钱来购买你的产品的。

究竟该如何拒绝谈判中的对方？以下这些拒绝方法值得借鉴：

以攻为守

当对方提出某个你不能接受的要求的时候，为了不受到对方的牵制，你可以化守为攻。你可以提及对方在前面拒绝的你的某个要求，告诉对方你可以同意他的这个要求，但是他也必须满足你的那个要求，并说对方的这个要求跟你的那个要求是

拒绝的两种有效办法

除了文中介绍的方法之外，下面这两种方法也是有效拒绝的好方法：

1.援引客观条件的限制

向对方解释是由于客观条件的限制，你无法回答对方的问题。这样能够使对方不再纠缠，并且对你表示谅解。客观条件主要包括两个方面：

一个是局限于你自身的客观条件，比如技术力量、权限和资金条件等。

另一个是社会条件的限制，比如法律、制度和形势等。

当然，这两者可以单独使用，也可以综合运用。

2.先肯定后否定

先找出其中合理的部分予以肯定，然后委婉地表示你不能确定其他的部分。

由此可见，谈判的时候，尽量不要使用否定性的词语，即使你需要表达出来，也应该用一种更加有技巧的方式。

一致的。这样，即使你同意了对方的要求，也不会有任何损失。

引导对方自我否定

即使对方提出了一些不合理的要求，你也不要针锋相对。有时候，你可以旁敲侧击地暗示对方，让他认识到自己的看法有一定的局限，进而自觉地撤销自己的不合理要求。只有让对方自己否决自己的想法，他才会真心地接受，而不会产生不快。

补偿安慰

如果你不想因为拒绝而引起对方的不快，但是又不得不拒绝，你必须想办法对对方进行补偿和安慰。不论你的拒绝策略有多么巧妙，都终究掩盖不了拒绝了对方这样一个基本的事实。你谈判的对手并不是一个完全理智的人，在某种程度上，对方也可能会因为被拒绝而产生消极的情绪。这时候，你必须想办法进行补偿和安慰。

提出你可以满足对方某一个对你来说无关紧要的要求，或者对你的拒绝表示遗憾。这样，对方的心情可能会好一点儿。充分地表达你的谈判诚意，这一点对你来说很重要。

第六节　如何打破谈判的僵局

僵局在某种程度上象征着谈判的破裂，是对谈判双方的极大伤害。为什么会产生僵局呢？那是因为双方都不肯在某个方面让步，从而无法达成一致的意见。这是一般的情况。然而，有一些谈判高手喜欢利用僵局来促成谈判的成功，因为人们一般都不喜欢僵局。他们可能会在许多次要的问题上让步，而当谈到主要问题、原则性问题的时候，则利用僵局来实现他们的目的。他们可能会对对方说："我们已经做出了最大的让步，已经充分地表达了我们的谈判诚意。现在，我希望你们也能够做出一点让步，否则的话，我们只能对这样的结局表示遗憾。"如果是这种情况，谈判的僵局可能更加难以打破。

但是，为了谈判的成功，大多数谈判者还是希望能够尽快打破僵局。那么，如何打破僵局？

调整情绪

很多谈判者因为想要坚持自己的意见、改变别人的看法，会变得非常激动。我们知道，当人们在激动的时候，往往会失去理智。也许在谈判之前他就已经想好了该怎么处理僵局，但是当僵局真正出现的时候，他们却忘记了之前想好的做法。另外，有一些谈判者似乎已经做好了最坏的心理准备：既然对方能对他们的要求不依不饶，恐怕自己的目的已经达不到了，也没有希望获得谈判的成功了。这使得他们放弃了原来的礼貌和谦逊，口气开始变得咄咄逼人，甚至开始指责对方。总之，不论因为何种原因，他们都已经对谈判失去了信心。

由于我们之前已经预测到谈判僵局可能出现，那么等它真正出现的时候，就不应该使其成为谈判的终结。无论如何，你都应该尽自己最大的努力促成谈判的成功。你应该做的是，慢慢地平息自己激动的情绪，对谈判的成功恢复信心，然后采取积极的对策。消极回避对谁都没有好处，所以，你应该积极地寻找解决方案。

换个话题

当对方不论你怎么解释都不同意你的要求的时候，你不妨转换一个话题。转换话题并不是再也不提你们发生争执的话题，而是将其暂时搁置，到适当的时候再进行讨论。转移话题的作用非常明显，它可以缓解紧张的气氛。只有这样，才能使双方平心静气地展开讨论，不再发生争执，才有利于谈判的成功。对你来说最重要的事情是缓解谈判的紧张气氛，因为这对谈判而言是致命的威胁。然而，转换话题并不是一件容易的事情。它并不是消极地回避，而是积极地争取机会。在适当的时候，你的话题还是要回到你们产生争执的地方上来。因此，在你们谈论别的话题的时候，你要对你们的僵局进行反思，并寻找问题所在，然后采取有针对性的方法。

转移的话题必须跟你的主题有关，只有这样，才能保证你随时都能够把话题转换回来。不要谈那些不着边际的话题，这会让对方认为你在故意拖延时间，而且你也无法成功地转回到原话题。转移语题之后，要使话题自然而然地朝正题靠拢，从而让对方在不知不觉中接受你的意见。

更换主谈人

谈判者可能会因为情绪问题而影响自己的判断，而且可能会在很多问题上形成成见——正是这些成见使谈判陷入了僵局。对对方而言，现在的谈判者及其各种做法和想法可能正是刺激他的主要原因。因此，如果可能的话，更换主谈人也是一个打破僵局的合适的方法。

选择那些对本次谈判比较熟悉的、具有较强能力的谈判者参与谈判。当然不能选择那些对本次谈判完全不了解、没有多少谈判技巧的人来继续谈判，因为如果你们更换了谈判者，说明你们已经做出了让步，而这样的谈判者无法掌握谈判的方向。

扩大双方的利益

如果可能的话，可以适当地扩大双方的利益，即自己在某个问题——即使是原则问题——上做出让步，而对方也能在某些重要问题上做出让步，这样双方都能够得到更多的益处。不过，这自然是建立在做出一定牺牲的基础上的。

必须要注意的是，务必使自己得到的益处比做出的让步多，这样才有让步的必要，否则你失去的将会更多。你的目的并不只是要达成协议，而应该是达成对你有利的协议。另外，不要要求对方做出太多让步，这样你也将达不到目的，而且可能会在另一个问题上造成僵局的出现。

调整自己的策略

僵局出现的一部分原因是谈判策略不当。有经验的谈判高手甚至认为，没有不合适的目标，只有不合适的策略。他们的意思是，只要你的策略合适，那么无论你的目标有多高也都可以实现。这样说虽然有些夸张，但是却的确表明了策略的重要性。

前面已经说过了谈判中的策略问题，它们并不都是并行不悖的。实际上，对一次谈判、一个谈判对手而言，可能只有一种合适的策略。因此，如果你发现这种策略不合适，可以换另一种更加合适的策略。

心理置换

心理置换要求用一种换位思考的方法来处理谈判。很多时候，由于经验、学识、立场和价值观不同，不同的人对同一个问题的看法会存在很大差异，甚至会相互对立。如果你能够从对方的角度来看一些问题，对这些差异你可能变得更加容易接受。当然，你也可以要求对方从你的角度和立场来考虑问题，前提是你要告诉对方，你已经从对方的角度思考过这个问题了。然后，采取一种合适的、折中的方案来解决使你们陷入僵局的问题。

第五章

幽默的艺术

第一节 以其人之道，还治其人之身

以其人之道，还治其人之身，是指按照对方的逻辑去理解或推论，由此及彼，最后物归原主，使其搬起石头砸自己的脚，自食其果。

这种返还幽默法，要善于抓住对方一句话、一个比喻、一个结论，然后把它接过来去针对对方，即把对方给自己的荒谬语言或行为及不愿接受的结论，经逻辑演绎后还给他，以其人之道，还治其人之身。

餐馆里有一位顾客叫住老板："老板，这盘牛肉简直没法吃！"

老板："这关我什么事？你应该到公牛那里去抱怨。"顾客："是呀，所以我才叫住了你。"

顾客按照老板的荒谬逻辑，推论出老板即是"公牛"，让对方哭笑不得，自食其果。

这位顾客所用的幽默方法就是返还幽默法。

返还幽默法一般是对方攻击有多少分量，就以同等的分量还击。软对软，硬对硬，不随意加码。加码过重会影响幽默情趣。

有个顽童见到一位老人骑着一头毛驴由城外进来，闲来无事存心想调皮捣蛋一番。

这顽童在老人骑驴朝着他过来的时候，忽然大声说："喂！你要不要吃方糖？"

老人见这孩子挺有爱心的，于是高兴地回答："小伙子，谢谢你，我不吃糖。"

没想到这小子竟然说："我又不是对你讲，我是对你的驴讲！"

路人听到了都哈哈大笑。

原本以为老人会因为没面子而大怒，没想到他一愣，随即举起手拍了一下驴头说："你这坏家伙，刚才我问你有没有驴朋友，你还撒谎说没有，坏蛋！"

他又打了驴子一下，在路人嘲讽那小子的笑声中，扬扬得意地走了。

以其人之道，还治其人之身就是要懂得"顺藤摸瓜""借竿上树"。

一位阔太太牵着哈巴狗上街,见到衣衫破烂的三毛,想拿他开心取乐,便对他说:"你只要对我的狗喊一声爸,我就赏给你1块大洋。"三毛眼珠一转,笑着说道:"喊1声给1块,要是喊10声呢?""那当然给10块了。"阔太太不假思索地答道。三毛躬下身去,顺着狗毛轻轻抚摸,煞有介事地喊了声:"爸!"阔太太妖里妖气地笑了一阵,随手给了三毛1块大洋。三毛连喊10声,阔太太很爽快地赏了三毛10块大洋。这时,周围挤满了看热闹的人。三毛傻笑着向阔太太点了点头,故意提高了嗓音,长长地喊了一声:"谢谢,妈——"围观的人大笑不止。阔太太面红耳赤,目瞪口呆,半晌方才醒过味来。

故事中的三毛就是使用了"以其人之道,还治其人之身"式幽默方法,幽默地回敬了阔太太的侮辱。

这种方法用于对付那些耍赖之人最有成效,往往能使对方的无理取闹不攻自破,使对方作茧自缚。

一位懒汉去朋友家做客。早晨起床后,自己不但不收拾床铺,朋友替他叠被时,他还振振有词地说:"反正晚上要睡,现在何必去叠!"饭后,懒汉将碗筷一推,一动不动地坐在沙发上闭目养神。朋友又得收拾桌子,又得洗刷碗具,懒汉说:"反正下顿还要吃,现在何必洗呢?"到了晚上,朋友劝他把脚洗一洗,这样既讲卫生,又有益于健康。懒汉又耍懒,反驳说:"反正还要脏,现在何必洗呢?"于是,朋友打算惩治他一下。第二天,吃饭的时候,朋友只顾自己,对懒汉不管不顾。懒汉来到饭桌旁,见没有自己的碗筷,便嚷道:"我的饭呢?"朋友问道:"反正吃了还要饿,你又何必去吃呢?"睡觉的时候,朋友也同样只顾自己,不理懒汉,懒汉见状,焦急地问道:"我睡哪儿?"朋友反驳道:"反正迟早要醒,你又何必要睡?"懒汉急了,叫道:"不吃,不睡,不是要我死吗?"朋友泰然答道:"是啊,反正总是要死,你又何必活着?"说得懒汉哑口无言。

故事中的朋友紧紧抓住了懒汉的荒谬逻辑,顺竿上树,以其人之道还治其人之身,使得懒汉无话可说。

在这种方法的使用上,聪明的阿凡提可以说是行家,他经常利用这种方法惩治那些刁钻狡猾的地主。

从前有个巴依(地主),对人非常狠毒刻薄。一天,阿凡提来到巴札(集市),刚巧巴依正在那儿吃鸡。巴依一口咬定说,鸡的香味是鸡的一部分,阿凡提闻到了香味,所以一定要付钱。阿凡提皱皱眉头,晃了晃手里的钱袋说:"钱的声音是钱的一部分,你既然听见了,那当然是我付过钱了。"在聪明的阿凡提面前,巴依无言以对,悻悻而去。

阿凡提依据巴依的荒唐逻辑"鸡的香味是鸡的一部分",导出自己的结论"钱的声音也是钱的一部分",并以此为突破口,以退为进,步步逼近,终于将对方逼得无路可走，只得低头认输。

第二节　活学活用

人的一生，都是在不停地学习。这个学习包括两个方面，第一种是学习文化知识，如学生们每天坐在教室里听老师讲课；另一种则是在实践中学习，学习各种技术技巧。学习的效果也可以分成两种，一种是潜移默化式的，另一种就是立竿见影式的——我们把这一种叫作活学活用。幽默技巧中也有一种方式叫作活学活用式的幽默。

活学活用式的幽默是指在学习别人的做法时，立刻理解并掌握别人的方法，然后将这种方法运用到自己的实践中来，当时学习，马上应用。

一次，小王向邻居借了一笔钱，借钱的时候，说好一个月后归还。一个月后，邻居向他要钱，他故作惊讶地说："我没有借你的钱呀！"邻居看了看他说："你忘了吗？上个月的时候，你向我借的。"

小王故作惊讶地说："对，的确上个月我借了你的钱，但是，你应该知道，哲学上讲'一切皆流，一切皆变'。现在的我已不是上个月向你借钱的我了，你怎么叫现在的我为过去的我还钱呢？"

邻居气得一时无言以对，他回到家里，想了一会儿，拿了一根木棍，跑到小王家里狠狠地把小王痛打了一顿。小王抱着头气势汹汹地叫道："你打人了，我要到法庭去告你，等着瞧吧。"邻居放下木棍，笑嘻嘻地对小王说："你去告吧，你刚才不是说'一切皆流，一切皆变'吗？现在的我，早已不是刚才打你的我了，你确实要去告，就告那个刚才打你的那个我吧。"小王听了，无话可说，被痛打一顿，也只好自认倒霉了。

一个吝啬的老板叫仆人去买酒，却没有给他钱，仆人问："先生，没有钱怎么买酒？"

老板说："用钱去买酒，这是谁都能办到的，如果不花钱买酒，那才是有能耐的人。"

一会儿，仆人提着空瓶回来了。老板十分恼火，责骂道："你让我喝什么？"

仆人不慌不忙地回答："从有酒的瓶里喝到酒，这是谁都能办到的。如果能从空瓶里喝到酒，那才是真正有能耐的人。"

不花钱买酒与空瓶里喝酒一类比，其内在就出现了针锋相对的矛盾，谐趣顿生。仆人"现炒现卖"的学习灵性，表现出了他非凡的智慧。

球王贝利向足球爱好者们赠送过各式各样的礼物，像明信片、手帕、袜子、护腿、球鞋、球衣等，甚至有几次他被球迷团团围住，不得不剪下头发相赠。

在一次比赛之后，有个足球俱乐部的老板挤到贝利跟前，竟然向贝利要"几滴血",他央求贝利道:"请给我几滴血吧,我要把您的血输到我的球队的中锋身上,这样会大大增强他们比赛的意志。"

贝利风趣地答道:"先生您能不能送我几滴血呢?那样就能大大增加我的财气啦!"

输贝利的血能增强比赛的意志,那么输老板的血自然也就应该能增加财气啦!只要前者能够成立,那么后者也应该能够成立!看来贝利不仅是球王,而且还很有"学以致用"的幽默精神。

活学活用式的幽默同别的幽默技巧,如以谬还谬,仿造仿拟式的幽默有共通相似的地方,也有不同的地方。活学活用式的幽默关键的地方是要尽快学习掌握对方的方式方法,深刻地理解对方的意图。然后就是马上学以致用,将学到的方式方法尽快投入使用。在这一使用过程中,要注意应巧妙地置换条件,否则按照正常的方式去理解,则没有幽默可讲了。幽默的力量只有突破常规才能显示出来。

第三节　拿自己开开玩笑

如果你有风趣的思想,轻松地面对自己,你便会发现自己可以原原本本地接受自己的身高、体重或其他身体特征;你也会发现幽默能帮你以新的眼光去看你对经济的忧虑。也许你无法得到真诚的爱,但是你能使你的人际关系充满温暖和谐——与人分享欢乐,甚至和仅仅有一面之缘的人也会有很好的关系。

俗话说得好:"醉翁之意不在酒。"自嘲同样是这个道理,有着独到的表达功能以及实用价值。

长篇小说《围城》重版,《谈艺录》与《管锥编》问世以后,钱锺书的名声日盛,求访者愈来愈多,钱锺书有不愿意接受访问的脾气。有一天,有一个英国女士打电话给他,要求拜访,钱锺书在电话里说:

"如果你吃了一个鸡蛋感觉很好,又何必认识那只下蛋的母鸡呢?"

在这里钱锺书自比"母鸡",虽然是有意贬低自己,但却是在说英国女士没有必要来拜访他。

美国著名的律师乔特是最善于讲关于自己笑话的人。有一次,哥伦比亚大学的校长蒲特勒在请他做演讲时,曾极力称赞他,说他是"我们的第一国民"。

这实在是一个卖弄自己的绝好机会。他可以自傲地站起来,一副得意扬扬的神气,仿佛是要对听众说:"你们看,第一国民要对你们演讲了。"

但是聪明的乔特并没有如此。他似乎对这种称赞充耳不闻,却转而调侃自己的"无知"。这种自嘲很快博得了听众的好感。

自嘲也是一种幽默的交际手段

正如人们喜欢谈论一些关于别人的笑话一样,在适当的时候,也要拿自己开开玩笑,要善于自嘲。自嘲是运用戏谑的语言,向别人暴露自身的缺点、缺陷与不幸,说得俗一些,就是把脸上的灰指给对方看。

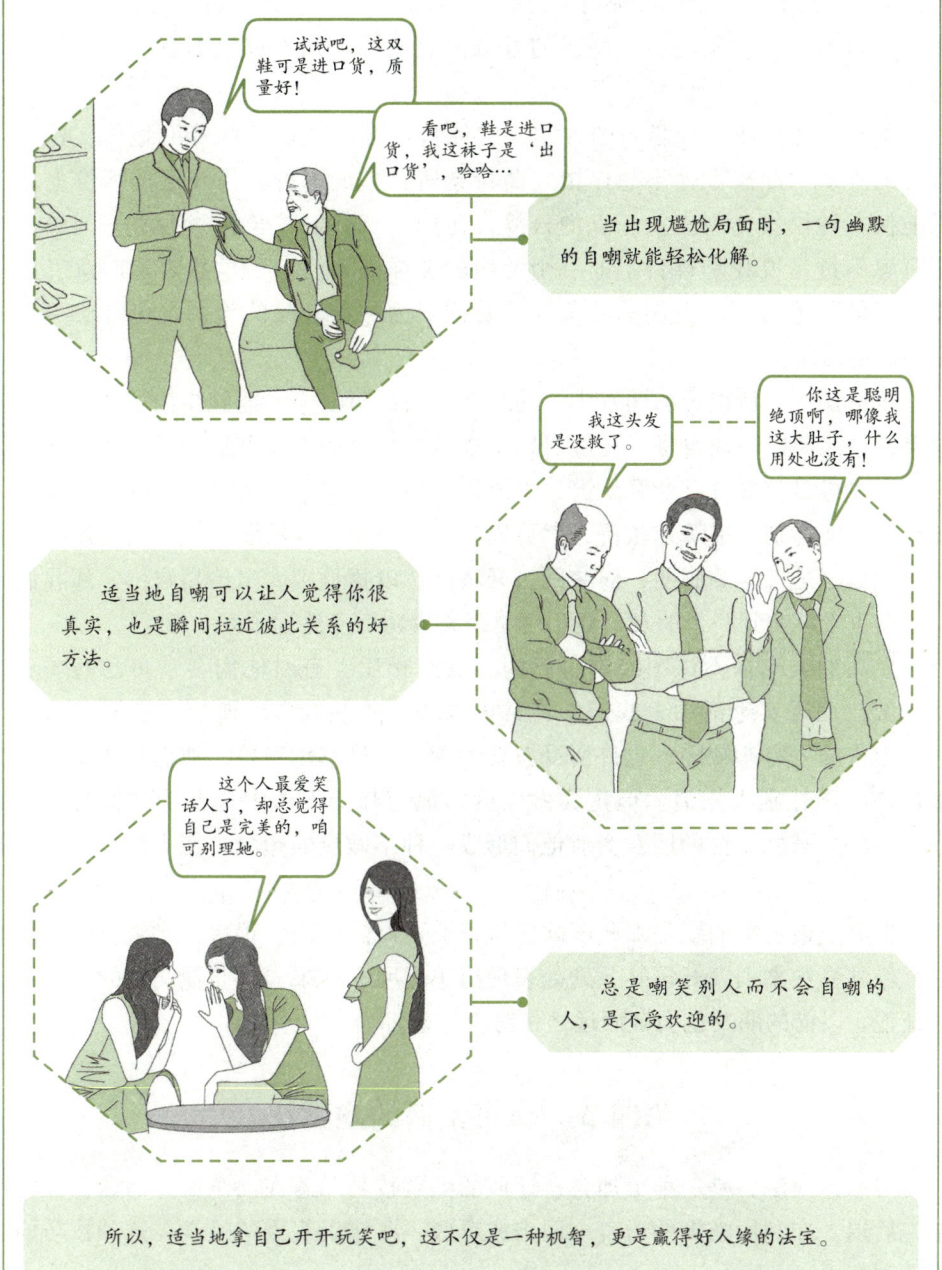

试试吧,这双鞋可是进口货,质量好!

看吧,鞋是进口货,我这袜子是'出口货',哈哈…

当出现尴尬局面时,一句幽默的自嘲就能轻松化解。

我这头发是没救了。

你这是聪明绝顶啊,哪像我这大肚子,什么用处也没有!

适当地自嘲可以让人觉得你很真实,也是瞬间拉近彼此关系的好方法。

这个人最爱笑话人了,却总觉得自己是完美的,咱可别理她。

总是嘲笑别人而不会自嘲的人,是不受欢迎的。

所以,适当地拿自己开开玩笑吧,这不仅是一种机智,更是赢得好人缘的法宝。

他说："你们的校长刚才偶然说了一个词，我有点听不太懂。他说什么'第一国民'，我想他一定是指莎士比亚戏剧里的什么国民。我想，你们的校长一定是个莎士比亚专家，研究莎士比亚很有心得，当时他一定是想到莎士比亚了。诸位都知道，在莎氏的许多戏剧中，'国民'不过是舞台的装饰品，如第一国民、第二国民、第三国民等。每个国民都很少说话，就是说那一点点话，也说得不太好。他们彼此都差不多，就是把各个国民的号数彼此调换，别人也根本看不出有什么分别的。"

这实在是一种非常聪明的方法，它使自己与听众居于同等的地位，拉近了自己与听众的距离。他不想停留在蒲特勒所抬举的那种高高在上的地位上。如果他换一种说法，用庄重一点的言辞，比如，"你们校长称我为第一国民，他的意思不过是说我是舞台上的一个无用的装饰品而已。"虽然表达的意思是一样的，但是绝对不能把那种礼节性的赞词变为一种轻松的笑话，也绝对不会取得那样的效果。

无论是在一帮很好的朋友中，还是在一大群听众中，能够想出一些关于自己的笑话，能够适当地自嘲，是赢得别人尊敬与理解的重要方法，远远要比开别人玩笑重要得多。拿自己开开玩笑，可以使我们对世事抱有一种健全的态度，因为如果我们能与别人平等地相待，就可以为自己赢得不少的朋友。相反，如果我们为显示自己是怎样的聪明，而拿别人开玩笑，以牺牲别人来抬高自己，那我们一生一世也难以交到一个朋友，更不用说距离成功有多遥远了。

成功的人士从不试图掩饰自己的弱点，相反，有时他们会拿自己的弱点开开玩笑。而现实生活中，我们却经常可以遇到一些专喜欢遮掩自己弱点的人，他们也许脸上有些缺陷，也许所受教育太少，也许举止粗鲁，他们总要想出方法来掩饰，不让别人知道。但这样做以后，他们却于无形中背弃了诚恳的态度，毫无疑问，与之交往的朋友会对他们形成一种不诚恳的印象，使人们不敢再与他交往。

世界上最不幸的就是那些既缺乏机智又不诚恳的人。很多人常常自以为很幽默，经常喜欢拿别人开玩笑，处处表现出小聪明，结果弄得与他交往的人不敢再信任他，以前的朋友也会敬而远之，纷纷躲避。

第四节　声东击西的幽默法

声东击西法，是一种更加含蓄迂回的幽默技巧。意在向东而先向西，欲要进击先后退。在利用幽默的语言来回击或反驳一些错误观点的时候，这种技巧的运用特别有力。

但是，声东击西法要取得好的效果，取决于听众的静心默思，反复品味。听众在听完话之后，必须有个回味的时间，才能体会出个中的奥秘，产生幽默风趣的情绪。

阿凡提是一个智者，而且他还是个大幽默家。他的话多属于声东击西法的典型，而且显得十分幽默。

声东击西法在不少场合都可以见到：明是说罪，暗里摆功；明是说愚，暗里表忠；明说张三，实指李四；欲东而西，欲是而非；敲山震虎，指桑骂槐，含沙射影等，都属于这一类。

有一客人见主人招待他没有菜肴，便跟主人要来副眼镜，说视力不好使，带上眼镜后，大谢主人，称赞主人太破费，弄这么多菜，主人道："没什么菜呀？怎么说太破费？"客曰："满桌都是，为何还说没有？"主人曰："菜在哪里？"客指盘内曰："这不是菜，难道是肉不成？"

此则笑话一波三折，客人嘲讽主人，手段高明，令人叫绝。话说出了口，又能置身事外。

指桑骂槐也是声东击西幽默法的一种，也就是明骂桑而实骂槐，运用此法既可达到己方目的，又不授人以柄，避免了正面冲突。此法的技巧主要表现在应对语的选择上，要让"槐"听明白是骂"槐"，但又抓不住把柄，叫对方"哑巴吃黄连，有苦说不出"。

人类的语言非常奇妙。它的功能变化万千。同样一个词语，只要换一种语言环境，意思和味道就很不一样了。不懂得这门道的人，是很难利用语言的这种灵活性来开拓他的幽默途径的。

指着槐树骂槐树，不可能幽默；指着桑树而实际上骂了槐树，才有可能幽默。指桑骂槐法就是利用一种特殊的语言环境，把词语的针对性转向谈话对方，从而产生幽默的效果。

魏晋时，谢石打算隐居山林，奈何父命难违，不得已在醒公手下做司马。一次，有人送醒公草药，其中有一味名叫远志。醒公问谢石："这药又叫做小草，为什么同是一物而有两个名称？"

谢石一时答不上来，郝隆当时在座，应声说道："这很好解释，隐于山林的就叫远志，出山就叫小草了。"

谢石听到此处，满脸愧色。

魏晋时人们崇尚回归自然，并不以官宦为荣，隐居山林，过闲云野鹤似的生活是非常时髦的举动。郝隆这里正是指桑骂槐，表面上解释是草药的名称，实质上是嘲讽谢石，而谢石即使想反攻也无从下手。

指桑骂槐的特点就在于巧妙地利用词语的多义性或双关性等特点来做文章。

说话者说出的话语，从字面上的意思看似乎并不是直接针对对方，但话语中却暗含了攻击对方的深层意思，使对方虽有觉察却又抓不住把柄，只好哑巴吃黄连，自认倒霉。

从前，有个瞎子被无辜地牵涉到一场官司中，开堂审判时，他对县太爷说："我是一个瞎子。"

声东击西的幽默法

声东击西幽默法的特点是：你想表达的思想不是直接表达出来，而是以迂为直，被埋藏在话语的后面。

——劳驾，请问去警察局的路怎么走？

——这很简单，你用石头把对面商店的橱窗给砸烂，十分钟后你就到了。

答非所问是常用的声东击西幽默法。

——你看这猫，吃饱喝足了还在这不走呢！

——看来我该走了。

借物说人，也是声东击西法的常用方式。

当然，在日常的生活中，这种声东击西法的幽默技巧也可以加以运用，以便诙谐地表达出自己的想法。

县官一听,立刻厉声责问:"混账!看你好好的一只青白眼,怎么说没有眼睛?"

瞎子接过县官的话说:"我虽然有眼睛,老爷看小人是青白,小人看老爷却是糊涂的。"

这里,盲人采用的就是指桑骂槐法。他所说的"清白"和"糊涂",实际上是利用一词多义的现象而造成一语双关的修辞效果,从而达了"指桑骂槐"的目的。

表面上看,他说的"清白"是指盲人的眼睛是清白眼,而实际上却是暗指人自身是清白无辜的。"糊涂"一语,貌似指盲人因眼睛看不清县官,但实际上却是说县官说话做事糊涂,是个糊涂昏官。所以,整句话的表面意思是"小人看不清老爷",而实际上却是"我看老爷是个糊涂官"。

这两句话从形式上看是"指桑",即回答老爷的问话,从内容看却是"骂槐",即暗中讥骂昏官。盲人巧妙利用指桑骂槐法,痛快淋漓地嘲讽了昏官,又使县官抓不住什么把柄。

第五节　比他更荒谬

归谬法,归根到底是将对方的观点归结到荒谬的程度,从而显现其荒谬性,也就在同时,产生了幽默。这在中国古代口才中,经常可以见到。

一天,有个佛教徒正在当众宣讲"轮回报应"的教义,他说为什么人不能杀生,因为今生杀了什么生物,作下了孽,来世就变成什么生物。比如,你杀了牛,来世就变牛;杀了猪,来世就变猪;即使杀了蝼蛄、蚂蚁,来世也会变成蝼蛄、蚂蚁。

正当他讲得起劲的时候,有位姓许的先生插话说:"照你的说法,大家都杀人好了!"

"胡说,我们佛门弟子连蝼蚁的性命都不肯伤害,怎么能杀人呢?"

许先生说:"不对,你刚才说杀什么变什么,杀牛变牛,杀猪变猪,如果这种说法是对的,那么只有杀人,来世才能变人。这不是号召大家杀人吗?"

从"杀什么变什么"到"杀人变人",十分幽默,也十分雄辩。

又如,古代,有个叫徐雅的读书人,非常爱护树木。一天,他看见邻居正挥动着大斧,砍伐院内一棵枝叶茂盛的大桂树,忙上前阻止说:"这棵树长得这么好,您为什么要砍掉它呢?"

邻居叹息道:"我这院子四四方方,院中有这么一棵树,正好是个'困'字,我怕不吉利,所以才忍心砍去。"

徐雅听后笑道:"依照您的讲法,砍去这棵树后,院中只留下人,这岂不成了囚犯的'囚'字,不是更不吉利了吗?"

邻居听了连连点头称是,收起斧子再也不砍树了。

"囚"比"困"更不吉利,从而使追求吉利的邻居幡然醒悟。

再如,《列子》中记载了下面一个故事。

齐国有一位姓田的大贵族,家里食客千人,异常阔绰。

有一天,田家大摆筵宴,客人中有献上鱼和雁作为礼物的。主人看了很高兴,并感慨地说:"上天对我们真优厚啊!你看,这些鱼儿、雁儿,不都是为着我们的口腹享受而生的吗?"客人们听了,点头附和着。

座中有一位鲍家的孩子,还只有13岁,站起来说:"我不同意你这种说法。人也是天地万物中的一个种类,由于大小智力的不同,生物界有弱肉强食的情况,但并没有什么由上天注定谁为谁生的道理。人类选择可吃的东西做食品,这些东西难道是上天特意为人类创造的?正如蚊子吸人的血,虎狼吃人的肉,也是上天特意要生出人来给它们做食品的吗?"

"上天特意要生出人来给它们做食品的",这显然是荒谬的,13岁的孩子,比主人的见识还高!

连锁归谬法是归谬法的经典展现,利用连锁反应"一是百是,一非百非"的特点,推出荒唐的结论。我们通常用"连锁反应"一词来表示一事物发展过程中呈现出的严格因果联系,其实在幽默的具体应用中往往也有相同的情况。然而简单而一般的因果推理并不见得就有出其不意的幽默功能,为了将幽默的主题不断推向高潮,强化幽默的效果,还必须将连锁推理与归谬法有机地结合起来,归谬是就推理的结果而言的。在具体推理过程中用连锁法,在最后结论上用归谬法,这就是这里所说的连锁归谬法的基本程序。

东汉哲学家王充,曾和一些有迷信思想的人发生过一场辩论。有人说:"人死了,人的灵魂就变成了鬼,鬼的样子和穿戴跟人活着的时候一模一样。"

王充反驳道:"你们说一个人死了,他的灵魂能变成鬼,难道他穿的衣服也有灵魂,也变成了鬼吗?照你们的说法,衣服是没有精神的,不会变成鬼,如果真的看见了鬼,那它该是赤身裸体,一丝不挂才对,怎么还穿着衣服呢?并且,从古到今,不知几千年了,死去的人比现在活着的人不知多多少。如果人死了就变成鬼,就应该看到几百万、几千万的鬼,满屋子、满院子都是,连大街小巷都挤满了鬼。可是,有几个人见过鬼呢?那些见过的,也说只见过一两个,他们的说法是自相矛盾的。"

有人辩解说:"哪有死了都变成鬼的?只有死的时候心里有怨气、精神没散掉,才能变成鬼。古书上不是记载过,春秋时候,吴王夫差把伍子胥放在锅里煮了,又扔到江里。伍子胥含冤而死,心里有怨气,变成了鬼,所以年年秋天掀起潮

水，发泄他的愤怒，可厉害哪，怎么能说没有鬼呢？"

王充说："伍子胥的仇人是吴王夫差。吴国早就灭亡了，吴王夫差也早就死了，伍子胥还跟谁做冤家，生谁的气呢？伍子胥如果真的变成了鬼，有掀起大潮的力量，那么他在大锅里的时候，为什么不把掀起大潮的劲儿使出来，把那一锅滚水泼在吴王夫差的身上呢？"

王充在这里反驳论敌时就是使用了条件归谬式。他先假设论敌的观点是正确的，由此推出了一系列的荒谬结论，这就给了论敌当头一棒，使他们张口结舌，哑口无言。

归谬法幽默不仅可以用来批判错误观点，也可以用来教育学生。

某小学一位语文老师拿着一叠作文本走进教室，进行作文评讲。作文题目是《记一件好事》，结果全班50个同学中，有40个同学分别写的是救了一个落水的小孩。这位语文老师决定要学生重做一篇作文，他是这样对学生说的："同学们，这次作文写得好不好呢？我先不下结论，下面先请大家算一道算术题。一个班级50个学生，有40个学生分别救起一个落水小孩，按这个比例，全校1300个学生一共救了多少落水小孩？全国两亿学生一共救起多少落水小孩？"

全班学生哄堂大笑起来！许多学生异口同声地说："老师，让我们重新写一篇真实的！"

这个带有启发性质的归谬法幽默，教育效果是如此之高，学生们异口同声地主动要求重写作文，从另一个侧面展现了归谬法幽默的魅力。

在运用归谬法的时候，所引申出来的谬论要求越荒谬越好，越荒谬幽默色彩越强烈。

19世纪末，伦琴射线发现者收到一封信，写信者说他胸中残留着一颗子弹，须用射线治疗。他请伦琴寄一些伦琴射线和一份说明书给他。

伦琴射线是绝对无法邮寄的，如果伦琴直接指出这个人的错误，并无不可，但多少有一点居高临下的教育的意味，伦琴采用了以谬还谬法。

伦琴提笔写信道："请把你的胸腔寄来吧！"

由于邮寄胸腔比邮寄射线更为荒谬，也就更易传达伦琴的幽默感。

这样的回答是给对方留下了余地，避开了正面交锋的风险。在家庭生活中、社会交际中，针锋相对的争执常引起不良的后果，而以谬还谬的幽默，把一触即发的矛盾缓和了。

第六节　歪解幽默法

什么事都有一个"理"，"理"的存在为人们司空见惯，如果擅自改变事物的前后关系、因果关系、主次关系、大小关系，"理"就会走向歪道，有时歪得越远，谐趣越浓。

下面的例子是最好的说明。

一位乞丐常常得到一位好心青年的施舍。一天，乞丐对这个青年说："先生，我向你请教一个问题。两年前，你每次都给我10块钱，去年减为5块，现在只给我一块，这是为什么？"

青年回答："两年前我是一个单身汉，去年我结了婚，今年又添了小孩，为了家用，我只好节省自己的开支。"

乞丐严肃地说："你怎么可以拿我的钱去养活你家的人呢？"

乞丐喧宾夺主，对青年的责怪过于离谱、荒谬，令人们在吃惊之余哑然失笑。

故意对某些词句的意思进行歪曲的解释，以满足一定的语言交际需要，造成幽默风趣的言语特色，叫人忍俊不禁，从而营造轻松愉快的谈话气氛，更好地协调人际关系。

有一年，在一次座谈会上，有几位同志为鬼戏鸣不平，说是神戏上演了，所谓妖戏也上了舞台，唯独未见鬼戏登台。一位同志脱口而出："这叫做'神出鬼没'。"

这位同志对成语"神出鬼没"进行了曲解。作为成语，"神出鬼没"中"出没无常，不可捉摸"的意思，这里却曲解为"神（仙戏）出（现了），鬼（戏还）没（有上舞台）"。

词语有它固定的含义，绝大多数不能按其字面的意思来机械解释，而曲解词语法却偏偏"顾名思义"，突破人们固定的思路或者说跳开常理，从而产生幽默感。

语文课堂上，老师问道："'待人接物'是什么意思？"一学生起立说道："就是待在家里，等着接受别人送的礼物。"教师："啊？咳！少壮不努力，老大徒伤悲呀！"这学生接口道："那没关系，我是老二！"

地理考试时，老师要学生简略描述下列各地：

阿拉伯、新加坡、好望角、罗马、名古屋、澳门。

其中小明这样写：从前有个老公公，大家叫他阿拉伯，有一天他出去爬山，当他爬到新加坡的时候，突然看见一只头上长着好望角的罗马直冲过来，吓得他拔腿跑进名古屋，赶紧关上澳门。

静态的词语大多是多义的，但是在一定的语境之下使用就转为动态了。动态词语一般是单义，曲解词语法就是利用语言的多义性，即明知是甲义，偏理解为乙义，有意混淆它们，以求产生幽默的效果。

曲解词语法除了经常"顾名思义""利用多义"之外，还常利用音同音近的谐音。比如，歇后语即是用这种曲解词语的手法创造成功的。当你使用这些歇后语时，也就是在不知不觉地使用曲解词语法。如：

嗑瓜子嗑出臭虫来了——什么仁（人）儿都有

石头蛋子腌咸菜———盐（言）难进（尽）

从上面我们可以看出，强烈的幽默效果往往产生在故意曲解某些词语的含义中。所以，当你使用曲解词语法时，一定要让人感到你是故意曲解词语，而不是"无意"，否则，也许会让人以为你是天字第一号的大傻瓜。当然，特定的语境加你的聪慧，会使你成功的。

"望文生义"的原意是：只按照字面去牵强附会，而不探求其确切的含义，含有明显的贬义。望文生义法，即明知故错地只按照字面解释词义，得到与原解释截然不同的结果，使说话十分诙谐，充满幽默感。

有位同志主持会议，开宗明义地宣布："今天的会议十分重要，研究全厂改革大计，故应明令禁止说普通话。"

与会者不禁愕然：普通话是宪法规定的大力推广的全国通用的语言，为什么要禁止呢？不说普通话，莫非要说方言或英语不成？

望着众人迷惑不解的目光，主持人这才缓缓解释说："所谓普通话，就是指那普普通通、平平庸庸、四平八稳、不痛不痒、没有独到见解、缺乏实际内容的套话、空话。这种话难道不应禁止吗？所以，我提议在今天的会上，大家一定要说切实有用的话！"

听到这里，众人才恍然大悟，全场大笑，鼓掌表示赞同，主持人巧用望文生义法，开场白极富幽默感，既点出会议的宗旨，又活跃了会场的气氛。

望文生义法是一种巧妙的幽默技巧。运用它，一要"望文"，即故作刻板地就字释义；二是"生义"，要使"望文"所生之"义"变异和与这个"文"通常的意义大相径庭，还要把"望文"而生义引向一个与原意风马牛不相及的另一个内容上，从而在强烈的不协调中形成幽默感。因为所有的幽默，从总体上说，都是来源于不协调。

逻辑上，一个词语可以表达不同的概念，将错就错、巧换概念就是在论辩中故意曲解某一词语在对方论辩中的意思，巧妙换意，出其不意地驳倒对方。

威尔逊在任新泽西州州长时，接到来自华盛顿的电话，说新泽西州的一位议员，即他的一位好朋友刚刚去世了。威尔逊深感震惊和悲痛，立刻取消了当天的一切约会。几分钟后，他接到了新泽西州的一位政治家的电话。

"州长，"那人结结巴巴地说，"我，我希望代替那位议员的位置。"

"好吧，"威尔逊对那人迫不及待的态度感到恶心，他慢吞吞地回答说，"如果殡仪馆同意的话，我本人没有什么意见。"

面对这位迫不及待地企望登上议员位置的新泽西州的政治家，沉浸在深深悲痛之中的威尔逊非常委婉幽默却又毫不留情地予以了嘲讽和回击。威尔逊运用的幽默

手法，是用曲解的办法暗中转换了对方话中的希望得到的"位置"的概念。对方原来觊觎的是议员的席位，而威尔逊故意临时置换为已去世的议员在殡仪馆所在的位置，从而在幽默之中表达了对对方的反感和讽刺。

歪解幽默法就是以一种轻松、调侃的态度，对一个问题进行自由的解释，硬将两个毫不沾边的东西捏在一起，以造成一种不和谐、不合情理、出人意料的效果，在这种因果关系的错位和情感与逻辑的矛盾之中，产生幽默的手法。

应用篇

第一章

两性相处中的说话艺术

第一节　如何赢得异性的喜爱

在我们这个时代，人们眼中的有才华的人，往往首先是一个善于表达的人。而如果你只是在同性面前善于表达，从而赢得了同性的喜爱，那还只是成功了一半，因此，你必须想办法赢得异性的喜爱。

但是，如果你是一位男士，你可能经常遇到这样的情形：当你在和男士谈话的时候，你可以轻易地做到口若悬河、滔滔不绝；而当对面坐着一位漂亮、可爱的女士的时候，你可能就会呆若木鸡，连一句完整的话也说不上来。

异性交往有着无穷的乐趣。在异性面前，每个人都希望自己能够像平时一样伶牙俐齿、妙语连珠。但是也许正因为这种表现的欲望过于强烈，每个人在与异性交谈时都或多或少地存在紧张感。其实，只要掌握一些基本的原则，要做到成功地与异性交谈、赢得异性的喜爱，就可以变得十分轻松。

礼貌有节

任何社交场合都需要一定的礼仪，异性交往尤其如此。众所周知，男性和女性的性格是各不相同的，男性偏向于坦诚、直率，而女性则委婉、含蓄。在此基础上，礼貌主要表现在尊重各自的差异方面，而这也构成了异性交往的前提。

俄罗斯有一句谚语：男人靠眼睛来爱，女人靠耳朵来爱。这句话对我们的启示是，男人往往更加重视视觉效果，而女性则对动听的语言更加注意。在与男性的交谈中，任何一个不雅的举动都可能会被他收入眼底；而在与女性的交谈中，我们的任何一句令人不悦的词句都会被她装进耳朵。

另外，性别对于接受是有影响的。同样的一句话，对不同性别的人讲，可能意味着不同的意思。一般来说，男性能承受比较直率、干脆、粗放的话语，而女性则更加喜欢委婉、轻柔、细腻的话语。

因此，考虑到性别差异，你就不能把一些同男性说的话同样地诉说于女性，这样会冒犯对方的。

比如，对于陌生的或者不太熟悉的女性，不应该问及她的年龄，也不应该贸然地问她的家庭情况，因为这都会被认为很冒失、没有礼貌。而同样的问题如果问及男性，这样的不佳效果就不会产生。对男性说的话可以粗放、豪爽一些，甚至带一点骂辞也无关紧要——当然要在非正式场合；但是对女性却不能说同样的话。特别是开玩笑时更应该注意程度和对象。

话语投机

如果注意观察，我们可以发现这样一种情况：男性交谈的话题往往是较公开性的，比如社会、时事、政治等；而女性交谈的话题往往是较私人性的，比如服装、孩子、家庭等。注意到这个区别，对我们寻找合适的话题有很大的帮助。

有这样一对情人：男孩先是喋喋不休地谈论公司的事，然后又兴致勃勃地谈论起国家大事；而女孩却在旁边心不在焉，只是因为不忍心打断男孩的谈话，所以不得不一直装作对他所谈论的东西很感兴趣。这样，本来是关系十分亲密的情人，却因为话不投机而出现了冷冰冰的局面。

这就是由于异性的话题差异而导致的结果。男孩并不知道女孩对什么东西感兴趣，所以找了这个话题来讲，并且认为既然女孩并没有表现出不耐烦，就代表她也对这个话题感兴趣。其实只要他稍加注意，就可以发现问题的所在。

男性和女性的谈话是有十分明显的差别的。一般而言，在男性面前，大多数女性并不会主动引导话题、滔滔不绝，她会更加愿意做一个倾听者和跟从者；表现在谈话中，她的话会显得比较含蓄。这时候，谈话的主动权一般都掌握在男性手中。而一场谈话的成功与否，主要是由男性控制的。

赞美对方

任何人都喜欢被称赞。由于人们都希望赢得异性的好感，所以异性的称赞对他们来说就更加重要了。可以说，赞美，是赢得异性好感的最好的方法。

如果一个男人采取了某种行动，进而得到了对方的赞同，他就得到了自己希望得到的最高的赞赏。比如，如果女性对他欣赏的电影评论说："这真是一部十分有趣的电影。"这等于在说："你真是一个有趣的人。"这种肯定的引申意义，确实是不可思议的。

相对而言，女人则更加喜欢得到直接的赞美。当一个女人被称赞"你今天真漂亮"的时候，这会让她——如果她开始心情不那么好的话——变得高兴起来。需要注意的是，如果说男人喜欢听到"今天晚上很愉快"，那么女人则更加喜欢听到"你今天晚上真迷人"之类的话。

抓住其特点，吸引陌生异性

面对陌生异性，谈话需要考虑以下几个方面：

职业差异

要运用与对方所掌握的专业知识关联较紧密的语言与之交谈，增强对方对你的信任感。

性格差异

若对方性格豪爽，便可单刀直入；若对方性格迟缓，则要"慢工出细活"。

文化程度差异

一般来说，对文化程度低的人所采用的方法应简单明确；对于文化程度高的人，则可采用抽象说理方法。

保持神秘

在心理学上，保持神秘感是一个人拥有持久魅力的不二法门。很多人抱怨他们结婚之后爱情就走向了灭亡，这在一定程度上就是因为丧失了神秘感。这种抱怨不能不说有一定的道理。

与此相反的观点是，人与人交往应该真诚、直率，说话应该直截了当。但是我们可以说，异性在交往的时候却并非如此。

我们的确需要向对方敞开心扉，但是这却是在一定程度上的"敞开"。可以这么形容这种程度，即能够让对方发现你有一定的吸引力，但是却并不完全坦白。

实际上，正是因为男女之间具有很多的不同，才让异性交往显得神秘，并且具有十分强大的吸引力的。而如果你一开始就展示了你的全部，那么也就在一定程度上丧失了这种吸引力。

社会交往中忽视性别差异

如果你同对方的交谈是一种以社会交往为目的的异性交谈，那么，你最好在一定程度上忽视对方的性别特征，这样才能做到自然、和谐，才能消除紧张心理，也只有这样，才能够在客观上帮助你赢得异性的好感。这一点很好理解：正因为这种差异的存在，你才会想到在交谈的过程中应该取悦对方，才会郑重其事。当然，忽视性别差异并不意味着你可以不拘小节，因为所有谈话都是需要注意礼仪的。

当一个人出现在许多异性中的时候，这时候你们的话题可以是那些适合大多数人的。

如果他们大多是男性，自然不能寻找那些家庭或者孩子等较私人的话题，以勾起少数女性的兴趣。作为一个女性，如果你处在这样的环境之中，最好倾听他们的谈话；如果可能的话，还要表现出极大的兴趣。这样，你才能够取得社交的成功。

第二节　甜言蜜语让爱情更上一层楼

男女相处的时候，有时甜言蜜语非常受用，尤其是爱侣已到了接近谈婚论嫁的阶段，不妨大胆些，在言语间多放点"蜜"。沐浴在爱河中的人，是不用客套的字眼的。任何海誓山盟，"爱你爱到入骨"的话也可以说，不必怕肉麻，除非你并不爱他。与他久别重逢时你可以讲：

"好像在做梦，多么希望永远不要清醒。"你以充满爱意的眼神望着他："总是惦念着你！别的事我一概不想……我感觉好像一直跟你在一起。"

这是"无法忘怀、时时忆起"的心境，只要谈过恋爱的男女，一定有此体验。除了他以外，任何事都不放在眼中，总是想念着他。上面那句话不用怕羞，可以反复使用。相爱之初，热烈的甜言蜜语绝对不会使人感到厌烦，也许还认为不够呢！

"你喜欢我吗？"你不妨大胆地问他。

"说说看，喜欢到什么程度？"或用这样的语气追问。

"请你发誓，永远爱我！"甚至你单刀直入地这样对他撒娇说。

"世界是为我们而存在，对不对？"

"你爱我，我可以抛弃一切！你也是这样？爱就是一切。"

"你不会背弃我吧？如果你抛弃我，我会寻死！"

不要以为甜言蜜语说出来就是为了一时的气氛，仅仅是为了逗对方开心。甜言蜜语对整个爱情的加固都起着重大作用，它是爱情运转的润滑剂。

"如果你爱我，有什么为证呢？"这是女人经常挂在嘴边说的话。女性就是希望在有形的、眼睛和耳朵都能感觉到的形式上确认"自己对他是不可缺少的人"。例如，恋人之间在见面的时候，男方没有抱抱她的肩或握握她的手，她就要怀疑他是否爱她，甚至因此而解除婚约的也大有人在。妻子新做的一个发型，或穿上了一件新衣服时，做丈夫的假如一言不发，她会认为你无动于衷，这样她就会感到不满。

女性要求认可的欲望很强，恋爱中的更不用说了，就是在结婚后，女人也爱问："亲爱的，你爱我吗？"她时常要求确认"爱"，而对此感到退却的大多是丈夫。在男人看来，不管如何爱她，"我爱你"这三个字只要讲过，就不想说第二次。男人总是这样认为，我是否爱你，可以在实际行动中表现出来。

可是，对女性来讲，语言比行动更为重要。假如男人不在她们耳边重复地说"我爱你"，她们就认为不能与对方沟通。处于幸福、甜蜜状态的女性，都是根据丈夫的"爱语"或反复的动作得到安心和了解的。

因此，满足这种心理是男性的任务，"我爱你""我喜欢你"这些话对女性是非常重要的。她们认为这样是女性显示内在价值和魅力的标志所在。

当她们想要得到认可的欲望被满足后，她们就会心安理得安安分分地去做一个好妻子，爱情就会变得更加和睦。

通常，男子都爱花言巧语，何不把美丽的话语多用在妻子身上呢？

"你一身打扮真是漂亮极了，让我好好看一看。"

"你总是那么迷人，来，跟我坐会儿。"

"别太累，待会儿我帮你做，咱们到河边散散步，好吗？"

"你这两天太辛苦，我带你出去吃一顿。"

"我们单位的同事都夸你贤惠能干。"

"拥有你是我最大的福气。"

"别生气，一生气你会变丑的，不信去照照镜子。"

"等我有钱了，好好带你去外面走走，咱们两人重新过一次蜜月。"

"你脸色不大好，身体哪儿不舒服吗？"

"你早些休息,今天的事我来做。"

"还记得我原先写给你的情书吗?"

"你一生都会爱着我吗?"

"你不要对我这么凶,好吗?我心里很伤心"

"这个家没有你,简直就难以想象。"

"我老婆做的菜真好吃。"

"你真伟大。我怎么想不到呢?"

"结婚纪念日我们去照张合影吧?"

"爬高爬低的事我来做,你别上上下下的,小心些。"

"《结婚的爱》我看了,写得真好,你看看吧。"

总之,做丈夫的要把你的爱通过甜言蜜语表现出来,让她时刻体会到你深爱着她,并时时创造一种美妙的生活环境取悦于她,那样你们的感情会一天比一天深厚,妻子对你的爱也会一天比一天深。这对于你并不麻烦,同时她的愉快传染给你,成为两个人的愉快;她的美丽心情成了你的财富,丰富你的情感生活。

很多人在谈恋爱时把恋人看得很完美,花前月下,卿卿我我,有时明知道对方的某种缺点自己难以接受,可指出来又怕伤害对方的感情,于是就装出一副菩萨心肠,一忍再忍。其实这和父母溺爱孩子一样,终究会酿成苦果的。那么,年轻的恋人怎样既能指出他(她)的缺点,又不伤他(她)的心,更重要的是还要让他(她)接受你的意见呢?

其实有许多窍门,比如对对方进行旁敲侧击,促其反思并改正。

某局长的千金小徐和本单位的小李谈恋爱时总是显示出某种优越感,因为小李是农家子弟,大学毕业分在局里做科员,没有什么"靠山"。有一次小徐到小李家做客,对小李家人的一些生活习惯总是流露出看不顺眼的情绪,并不时在小李耳边嘀嘀咕咕。吃过晚饭把小姑子支使得团团转,又是叫烧水又是让拿擦脚布什么的。小李看在眼里很不是滋味。他借机笑着对妹妹说:"要当师傅先做徒弟嘛!你现在加紧培训一下也好,等将来你嫁到别人家里,也好摆起师傅的架子来。"小李这么一说,小徐当时似乎听出了什么,过后不得不在小李面前表示自己有些过分了。

小李不失时机地用"要当师傅先做徒弟"的俗话来提醒小徐,避免了直接冲突。即使对方当时略有不满,过后也会有所感悟。

当对方的所作所为引起自己的不满时,也可用诙谐的言谈让对方笑着接受自己的"不满"。

雅倩非常喜欢跳舞,男友小张偏是个好静的人,正参加自学考试,但常被她拉去"看"舞。雅倩有个很不好的习惯,不跳到舞厅关门不尽兴,久而久之小张就受不了了。有一次他们从舞厅出来已是夜里12点多了,小张说:"你的慢四跳得很棒,我还没看够,你一路跳回宿舍怎么样?"雅倩撒娇说:"你想累死我啊!"小张一副认真的样子:"不要紧,我用快三陪你跳。"雅倩扑哧一乐:"亏你想得出,丢下我一个人也不怕我碰上流氓?"小张这时言归正传:"那你在舞厅丢下我一个人也不怕我打瞌睡被人掏了包儿?"雅倩这时才知道男友压根儿没有兴趣跳舞,以后就有所收敛了。

对恋人的不满不用憋在心里,可以适当对对方提出自己的意见,但是要用对方法,否则只会破坏感情而于事无补。

婚姻中多一些甜言蜜语,多一些情感交流

恩爱夫妻无不善于运用各自不同的方式来向对方表达爱意,这种感情的沟通便是婚后夫妻感情不断深化的根本保证。

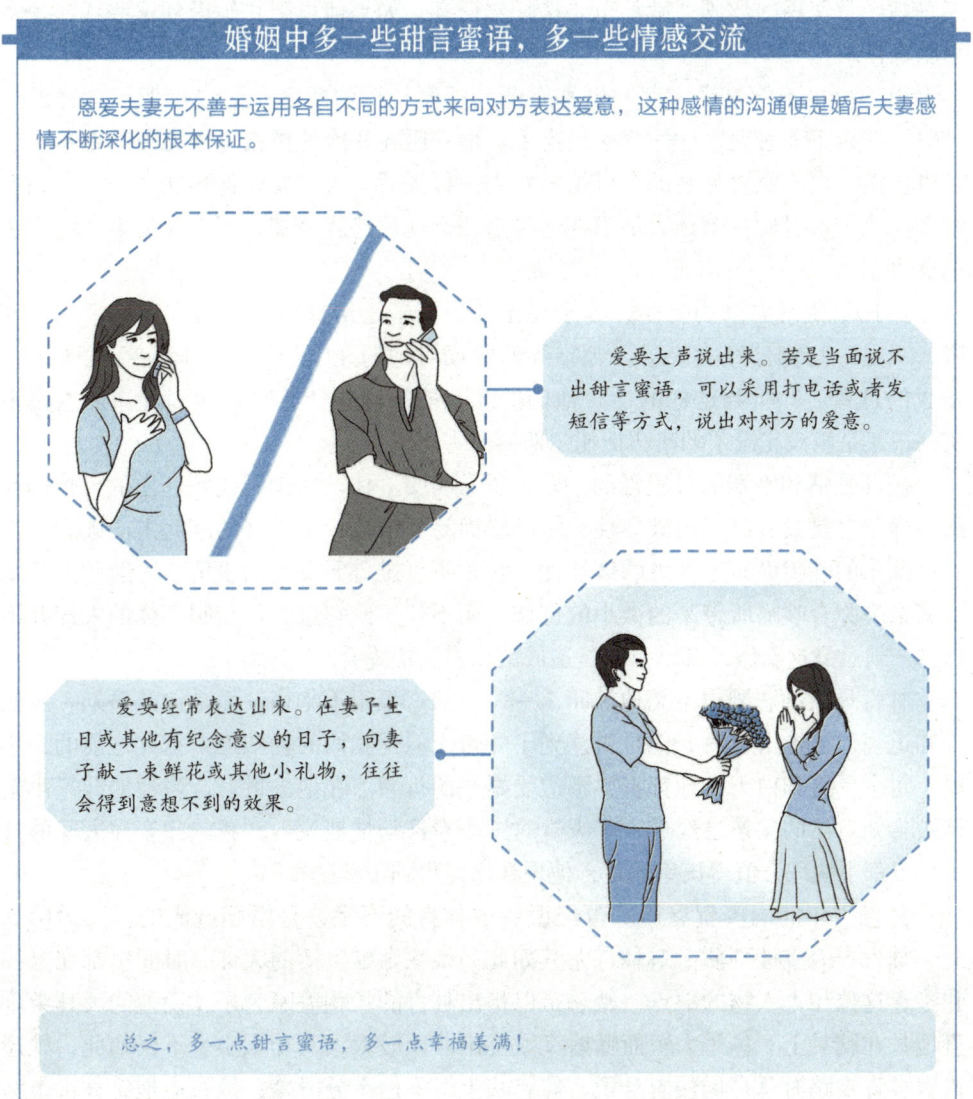

爱要大声说出来。若是当面说不出甜言蜜语,可以采用打电话或者发短信等方式,说出对对方的爱意。

爱要经常表达出来。在妻子生日或其他有纪念意义的日子,向妻子献上一束鲜花或其他小礼物,往往会得到意想不到的效果。

总之,多一点甜言蜜语,多一点幸福美满!

第三节　婚姻生活切忌唠叨不休

大文豪列夫·托尔斯泰是世界上最伟大的作家之一，他的《战争与和平》《安娜·卡列尼娜》是世界文学史上不朽的名著，他因此而拥有了耀眼的名望、财富和社会地位。但是，这些对人们来说最宝贵的东西却丝毫没有使他的婚姻变得幸福；相反，可以说，他的婚姻是他这一辈子最大的悲剧。

托尔斯泰认为金钱是一种罪恶的东西，因此他想要放弃他的作品的出版权，不再对他的作品征收版税。但是他的妻子是个过惯了奢侈生活的人，她这一辈子最重要的工作之一，就是为这个问题对托尔斯泰不断地进行责骂和唠叨。在地上撒泼打滚是她经常使用的伎俩，她甚至要挟托尔斯泰：如果他再阻止她得到这些钱，她将会服毒自杀。

由于再也不能忍受家庭和婚姻对他的折磨，托尔斯泰在他82岁那年10月的一天——那天正下着大雪——离家出走了。他宁愿在寒冷的黑夜里漫无目的地行走、忍饥挨饿，也不愿再见到那个可怕的女人。11天后，人们发现他死在一个火车站的候车厅里，那时候一个亲人都不在他身边。而他的遗言，却是不许他的妻子出现在他身边。

当托尔斯泰去世的时候，妻子终于意识到了她给这位伟大的人物所带来的痛苦，只是一切都已经太晚了。她临终的时候对她的儿女说："你们父亲的去世，是我的过错。"听到这样的话，他们的儿女能够说些什么呢？他们都知道这是事实——正是她没完没了的唠叨把托尔斯泰给害死了。

破坏爱情和婚姻的最狠毒的手段，就是唠叨不休。它像眼镜蛇吐出的可怕的毒液一样，总是具有巨大的破坏性，能够轻而易举地让一个美好的家庭走向破裂。当然，偶尔的吵嘴没有这么大的破坏性，它是不可避免要发生的事情。一般的人都知道怎么去弥合吵嘴所带来的微小的创伤，而不至于使它过大。唠叨不休的人却并不这样，他总是这么做，其结果就是造成的伤害无法弥合。

林肯最大的悲剧也不是他被暗杀——当然这也很不幸——而是他的婚姻。我们不知道当他被枪击之后，他是否感到了痛苦，但是我们的确知道，在此之前的23年里，每个黑夜和白天，他都不得不遭受婚姻的折磨。在他去世后，当他的儿子小泰德被告知自己的父亲已经进入了天堂时，小泰德动情地说："我的父亲在人间的日子一点都不快乐，值得庆幸的是，他现在已经得到了解脱。"

林肯当年的同事贺恩律师曾经说："林肯的不幸，是婚姻造成的。"的确如此，林肯夫人生性刻薄，对林肯尤其如此。她在婚姻生活的大部分时间里都在寻找和指责这位伟大人物的缺点。她总是以指出林肯的长相丑陋为乐，说他的大耳朵垂直地长在脑袋上、鼻子太短而嘴唇又太突出、四肢太大头却太小。不仅如此，她还指责林肯走路时总是佝偻着身子，肩膀一上一下地十分滑稽；她一边抱怨林肯走路没有弹性，一边还模仿他走路的样子。

比佛瑞兹是研究林肯的专家，他在自己的回忆录中写道："林肯夫人的嗓音十分尖，叫起来连街对面都能听到；她斥骂的声音，能够让邻居听得一清二楚。不仅如此，她发怒时并不仅仅限于语言，还包括行动等其他方式。"换作其他任何一个人，与这样的夫人生活在一起，其婚姻生活都是不会幸福的。

我们可以随便举一个例子。在林肯夫妇结婚后不久，他们租赁了欧伦夫人的房屋。一天早上，大家正坐在一起吃早餐。因为一句无关紧要的话，林肯激怒了他的夫人。她立即跳起来，当着许多人的面，把一杯热咖啡泼到了林肯的脸上。

林肯尴尬地坐在椅子上，一声不吭地忍受着。后来，欧伦夫人拿来了毛巾给他擦脸和衣服，而林肯夫人却依旧在唠叨。

当这种婚姻像恶魔一样折磨着那位伟大的总统的时候，他发现这样的唠叨和谩骂简直比政敌的毁谤更加让人难以忍受。当林肯作为律师经常到外地办理案件的时候，每到星期六，其他律师都回家和家人共度周末，林肯却从不回去。他像一个没有家庭的流浪汉一样，宁愿忍受乡下旅馆恶劣的条件，也不愿意回到地狱般的家里。

日本人针对婚姻生活不美满的原因进行了调查，结果发现丈夫对妻子不满的因素中，位居前三位的依次是：唠叨不休（27%）、性格不好（23%）、不懂得持家（14%）。也就是说，导致人们婚姻不美满的很大一部分原因是女士的唠叨不休。有这样一位女士，她不但性格温柔、善于持家，而且对丈夫也十分关心。但是就在不久前，她的丈夫却愤然离家出走了，其原因就是他忍受不了妻子事无巨细的唠叨。这一事例正好也说明了日本的调查的正确性。

这并不只是社会学家的发现，一些法律也把忍受唠叨当成了一个可以减轻犯罪人刑罚的条件。比如，瑞典法律就明文规定：如果受害人是一个爱唠叨的人，那么杀害受害人的被告可以被判为过失杀人罪。而乔治亚州的最高法院所判的案件表明，丈夫如果是为了躲避妻子的唠叨而把自己反锁在房子里，则是无罪的。他们认为，即便是住在阁楼的某个角落里，也比住在大厅里却要忍受女人唠叨要来得舒服。

有不少的事例都说明了唠叨不休对婚姻的破坏作用。《电信世界》中曾经有一篇文章报道了这样一件看起来很离奇的事情：一个已经50岁的维修员一连雇用了3名杀手，最后终于杀死了他的妻子，其原因竟然是他忍受不了妻子的唠叨。据这位丈夫说，他的妻子总是能够围绕一件不起眼的小事说上三天三夜，这都快要把他逼疯了——事实上，从他做出的这件事情来看，他已经疯了。

一名32岁的坦桑尼亚男子曾经用一瓶驱虫剂过早地结束了自己的生命。人们在他的尸体旁发现了一个药瓶和一封信，他在那封信里写道：我决定立即结束我的生命，因为我的妻子总是喋喋不休。

我们无意把婚姻生活不美满的原因全部归结到女人们的唠叨上——实际上，

在所有这样的事情当中,另一个人同样也可能犯很严重的错误——这里想说明的只是,如果你确实意识到自己喜欢唠叨不休,并且这种唠叨正在破坏你的婚姻生活,那么,你应该毫不迟疑地结束它。

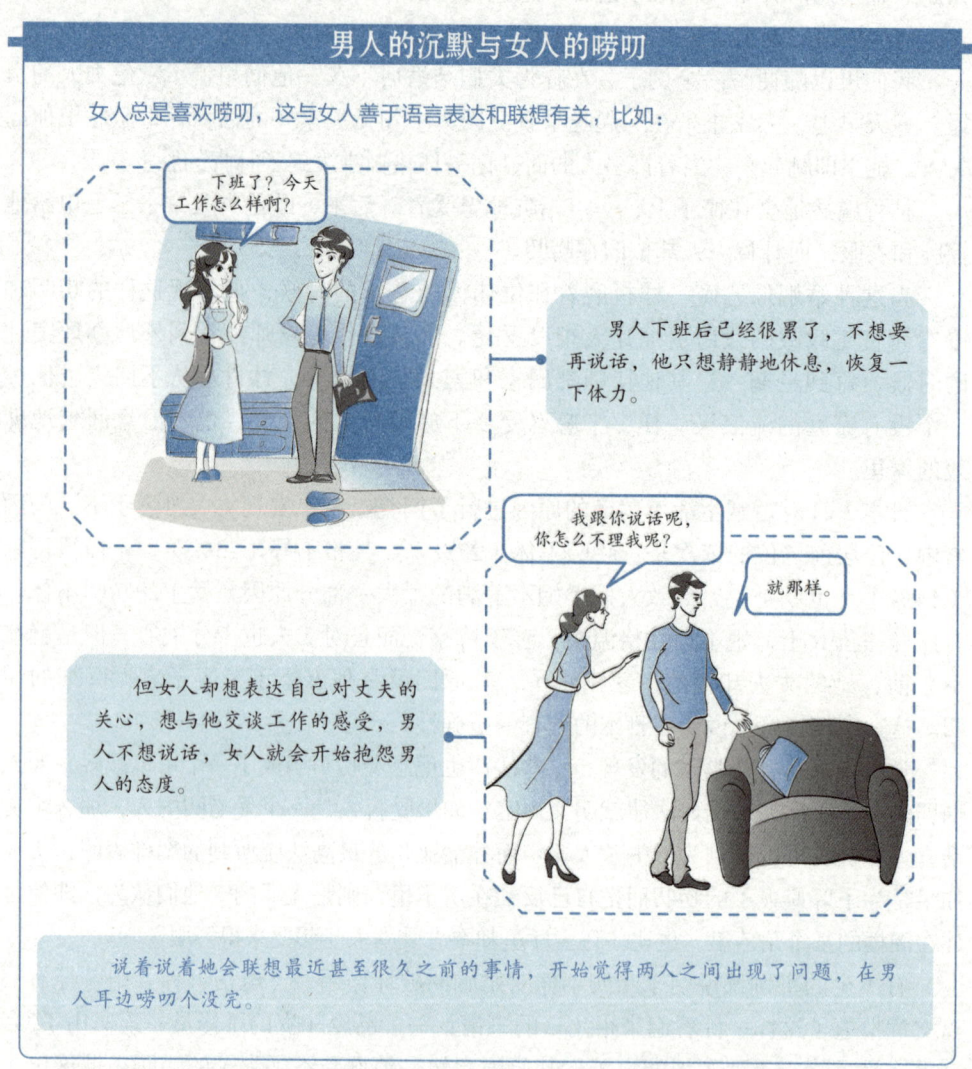

第四节 抱怨的话如何说才不会引起丈夫的反感

周末晚上,妻子做好饭菜左等右等不见丈夫归来,邻家传来热闹的嬉笑声,妻子更觉孤独,于是她给晚归或不归的丈夫写下这么一段话:

"晓军,等至夜深,依旧不见你归来,想是到同事家打麻将去了。一周繁忙的工作之后，确实应该轻松一下心境，但愿你能确实轻松。"

"晚上，我独自一人立在阳台边数天上的星星，并猜测哪一颗星星属于你所在的位置。有一颗最初很亮很亮，可我看得久了，却发现它又黯淡下去，最后我都找不着了。"

"起风了，吹得门窗砰砰作响，每一次门响，我都以为是你回来了，兴奋地打开门，外面却是黑漆漆的夜……"

"我在等待一个不回家的人，我想你一定不愿意这样。虽然你人留在了一个我不可知的地方，但家里到处都闪现出你的身影，厨房的餐桌上还留着你早起喝剩的半杯奶，已没有了早晨热腾腾时飘着黄油的香味，我只好把它倒掉了，等你回来，我再重新为你热上一杯，但愿你不会再把它剩下。"

请再看另一段妻子留给不归丈夫的话，比较一下二者的效果。

"我就知道你今晚心又痒得难受，'死猪不怕开水烫'，你是无可救药了，像这样下去，日子没法过了。"

"你在外面轻松快活，留下我孤独一人，早知道我还不如回娘家去，待在这破家干什么。"

"我郑重警告你：你再这样我告诉你爸妈。我不相信，你的毛病我治不了别人还治不了。"

两段话的效果应该是截然不同的，后者充满了怨恨、责怪，这样尖锐的话说出来非但达不到效果，反而会令对方更为反感。

谈恋爱时，要多一分理解，才能把握好爱情。一次李丽的一些朋友邀请她周末出去玩，还特别嘱咐她带上她的男朋友阿强。李丽兴致勃勃地打电话告诉阿强，但是阿强说："丽，我不能去，周末我要陪领导出差，下次吧！"李丽听后顿生不悦，对着电话筒大声说："你好牛啊，请都请不动，也太不给我面子了！"阿强听了这话，默默地放下电话，好长一段时间都没有主动找过李丽。

在恋爱中，由于主观或客观原因，不可能自己的每个要求每次都得到满足。当对方不能满足自己的要求时，一定要保持冷静，多一些理解，少些抱怨和指责。

上一个故事中，对李丽的邀请，阿强不是不想去，而是公务在身不能去。如果李丽能考虑到这一点，把指责变成一种理解，说出"我很遗憾你不能去，我原本想我们一定会玩得很开心，不过你工作重要，下次有时间再玩"等一类的话，双方的关系非但不会受到影响，反而会使爱情更上一层楼。

很多做妻子的，往往刀子嘴、豆腐心，虽然洗衣、做饭全包，丈夫回家，可口饭菜端上桌，嘴里却唠唠叨叨没个完，不是回来晚了，就是衣冠不整，要么是左右邻里一大串，你家如何如何又如何。结果听得丈夫一忍二、二忍三，实在忍不了，扶桌而起，或默然无语，或拂袖而去，饭菜没吃多少，烦恼塞了一肚，实在厌烦无奈，蒙头就睡。不识相的妻子是一通指责，不脱衣就睡、吃好饭也不洗碗，就这样

唠叨和抱怨换不来丈夫的帮助

唠叨、抱怨只会让男人更加厌烦，想要让男人帮助你做家务，你应该这样做：

简短
避免给他一长串他为什么该帮助你的理由。因为这会让他觉得你不相信他。

直接
女人需要帮忙时，可能只是提出问题，却忽略了直接向他要求。而男人不会想太多，往往也只是回答你的问题而已。

多撒娇
直接的命令和大堆的抱怨会让人反感，但是男人却往往对撒娇的女人屈服。

没完没了。家庭成了两个人的负担，两个人的灾难，可在心里面，她真有这么多的怒气和愤慨吗？

其实，每个女子都会认为做家务是自己不可避免也难以逃避的一种责任，没有一个女子会以为自己成了家以后是什么也不需要做的。既然嫁人之前就多少对做家务有心理准备，因此那些唠叨的话语就成了她向丈夫夸耀自己能干和贤惠的特殊语言，也成为她和丈夫交流的唯一语言方式。她不知道同一内容、同一意思用不同的话说出来，效果就会大不一样。

"有没有兴趣帮我择一下菜？"
"看你疲倦的样子，一定很忙吧？"
"不对吧，你原来挺爱干净的。"
"我嫁给你，就是因为你很有能力。"
"你一定会把那事做好的，你一向都很机灵。"
"你该不会是个吝啬鬼吧？"
"你想得真周到！"
"别多想了，我知道你有难处。"
"给家买点东西带回去吧！"
"你做的菜比我做的好吃多了。"

用这样一些软话来说服对方，效果会更好。男人一般都是遇刚则刚，遇柔则柔的，他们通常经不起女人的柔言细语。所以刀子嘴最好还是早早放弃为好。

第五节　用鼓励代替指责和批评

在美国，有一位著名的女士，被别人戏称为"打岔专家"。在一次宴会上，她的丈夫十分兴奋地跟朋友们谈起了某位将军的事迹。他正说得兴起，没想到这位女士进来插话说："先生，不要再说了，如果你能有他一半的才能，我也就心满意足了。"她就是这样在大庭广众之下给她的丈夫泼冷水，批评她的丈夫的。这当然让人受不了。最后，她的丈夫不得不跟她离了婚。

另外，也有与此相反的例子。俄国女皇凯瑟琳统治着世界上最大的帝国，毫无疑问，她有着至高无上的权力。事实上，她是一个残忍的女人，曾经发动过许多次毫无意义的战争，杀害过许多仇敌。但是她的婚姻生活却很幸福，因为她在家里一直都是十分温和的，她从不疾言厉色地对她的家人进行批评和指责。即便她的家人犯了什么错误，她也会什么都不说，而是微笑着好像什么也没有发生一样。

当珍妮·维茜嫁给杰姆斯·克力尔的时候，许多人嘲笑这是一桩极不协调的婚姻，甚至有人说，这简直就是"鲜花插在牛粪上"。维茜是一个非常漂亮并且拥有大量财产的女孩，而她的丈夫却是一个不名一文的家伙，并且看不出有什么前途——所有人都知道他粗鲁、愚蠢而且没有教养。

维茜却不顾一切地爱上了克力尔，认为她的丈夫是当代少见的天才诗人。她几乎放弃了自己以前的全部生活，陪她的丈夫住到了乡下，一心一意地在生活上照顾丈夫。她成了一个完全称职的家庭主妇，缝衣做饭、悉心照顾有胃病的丈夫、驱散他心中的抑郁。她坚信自己的丈夫能够成功，而且总是鼓励他去做自己想做的事情。

"我从不去指责和批评他什么，"维茜在她的一封信中说，"包括他的粗鲁和没教养。正好相反，我认为这都是他的个性，而我爱的是他的全部。为什么一定要把每个人都变成同样的模型呢？我总是在帮助他，这一点他一直很感激我。"

结果如何呢？克力尔最后成为了爱丁堡大学的校长，他的《法国大革命》《克莱沃尔的一生》成为名著，而他们夫妻在顿查尔的住所成了有名的文化聚会的场所。

有这样的一位妻子，她总是嘲笑丈夫的每一份工作。一开始，他找了一份推销的工作，由于是新手，他的业绩不是很好。每次当丈夫到家的时候，他的妻子总是对他说："我的天才推销家，今天是不是又成交了好多笔买卖？但是，我怎么没有看到你带回家的佣金呢？看你的脸，不会是又被经理臭骂了一顿吧？"

这种愚蠢的嘲笑持续了很多年。不过，这位丈夫一直没有放弃当初的那份工作。如今，他已经是那家全国有名的公司的经理了。他和他原来的妻子离婚了，现在的妻子很年轻，经常鼓励他、给他支持。而他的前任妻子却好像很无辜，她对别人说："他怎么能这么对待我呢？他穷苦的时候是我陪伴他的，但是他现在却离开了我，找了一个更加漂亮和年轻的女人。"

有什么不可以理解的呢？

如果我们换一种方式，即对他进行鼓励，那么情况就变得好多了。

桃乐斯的丈夫罗伯·杜培雷一直想做一个保险行业的推销员，但当他在1947年开始真正从事这一行业的时候，却一次也没有成功过。一天，他决定放弃这份工作了。

"我完全失败了，"他对他的妻子说，"也许我本来就不适合这份工作。我一开始的选择就是错误的。"

也许一般的人会用批评来使罗伯改变主意，但是桃乐斯知道这是一种愚蠢的做法。她坚定地告诉罗伯，这只是暂时的失败而已。她鼓励他说："不用担心，罗伯，我相信你一定会取得成功的。"接着，桃乐斯指出了罗伯的一些连他自己都不知道的才华，说正是这些才华能够确保他取得成功。

后来，罗伯找到了另外一份推销的工作，可是他仍旧一次一次地失败。如果不是桃乐斯的鼓励和支持，他早就放弃了再试一次的想法了。桃乐斯不断鼓励他说："再试一次，也许你就成功了。你要知道，你有这个能力。"

"我觉得我不能辜负她的信任,"罗伯在一封信里说道,"她成功地在我身上建立了她的自信,而我正是依靠这种自信建立起自己的信心的。这就是我前进的动力。"

我们相信罗伯终有一天会取得成功的,因为对于目标而言,只要自己想要达到,最终就会达到。像这种家人面对失败而灰心丧气的例子不胜枚举,这时候只有鼓励才对他有作用,而批评和指责,只会导致非常糟糕的结果。

法国著名的科幻小说家儒勒·凡尔纳在未成名的时候,像处于这个阶段的大多数人一样,投出的稿子无一例外地被退回了。他气得打算把所有的稿件都一把火烧

想要改变对方就应该多鼓励

你为什么不能容忍对方有一些缺点,而经常对其进行指责和批评呢?当对方犯了一个错误或者失败时,难道最需要的不是安慰和鼓励吗?

没关系,我一直相信你的能力,这次只是时机不对罢了,再努力一次一定能成功的!

当你对你的丈夫进行鼓励的时候,他会调动全部的积极性,投入这件事情中去。

你今天穿得可真是漂亮!

对于女人也是一样,批评只会让双方吵架,而鼓励和赞美却可以让她乐于改变,正所谓"女为悦己者容"。

社会学家一再告诫我们:批评和指责只会使家庭不和谐,使婚姻破裂。

光，所幸稿件被他的妻子夺了过去。妻子对他说："亲爱的，你写得棒极了！我相信你一定会成功的，再试一次吧！"他又试了一次，结果果然被采纳了，并且正是这部书稿的出版使他一举成名。

如果你想改变你的丈夫或者妻子的某个缺点，你也应该用鼓励的办法。我们很多可爱的女士都会花时间打扮自己，让人看起来非常喜欢，但是约翰的妻子却是一个例外。她似乎没有打扮的习惯，只是有时候心血来潮了才打扮一下自己。并不是说不打扮就一定不好，但是对约翰的妻子而言却正是这样。她不打扮，只是因为她有一个很漂亮的姐姐。每当别人劝她打扮的时候，她经常回敬道："不用你管，我再怎么打扮也不如我姐姐。"

她根本就认为自己不适合打扮，所以她并非不爱打扮，而是自卑的心理在作怪。约翰深知这一点，但是他并不像其他人那样，直接指出她不爱打扮的毛病，而是当妻子不打扮的时候，他就一声不吭；当她偶尔打扮了一次，他就用真诚的赞美去打动她："你真漂亮！"慢慢地，妻子对自己的容貌产生了自信，也经常打扮起来了。

不要批评和指责你的丈夫或妻子，改用鼓励的方法，也许对方会更加乐意改变自己。

第二章

日常交际说话艺术

第一节 真诚换真心

有这样一个感人的故事：在美国西部的一个小镇，少女安妮由于受到严重碰撞，成了"植物人"，现代化的医疗手段无能为力，安妮醒来的希望极为渺茫。她的父母悲痛欲绝。而安妮的朋友东妮每天都来到她的床前，抓住安妮的手，轻轻呼唤她的名字，仿佛在同一个正常的人娓娓而谈，日复一日，年复一年，奇迹终于出现了，真诚战胜了死神，东妮的呼唤居然使安妮苏醒过来了。

这是朋友之间的真诚而产生的奇妙的力量。茫茫人海，芸芸众生，我们在生活中与朋友相处怎能缺少真诚？

美国心理学家诺尔曼·安德林在1968年曾设计过一张表，列出555个描写人的形容词，让人们指出其中哪些人品最为人喜爱。结果表明，被人喜欢的选项中，位居前几位的竟有6个是与"真诚"有关的，而在评价最低的人品中，虚伪居于首位。这说明了真诚的人能让人产生一种安全感，从而受人欢迎；虚伪的人为人讨厌，难结良友。

真诚就是我们通常说的讲老实话、做老实人、办老实事，这是人与人之间关系亲密的根源，也是社交场赢得人缘的根本。我们往往说谁有人格魅力，其实人格魅力的基点就是真诚，真诚待人是赢得人心、产生吸引力的必要前提。对待你的朋友心眼实一点、心诚一点，你将能得到更多与人合作的机会，从而获得更大的成功概率。

现代社会是一个发展迅速、竞争激烈、优胜劣汰的社会，不少人有社交的强烈愿望，却喜欢把自己封闭起来。其实，与人交往我们也主张有颗戒心，但对你相识的、基本可以信赖的朋友，应多一点真诚。如果我们互相戒备，见面只说"三分话"，这谈不上是正常的交往，又何以能够推心置腹、以诚相待呢？因此要想得到知心的朋友，首先得敞开自己的心怀，要讲真话、实话，不遮遮掩掩、吞吞吐吐，以你的坦率换得朋友的赤诚和友爱。正如谢觉哉同志在一首诗中写道："行经万里身犹健，历尽千艰胆未寒。可有尘瑕须拂拭，敞开心扉给人看。"

翻译家傅雷先生说："我一生做事，总是第一坦白，第二坦白，第三还是坦白。绕圈子、躲躲闪闪，反易叫人疑心，你耍手段，倒不如光明正大，实话实说，只要态度诚恳、谦卑、恭敬，无论任何人都不会对你心存偏见。"由此可见，真诚是栽培友谊花朵的营养素，是美化社交环境的天然素。知无不言，言无不尽，以自己开阔、大度、实在、真诚的言行打开对方心灵的大门，并在此基础上并肩携手，合作共事。

现代心理学证明，人思想深处既有内隐闭锁的一面，又有希望获得他人的理解和信任的一面；我们总是定向地对自己的知己朋友袒露热诚，进行思想感情的交流和心灵的互动。其实，除了我们的隐私，许多的东西皆可向人倾诉，没有隐瞒的必要，朋友可在你诚实中感受到你的可信。

真诚的本质就是一种坦荡、诚恳的发自内心的待人接物态度，它的内涵不限于说真话，重要的是一种内在的品质。

一个人想在事业上飞黄腾达就必须有过人之处，就应该是胸怀坦荡，光明磊落，以诚心为本，做一个正直的创业者。

坦荡磊落，本于正，本于诚。坦率诚挚的准则是公正，而正直的保证又是坦诚。在公正忠诚基础上的直言劝谏才能直而不狡、诚而不诡、劝而不害；诚信更是交友的基本原则，只有常怀一颗真诚的心，才能充分地扩展人际合作关系，才会点旺人气，为将来的事业打下基础。

唐武则天时，狄仁杰应召回京，被任命为宰相，与当朝宰相娄师德共同辅政，他并不知道自己是娄师德全力推荐的，相反他总觉得是娄师德从中作梗，甚至怀疑前一段时间自己所受的遭遇也是与娄师德有关。因此，他常在武则天面前指责娄师德的不是。对此武则天大为不解。

终于，有一次，她问狄仁杰："娄师德究竟品行如何？"

狄仁杰嘲讽道："他带兵戍边时有过功劳，其品行好不好我不便说。"

"那么他有没有发现和举荐人才的能力？"武则天问。

"我和他一起共事，没感觉出他有这一点。"狄仁杰回答说。

这时，武则天拿出一张东西给他看，看完后，狄仁杰不禁面红耳赤，原来那是娄师德举荐自己的奏折。

狄仁杰感叹道："娄师德肚量这么宽厚，待人如此真诚，我还处处疑心于他，真是惭愧之至。"

此后他主动接近娄师德，两人的关系日渐密切，同心同德，共同辅政，相处得很好，而这对狄仁杰的为人有很大的影响。

可见，人与人交往需要一颗真诚之心。立身处世刚正不阿，与人办事真心真意，言之有理，行之有节，是人际交往的基本点。假如心口不一，见风使舵，阳奉阴违，两面三刀，就不是真诚的态度，是不利于交际的。

一架飞机起飞前，一位女乘客请空姐给她一杯水，她需要吃药。空姐很有礼貌地回答："小姐，飞机刚刚起飞，还在颠簸。为了您的安全，请稍等片刻，等飞机进入平稳飞行后，我会立刻把水给您送过来，好吗？"

飞机进入了平稳飞行状态很久后，那位空姐猛然意识到：糟了，由于太忙，她忘记给那位乘客倒水了！就在此时，有人按响了服务铃。当空姐来到客舱，看见按响服务铃的果然是刚才那位女乘客，知道自己错了，她小心翼翼地把水送到那位乘客跟前，面带微笑地说："小姐，实在对不起，是我的疏忽，延误了您吃药的时间。"

但是这位女乘客似乎并不领情，她指着手表怒气冲冲地说道："医生要求我中午一定要吃药，但是现在已经3点了，你让我怎么吃这药？"

空姐手里端着水，心里有些委屈，但是她的脸上依然带着歉意的微笑，可是无论她怎么解释，这位挑剔的女乘客都不肯原谅她的疏忽。

接下来的飞行途中，为了补偿自己的过失，每次去客舱给乘客服务时，空姐都会特意走到那位女乘客面前，微笑地询问她是否需要水，或者别的什么帮助。然而，那位女乘客明显余怒未消，并不理会空姐。

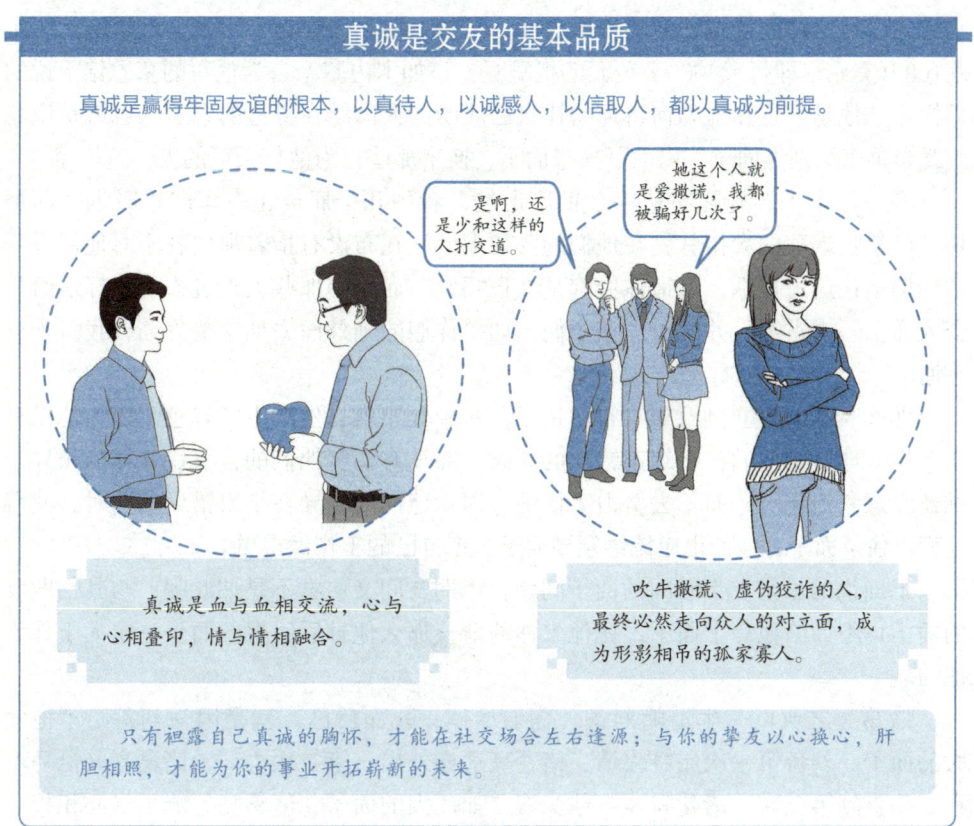

真诚是交友的基本品质

真诚是赢得牢固友谊的根本，以真待人，以诚感人，以信取人，都以真诚为前提。

真诚是血与血相交流，心与心相叠印，情与情相融合。

吹牛撒谎、虚伪狡诈的人，最终必然走向众人的对立面，成为形影相吊的孤家寡人。

只有袒露自己真诚的胸怀，才能在社交场合左右逢源；与你的挚友以心换心，肝胆相照，才能为你的事业开拓崭新的未来。

临到目的地前,那位乘客要求空姐把意见本给她送过去,空姐知道她要投诉自己。此时空姐心里虽然依然委屈,但是仍然不失职业道德,显得非常有礼貌,面带微笑地说:"小姐,请允许我再次向您表示真诚的歉意,无论你提出什么批评意见,我都将欣然接受您的批评!"那位女乘客没有开口,接过留言本,在本子上写了几行字。

等到飞机安全降落,所有的乘客陆续离开后,空姐打开意见本,却惊奇地发现,那位女乘客在本子上写下的并不是投诉信,而是一封热情洋溢的表扬信。

这位空姐用诚恳的态度向对方表示了歉意,面对这样的态度,即使是要求再苛刻的人,都会被打动。由此可见,诚恳的态度在人际交往中是多么的重要。

第二节　给朋友面子

谁都知道,许多人非常爱面子。人没有面子,就会觉得不体面,心里难受,朋友也不例外。给朋友面子其实就是给自己面子,你给了朋友面子,朋友往往就会很好地帮助你。

美国钢铁大王安德鲁·卡内基的助手查利斯·施瓦布是一个一年有100万美元薪水的人。像这样的待遇即使在美国也屈指可数。那么为什么卡内基能付给施瓦布年薪100万美元,即每天3000多美元的报酬呢?正如卡内基亲自为他写的墓志铭上说的那样:"他是一位知道如何将那些比自己聪明的人团结在身边的人。"也就是说,施瓦布善于给别人面子,以面子换来面子,换来那些肯为他打天下的人。

有一天中午,施瓦布从一个钢厂走过,看到几个雇员正在车间里吸烟,而那块"严禁吸烟"的大招牌就在他们的头顶上。施瓦布没有指着那块牌子对他们说:"你们站在这里抽烟,难道你们都是文盲吗?"而是朝那些人走过去,友好地给每个人递上一支雪茄,并说:"孩子们,如果你们能到外面去抽这些雪茄,我将十分感谢。"

那些吸烟的人立刻意识到自己错了,对施瓦布就自然产生了好感。因为他没有简单粗暴地斥责他们,在纠正错误的同时,并没有伤害他们的自尊。这样的领导,谁还愿意和他作对,而不去努力工作呢?因为他们的领导在指出错误的同时,使得他们保住了面子,他们也应该给领导面子,把自己的工作做得更好。

上面说的虽是上下级间的面子问题,但朋友间又何尝不是如此呢?与其伤朋友的面子,不如给他一个面子,让他欠你的情,那么他日后回报的面子一定大于你给他的。

诸葛亮之所以一生追随刘备,鞠躬尽瘁,死而后已,就是因为刘备给了他太大的面子。刘备第一次屈身去请,诸葛亮适逢外出。第二次去请,诸葛亮又恰巧不在。一直到第三次,诸葛亮才与他交谈。如此大的面子,诸葛亮怎能不尽心相报。

这位历史上最出名的谋士，被请出山时还是满头青丝，等去世的时候，已是白发苍苍的老者了。诸葛亮不仅全心回报了刘备，也回报了其儿子刘禅的面子，最后，终以生命相报，不得不让人感慨面子的重要。

陈文进公司不到两年就坐上了部门经理的位置，但是有个别下属不服他，有的甚至公开和他作对，钱诚就是其中的一位，而且钱诚是他从小玩到大的朋友。自从陈文做了部门经理之后，钱诚经常迟到，一周5天，他甚至有4天都迟到。

按公司规定，迟到半小时就按旷工一天算，是要扣工资的。问题是，钱诚每次迟到都在半小时之内，所以无法按公司的规定进行处罚。陈文知道自己必须采取办法制止钱诚这种行为，但又不能让矛盾加深。

陈文把钱诚叫到办公室："你最近总是来得比较迟，是不是有什么困难？"

"没有啊，堵车又不是我能控制的事情，再说我并没有违反公司的规定呀。"

"我没别的意思，你不要多心。"陈文明显感觉到了对方的敌意。

"如果经理没什么事，我就出去做事了。"

"等等，钱诚你家住在体育馆附近吧。"

"是啊。"钱诚疑惑地看着对方。

"那正好，我家也在那个方向，以后你早上在体育馆东门等我，我开车上班可以顺便带你一起来公司。"

没想到陈文说的是这事，钱诚反而有些不好意思，喃喃地说："不，不用了……你是经理，这样做不太合适。"

"没关系，我们是同事啊，帮这个忙是应该的。"

陈文的话让钱诚脸上突然觉得发烧，人家陈文虽然当了经理，还能平等地看待自己，而自己这种消极的行为，实在是不应该。事后，钱诚虽然还是谢绝了陈文的好意，但他此后再也不迟到了。

知道你的朋友做错了，直接提建议很可能会伤及他的面子，同时破坏你们的友谊，不如学学陈文的做法迂回指出缺点错误。

有时候，给朋友留面子，尊重朋友，是一种征服。

某校在评定职称时，由于高级职称的名额有限，一位年龄较大的教师未能评上。因为评选工作是保密的，这位老教师便向一位负责职称评定的副校长打听情况。副校长考虑到工作迟早要做，便和这位老教师像朋友一样地坐下来促膝交谈：

校长：哟：老×，什么风把你给吹来了。

老师：校长，我想知道这次评高讲我有希望吗？

校长：老×，先喝杯茶，抽支烟。我们慢慢聊，最近身体怎么样？

老师：身体还说得过去。

校长：老年教师可是我们学校的宝贵财富，年轻教师还要靠你们传帮带呢！

老师：作为一名老教师，我会尽力的。可这次评定职称，不知道能否……

校长：不管这次评上评不上，我们都要依靠像你这样的老年教师。你经验丰富，教学也比较得法，学生反映也挺好。我想，对于一名教师来说，这一点，比什么都重要，你说呢？

老师：是啊！

校长：这次评职称是第一次进行，历史遗留的问题较多，可僧多粥少，有些教师这次暂时还很难如愿，要等到下一次。这只是个时间问题。相信大家一定能够谅解。但不管怎样，我们会尊重并公正地评价每一位教师，尤其是你们这些辛辛苦苦工作几十年的老教师。

老教师在告辞时，心里感觉热乎乎的，他知道自己这次评上高讲的希望不大，但由于自身得到了别人的尊重，成绩受到了别人的肯定，他能接受那样的结果。用他对校长的话讲："只要能得到一个公正的评价，即使评不上我也不会有情绪的，请放心。"

本杰明·富兰克林，是一位杰出的科学家、政治家、外交家，具有高度的为人处世的技巧。他曾在年轻时当选为费城市议会的文书，他本人很喜欢这个工

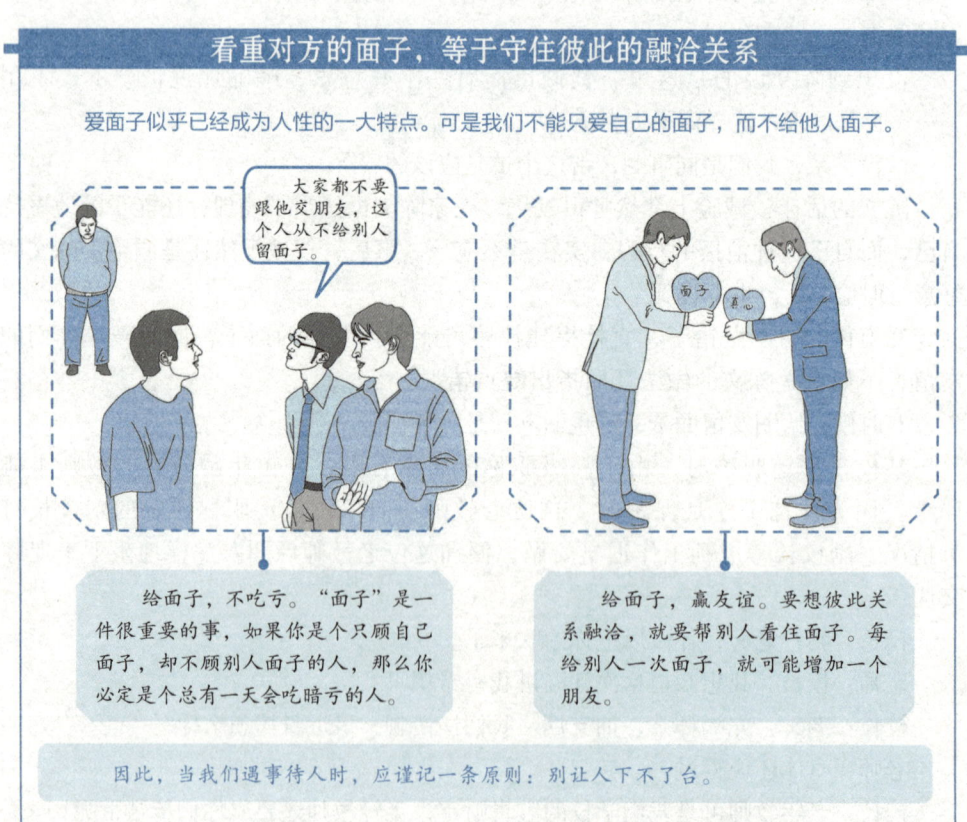

作,但是议会中有一个既有钱又很有才能的议员,很讨厌富兰克林,甚至公开责骂他。富兰克林决心使这位议员先生喜欢他,他讲述了自己所用的一种方法:

"我听说他的图书室里藏有一本非常奇特的书,我就写了一封便函,表示我极欲一读为快,请求他把那本书借给我几天,好让我仔细地阅读一遍。他马上叫人把那本书送来了。过了大约一个星期的时间,我把那本书还给他,还附上一封信,强烈地表示我的谢意。

"于是,下次当我们在议会里相遇的时候,他居然跟我打招呼了(他以前从来没有这样做过),并且极为有礼。自那以后,他随时乐意帮助我,于是我们变成了很好的朋友,一直到他去世为止。"

朋友相交,一定要会用面子。你给朋友面子,朋友自然也会回报你,如果你有什么事需要朋友帮个忙,朋友念在你曾给的面子,一定能鼎力相助。

第三节　当不幸者需要安慰时

人生的道路不平坦,逆境常多于顺境。不幸的事,人人难免。身处逆境,面对不幸,当事者不仅本人需要坚强起来,也迫切需要别人的安慰。人是社会的、合群的和有感情的高等动物。痛苦再加孤寂,痛苦倍增;痛苦有人分担,痛苦减半。"患难见真情"。安慰如"雪中送炭",能给不幸者以温暖、光明和力量。给予不幸者以安慰,是为人处世的一种美德。当朋友遭到不幸时,及时送上真诚的安慰,更是你应尽的责任。

一个夏日的傍晚,一位少妇投河自尽,被正在河中划船的老船夫救起。老船夫关切地问道:

"你年纪轻轻,为什么要寻短见呢?"

少妇哭得凄凄惨惨,说:

"我才结婚一年,丈夫就抛弃了我,活着还有什么意思呢?"

"那我问问你,你　年以前是怎么过的呢?"老船夫问道。

少妇回忆起自己一年前的美好时光,她眼前一亮:

"那时我自由自在,无忧无虑,对生活充满了希望。"

"那时你有丈夫吗?"老船夫又问。

"当然没有啦。"少妇答道。

老船夫说:"那么你不过是被命运之船送回到一年前,现在你又自由自在,无忧无虑了,你什么也没损失啊。"

少妇想了想,说:"这还是真的,我怎么会和自己开了这么大一个玩笑呢!"说完,又重新充满了希望。

人在悲伤的时候,总会认为未来的生活毫无希望,从而失去对生活的兴趣,老船夫让少妇回忆起过去的美好生活，让少妇明白生活中还是有很多让人快乐的事情，重新点燃了她对生活的希望之火。后来，他们成了一对忘年之交。

生老病死是自然规律。具体到生病，人在生病以后，情绪会很低，经常会心烦意乱，胡思乱想。你如果能够将安慰奉献给他们，他们的心情就会好转些，并对你表示感激。不过，你应当讲究一些技巧，这样才能达到安慰患者的目的。

要了解情况，有针对性地同患者进行交谈。

了解情况，是指对患者的病情、思想状况和实际情况有所了解，以及有关疾病的基本医药卫生知识。根据患者在住院期间的不同状况来进行各种安慰。

例如，有的慢性病患者由于病休时间较长，容易产生放弃希望的思想。对此，要多给他讲一些"既来之，则安之"的道理，劝慰患者在医院安心治疗，不要有头无尾，功亏一篑。有的患者可能较多地考虑经济负担等实际问题，对此则应该劝他们着眼于健康，注意调养，并建议与单位联系争取适当补助。有的患者对自己所患疾病缺乏信心，遇到这种状况，就应该多介绍一些别人得了同类的病而经过治疗得到痊愈的事例，这样就可以减少患者及其家属的忧虑。

交谈中尽量多谈一些患者感到愉快、宽心的话题和事情。安慰患者的目的在于让患者精神宽松，早日恢复健康。因此，在安慰对方时，绝不能与其谈论有可能增加忧虑和不安的消息与话题。在患者谈论病情和感觉时，应当认真聆听，以便从中发现一些对患者有利的因素。随时接过话题，对患者进行安慰。

在交谈过程中，还要特别注意语气语调的运用。病痛在身的人，十分需要他人的安慰，因而对探望者的语气语调特别敏感。所以，探望者要努力使自己在交谈时音量适当，语气委婉，感情真挚。要尽量使患者在你探望后感到心情愉快和轻松。这样，有利于减少疾病给患者带来的心理压力，有助于恢复健康。

中央电视台著名主持人赵忠祥，有一次去某精神病医院采访一位女患者。编辑的采访提纲中原先拟好的问题是："你什么时候得的精神病？"赵忠祥感到这话过于刺激患者，就改用委婉亲切的问法："您在医院住多久了？""住院前觉得怎么不好呢？"几句和蔼可亲婉转温和的问话，一下子缩短了交谈双方的距离，那位原是小学教师的患者感到来访者亲切可信，回答问题时也显得自然恳切。她说："最近，我快出院了，我非常想念我的学生们。我真想快一点治好病，能为教育孩子贡献我一份力量。"语言诚恳感人，谈得十分投机。赵忠祥马上接口讲："您很快就要出院了，真为您高兴。今天咱们这段谈话已经录了像，过几天在电视里播放，我想您的学生看到您的身体恢复了健康，也一定会很高兴的……"

有的人胸怀大志，无奈情场失意，一蹶不振，这时你应该及时地对他进行安慰并鼓励他尽快振作起来，唤醒他的自我意识。

小吴从大学一年级开始谈恋爱，三年了，不久前不知何故女朋友跟他吹了。他很伤感，一蹶不振。他父亲的一位朋友李老师知道此事后，特地赶来做疏导工作。

朋友遇到困难时我们如何适当地说话

在朋友失意的时候,对方的内心极其情绪化,很多话对他来说很容易引起反感。怎样才能在这时对他说适当的话呢?

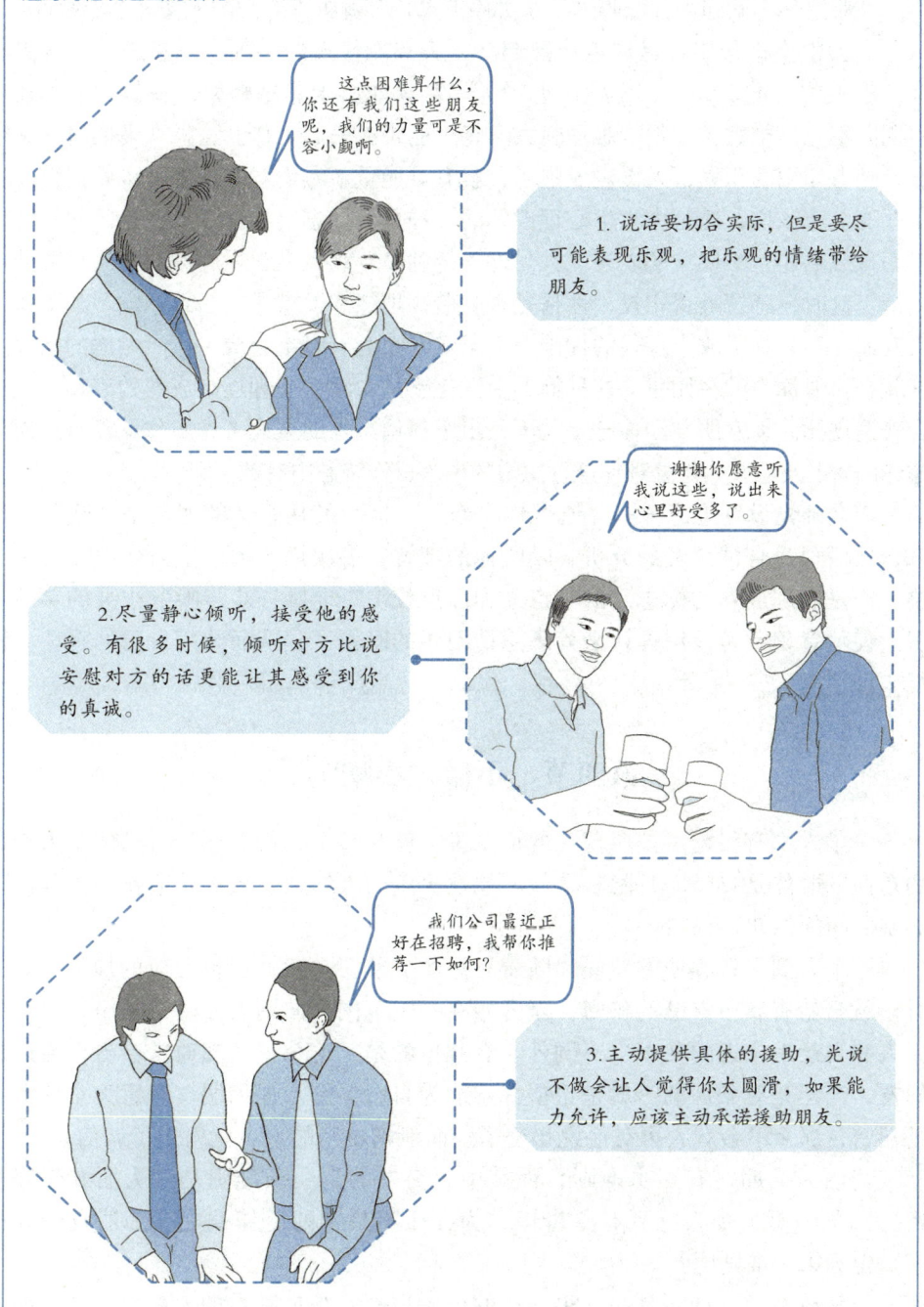

李老师一见面就说：

"我知道你失恋了，是来向你道贺的！"

小吴很生气，转身就走。李老师说：

"难道你不问问为什么吗？"小吴停下来，等着听李老师的下文。李老师说：

"大学生都希望自己快点成熟起来，失败能使人的心理、思想进一步成熟起来，这不值得道贺吗？大学生的恋爱大多数只能属于非婚姻型，一是大学生在学习期间不允许结婚，二是很难预料大家将来能否在一起工作。这种恋爱的时间又很长，随着知识的积累，人慢慢成熟了，就有可能重新考虑对方，恋爱也就悄悄发生了改变。应该说，这是大学生心理成熟的一种重要标志，你这么放任自己的感情，是心理成熟还是不成熟的表现呢？另外，越到高年级，大学生越倾向于用理智处理爱情。这时，感情是否相投，性格是否和谐，理想和追求是否一致，学习和工作是否互助互补，都会成为择偶的标准，甚至双方家庭有时也会成为重点考虑的条件，这就是择偶标准的多元化，这种标准多元化更是大学生心理逐渐成熟的表现，也符合普遍规律。你女朋友和你分手是不是出于择偶条件的全面考虑？你就没有全面考虑你的女朋友吗？如何处理你这种感情的失落，你该心中有数了吧？"

李老师先设置悬念——"道贺你失恋"，把小吴从感情的泥沼中"唤"了出来，然后通过合情合理的分析，唤醒他的理智，多次用"大学生失恋不一定是坏事，而是心理成熟的标志"的观点来加以点校。李老师一步步唤醒小吴的年龄意识，使他意识到是该用理智来处理感情问题的时候了，从而约束自己的感情，恢复心理平衡。

第四节 不做"小喇叭"

每个人都有秘密，按照现在的话来说，就是每个人都有属于自己的个人隐私的东西。既然是秘密、是隐私，就不想让更多的人知道，最多是朋友，尤其是好朋友之间的你知、我知。

一个人到了青春期的时候，随着思想的成熟，自我意识也相应的加强了。这时候就开始有属于自己的秘密，就开始在一定范围内向别人保密，甚至是自己的家人和自己最亲近的父母也不例外。有意思的是，这个秘密却通常会告诉身边的好友，当然是有条件的，就是希望好友能为自己保密。如果朋友有意无意地泄露了秘密，那么不会有人再对他说秘密了，而泄露秘密的人也就失去了诚信。

美国人交朋友有不少准则，而其中，交友的第一条准则是"为朋友保守秘密"。乍一听，令人感到有些奇怪，为什么不是别的，偏偏把"为朋友保守秘密"定为第一准则呢？

隐私权在西方社会是一种很普遍的公民权利，是最基本的人权之一。比如自己的私生活,一般不会让朋友过问;自己的财产,也不会轻易向朋友公开;除非受到邀请,不然是不会随便去朋友家中"串门儿"的;除非相约,不然是不会与朋友一起"吃一顿"的……

事实上,对隐私权的保护,我国早已有之,古代圣贤大儒均视其为人性的基本部分,对其极为尊重。从我国的建筑风格来看,无论王侯豪宅,还是百姓草堂,外皆有高墙围护,内设院落分隔,既有曲径相通,又有门窗相隔,无非是为保护自己有一个相对幽静、自由的空间,免受烦扰,放松身心,这不就是在保护隐私吗?

汉朝的张敞,是一个高官,更是一个情种。他与妻子恩爱非常,还常常为妻子画眉,一时,在京师长安传为佳话。但有伪道学先生以此为"有伤风化",竟向皇帝告了御状,想让皇帝摘下"道德败坏"的张敞的乌纱帽,以"匡正世风"。但皇帝并不听伪道学先生的胡言乱语,他不仅未责怪张敞,反而当着文武百官的面说:"画眉是夫妻间的事,我管不着。夫妻间还有比画眉更亲密的事儿,我也去管吗?"显然,这是在保护张敞夫妻的隐私。

有的人每当遇上些伤心事,譬如涉及家庭纠纷、生理缺陷和个人安危之类的个人"隐私",一个人闷在心里实在很不舒服,往往希望能在挚友面前倾诉。但在朋友面前倾吐的秘密不希望让其他人知道。

只有为朋友保守秘密、守口如瓶,才能得到朋友的信赖,友谊才能不断加深。反之,如果不把为朋友保守秘密视为一种义务与责任,反而热衷于飞短流长,不但会失去朋友,而且还会失去周围同事对你的信赖,你最终还是逃不过孤家寡人的命运。

第五节 微笑交流

微笑是一门艺术,一门学问。微笑牵涉我们的文明素养,微笑也牵涉我们的民族性格和传统文化。微笑展示仁慈宽厚的胸怀,微笑显现愉悦欢快的心态;微笑是尽释前嫌、化解恩仇的阳光雨露,微笑是社交场合的通行证。

有位学者曾这样说过:当你离开家门时,注意,先收紧下颚,然后抬头挺胸,用力做个深呼吸。出门走在路上,不要吝啬你的笑容,如果遇到熟人,更别忘了保持微笑。与别人握手的时候,要诚心诚意,不要让对方造成误解,也不要在意对方是你的竞争对手。

因为微笑具有神奇的魔力,是最好的魔法师。

当你走进商店,店里的服务员对你微笑,你会感到愉快,觉得自己受到了尊重;走进单位时,对遇到的每一个人微笑,大家都会感到心情舒畅,会从彼此的微笑中得到这样的信息——"他是一个和蔼的人","她是一个值得信赖的人"。

《如何消除内心的恐惧》一书的作者波拿巴·傲巴斯多丽在书里写道："你向对方微笑，对方也会报以微笑，他用微笑告诉你，你让他体会到了幸福感。由于你对他微笑，使他觉得自己是一个受别人欢迎的人，所以他会向你报以微笑，使他感到自己的价值和地位。"

人际交往中，情绪是一个影响交流效果的重要因素。积极的情绪可以缓解紧张，而消极的情绪只能制造紧张。任何人都不希望在人际交往中制造出紧张的气氛，都希望用最好的气氛协调关系，而微笑就是最好的表达方法。

微笑虽然无声，但却可以表达出高兴、赞同、尊敬、同情、感谢等信息。所以微笑是阳光，可以驱散阴霾；微笑是春风，可以驱散寒冷。

不过有一点你必须做到，那就是你的微笑一定要发自内心。

我们说过称赞别人必须出自真诚。同样地，微笑也必须发自内心。不完全或是令人感觉特意修饰的微笑，是无用且虚伪的。如果你想微笑就大大方方地笑吧！甚至张开大嘴露出白齿的大笑都能讨人欢心。

有些人会认为自己原本就很内向，从来不会这样开怀地笑过，所以现在要面露微笑恐怕也很困难。可是各位，不必担心，要养成微笑的习惯，只需慢慢练习，时常表现自己的情感就可以了。你练习的机会愈多，愈会感到心里充满自由和轻松。而每天都感觉自由、轻松的人，就算他以前是整日愁眉不展的人，现在也会面露微笑。我们认识许多有此经验的人，在这里我们就为你举例：

任某某任职于某保险公司，负责对外招揽客户，他已经连续好几年业绩居全公司之冠，他曾经这样说过：

"你不妨面对镜子照照自己的脸，当你失意的时候，镜中就会出现一副落寞无神的面孔；当你得意的时候，镜中就会出现一副神采飞扬的面孔，可见面相和手相一样是会改变的。如果有人不在意自己面相的变化，而想赚顾客的钱，那么这个人必然是商场的败将。当我们和别人交往时，应该真心流露出亲切、欢喜、笑容可掬的脸孔。为此我们必须经常面对镜子，研究自己的面相。"

所以，你不妨每天早上在洗手间里反复练习，想想从前快乐的往事，或者想想令你愉快的事，你自然会在镜中看到自己快乐的笑脸。

微笑可以带来奇迹。

因此，当你要称赞别人时，请面带笑容。因为，这样会使你的称赞产生更多的效果。

当你委托别人做事时，也请你微笑。因为，别人会因此而认为非照你所委托的去做不可。

当你接受别人的委托，也请你微笑。因为，对方会因此而对你更加感激。

即使是你在说"无聊的话"时，也请你面带微笑。因为这样会让你的"无聊"降低到最低程度。

所有这些你都做到了，朋友自然会找上门来，没有人会拒绝一个能给自己带来好心情的朋友。就连小偷也会因为你的微笑放弃偷盗而与你成为朋友。有这样一个故事：

独自在家的家庭主妇小乔正看一档法制节目，说的是关于注意门户、小心打劫的新闻。这时候，门铃响了，以为是婆婆回来的小乔问都没问一声，就打开了门，就在小乔打开门的同时，她看见一个持刀的男人正恶狠狠地盯着自己，回想刚才的

微笑的智慧

微笑是发自内心的、真实感情的自然流露。微笑同生活中不能缺少的阳光、空气、水分一样重要。

微笑有助于沟通交流。笑着同别人谈话，能使每一句话显得轻松，即使是那些难办的事情或是复杂的问题都可以在微笑中变得轻松起来。

微笑更显真诚。致歉时的微笑，不掩饰自己的错误，真实地表达着自己的情感，显示着最朴实的真诚。

真是不好意思，我来晚了。

微笑代表良好的修养。有时候，为了交流的需要，尽管我们没有微笑的心情，也必须调整自己，笑脸对人。

新闻,她顿时明白自己遇到什么情况了。怎么办,尖叫吗?

聪明的小乔灵机一动,微笑着说:"先生,你真会开玩笑!你是推销菜刀的吧?这菜刀的样式我喜欢,我要一把。"小乔边说还边作势让男人进屋,又接着说:"你很像我过去的一位邻居,看到你真的很高兴。你喝咖啡,还是喝茶?"

没想到会遇到这样的人,本来脸带杀气的歹徒慢慢地变得腼腆起来。他有点结巴地说:"谢……谢,谢谢!"

最后,小乔真的买下了那把明晃晃的菜刀。拿钱的时候歹徒迟疑了一下才收下,在转身离去的时候,他对小乔说:"小姐,您改变了我的一生!我想跟您成为朋友。"

总之,人应该保持平稳的精神状态,也就是要有开朗且坦诚的心境。因为只有微笑才能保持正常的精神状态,而只有精神状态正常的人才具有无穷的魅力和创造能力,才能实现夙愿。

所以,从现在开始,收紧你的下颚,抬头挺胸,以微笑面对整个世界,你得到的将会是同样的友好的回应。

第六节　舍得道歉

人非圣贤,孰能无过?但是有的人却认为承认错误是暴露了自己的缺点和错误,尤其在别人面前,是一件有失身份的事情,所以即使犯了错也不肯承认,遮遮掩掩,甚至当别人当面指出或提出的时候都不肯承认,更不要说道歉了。

然而,你要清楚:与其等别人提出批评、指责,还不如主动认错、道歉,这样更易于获得谅解、宽恕。凡事坚信自己一贯正确,发生争端总是武断地指责对方大错特错,从不认错、道歉的人,根本交不到朋友,或易交难处,永远缺乏知心朋友。

如果我们由于自身的孤傲和不安全感宁可让友情出现裂痕也不愿意说"我错了"这句话,那实在是愚蠢之至。诺曼·皮勒说过:"真正的道歉绝不只是简单地认错,而是对你说过或做过的有损友好关系的言行表示真诚的歉意,并真心实意地希望友谊得以修复。"

1755年,在竞选弗吉尼亚州议员的辩论中,23岁的上校乔治·华盛顿说了一些侮辱脾气暴躁的小个子对手潘恩的话,对方当即用桃木拐杖把他打倒在地。站在一旁的士兵立刻冲上去,想为年轻的上校报仇,华盛顿本人却从地上爬起来阻止了他们,说他会处理好此事。

第二天,他写信给潘恩,邀请他在一家酒馆同自己会面。潘恩到达后,本以为华盛顿会要求他先表示歉意,然后与他进行决斗,谁料,华盛顿却先对他表示了歉意,并主动伸出和解之手。

道歉并非示弱。一个人要承认自己的错误是需要勇气的。人际关系是生活中最难处理的事情，人都免不了有出错的时候。一旦错了，就得道歉，只有如此才能避免更大的损失。

有些人明知道是自己的不对，可是碍于所谓的身份或者面子一类的问题，不肯主动认错，觉得认错是没面子的事情，所以冲突也就无法解决。其实一个人能主动承认错误，就是一种勇气，这不仅有助于解决相关的矛盾，也能取得一定的满足感。

说"对不起"的时候，眼睛一定要直视对方，只有这样才能传递出你的心意。如果一边做事一边道歉，或者用回避的方式，都表现不出你的诚意，无法让对方感觉到你是真的认错。没有辩解的道歉才能让对方感觉你的心意，达到道歉的目的。

小雯借朋友的衣服穿，却因为疏忽不小心把衣服剐破了，小雯觉得很抱歉，就在还衣服的时候，很诚恳地对朋友说："对不起，我不小心弄破了你的衣服，这是一个裁缝的电话，我已经联络过他了，他说可以补得像没坏的一样。"

这种正面的直接道歉是最好，也是最佳的方式。假如小雯在还衣服的时候只是说："衣服破了，我赔钱给你吧。"对方肯定会婉言谢绝，但心里绝对会不舒服，觉得小雯的"道歉"只是形式上的，不够真诚，她们之间自然也就有了芥蒂。

小伟在朋友的生日宴会上喝多了，将女主人最喜欢的一个花瓶失手打碎了，以小伟的经济实力赔不起这个花瓶。

为了表示自己的歉意，小伟挑选了一张精致的贺卡，写上自己的歉意：我知道我的行为给你们造成了困扰，也知道自己的行为是无法原谅的，请相信我绝对不是故意的，如果当时我没有喝醉，也就不会发生那种事情了，所以请接受我最真挚的歉意。

小伟将卡片亲手交到朋友手里，并带了一瓶朋友最喜欢的酒，不是为了表示赔偿那个花瓶，而是为了表示真诚的歉意。

小伟的这种道歉方式很艺术，你也可以不直接说出"对不起"，而是像小伟这样用一张卡片或一份小礼物等，都可以表示歉意。最重要的是不要回避，一开始就要先承认自己的错误。而且道歉一定要有诚意。

真心实意的认错、道歉就不必强调客观原因、做过多的辩解。就是确有非解释不可的客观原因，也必须在诚恳地道歉之后再略为解释，而不宜一开口就辩解不休。否则，你对自己的错误实际上是抱着抽象否定、具体肯定的态度，这种道歉，不但不利于弥合双方思想感情上的裂痕，反而会扩大裂痕、加深隔阂。道歉需要诚意。双方成见很深，当对方正处在火头上，好话歹话都听不进时，最好先通过第三者转致歉意，待对方火气平息之后，再当面赔礼、道歉。有时当务之急不是先分清谁是谁非，而是要求双方求同存异去对付共同面临的困难或"敌手"。如双方僵持不下，势必两败俱伤。如一方先主动表示歉意，就有可能打破僵局，化紧张为和谐，乃至化"敌"为友。

要记住，真正的道歉不只是认错，同时也意味着承认自己的行为给对方造成的困扰，而你对彼此之间的关系很重视，希望道歉可以化解冲突，重归于好。诚恳的歉意不仅能弥补彼此之间的关系，还可以增进彼此的感情。所以，如果你犯了错，就大方地表示歉意，诚恳地说一句"对不起"。

一定要改变观点，不要认为道歉是没有面子的事情，当你做错的时候，请拿出你的勇气和诚意，向对方道歉，要知道道歉是缓解冲突的"润滑剂"。

学会道歉

当你在他人面前言行失误时，心里不要紧张和恐慌，这时关键是要学会道歉。

1.先恭维，再道歉

犯了类似无心之过时，先用甜言蜜语恭维对方一番，再真诚地分析你的失误，表示你的歉意。

2.坦率道歉

要通过道歉把问题讲清楚，只有这样才能促成和对方的充分沟通，解决自己言行失误带来的感情危机。

在交际中，当你遇到和他人之间的不愉快，尤其是因为自身原因引起的不愉快时，千万不要刻意回避。鼓起勇气，勇敢道歉，才是明智之举。

第三章

职场中的交谈艺术

第一节 对领导有意见婉转说

面对来自上司的压力，总有一些话如鲠在喉，不吐不快。此时此刻，你将怎么做？不吐不快，绝不意味着要一吐为快，跟上司提意见还是要婉转说。因为他有权力随时开除你。

提意见兼并上司的立场

李先生是一家比较知名外企的总经理助理。他的顶头上司王总搞学术和技术出身，由于工作重点长期落在研究开发领域，因此对企业管理一知半解。出于对技术的钟情与依恋，王总直接插手技术部门的事，把管理的层级体系搞得乱七八糟，其他部门虽然表面上敢怒不敢言，但私下里无不怨声载道，让李先生与其他部门沟通协调倍感吃力。

经过思考，李先生决定采用兼并策略，向王总建议。

他对王总说，真正意义上的领导权威包含着技术权威和管理权威两个层面，王总的技术权威牢固树立，而管理权威则有些薄弱，亟待加强。王总听后，若有所思。

李先生巧妙地兼并了王总的立场，结果获得了成功。后来，王总果然越来越多地把时间用在人事、营销、财务的管理上，企业的不稳定因素得到控制，公司运营进入了高速发展状态，李先生的各项工作也顺风顺水，渐入佳境。

从李先生的经历，我们可以得到很好的启发：兼并上司的立场，的确不失为向上司提意见的上等策略。首先，它没有排斥上司的观点，而是站在上司的立场上，最终是为了维护上司的权威，出发点是善意良性的；其次，这种策略是一种温和的方式，能够充分照顾上司的自尊，易于被上司接受，效率较高；另外，它需要很强的综合能力，需要很高的社会修养。能够针对不同情况，不断提出有效率的兼并上司立场的意见，并非轻而易举。长期这样做下去，久而久之，自己个人的领导能力亦会迎风而长，甚至来一个飞速提升。

注意语气适当，措辞委婉

因为说得过火或过于渲染，涉及领导的尊严与权威，尺度掌握不准，搞不好就会有嘲讽、犯上之嫌，被领导误以为心怀不满，另有所指。所以下属一定要注意使自己的口气比较和缓，显示自己的诚恳和尊敬之情。特别是要使领导明确地认识到，你的所作所为都是出于做好工作的动机，是为领导设身处地地着想，而不是针对领导者本人有何不恭的看法。

"要想成功与上司交手，了解他的工作目标和其中的苦衷是极为重要的。"赖斯顿说，"假如你能把自己看做是上司的搭档，设身处地替他着想，那么，他也会自然而然地帮你的忙，实现你的理想。"

卡耐基·梅伦大学的商学教授、《金领工人》一书的作者罗伯特·凯利，曾引述加利福尼亚某电影公司的一位程序设计员和他上司进行争辩的故事。当时，为了某个软件的价值问题，双方争执得僵持不下。凯利说："我就建议他们互换一下角色，以对方的立场再进行争辩。5分钟以后，他们便发现自己的行为有多么可笑，两个人都不禁大笑起来，接着，很快找出了解决的办法。"

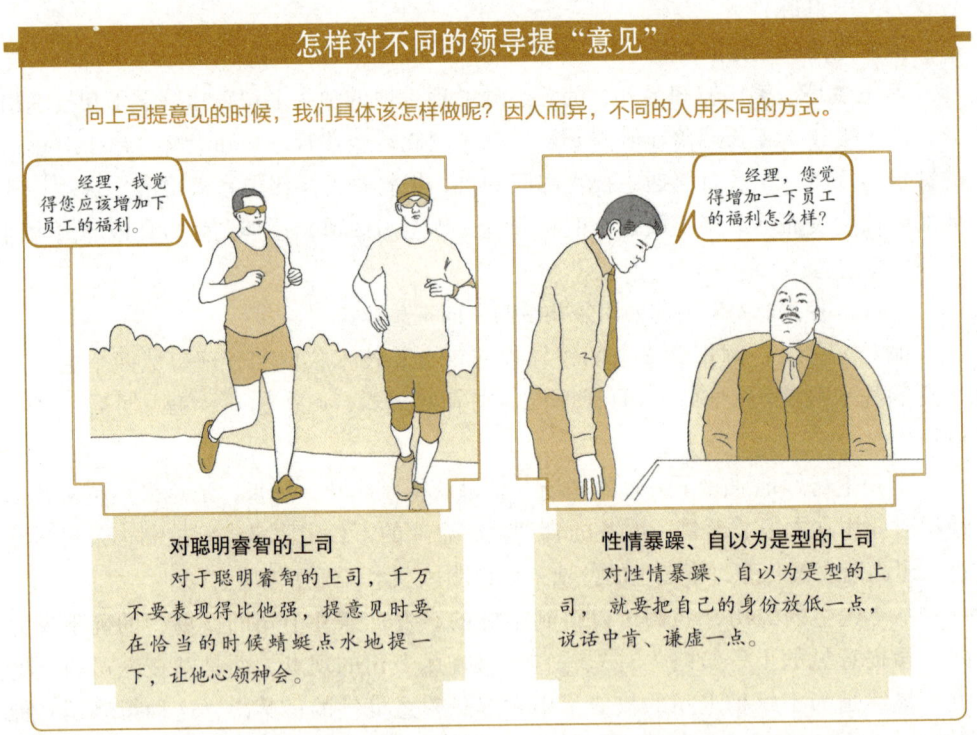

怎样对不同的领导提"意见"

向上司提意见的时候，我们具体该怎样做呢？因人而异，不同的人用不同的方式。

对聪明睿智的上司
对于聪明睿智的上司，千万不要表现得比他强，提意见时要在恰当的时候蜻蜓点水地提一下，让他心领神会。

性情暴躁、自以为是型的上司
对性情暴躁、自以为是型的上司，就要把自己的身份放低一点，说话中肯、谦虚一点。

第二节 嘴上要凸显上司身份

既然你的角色是为人职责，那么就该摆正自己的位置，在自己的职位上为公司出力，而且还要做到不"越位"。上司就是上司，平时说话应该注意突出他的身份。

"越位"的表现有多种：

第一，决策的越位。在有的企业中，职员可以参与决策，这时就应该注意，谁做什么样的决策，是要有限制的。有些决策职员可以参与意见，有些决策，职员还是不插言为妙。

第二，表态的越位。表态，是表明人们对某件事的基本态度。表态要同一定的身份密切相关。超越了自己的身份，胡乱地表态，是不负责任的表现，也是无效的。对带有实质性问题的表态，应该由领导或领导授权才行。而有的人作为下属，却没有做到这一点。上级领导没有表态也没有授权，他却抢先表明态度，造成喧宾夺主之势，陷领导于被动。

第三，干工作的越位。哪些工作由你干，哪些工作由他干，这里面有时确有几分奥妙。有的人不明白这一点，有些工作，本来由领导做更合适，他却抢先去做，从而造成干工作越位。

第四，答复问题的越位。这与表态的越位有些相同之处。有些问题的答复，往往需要有相应的权威，作为职员、下属，明明没有这种权威，却要抢先答复，会给领导造成工作的干扰，也是不明智之举。

第五，某些场合的越位。有些场合，如与客人应酬、参加宴会，也应当适当突出领导。有的人作为下属，张罗得过于积极，比如同客人如果认识，便抢先上前打招呼，不管领导在不在场。这样喧宾夺主，显示领导不够，十分不好。

在工作中，"越位"对上下级关系有很大影响。下属的热情过高，表现过于积极，会导致领导偏离帅位，大权旁落，无法实施领导的职责。因此，领导往往把这视为对自己权力的严重侵犯。

下属如果经常这样，领导会视之为"危险角色"，不得不警惕你，甚至来制约你，这时，即使你有意同领导配合，领导也不愿与你配合了。

阿明年轻干练、活泼开朗，入行没几年，职位"噌噌"地往上升，很快成为单位里的主力干将。几天前，新老板走马上任，下车伊始，就把阿明叫了过去："阿明，你经验丰富，能力又强，这里有个新项目，你就多费心盯一盯吧！"

受到新老板的重用，阿明欢欣鼓舞。恰好这天要去上海某周边城市谈判，阿明一合计，一行好几个人，坐公交车不方便，人也受累，会影响谈判效果；打车吧，一辆坐不下，两辆费用又太高，还是包一辆车好，经济又实惠。

于是，阿明来到老板跟前。"老板，您看，我们今天要出去，"阿明把几种方案的利弊分析了一番，接着说："所以呢，我决定包一辆车去！"汇报完毕，阿明发现老板的脸不知道什么时候黑了下来。他生硬地说："是吗？可是我认为这个方案不太好，你们还是买票坐长途车去吧！"阿明愣住了，他万万没想到，一个如此合情合理的建议竟然被打了"回票"。

"没道理呀！傻瓜都能看出来我的方案是最佳的。"阿明对此大感不解。

专家提示：阿明凡事多向老板汇报的意识是很可贵的，错就错在措辞不当。注意，阿明说的是："我决定包一辆车！"在老板面前，说"我决定如何如何"是最犯忌讳的。

尊卑有序是一种纪律的象征，维护领导权威形象是属下分内的事。

在许多时候，职员有同领导出访客户的机会。在这个时候，领导和职员的配合程度直接关系到公司的形象，做好陪同是对职员的基本的要求。比如有重要的契约或接受订货时，必须与领导同行，这时一般有两种情况要注意：

第一种是客户和领导有直接的关系。这时作为下属应该站在辅助的地位，和客户初次见面时应该亲切地寒暄，并且做适当的自我介绍，第一次就要给对方留下一个好印象。在整个谈话过程中，要不卑不亢，给人以良好的感觉。

在客户和领导谈话时，陪同的职员应该细心地倾听，如果对方有问题问你，你要直接或间接地征询领导的意见，然后给对方以满意的回答。谈判过程中，如果领导和客户在某个方面争论得比较激烈，你就要适时地从中打圆场。在商谈结束时，无论成交还是不成交，都不要被当时的气氛所影响，应尽宾主之仪，亲切地道别，不要让对方有这样的评价："这个公司上下怎么一点礼貌都不懂。"或是："这个公司经理还不错，可用人不太精明，怎么选了这么不懂礼仪的陪同。"

还有一种情况是请领导访问自己所熟悉的客户。这时首要注意的是前面已讲过的不要"越位"，应该将自己立于领导和客户之间的中间人立场，使领导有多讲话的机会。

在领导与客户商谈时，应该注意领导的谈判技巧和应对方式，并且要充分掌握气氛。气氛过"热"时，适当地"降温"，如"来，大家先喝杯茶"；气氛过"冷"时，不时地"加温"，可以说"这茶不错，你们认为呢？"这样适度地转移话题，解除尴尬，才不失为中间人的身份。

当然这时也不能一味骑墙，毕竟商谈是为了本公司的利益。因此，你要不太显露地为本公司出力。比如，当领导谈判时进一步向对方提问时，你可以若无其事地推动；当你认为领导谈判的内容不当或有必要进行更正时，应该很有默契地助领导一臂之力。但是，在这种情况下，因为你同客户也是旧相识，因此，不要过多地同领导联系，以求占得上风。因为这样会使对方提高警觉，产生戒备心理，对双方的相互沟通无益。况且，有领导在场，你也大可不必过多地参与商谈的主要内容，领导心中自然是有数的。

第三节　和上司有分寸地开玩笑

高蝶上学的时候就非常聪明，老师说她的脑子灵活，言辞犀利，还有丰富的幽默细胞。无论上学还是工作，她都是大家的一颗"开心果"。尽管如此，她在一家公司已经工作3年了，仍然只是一名仓库管理员。到底是什么原因使她在工作上没有转变，她自己也说不好。

那天，高蝶向研究心理学的表哥提到了这个问题，表哥问她："你平时有没有在言辞上对上司不敬啊？"

高蝶一愣，想她平时除了爱开玩笑，没有其他的毛病了，难道是她向上司开玩笑引起的？于是，高蝶想到了最近的几个玩笑。

那天，上司穿了身新衣服来上班，灰西装、灰衬衫、灰裤子、灰领带。同事都没有说话，只有高蝶高声地喊着："哎呀，穿新衣服了？"上司听了咧嘴一笑，她接着捂着嘴笑："哈哈，像只灰耗子！"

还有周五的时候，来了个客户找上司签字。当上司签完字后，对方连连称赞上司的字好，说："您的签名可真气派！"高蝶正好走进办公室，听到称赞声后，一阵坏笑："能不气派吗？我们上司可暗地里练了3个月呢！"当时她注意到上司和客户的表情都很尴尬，不过她也没有多想。

和上司开玩笑要有分寸

同事或朋友、同学之间，也许一笑了之，但如果冒犯了上司的尊严，其后果是严重的。因此，和上司开玩笑时要注意以下两点：

1. 学会挖掘上司的优点。只有你的眼睛里都是对方优点的时候，你的玩笑开起来才会动听一些。

2. 和上司单独相处时，可以用玩笑的方式去赞美对方的衣饰细节的变化，这样能迅速拉近双方间的距离。

合适的玩笑，不仅能在紧急时刻迅速打破和上司之间的僵局，而且还能赢得上司的好感。

现在仔细一想，好像问题都出在这里。有时为了赶时间，高蝶很早就去公司上班了，所以加班时会满身疲惫，难免出点差错，上司不仅不体谅，还不分青红皂白地说她偷懒，怎么解释都不行。当时觉得很委屈，目前看来，好像真正的原因很明了了！

玩笑开得好不仅可以增进人际关系，还能使你整个人充满魅力。但如果玩笑有人身攻击的成分，就是黑色玩笑了。很多人喜欢和别人开玩笑，却不知道玩笑也是要有分寸的，其实，黑色玩笑体现一个人性的弱点：面对一个人或一件事时，会不自觉地挑刺，这是一种思维习惯。

开玩笑没有分寸的人一定是热衷于挑刺的人，这类人往往被视为"刻薄"，容易引起他人反感。

第四节　遭遇批评后如何巧妙辩驳

被上级批评或指责，虽然应该诚恳而虚心地听取，但并非说你一定要忍气吞声，不管他说得对不对都要一股脑儿接受，必要时应该勇于辩护，并且要做积极的辩护。

晋文公一次用餐时，厨官让人献上烤肉，肉上却缠着头发。文公叫来厨官，大声责骂他说："你存心想让我噎死吗？为什么用头发缠着烤肉？"

厨官叩着响头，拜了两拜，装着认罪，说："小臣有死罪三条：我找来细磨刀石磨刀，刀磨得像宝刀那样锋利，切肉肉就断了，可是粘在肉上的头发却没切断，这是小臣的一条罪状；拿木棍穿上肉块却没有发现头发，这是小臣的第二条罪状；捧着炽热的炉子，炭火都烧得通红，烤肉烘熟了，可是头发竟没烧焦，这是小臣的第三条罪状。君王的厅堂里莫非有怀恨小臣的侍臣吗？"

文公说："你讲得有道理。"就叫来厅堂外的侍臣责问，果然有人想诬陷厨官，文公就将此人杀了。

这明显是个冤案，如果正面辩解，有可能使晋文公火上浇油，怒气更盛而获死罪。因此，厨官采取正意反说的方式为自己辩解。他装着认罪的态度供认了3条罪状，其实是为了澄清事实：切肉的刀如此锋利，肉切碎了而头发居然还绕在上面；肉放在火上烤，肉烤焦了而毛发犹存，这明显不合乎事理。至此，厨官已证明自己无罪，同时提醒晋文公，是否有人陷害自己？厨官的辩解顺其意，却能揭其诬，可谓灵活机巧。

有些人面临麻烦的事常用辩护来逃避责任，这就走到另一个极端了。这种推卸责任的辩护，偶一为之，无伤大雅，尚可原谅，倘一犯再犯，肯定会失去别人对你的信任。

有时候，做错了事责任不全在下级，大部分确是由于上级的缘故，这时应大胆辩解。不辩解，只能使上级对你的印象更加恶化，而丝毫不会考虑到也有自己的责任。

所以，工作中，同事之间，尤其是下级与上级之间，由于地位不同而发生意见相左的情况时，不要害怕会被认为是顶撞，应积极地说明理由，沉默不语只能使问题更加复杂而难以化解。

辩解的困难点在于双方都意气用事，头脑失去了冷静。所以过于紧张和自责，反而会使场面更僵。因此越到这类棘手的对立状态时，更应该积极辩明，明确责任。其要点大概有以下几点：

千万不要说"虽然那样……但是……"这种道歉的话，让人听起来觉得你好像是在强词夺理，无理争三分。道歉时，只要说"对不起"，不必再加上"但是……"，如果面对的是性格坦率的上级，或许就可以化解彼此的距离。当然该说明的时候仍要有勇气据理力争，好让上级了解自己的立场。

第五节　怎样成功说服老板为自己加薪

谋取是为了求生，每个人都希望生活得更好，薪水更多，职位更高，工作环境更宽松。大多数人都不会只满足于现状，常常会向上司提出这样那样的要求。我们向上司提出要求时，一是不要提过高或不切实际的要求，二是当我们向上司提要求时，言辞一定要慎重，应该少用这样的话："我应该得到那个职位"，"我要到有空调的房间办公"，"我提的要求，请一定要帮我办"等等，你如果在上司面前这样说话，给人的感觉你不是在提要求，而是在下命令，威胁你的上司要按照你的意思办，这样做的结果往往会事与愿违。

向上司提出要求时，你应当语气平和，面带微笑地陈述你的主要理由。然后再委婉地提出你的要求，尽量多用征询的话。

给上司提要求一般都绕不开加薪的话题。

事业顺利就意味着加薪和升职，然而这两个内容都比较麻烦，也是棘手的问题。许多人并非表现不好或没有工作能力，他们只是不善于表现自己。如今的企业老板因公务缠身，不可能每时每刻都留意你的表现，作为员工，有必要主动、适时地表现自己，只有这样才能达到自己的预期目标。当然，每个人的表达方式都会不同，关键的一点是有技巧地表现自己。

加薪是岳华渴望已久的事情。论起资历，他在厂里一干就是4年，自认工作态度还行，也没有犯过什么过错，可是老板根本没有给他加薪的意思。岳华觉得自身价值得不到体现，心里很烦闷，他也曾多次在工作总结会上暗示过老板，但老板对此也没有丝毫反应。若明确地向老板提出这个要求，岳华又觉得不好意思，怕遭到拒绝，但是不说的话又不甘心，最后他还是鼓起勇气，委婉地向老板说明了自己的意思。出乎意料的是，老板在观察了他几周后果然为岳华加了薪，事情就这么简单。

岳华认为，只要是属于自己的正当权益，就应该努力去争取。

当然向老板提出加薪，也要讲究技巧。岳华之所以不敢贸然提出加薪，也与他的朋友李浩要求老板加薪的失败有关。

李浩认为他的这个经历比较惨痛。李浩曾经在一家公司工作快3年了，对自己的工作熟悉到不能再熟悉的程度，而老板一直没有给李浩加薪的意思。年轻的李浩一时冲动，就以熟悉业务为谈判条件向老板提出调动职位，其实是想迫使老板为他加薪。李浩后来对岳华讲，自己当时的举动是非常错误的。结果是薪水没有加成还弄了个不欢而散。此后，李浩与老板的关系大不如前，最后不得不离开那家公司。

如以商量、倾诉的语气向老板陈述自己的意图，老板会非常注意聆听，并且询问你工作上遇到的问题，最终可能会为你加了薪水。

其实，老板和员工的关系是平等的。只要你认为加薪是合理的，你就有权提出。但你必须注意说话的方式，最好是巧妙地、有技巧地把自己的意图传达给老板，就算不被老板接纳，也不至于让双方陷入尴尬的局面，以致影响日后的相处。

身在职场，我们都对加薪怀有浓厚的兴趣。那么怎样要求加薪且能如愿呢？

在要求加薪之前往往要准备很长一段时间。根据一位成功的管理者总结，为加薪做准备需要实施5个重要步骤。

1.成为你所从事领域的权威

首先，了解你的工作，并保持对它的了解，不断进步。假如赶不上你所从事职业的发展，就不会有提升的机会。但同时，不要自大地认为自己是不可或缺的，因为根本没有这种人。

2.同你的老板建立真诚的工作关系

任何经理、总监都不会给他不喜欢的人加薪或晋级。一般来说，老板都喜欢衷心赞美他并让他感到自己价值的那些人。精明的雇员都盛赞老板并向老板表现这种赞赏。但赞赏不等于阿谀奉承。称赞一个人最好的方法是称赞他的业绩而不是赞美他本人。

3.表现自己

那种认为只要工作做得好，就自然会得到提升和加薪的想法是错误的。你必须让自己受到注意。

通常情况是，你的老板认识不到你是多么优秀，让他了解这一点——不要引起反感，不要显出骄横——在办公室里、工作餐上、办公聚会或其他社交场合。

千方百计让你的名字在上司的脑海中扎根。最好的广告正是这样做的。正像一位总经理说的："广告最重要的就是重复。不断地重复才可树立形象。我们不介意人们是否准确记住我们对某种产品所做的介绍。我们只希望大家能记住产品的名称，那就足够了。"

4.让上级时刻掌握你的动态

不要让他们经常来查你,要让他们不必常来检查就可了解你的任务正在按计划正常执行。这就说明你是可靠的,可以完成工作。

5.振作精神准备加薪谈判

不要迟疑或是低估自己。我们把价值看作成本。你对公司的价值和你所拿工资有直接联系。告诉你的老板给你加薪后他会得到哪些好处。他将得到的最大好处就是能得到你宝贵的帮助。但发出最后通牒之前,一定要找到其他工作。

此外要注意的是,想要得到加薪,还必须选择适当的时机。一般要避开周一和周五。周一会有很多使工作重新入轨的具体事情。等到了周五,人们又会以最快的速度清理办公桌,准备去度周末。让老板加薪最好的时机是你刚刚出色地完成一项非常困难的任务,老板也肯定了你的工作成绩以后。

向上司提加薪要注意一些问题

第六节　拒绝老板有理由

任何事情有其结果，必有其起因。当老板的意见不正确，需要你拒绝的时候，一定要提出你拒绝的理由。

平白无故地拒绝老板的意见或者老板要你做的事情，如果不说出理由，是极端不礼貌的行为。

在拒绝老板的时候，要注意以下几点：

1.态度要明确

当老板有了指示或者命令的时候，如果你持不赞同的观点，不要明确地表示拒绝，不要直接地说出"行"或者"不行"，要持有一种保留的态度。持有保留的态度可以避免引起老板的不快。

你的最终目的还是要拒绝老板的不当指令。但是这样做绝对不是说对老板的任何指示或者命令都要持有一种既非"肯定"，也非"否定"的暧昧态度。相反的，为达到拒绝的目的，最重要的一点是，事先就要明确地决定自己的态度，之所以这样做是为了拒绝老板，不要改变自己的初衷。

有些问题十分重要而又复杂，无法当场决定采取"肯定"还是"否定"的立场，这时候为了有所保留，不招致老板的不快，就要说：

"我想这个问题很重要，请让我多考虑一些时候。"

"现在一时说不出所以然来，无法马上答复你，请给我两天的时间。"

此时，表现得模棱两可，则是必要的，关键是争取缓冲的时间，以便仔细考虑。

鲁迅曾说过："犹豫要走哪一条路的时候，应该好好地定下心来，花费足够的时间以选择要走的路。"

这可看作有关决断的有益训示。

2.善于辩解和找借口

作为下属，既要懂得拒绝老板，还要知道该如何让老板通过你的拒绝而欣赏你。

要想做到这一点，就要善于"辩解"和"找借口"。

"辩解"是"辩明理由让对方了解"以推动工作，而不是推诿责任，它是对自己言行负责的人应有的正确态度。在工作当中，有的人会因为认为"辩解是有失面子的事情"，而保持沉默，这样做的最终结果是失去自己的主见，也是对自己的工作不负责任的表现。

当然，如果为了保护自己而拼命地辩解，也是不好的。正确的做法应该是，主动说明原因，提供情报，说明不能够做的理由，绝不仅仅是只要保护自己，这才是最好的方法。

一般来说，下属找借口时说话都是慢吞吞或犹豫不决的，同时语调也会变得低沉，但如果是堂堂正正地说明理由时，态度便会热忱而明快，语调也会开朗爽快。

向老板说明拒绝的理由时，要口齿清晰，态度明朗，如果在讲话的时候语调低沉、态度畏畏缩缩，老板就会认为你是在找借口。

3.要在拒绝当中成长

作为公司的下属，常常会遇到这样的事情。当老板在某些场合听到一些工作上的新方法后，马上就会在自己的部门实施，于是就督促下属说："我想在我们的部门，用这种新方法来进行工作。"如果本部门适合这样的工作方法还好，但如果本部门的确不适合运用这种新的工作方法，这样做无疑是增加工作难度，这个时候，有的下属就会在私下里发牢骚。认为老板这样做是强人所难，也不管行不行得通，就将原来的工作秩序打乱。

发牢骚终归是发牢骚，不能解决任何实际的问题。这时，要想让老板打消这个念头，除非有人勇于拒绝上级或老板的新花样，让他说出"是这样的吗？"如果不是这样的话，就只有接受领导的这个新花样。

在实际工作当中，照正常情况，一个公司如果想采用一种新的工作方法，应该由组长一类的下层负责人根据实际情况决定是否采用，而不应由老板来考虑。可是如果一旦老板心中有了某种打算，要想消除将是十分困难的。

那些绞尽脑汁想要设法说服老板的人，可以从中培养自己的某些能力。

当你认为老板的计划不可实施而加以拒绝的时候，在拒绝的过程中，你或许能发现老板计划好的一面，而从中认识到从前没有发觉的老板的另一面，这对于你和老板之间加深了解不失为一件好事。

以上的情况说明，即便下属在拒绝老板的过程中或许最终反而被老板说服，但自己却会因为受到老板的影响而得以成长。在"拒绝"的时候，下属可以得到很多实际的锻炼，这包括胆量思维的敏捷性、口才的发挥等，从而促使自己成长，所以，作为下属，如果想在工作中做出成绩，就要学会拒绝，并勇于拒绝，当然，拒绝也必须是有理有节的，而绝不是无理取闹、更不是胡搅蛮缠的。

4.拒绝的最终结果还是要尊重老板的决策

下属在工作的时候，如果老板提出的计划是无论如何也行不通的，这时，下属对老板的命令是不是非服从不可呢？经验告诉我们，作为下属，你必须服从老板的最后决定，听从老板的意见，因为这个时候，最终要负责任的是老板。

这个时候如果你一意孤行，明目张胆地反对老板的决定，置老板的决定于不顾，按照自己的想法去做，是绝对行不通的。

这个计划如果执行，十有八九会失败，且会造成重大损失，作为下属，就要考虑，是否也非服从不可。下属要如何作最终判断呢？依照下面方式思考才是正确的态度。

自己的意见显然是正确的，而老板却断然不肯接受时，原则上应先让老板了解你是出于公心，是为工作着想，并且是在万般无奈的情况下才反对的，然后去实行老板的命令。假如你认为按老板命令去做，会对企业的利益造成难以弥补的重大损失，在情况十分危急的紧要关头，你可以以辞职为手段，"要挟"老板取消其命令。当然，这得有个前提条件，即你是一个在工作中老板离不开的人，或这个命令老板只能依靠你去执行。如果不是这样，则可以假意接受下来，但在执行中让它走样，变形，从而使它的危害性变小或没有。

总之，作为一个负责任的下属，作为一个充满正义感的下属，要牢牢记住，在任何情况下，都应该把企业的整体利益放在首位。你如果这样做了，即便老板误解了你，但在事实面前，最终他还是会认识到你是正确的。到时，他就会万分地感谢你，因为是你的坚持，或是你的"胡作非为"才免除了一场重大损失，也才免除了他的灾难性后果。

第四章

推销的艺术

第一节 推销时的说话艺术

作为一个推销员,最大的问题就是无论他怎么努力,对方都仍然无动于衷。而一个出色的推销员却能够掌握推销时的说话艺术,从而使推销变得很简单。任何一个推销员都渴望拥有这样高超的说话艺术。

遗憾的是,这种说话艺术并不是轻易就能得来的。一个很有说服力的事实是,在商业活动中,成功的毕竟只是少数,大多数推销员都还在苦苦地奋斗。

以下介绍推销时可以用到的几种重要的说话艺术,其中有一些是前面已经提到过的。

迎合对方的兴趣

最重要的一点其实不是你的产品有多出色,而是对方对你和你的产品的认同。一般来说,这种认同跟他的兴趣是相符合的——只有这一点才是最重要的。

柯达公司的总经理伊斯曼先生为了纪念自己的母亲,准备建造"吉尔本剧院"。纽约优美座椅公司的经理艾当森想要得到剧院座椅的订单,于是跟剧场的建筑师约特一起去见伊斯曼先生。

在路上,约特对艾当森说:"我知道你很想得到这个订单,但是伊斯曼先生很忙,脾气也不好,这次会面最好不要超过5分钟,否则你就一定得不到这个订单。你最好尽快说明情况,然后迅速离开。"

伊斯曼先生确实很忙,当他们走进他的办公室的时候,他正在埋头整理文件。他摘下眼镜点头示意,并且问道:"两位有何贵干?"

约特介绍了艾当森。艾当森并不急于说明自己的来意,而是说:"伊斯曼先生,我没有想到你的办公室这么漂亮。能够拥有一间这样的办公室,是一件多么美妙的事情啊!说实话,我从未见过这么漂亮的办公室。"他走到办公桌的旁边,问道:"这个办公桌一定是用英国橡木做的,如果我没有猜错的话。"

"是的,"伊斯曼回答道,"是从英国进口的,我的一位研究木材的朋友帮我选的。"

接着,艾当森又称赞了伊斯曼先生的许多收藏品,并且对他的善举表示了由衷的赞美。艾当森引导着伊斯曼说出了自己早年的创业史。

伊斯曼深情地回忆起他早年的贫穷日子，包括他为了赚50美分而去做推销业务。他说道，当时他拼命地赚钱，就是为了让和自己一起受苦的母亲过上好日子。

时间一分一秒地过去，很快就超过了两个小时，但是伊斯曼先生却谈兴正浓。到了午餐的时间了，伊斯曼先生邀请艾当森一起进餐，艾当森当然答应了。

艾当森一直没有提订单的事情。他知道，对伊斯曼来说，这件事情现在已经变得不值一提，因为他已经把艾当森当作朋友了。后来，等艾当森打算告辞的时候，伊斯曼主动提出要向艾当森公司下订单。

可以看出，艾当森看起来好像并没有在说服伊斯曼上费多大劲儿，但是他用适当的话题使谈话以一种平和、愉快的气氛朝对他有利的方向发展，并在最后达到了自己的目的——这是必然的。

假如艾当森没有采用这种方法，而是一直对伊斯曼进行说服，可以想象，不出5分钟，他就不得不离开伊斯曼的办公室。

迎合对方的兴趣的确很重要，因为这种方法可以拉近你和客户之间的关系，建立相互之间的信任。众所周知，在与陌生人的交往中，这一点是极为重要的。就像艾当森做的那样，原来显得十分困难的事情，最后却变得极为简单。

请别人帮个忙

每个人都希望被别人重视，不管他处在何种地位、有多么成功或失败。在推销商品的时候，请别人帮个忙，能够使别人得到一种被欣赏和受尊重的感觉，从而更加愿意购买你的产品。

适当地否定你的产品

很多推销员急于把自己的产品推销出去，大多用的都是肯定性的语气。他们在无形之中给人的印象是，自己的产品适合所有人，已经没有缺点。

事实当然并非如此。即使你把自己的产品说得天花乱坠，也无法打消顾客的疑虑。你的产品真的很完美、无懈可击吗？可是人人都知道这是不可能的。他们需要知道关于这种产品的一些不好的信息，否则会认为你正在隐瞒什么。

因此，你应该适当地给对方介绍一点儿你产品的缺点，说明它并不是完美的。你应该知道，你现在的推销只是针对这位客户而已，并不需要把自己的产品说成适合每个人。

"这种产品并不适合那些油性皮肤的人，但是非常适合你。"这样来介绍你的美容产品，对方当然会更加相信你说的话，而这是帮助你建立诚信的一个很好的机会。

避免与对方争论

在你推销的过程中，即使对方做了一件事情或者说了一句话而冒犯了你，你也不要和他争论。对推销员来说，这可能算是一个最好的建议了。因为一旦你与对方发生了争论，就说明你的推销已经彻底失败。

恰当的语言技巧

实际上，恰当的语言技巧并不需要单独列出来，因为在所有的说话当中，都需要注意运用语言技巧。

谈话时如何引起顾客的兴趣

推销的过程就是跟顾客交谈的过程，那么，在交谈中如何让自己掌握说话的技巧，从而引起顾客的兴趣呢？

针对客户的需求
你要真正关心你的客户，了解他的需求并尽量想办法满足他的需求，这样他才愿意满足你的需求。

这是软件的介绍材料，对于贵公司这种数据使用多的公司正合适，整理起来十分方便……

您以前吃过保养品吗？我们这款产品是……

问与产品有关的问题
最好使你说的话跟自己的产品结合起来。当然，这种结合不要过于明显，否则显得目的性太强。

说了快一个小时了，真是够啰唆的。

谈话尽量简短
长时间的谈话会使客户感到厌烦，从而拒绝购买。因此，你必须尽量压缩谈话时间，使你说的话更具针对性。

问题的表述方式要针对不同的人和场合而有所不同。重要的是要考虑到顾客的心理，千万不要对顾客产生伤害。否则，你所有的努力都将会是徒劳的。

很多推销员在推销的时候兴致不高，这直接导致了他们的失败。他们的话显得平淡无奇，对顾客没有足够的吸引力，甚至会使顾客产生反感。这里指的是声音的语调、语速以及其他声音元素。

而在需要有技巧地表达自己的意见的时候，他们也并不能让人满意。他们喜欢直来直去，而不喜欢运用语言的技巧。老实说，虽然职业要求他们更加能说会道，但是事实上却并非如此。因此，对这些没有运用语言表达技巧的推销员的忠告是：完善自己的语言表达技巧，这是你成功的一个重要因素。

第二节　推销员的说服技巧

对推销员来说，价格因素是特别头疼的：顾客想要以最低的价格买到最好的产品，而公司却希望以最高的价格把最差的产品卖出去。当顾客说"这太贵了"的时候，一般的推销员都会告诉对方，这已经是公司能够给出的最低价格了，结果顾客总是摇摇头走开了。但是齐格勒似乎从未遇到过这种情况。

齐格勒曾经推销过一种不锈钢锅。这种锅非常结实，所有的顾客在听完他的介绍后，都认为这种锅的质量的确不错，但是他们也都认为它的价钱太高了。

"价钱太高了，"顾客通常会这么说，"比起一般的锅，它起码要贵200美元。"

"的确如此，"齐格勒说，"我们的锅比一般的锅都要贵。先生，你认为这种锅能够用多久呢？"

"它的质量的确不错，它应该是永久性的吧？"

"你确实想用10年、20年、30年或者更长吗？"

"我想它能够用那么久。"

"那么，"齐格勒说，"我们假设这种锅能够用10年，也就是说，相比一般的锅而言，它每年贵20美元。是这样吗？"

"的确如此。"

"那么平均到每个月呢？"

"如果是那样的话，那么就是每个月贵1美元75美分。"

"请问你太太一天做多少回饭呢？"

"一般情况下，两到三回。"

"一个月至少要做60回饭，是吗？这样一来就很清楚了——每顿饭你只不过多花了3美分而已。对质量如此好的锅而言，多花3美分应该不算是太多吧？"

"的确如此。"

我们看到，齐格勒的说服方法的确很有效，本来他的产品价钱高出一般锅很多，却被他非常巧妙地说成其实一点儿都不贵。在这种情况下，顾客是很容易被他打动的。

用事实说话

齐格勒在进行价格说服的时候，是根据事实一步步得出令人信服的结论的。推销员在进行说服的时候，也一定要做到这一点。要依靠产品本身和自己适当的逻辑来说明，让顾客接受你的观点。

我们在前面已经说过，对推销来说，首要的一点是与顾客建立一种信任关系。

任何情况下，都不要企图用诡辩和臆测来说服顾客。很多推销员都喜欢把自己的产品说得天花乱坠、跟实际情况相差很远，以至有时候连自己都未必相信自

如何满足顾客的需求

己所说的话，更不用说那些顾客了。不夸大其词、根据事实说话、以理服人，这才是说服顾客的正确的方法。

满足对方的需求

有经验的推销员一再告诫那些推销新手，不要对顾客说你的产品有多好，而要看你的产品能够满足对方什么需求。把你的产品的价格、质量、特色跟顾客的需求结合起来，这才是正确的推销方法。

只有你的产品能够满足顾客的需求，顾客才有可能听你讲下去，才有可能被你说服。

以情感人

推销是一种人与人之间的交流，因此，应该使你的推销具有十足的人情味。商业箴言"顾客就是上帝"，在某种程度上就反映了顾客和推销员之间存在的天然联系。这种联系除了是一种物质上的利益关系以外，还包括某种情感关系。

推销员应该对自己的产品充满信心，对推销工作充满热情，并在推销的过程中把自己热情、自信的一面展现出来。你应该用一种富有感染力的语言来说服对方。这种语言本身就具有一种说服作用，它能够表达除语言内容以外更多的内容。

显得很专业

必须让你的顾客认识到，就这件商品及与商品有关的诸多领域而言，你更有发言权，因而也更加可信；你是这个领域的专家，其他任何人，不管他的知识有多么丰富，也比不上你对这个领域的熟悉程度。你必须为自己树立一种权威的形象。如果你对自己的产品不熟悉，顾客很难相信你介绍的东西是正确的。当他们失去这种信任的时候，你再说什么都无济于事。

消除对方的疑虑

了解对方的恐惧或者疑惑，进行有针对性的说服。顾客之所以不买你的产品，多半是因为心存疑虑。

通过问话或者观察得到的信息来了解别人的疑虑。如果对方并没有说出来，你可以设想他可能存在的疑虑，并用确切无疑的证据消除对方的疑虑和担心。

第三节　如何进行电话推销

相对于当面推销来说，电话推销是一种更加省时、省力和直接的推销方式。随着科技的日益发达和社会环境的日益紧张，可以想象，电话推销将越来越成为推销者十分热衷的推销方式。

现在就如何利用电话进行推销展开较为详细的说明。

准备工作

虽然电话推销十分重要，但是你还是不要对它寄予过高的期望。由于传统观念的影响，电话推销的任务应该是创造和有希望成交的推销对象的见面会谈的机会，它不能代替面对面的商谈，它的目标应是创造一个恰当的面谈机会。你绝不要妄想和对方在电话中谈成一笔业务。

和当面推销一样，你应该在电话推销前先做一个推销计划。最好的办法是在你手边的纸张上先列出几条，以免在对方接听电话后，你却由于紧张或者是兴奋而忘了自己的讲话内容。另外，你还应该准备好具体怎么说，而如果这是一次十分重要的推销，你甚至可以提前演练，让自己提早进入状态。

当然，你需要选好打电话的时间，尽量避开电话高峰和对方忙碌的时候。一般上午十点以后和下午都较为有利。如正值所找的人外出，可询问接听者是否有其他人可以商谈，或问清对方什么时候回来，以便以后再联系。

直接跟关键人物通电话

拨通电话后，你可以直接要求和能够跟你谈生意的关键人物通话。不要问对方："我是否可以跟你们公司的经理通电话？"对方多半会说："他没空，你有什么事？"不妨直接告诉他："我找你们公司的经理。"这样，对方一般情况下只能听从你的"命令"。

把握最初时间

一般来说，开始同对方通话的时间对推销员来说是最重要的。如果你不能在尽可能短的时间内吸引对方的注意力，那么他一定会认为自己没有必要跟你再谈下去了。

因此，你必须想方设法在一开始就吸引他的注意力，使对方非常乐意继续听你说下去。在此之前，你应该思考对方可能对什么比较感兴趣、什么样的语言风格比较适合他等问题。

礼貌的态度

讲话应热情和有礼貌。热情的讲话容易感染对方；而你的礼貌，同样会使你得到有礼貌的正面回答。

不论你之前是否跟对方联系过，你都应该先问好，表明你的身份。确认对方的身份后，再谈正事。在通话结束之前，应该向你的客户致谢。另外，一定要让顾客先挂断电话，以示对顾客的尊重。

语言措辞

在语言措辞方面，你应该注意的主要有两点：一是态度要真诚。千万不要夸大自己产品的优点，因为这样一来，当对方看到真实产品的时候，可能会改变主意，并进而怀疑你的诚信。二是在介绍自己产品的时候，一定要避免使用专业词汇。你应该用一种通俗易懂的语言来说明你的专业词语。

以介绍产品为主

一般来说，电话推销应以介绍产品信息、了解对方状况为主。你只有不刻意强调电话推销的目的性，才能更加容易得到和对方见面的机会。

比如，你可以询问对方是否有这种产品，如果对方已经购买的话，则问清楚其购买的产品的一些具体细节——这些东西你以后一定用得着——然后把自己产品的优势说出来。而如果对方回答没有购买这种产品，你就可以直接介绍自己的产品。

做好记录

一定要做好通话记录。对于电话中所谈的内容，你可以一边谈一边记录要点。这些资料一定会有助于你下一步的推销筹划，而且你也可借此建立顾客档案。

确定面谈时间。提供两个以上的方案或形式供对方选择，应尽量为对方考虑，但不明确的面谈时间容易被对方推脱。因此，较好的面谈时间应该是明确且有所选择的。

第四节　如何获得顾客的信任

你在推销的时候，需要获得顾客的信任。这跟演讲是一样的：如果你的听众信任你，那么他们就会相信你所说的话；如果不信任你，那么就不会相信你所说的话。可以说，信任与说话内容没有多少关系，却和顾客对推销员的印象联系十分紧密。而正是这样一种感觉影响了顾客的判断和决定。

赢得顾客的信任，这是你推销成功的第一步。如果你不能赢得顾客的信任，你所说的东西对顾客来说就会都是无关紧要的或者虚假的，那么你也就没有必要继续说下去了。这一点很好理解。假如你对一个陌生人和熟人说了一模一样的话，陌生人一般不会相信你说的话，而熟悉你的人则会相信——如果你是一个诚实的人的话。同样地，你肯定愿意相信大学教授的话，而不愿意相信一个骗子的话——即使这个骗子说了一句实话。

这些事实都让我们明白，如果想让顾客相信我们的话，就必须首先获得他的信任。那么，该如何获得顾客的信任呢？下面列出一些方法，希望对推销员有所帮助。

不要假设顾客相信你

一些推销员在遭到顾客的置疑或者指正之后，会觉得很不愉快。这当然容易理解：当你被要求出示会员卡或者进出学校大门被要求出示学生证明的时候，你多少会有点儿不高兴。我们总是一厢情愿地认为自己应该并且已经得到了他人的信任。

即使有人向你表示了不信任，你也不要因此而生气。你想想，现在我们的电视上、报纸上，甚至大街上，到处都充满了虚假的信息和广告，如果人们对它们一律都相信，会多么糟糕？而当年《独立宣言》出现在报纸上的时候，人们也并非全部相信。

因此，永远不要假设顾客相信你，除非对方表明了这一点，否则就要尽你所能向对方证明你是值得被相信的。

告诉顾客，并非只是他一个人这么想，他的想法一点儿都不奇怪，然后以坦诚的态度去说服他，直到他相信为止。

以朋友的身份谈话

推销员应该避免板着面孔说话，不要把对陌生人推销看作是"公事公办"，不妨把它当作是朋友之间的友好的交谈。

以朋友的身份进行交谈意味着你的推销是一次建议，它既不是命令也不是请求——对推销来说，这两种方式都是不可取的。只有当你把对方当成朋友，对方才会也把你当作朋友来看待，并且不会用居高临下的姿态对待你。

以朋友的身份替对方着想，真心诚意地为顾客考虑，会使你收到意想不到的效果。因为只有这样，对方才能体会到朋友般的温暖，从而对你产生信任感。

直接指出缺点

前面已经说过了这种方法，实际上它真正的作用在于获取顾客的信任。

多年前，某广告公司在一个加长型香烟的广告中，就运用了这种方法来获取顾客的信任。他们在广告中直接指出了加长型香烟的种种缺点，如容易碰到别人的脸颊、携带不方便等，结果取得了很好的效果。

这种方法的作用在于，它以一种坦白缺点的方式来赢取人们的信任。当你告诉了顾客产品的缺点之后，他们会认为你比较客观，因此更加容易相信你所说的优点。

使用精确的数字

事实证明，精确数字的说服力远远大于笼统的数字。人们不会真正关心你的数字的来源，只是会得出一个结论，即那些数字如此精确，证明了它的确是经过了细致而客观的分析的。

象牙香皂的员工深知这个方法的奥妙。他们在宣传的时候，一直在强调一个事实：它们是99.44%的纯净度。

我们根本不会去在乎这个数字的真正意义，即使他们说它们是100%的纯净度，我们也不会去在乎什么，但是我们却认为这个精确的数字更加值得相信，进而认为他们的确值得信任。

让你本人值得信任

推销员们其实在很大程度上是在推销自己。顾客对产品的优点信任与否，在一定程度上取决于你和你所采取的方法。因此，你有必要通过改变自己的形象去赢得顾客对你个人的信任。

向顾客坦白你将得到的好处

一般的推销员对自己在交易中将得到的好处讳莫如深,似乎向顾客坦白后会损失什么。事实上,即使将这种属于私人性的东西告诉顾客,推销员也什么都不会损失,反而会赢得顾客的信任——不要忘记,几乎所有人都喜欢打探别人的隐私。

一个推销员向顾客推销房屋的时候,对客户说:"坦白告诉你,我可以从这笔交易中得到1%的佣金。如果你不买这套房子的话,我当然会失去这个赚钱的机会,但是你的损失会更大,因为你也将失去一个少花钱的机会。这样,我们就是两败俱伤了。"

在听到这样的话之后,这位客户竟然慢慢地改变了自己的主意。这就是坦白的益处。

如何在推销时让顾客信任你

只有让顾客对你先产生信任感,才能对你的产品产生信任。那么,如何让顾客对你个人产生信任呢?

1.使自己穿得像个成功人士

同样是推销一种产品,你愿意相信一个衣衫褴褛的人所说的话,还是愿意相信一个衣冠楚楚的人所说的话?很明显是后者。因为穿着整齐的人更加让我们赏心悦目,而且感觉值得信任。

2.谈吐优雅

使自己表现得像一个优雅的教授,这可能会为你赢得更多信任。因为优雅的谈吐会给人以更加可靠、专业的感觉。

对顾客来说,感觉可能比实际内容更加重要。所以,要在自己的形象上做文章,给顾客一个好的感觉。

第五节　妥善处理顾客提出的异议

最让推销员头疼的是顾客所提出的反对意见。这些反对意见常常使他们感到不舒服，并且不知道该怎么回答。不过，那些成功的推销员却正好相反，他们担心的是对方根本没有反对意见。他们发现，顾客提出一个反对意见，也就是为自己的推销工作树立了一个目标十分明确的靶子，自己所有的工作都可以朝着这个方向努力。而成功地射中靶子的时候，也就是推销成功的时候。

一般的推销员很难理解这一点。他们所知道的是，只有顾客在没有任何异议的情况下接受了他们的产品，才证明自己的推销是成功的。但是，尽管这种情况的确值得庆幸，它出现的概率却几乎是零。在更多的情况下，如果对方没有任何异议，那么他同时也会无动于衷，最后也不会接受你的产品。这说明他对你的产品没有一点儿兴趣。

因此可以说，作为一个推销员，你应该真诚地欢迎顾客提出反对意见，因为只有这样，你才有成功的可能。当然，前提是你能妥善地处理顾客提出的反对意见。

那么，该如何处理顾客提出的异议呢？为了说明这个问题，我们将反对意见分成了不同类型。针对不同的反对意见，处理方式当然也应该不同。

价格

价格过高是最常见的反对意见。在每次推销的过程中，价格——至少在表面上——是最核心的话题。它往往在推销一开始就被抛了出来："这要花多少钱？""我想这东西很贵，我恐怕买不起。"

但是，一个有关价格的调查结果可能会让推销员感到很惊讶。研究人员曾经对纽约的消费者进行了调查，当被问及决定不购买某件产品所考虑的因素的时候，有94%的消费者强调的是非价格因素；而那些告诉推销员自己买不起某件产品的消费者中，有68%的人承认其实另有原因，而他们之所以用价格原因来表示拒绝，只是因为这有助于他们摆脱销售人员。

这个调查表明，有相当一部分消费者真正关心的其实不是商品的价格，而是价值。也就是说，价格在实质上并不是推销中最核心的问题。因此，如果下次在推销中对方对你表示价格过高，你大可不必因此而退却。你只要告诉他们物有所值，并且针对他的兴趣进行说服，你仍然会成功的。

付不起钱和不愿意付钱当然是两码事。当然，消费者不愿意付钱的原因可能并不是他没有看到产品的价值，也许当你跟他说明物有所值之后，他仍然认为价格过高。这个时候，你就应该适当地降低产品的利润和自己的佣金了，否则你会失去这位顾客的。

要求得到资讯的反对意见

有些顾客提出反对意见并不是因为他们的确反对，而是由于他们想要了解更多的信息。他们之所以通过这种方式提出来，是因为他们认为这样你会更加完整而详细地给予答复。这种反对意见可能也是推销员最欢迎的。

不过，反对意见的性质是会发生转变的。要求得到更多资讯的反对意见，如果处理不善的话，最后也会变成真正的反对意见。所以，你要在一开始的时候对他的问题表示欢迎，最后的时候重复一遍你提供的信息。只有这样，你才能十分详尽地回答他的问题，让他感到满意。

基于产品本身的反对意见

这种反对意见是顾客对产品的某一项优点和作用所提出的异议。他们不相信你说的话，或者对你所说的话的来源表示怀疑。总之，他们想让这项优点和作用得到更进一步的证明。

你可以用事实展示给他们看。比如，你宣称你的玻璃具有高强度，不妨递一把锤子给对方，让他去锤这块玻璃；你说你的化妆品曾经使许多顾客得到好处，不妨举出一两个名人来，并且拿出他们说过话的资料；你说你的产品受到了大多数人的欢迎，不妨告诉对方这个调查是某个权威机构进行的，如此等等。

总之，如果你所说的话无法给顾客提供更进一步的证明，你就最好援引别人的话或者别的什么。

基于你个人的反对意见

有的顾客根本就对所有的推销员反感，当然也包括你在内。这好像已经成为了一个大家都心照不宣的事实。他们并不相信推销员嘴里所说出来的话，认为它们过于虚假。一句话，他们反对你所说的每一句话。

这时候你应该尽量少地发表自己的意见，而应该把焦点转移到顾客身上。他们关心的只是自己，对别人精彩的演说没有兴趣。如果你继续谈论产品的好处，或者表示自己的话有多么可信，他们就会认为，你一定从推销中得到了许多的好处——而你所得的好处恰好源于向他推销的产品的利润。告诉他们，购买你的商品，受益最大的是他们。

自我夸耀的反对意见

有的顾客认为自己比推销员的知识更丰富，甚至比推销员更加了解产品。他们在听完你的产品介绍后说："我对这种产品十分了解，你说的有些不对，我认为……"当然，他们可能的确有自己的看法，或者他们的资格可能更老，但是，他们发表意见的原因是急于表现自己，而不是想跟你讨论某个问题。

你要明白你的任务是把你的产品推销给他们，而不是跟他们争论谁更加擅长于某一方面的知识。因此，不要和对方争辩。如果他们发表的意见无损于你的产品的推销，你不妨让他们去做胜利者。而如果正好相反，你也不要急于发表你的意见，而应该对他们赞美一番，然后虚心地——即使是表面上如此——发表你的意见，并且仅仅当作你个人的意见，让对方相信你在向他们请教。